中国特色法学教材

商法学系列

总主编　赵旭东

保险法学

INSURANCE LAW

主编　樊启荣　副主编　曹兴权　于海纯

撰稿人（以撰写章节先后为序）

樊启荣　曹兴权　于海纯　邢海宝

王萍　何丽新　韩强　武亦文

高等教育出版社·北京

内容简介

本书依据《保险法》及相关司法解释，结合我国保险业最新进展以及保险司法实践最新成果，针对保险法教学需要组织编写而成。全书共11章，内容涉及保险基本原理、保险法基本原则、保险合同基本原理、保险合同的订立和效力、保险合同的履行、人身保险合同、财产保险合同、保险业法等。在教材结构体例上，除正文外，每章还设置了导语、经典案例、相关事例、本章（节）理论与实务研讨、本章法考与考研练习题等栏目，并以二维码链接了参考答案。

本书编写形式新颖，内容全面，反映了中国保险立法、保险实务运作以及保险司法实践的全貌及特色，在阐释理论知识的同时，结合实践中发生的真实案例及事例，突显保险法的实践性与应用性，力求保险法教学反映并服务于实践，引导学生向更深层次思考，培养学生将所学知识点灵活运用于实践的能力。

图书在版编目（CIP）数据

保险法学 / 樊启荣主编；赵旭东总主编. -- 北京：高等教育出版社，2021.5（2025.2 重印）

ISBN 978-7-04-055700-8

Ⅰ. ①保… Ⅱ. ①樊… ②赵… Ⅲ. ①保险法-法的理论-中国-高等学校-教材 Ⅳ. ① D922.284.1

中国版本图书馆 CIP 数据核字（2021）第 030951 号

Baoxian Faxue

策划编辑 于 明 姜 洁 责任编辑 程传省 封面设计 张申申 版式设计 马 云
插图绘制 李沛蓉 责任校对 马鑫蕊 责任印制 刘弘远

出版发行 高等教育出版社
社 址 北京市西城区德外大街4号
邮政编码 100120
印 刷 河北吉祥印务有限公司
开 本 787 mm × 1092 mm 1/16
印 张 19
字 数 440 千字
购书热线 010-58581118
咨询电话 400-810-0598

网 址 http://www.hep.edu.cn
http://www.hep.com.cn
网上订购 http://www.hepmall.com.cn
http://www.hepmall.com
http://www.hepmall.cn

版 次 2021 年 5 月第 1 版
印 次 2025 年 2 月第 2 次印刷
定 价 43.00 元

物 料 号 55700-00

总　　序

十几年前，我对商法曾有过这样的感慨和评论："商法的内容是朦胧的，商法的边界是模糊的。在中国二十年的法学史上，这样的情况的确少见：我们在念叨着商法，却不确定商法为何物；我们在呼喊着商法的理论和学说，却说不清商法的概念和范围。面对着古老、成熟的民法，商法的位置在哪里？我们教着商法，我们写着商法，我们眼观商法的兴旺和繁荣，我们热衷商法的事业和发展，同时我们也在怀疑着商法。我们知道它的过去，却说不清它的现在，也看不透它的未来，我们似乎被笼罩在商法的烟雾之中，我们感到难以名状的困惑。"

十几年过去了，中国商法实践取得了举世瞩目的辉煌成就。俯瞰中国商法的整个领域，许多法律制度得以建立和形成，无数法律问题被不断地探索和解决。中国的商法体系在逐步地充实和完善，中国的商法学也在不断地丰富和发展。虽然我们对商法的某些问题依然还有困惑，但我们对中国商法的认识已经有了质的飞跃，我们对中国商法的性质、使命和结构体系有了深刻的理解和科学的安排。尤其是中国商法历经几十年的快速发展，已经形成并展现出其鲜明的中国特色：

首先，追随和服务市场经济发展是中国商法的初心和使命。商法是调整市场经济关系的法，市场经济是商法的基础，没有市场经济就没有商法。商法与民法同为中国市场经济法律制度的重要组成部分，如同车之两轮、鸟之两翼，而商法对市场经济的作用尤为直接和突出。追随和服务市场经济发展，确立市场主体地位，规范市场活动，协调市场主体的利益冲突，保护市场主体的合法权益，是中国商法与生俱来的初心和使命。改革开放40年来，中国法律对市场经济的调整或市场经济法治化的重要途径是通过商事立法和商事法治实现的。中国市场经济的每一次重大发展和突破，都需要借助商法制度的设计，无不表现为商法制度相应的发展和突破。

其次，商法与民法有分有合、协同发展是中国民商法形成的特殊体例。商法与民法是密不可分、存在特殊联系的两个法律部门。按照民法与商法是否分别制定法典，通常将各国的立法体例分为民商分立与民商合一两种基本模式。在学理上，不论是民商合一还是民商分立，商法多被认为是民法的特别法。中国民商事立法一直采取单行法的立法方式，分别就民法和商法的各个具体制度进行单独立法，目前正在制定民法典，但并没有制定商法典的规划。因此，中国的民商法体例既非传统大陆法系典型的民商合一，亦非典型的民商分立，在未来民法典颁布之后，将形成有分有合、统一民法典与单行商事法并立的特殊体系。这种统分结合的民商立法体例是在中国土生土长的立法体例，是融大陆法与英美法于一体、博采各国立法体例之长、真正本土化的中国创制，彰显了鲜明的中国特色。

再次，改革与创新是中国商法几十年发展的永恒主题。中国市场经济的高速发展和经济体制、市场机制的不断改革和创新直接驱动着商法制度的变革和创新。中国商法的几十年，也是商法制度不断改革创新的几十年。中国商法的创新性首先表现为商法体系结构鲜明的开放性和扩充性。与其他法律部门不同，商法是一个以不断发展创新为鲜明特质的法律部门，尤其是在整个商法体系的构成组合上，它表现出根据市场经济发展需要不断调整和扩充的开放性，逐渐成熟却总难定型、趋于稳定却总在变动，并未形成一个固定的、封闭性的所谓完整体系和结构。此外，中国商法的创新性还表现在商法体系内各商法领域法律制度和规范的不断突破和更新。几十年来，各商事单行法在首次颁布后，根据其所调整的商事关系的变化和社会对法律制度的需求，多次、不断地被修改，包括全局性的修订和部分条款的修正，这些修改本身不仅是法律条款的文字改变，许多更是重大法律制度的突破和创新，是对某些法律规范的重新设计。

最后，对境外商法的兼收并蓄和国际化是中国商法发展的重要路径。中国商法发展的历史也是其国际化程度不断提升的历史。中国在商事法律制度的发展方面，不仅是极富探索精神的创新者，也是先进商法理念制度十分理性的识别者和最虔诚的追随者、效仿者。改革开放后的商法制度几乎是在一穷二白的基础上建立的，如果说中国其他法律制度的建立主要是对原有法律制度的恢复重建和对自身实践经验的总结，那么中国商法制度的建立更主要的是倚重对境外现成制度的借鉴和引进。密切关注和跟踪各国商事法律的最新发展，深入分析和比较各国制度变革的优劣得失，吸收和采纳各国商事立法和理论发展的最新成果，是中国商法进取完善的不竭动力。作为市场经济制度的后来者，中国商法没有太多的传统束缚和历史包袱，反而获得了博采众家之长的后发优势。中国既有商法制度与各国先进商法规则的融合互补，使其成为现代先进商法制度的代表者和商法制度国际化的引领者。

“中国特色法学教材·商法学系列”正是在这样的背景下组织编写的。商法制度的中国特色本身已经决定了该系列教材自然具有中国特色。不仅如此，我国商法学教材特殊的发展过程和现状也使本系列教材的编写面临着承前启后的创新使命，无论是对本系列教材整体的组合安排，还是对每本教材自身体系结构的设计取舍和内容原理的理论阐述，本系列教材都进行了深入的思考研究和精心的设计策划，这使得本系列教材的中国特色得以显现和强化。

需要特别说明的是，如何设计商法学教材的体系结构，即商法学教材应包括哪些具体部分，恰是商法学原理最为复杂的专业问题，也是经常令人困惑的主要问题之一。几十年来，中国的商法学体系已经形成了这样的经典结构，即在商法总论的一般原理之后，设公司、票据、海商、保险、破产几个分论部分。近几年来，人们所做的就是在这个体系结构基础上的添加或减少。伴随着商法的兴起，商法教材和读物也呈现出空前的繁荣，但这些教材的体系内容尤其是商法分论的构成、组合相差甚大。较为全面和成熟的体系是将商法分论分为公司法、证券法、票据法、破产法、保险法、海商法六个部分。但有的教材将海商法剔除在外；有的则将破产法剔除在外；有的增设了信托法；有的还增设了企业法或合伙企业法；有的已完全突破既有的商法体系，将期货法、银行法、企业法、信托法、房地产法等一括在内；还有的走得更远，将商事代理法、合同法、买卖法、期货法、担保法、信托法、融资租赁法、商事仲裁与诉讼等全部纳入。

欧陆国家为商法之鼻祖，然而，习惯于从法国法和德国法等大陆法系国家商法中寻求制度渊源的学者却无法从这些国家的传统商法典中找到上述商法体系的统一根据。德国商法典规定了公司法和海商法的内容，却未涉及票据法、破产法、保险法。法国商法典规定了公司法、票据法、海商法和破产法的内容，却未涉及保险法。此外，日本和韩国的商法典规定了公司法、票据法、海商法的内容，却未涉及破产法。我国澳门特别行政区商法典的内容包含了公司法、票据法，却未对海商法和破产法作出规定。我们不敢肯定各国或地区的商法是否已发生实质的变革，也不甚知晓现今的欧陆各国是否还在固守着它们各自原有的体系，但至少早期各国或地区的商事立法的情况表明，商法从来就没有一个国际统一的经典体系和公认构成。

与许多其他法律部门不同，中国商法并未形成一个固定的、封闭性的完整体系和结构，相反，它的体系是开放性的，它的结构是动态变化的，是根据市场经济发展需要不断调整和扩充的。这一特点恰好使中国商法“体现出与市场经济运行的高度契合。正是商法的价值理性和技术理性使商法在保持相对稳定性的基础上，具有适时而变、不断创新的品质，从而使商法成为市场经济中最为活跃的法律”。① 几十年来，新的商事关系层出不穷，新的商法领域也在不断形成，中国商法的体系早已超越了传统商法的范围，证券法、投资基金法、信托法、期货法等先后成为商法体系的组成部分。随着新的业态和产业的不断创新和发展，新型商事关系不断孕育产生，新的商法领域也在逐渐形成，如正在蓬勃发展的电子商务关系及已经颁布的电子商务法。由此，本系列教材以传统商法体系为基础，根据中国商法的最新发展和中国多数高校商法学教学的课程安排和实际内容，确定了由8部教材组成的商法教材体系，即《商法总论》《公司法学》《证券法学》《破产法教程》《保险法学》《票据法学》《信托法学》《电子商务法学》。该特定组合和结构本身同样也是本系列教材呈现的又一中国特色。

法律科学的每个学科基于其特定的研究对象而具有不同的社会功能和任务，作为应用法学的商法学担当着以下特殊的功能和使命：（1）推动商法制度发展与完善，指导商事立法；（2）阐释商法规范与原理，促进商事执法与司法；（3）培养商事法治观念和意识，引导商事经营和市场行为；（4）丰富繁荣法学理论，培养造就法学人才。在这些任务中，人才培养当然是商法学更为直接和重要的使命。商法教育是法学教育中不可或缺、至关重要的一环。在人才素养上，现代市场经济条件下的法学人才不仅需要基本的法学理论修养，还需要明晰的商事法治意识和市场法治观念。在人才结构上，市场经济的发展不仅需要具备一般法律知识的通才，更需要大量的精通公司法、证券法、保险法、破产法、信托法等特定商事法律知识的专门人才。在人才技能上，以研究和阐述行为规则和技术规范为鲜明特点的商法学更强调对学生应用能力和操作能力的训练和培养。随着市场经济不断向纵深发展，社会对商法学人才的需求日益广泛，商法学在法学知识结构中的分量日益凸显。在大众创业、万众创新成为经济发展新引擎的基本国策之下，商法学知识更成为社会成员谋生创业的重要法律工具和手段。我们期待并坚信，本系列教材的编写能够充分展现中国商法学发展的最新成就，能够进一步丰富和完善中国商法学的科学体系和学科原理，能够有力助推中国商法学的创新和发展，能够在践行中国商法学的功能和使命方面发挥独特的作用。

赵旭东

2019 年 5 月

① 赵万一、赵吟：《论商法在中国社会主义市场经济法律体系中的地位和作用》，《现代法学》2012 年第 4 期。

编写说明

人类相互救济之需要、共同利害之影响、社会连带之自觉使保险制度得以滥觞、建立与发展。保险发展成今天这样一个具有高度伦理性与专有技术性的典型商行为，经历了数个世纪的历史演变与制度变迁。在当今社会，保险是现代经济的重要产业和风险管理的基本手段，是社会文明水平、经济发达程度、社会治理能力的重要标志。

改革开放以来，我国保险业快速发展，服务领域不断拓宽，为促进社会经济发展和保障人民群众生产生活作出了重要贡献。为规范保险业有序经营和发展，《中华人民共和国保险法》（以下简称《保险法》）于1995年颁行，先后于2002、2009、2014、2015年进行了多次修正（订）。自2009年以来，为正确审理保险合同纠纷案件，切实维护当事人合法权益，最高人民法院结合审判实践，先后颁布了《关于适用〈中华人民共和国保险法〉若干问题的解释（一）》（以下简称《保险法司法解释一》）、《关于适用〈中华人民共和国保险法〉若干问题的解释（二）》（以下简称《保险法司法解释二》）、《关于适用〈中华人民共和国保险法〉若干问题的解释（三）》（以下简称《保险法司法解释三》）、《关于适用〈中华人民共和国保险法〉若干问题的解释（四）》（以下简称《保险法司法解释四》）。保险法的重要性逐渐为人们所认知，保险法的教学和研究也日益受到重视，各法律院系普遍开设保险法课程。本教材正是在上述背景之下，以马克思主义理论、习近平新时代中国特色社会主义思想特别是习近平法治思想为指导，为适应高等院校保险法学最新教学需求组织编写的。

本教材的体系结构安排，以及所涉原理制度取舍，在我国《保险法》体系和内容的基础之上，力图结合我国保险业之新进展以及保险司法实践新成果，一方面，期能反映中国保险立法、保险实务运作以及保险司法实践之全貌及其特色；另一方面，期能理论联系实际，突显保险法的实践性与应用性，使得保险法教学反映并服务于实践。此外，本教材按照“中国特色法学教材·商法学系列”的设计与要求，每章设置了“导语”“典型案例”“相关事例”“本章（节）理论与实务研讨”“本章法考与考研练习题”等栏目，期能起到导学与助学功能。

本教材由樊启荣担任主编，曹兴权、于海纯担任副主编，各章撰写分工如下：樊启荣，编写说明、第一章；曹兴权，第二章；于海纯，第三章、第十一章；邢海宝，第四章；王萍，第五章、第六章；何丽新，第七章、第八章；韩强，第九章；武亦文，第十章。

编者

2021年2月

目　录

第一章　绪　论

【导　语】

本章主要讲述了保险的定义及其学说、保险运作机制及其本质、可保危险的构成要件及道德风险逆选择之防止、保险法的调整对象及特征、中国保险法的沿革及特征等内容。本章学习的重点是保险的定义、可保危险的构成要件、保险法的调整对象及特征。本章学习的难点是保险运作机制及本质、道德风险之防范、我国保险法体系结构及特色。

第一节　保险的定义与本质

一、保险的定义及其学说

保险的概念是“一块多面的棱镜”[①]。保险是一种融合经济机能、社会机能与法律机能的制度，需从多个角度予以揭示和描述，方能阐述保险之概念的全貌。国外有学者曾指出：“要给保险下一个简短、精确而又令人完全满意的定义是不可能的。在保险文献中可以见到许许多多关于保险的定义，但这些定义都太长太繁，总会对某些保险不太适用。”[②]

从保险发展的历史来看，当保险从海上保险发展至陆上火灾保险之时，无论是船舶、货物或者房屋，皆以财产为保险标的物，对于保险之本质，皆可用“损失填补”的概念来说明。但是当保险制度跨越至人寿保险时，保险标的由物扩展至人。作为法律制度中权利主体的人，拥有人格权，举凡生命、身体、健康等法益皆是人格权的核心。人格权无法具体计算损失，也无法就其损失予以填补。因此，财产保险的本质显然与人身保险的本质不同，损失填补的概念可以精确说明财产保险的本质，却无法圆满说明人身保险的本质。如何为财产保险与人身保险寻求一个共同的上位概念，成为保险学说讨论的重心。[③]关于保险概念的学说向来争议不断，至今仍存分歧，择其要者可归纳为“损失说”“二元说”“非

---

① ［英］Malcolm A. Clarke：《保险合同法》，何美欢、吴志攀等译，北京大学出版社2002年版，第1页。

② ［挪威］卡尔·H. 博尔奇：《保险经济学》，庹国柱等译，商务印书馆1999年版，第3页。

③ 刘振鲲：《图解保险法入门》，元照出版公司2013年版，第39页。

损失说”三大流派[①]，如图 1-1 所示：

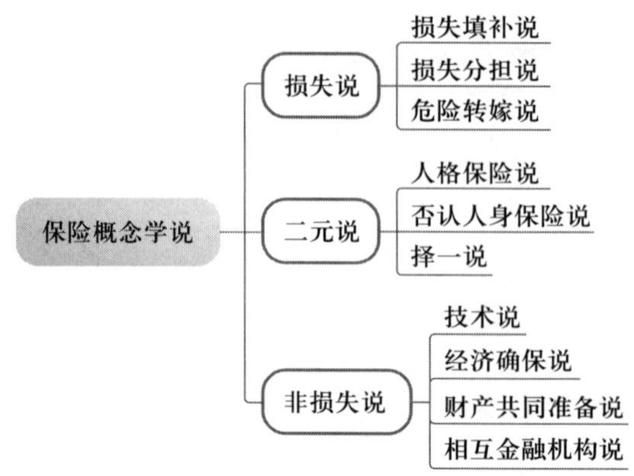

图 1-1 关于保险概念的学说

我国《保险法》第 2 条规定：“本法所称保险，是指投保人根据合同约定，向保险人支付保险费，保险人对于合同约定的可能发生的事故因其发生所造成的财产损失承担赔偿保险金责任，或者当被保险人死亡、伤残、疾病或者达到合同约定的年龄、期限等条件时承担给付保险金责任的商业保险行为。”上述定义显系采“二元说”中“择一说”之主张。详言之，“择一说”主张，虽不能找出人身保险与财产保险的共同概念，但也不同意“人身保险不是保险”的说法，对保险的综合性定义，应该是“保险不是损失填补的合同，就是以给付一定金额为目的的合同，二者只能择一”[②]。从比较法角度观察，大陆法系之德国和日本等国保险立法例对财产保险合同和人身保险合同分别下了定义，因而在法律上也主张择一说。

二、保险的本质

从保险机制运作过程来看，保险是“以契约形式将大量纯粹风险集合起来，使风险负担得到转移的机制”[③]。换言之，保险就是将损失风险转移给一个风险共担组织，然后在成员中重新分摊损失的机制。保险集合体财力充足，其财务支付能力的确定性和对损失预测的准确性，是保险交易的本质特征。[④] 因此，全面地理解保险的本质，须从以下要素展开：

（一）风险转移

“风险转移（risk-transfer）”是指将纯粹风险从被保险人转移给保险人。后者通常在偿付损失方面比被保险人有更强的经济实力。从个人的角度来看，向保险人转移的纯粹风险

① 参见［日］园乾治：《保险总论》，李进之译，中国金融出版社 1983 年版，第 6—17 页。

② ［日］园乾治：《保险总论》，李进之译，中国金融出版社 1983 年版，第 10 页。

③ ［美］哈维·W. 鲁宾：《保险学辞典》，李晓林译，上海财经大学出版社 2010 年版，第 304 页。

④ ［美］马克·S. 道弗曼：《风险管理与保险原理》，齐瑞宗等译，清华大学出版社 2009 年版，第 2 页。

一般包括早逝、健康状况变差、残疾、财产损毁或被盗以及责任诉讼等风险。[①]

保险合同是风险转移的工具，即“被保险人通过购买保险单把损失风险转移给保险人”[②]。保险单就是保险人与被保险人之间订立的合同。通过保险单，被保险人将可能的损失成本转移给保险人，被保险人向保险人支付保险费，而保险人则承诺在保险损失（保险人承诺赔付的损失）发生时予以赔付。这种承诺降低了被保险人面临的损失的不确定性或者不安全性。保险单所提供的保障，保护了个人、家庭、企业和组织的资产，并将损失带来的不利的财务影响降至最低程度。[③]

（二）损失分摊

损失分摊是保险的核心。“分摊（pooling）”是指将少数人的损失在整个群体中进行分散，所以在这个过程中，平均损失替代了实际损失。[④] 换言之，作为一种分摊机制，保险是一个由保险费汇合而成的“池”，发生保险损失的被保险人从保险人的资金池中得到赔付，这样总损失成本就在被保险人之间分摊。而保险人则通过评估未来的损失和费用，决定其应从被保险人处收取多少保险费。[⑤] 因此，分摊意味着：（1）在整个群体中进行损失分散；（2）基于大数法则对未来损失进行准确预测。以下分述之：

首先，损失分摊是一个从“风险集中（risk-pooling）”到“风险分散（diversification）”之过程与结果的统一。也就是说，保险的充分条件之一，是集合多数个别独立、危险性质相同的危险单位的群体，并根据对群体未来损失的预测，将损失按一定比例分摊至群体中的每一个危险单位。所谓危险单位，包括实质个体及时间单位，前者如汽车、房屋及某一企业等，后者如 1 年等。保险涉及特定时期内多数危险单位的损失分摊，而且危险单位必须具有独立性或者“互不关联性”（uncorrelated），如若不然，一项常见的风险可能导致许多危险单位都要承担损失。[⑥]

其次，须基于大数法则（the law of large numbers）对未来损失率进行准确预测。大数法则乃保险经营技术的基础，遵循这样一个数学原理：随着相似且独立的风险单位的数量增加，基于这些风险单位对未来损失进行预测的相对精度也会增加。换言之，根据大数法则，基于个别危险单位无法进行损失预测，必须基于多数危险单位，方能作出足资信赖的整体损失预测。应用大数法则即可预测火灾保险标的物发生火灾的概率与次数，或预估死亡人数与死亡率。总之，“大数法则只能准确预测团体的结果，而不可能准确预测这个团体中的特殊个体将会发生什么事”[⑦]。即以团体未来损失的确定性，替代个体未来损失的不确定性。

---

① ［美］乔治·E. 瑞达：《风险管理与保险原理》，刘春江、王欢译，中国人民大学出版社 2010 年版，第 28 页。

② ［美］马克·S. 道弗曼：《风险管理与保险原理》，齐瑞宗等译，清华大学出版社 2009 年版，第 4 页。

③ ［美］康斯坦斯·M. 卢瑟亚特等：《财产与责任保险原理》，英勇、于小东总译校，北京大学出版社 2003 年版，第 19 页。

④ ［美］乔治·E. 瑞达：《风险管理与保险原理》，刘春江、王欢译，中国人民大学出版社 2010 年版，第 26 页。

⑤ ［美］康斯坦斯·M. 卢瑟亚特等：《财产与责任保险原理》，英勇、于小东总译校，北京大学出版社 2003 年版，第 5 页。

⑥ ［美］肯尼斯·S. 亚伯拉罕：《美国保险法原理与实务》，韩长印等译，中国政法大学出版社 2012 年版，第 4 页。

⑦ ［美］马克·S. 道弗曼：《风险管理与保险原理》，齐瑞宗等译，清华大学出版社 2009 年版，第 8 页。

综上所述，从个人角度来看，保险是一个风险转移机制。通过这个机制，被保险人将损失的可能性转移给保险人，其在事前以小额的确定的保险费，替代了事后大额的不确定的保险损失。[①] 从社会的角度看，保险是通过将数量足够多的同质危险集合到一起，将集合体视为一个整体进行损失预测，以此来减少、消除危险的经济机制。[②]

◎ 相关事例

“相互保”是否为保险

2018 年 10 月 16 日，由蚂蚁保险、芝麻信用、信美人寿保险联合发布的“相互保”产品正式上线，相互保以“零元入会、事后分摊、最高赔付额 30 万”为宣传噱头，吸引了大量人员加入。据公开数据显示，相互保上线仅 8 天，就有 1000 万人参保，不足两个月已有 2000 万人加入。相互保以国内第一款所谓的寿险相互保险产品为定位，凭借强大的网络流量平台，成为互联网保险时代震动保险圈的现象级产品。

“相互保”以互联网保险为依托，同时自带“保险互助”的光环，一经推出即受到保险行业与大众的广泛关注。“相互保”因其产品的四大特点而广受欢迎：（1）门槛低，0 元加入，先享守护；（2）额度高，互助金额度最高可达 30 万元；（3）大家担，一人生病，众人分摊；（4）覆盖全，包含恶性肿瘤加 99 种大病。然而好景不长，2018 年 11 月 27 日，蚂蚁金服发布公告称，近期收到合作伙伴信美人寿保险的通知，由于监管部门约谈并指出其涉嫌违规，信美人寿保险不再以“相互保大病互助计划”的名义参与相关业务活动，“相互保”升级为“相互宝”，昔日的“相互保”自此正式走上了“脱保入助”的道路，如今的“相互宝”被定位于一款基于互联网的互助计划。“相互保”在短短的 41 天内，由迅猛的市场蔓延开始，以涉嫌违规猝然退场。

监管部门约谈相关负责人之理由，主要在于认为“相互保”存在以下几点不合规之处：首先，未按照规定使用经备案的保险条款和费率；其次，存在虚假宣传嫌疑；最后，信息披露不充分。其实，本事例背后更深层次的原因在于：虽然名义上为“保险”，但“零元入会、事后分摊”则违背了保险之“事前支付的保费与赔偿数额的事后估定”的运作机制。[③] 详言之，从运作机制看，保险具有两个基本特征：（1）将危险从个人转移到一个集合体中；（2）在某种公平的基础上，由该集合体的全体成员分担损失。也就是说，遭受损失的人是从没有遭受损失的人那里得到赔偿的。由此可见，保险运作的关键之处，在于纯粹的保险费的相互保险合作。不过，在上述保险运作过程中，一个最明显的潜在困难在于：有些成员在损失发生后拒绝

---

① 参见［美］埃米特 • J. 沃恩、特丽莎 • M. 沃恩：《危险原理与保险》，张洪涛等译，中国人民大学出版社 2002 年版，第 14 页。

② 参见［美］埃米特 • J. 沃恩、特丽莎 • M. 沃恩：《危险原理与保险》，张洪涛等译，中国人民大学出版社 2002 年版，第 20 页。

③ ［美］Scott E. Harrington、Gregory R. Niehaus：《风险管理与保险》，陈秉正等译，清华大学出版社 2001 年版，第 58 页。

支付他们应当承担的保险费，这一问题必须通过预先交付保险费来解决。[①] 采用事先支付固定的保费而不是事后进行分摊，旨在避免向未发生损失的人收缴分摊款项的费用太大时，有些人会试图迟延支付，甚至企图逃避支付，如若如此，其结果势必为支付损失的款项不会快速地准备好。总之，保险机制运作的关键之处在于，固定的事先保费支付意味着保险人在支付索赔之前获得了保费收入。保险人向保险参与者事先收取固定的保费，在保险期间，即使受保团体的损失高于预期，也无权再向保险参与者分摊损失成本。保险人通常将事先收取的保险费投资于各种金融资产等项目，以便在索赔发生时，可以用投资的收益来支付索赔。[②]

三、可保危险的构成要件及其限制因素

尽管保险是处理危险的一种制度安排，但并非所有危险均可移转给保险人予以分散，故保险合同之条款设计以及保险立法之制度安排的基本目的在于可保危险之合理分散和干扰因素之有效遏制。

（一）可保危险之构成要件及属性

可保危险（insurable risk），是指可以转移给保险人承保并由其承担保险责任的损失风险。可保危险构成要件包括承保对象要件、技术要件和经济要件。可保危险的构成要件，依保险人经营条件之不同，其严格程度也会有所不同，故有“绝对必要要件”与“相对必要要件”之分。详见表 1-1。

表 1–1 可保危险构成要件、来源及要件

可保危险构成要件		来源	绝对必要要件	相对必要要件
承保对象要件	纯粹性危险	保险基本原理之损失分散原理	◎	
技术要件（保险人要件）	危险暴露单位大量且同质	保险基本原理之大数法则与同质性	◎	
	损失的发生属意外	保险基本原理之意外性		◎
	损失之本身确定且可测定或衡量	保险基本原理之大数法则与同质性		◎
	危险暴露单位之损失不能同时发生	保险基本原理之损失分散原理	◎	
经济要件（被保险人要件）	发生损失金额较大之危险	危险管理方法选择原则		◎
	损失概率不过高之危险	保险基本原理之损失分散原理		◎
	保险成本应经济合理	保险基本原理之损失分散原理		◎

① ［美］埃米特 • J. 沃恩、特丽莎 • M. 沃恩：《危险原理与保险》，张洪涛等译，中国人民大学出版社 2002 年版，第 14 页。

② ［美］Scott E. Harrington、Gregory R. Niehaus：《风险管理与保险》，陈秉正等译，清华大学出版社 2001 年版，第 58—59 页。

1. 承保危险的纯粹性

危险可分为纯粹危险与投机危险。保险人承保的危险，一般是纯粹危险，即仅有损失机会并无获利可能。例如火灾危险，只有给人的生命或财产带来损害的可能，而绝无带来利益的可能。投机风险则不然，它既有损失的可能，又有获利的机会。例如股市风险，既有因股市下跌遭到损失的可能，又有因股市上扬而获利的机会。对这种投机危险，保险人是不能承保的。

2. 危险单位的大量且同质性

纯粹危险应当存在面临相同风险事故或风险事故集合的大量基本类似但不必完全相同的风险单位。这一要求之目的是让保险公司能够基于大数法则估算损失。损失数据能够随着时间的推移而累积起来，因此可以比较准确地预测这一群体作为整体所遭受的损失，损失成本也就可以在承保范围内的所有被保险人之间进行分摊。

3. 损失的偶发性

损失必须是意外发生或非故意造成的。也就是说，损失应当是偶然的、被保险人控制之外的。所以，如果被保险人制造了损失，他就不会得到损失填补。基于两个原因，偶然和意外损失的要求非常必要：（1）如果对故意损失进行赔付，就会大幅度增加道德风险，其结果是提高保费。保费的大幅度增加将导致更少的人购买保险，保险公司可能就没有足够多的风险单位来预测未来损失。（2）大数法则适用以事故的随机发生为基础，故意行为导致的损失并不是随机事件，因为被保险人知道损失将在什么时候发生。如果故意造成的损失或非随机损失大量发生，对未来损失情况的预测就会非常不准确。

4. 损失的确定性与可预测性

损失必须既是确定的，也是可预测的。这意味着损失的原因、时间、地点和数量应当是确定的，损失必须是难以伪造的，经济上是可以衡量的。简言之，必须能够判断损失确定发生了，并能够对损失程度作出价值判断。这个要求的基本目的是让保险人能够判定，如果损失在保单保障范围内，应当赔偿多少。

5. 损失的非灾难性

损失必须不是灾难性的。这意味着大部分风险单位不能同时发生损失。因为分摊是保险的本质，如果大多数或者所有风险单位同时发生损失，分摊方法就会崩溃而无法发挥作用，保费势必增加到无人问津的水平，保险也就不再是一种可行的、能够将少数人的损失在整个群体中分摊的协议。

6. 损失负担的沉重性

一般而言，保险人所承保之危险，会给被保险人带来沉重之财务负担，否则被保险人可采行其他危险管理方法，无须借由保险方式来应对所面临之危险。例如电视机天线毁损，损失金额不高，不会造成沉重财务负担，自无投保之必要，即使保险人愿意承保，被保险人也可能会因保险费超过预期损失太多（主要原因在于保险费中含有附加费用），而无投保意愿。

7. 损失概率的可预测性

保险为借由多数经济单位参加，基于客观公平原则合理计算共同出资，针对少数人发生意外事故所致之损失，予以合理补偿之持续性经济制度。因此，对于保险费之收取，必须借由客观数理方法依其损失概率来计算，倘若损失概率不可测度，则保险人实难厘定公平合理之保险费，致使保险费有偏高或不足之虞。

8. 保费成本的经济合理性

保险成本通常包括纯保费与附加费用两大项。前者用作支付保险金之用，而后者为管理及销售费用。当保险成本超过保险标的价值时，被保险人因得不偿失，势将改采其他危险管理方法取代原有保险规则。例如价值 100 万元的车，倘若投保盗窃险应交保费为 110 万元，对车主而言已欠缺投保诱因，毫无购买保险之必要。

（二）限制可保危险有效分散的因素及其排除

即使具备前述可保危险构成要件，欲通过保险来移转和分散可保危险，也并非一个无摩擦的管道。阻碍保险机构分摊风险能力的因素主要有二：（1）道德风险，来源于保险对被保险人防损动机的改变；（2）逆向选择，是在保险客户比保险公司对期望索赔成本有更多的了解时产生的。这些因素会使某些类型风险无法得到保险保障，更普遍的是导致保险只能提供部分而不是全部保障。

1. 道德风险（moral hazard）

在保险语境里，“道德风险”一般指这种理论上的趋向，即保险减少了被保险人对防范或最小化损失成本之行为激励。前者（经济学家叫做“事前道德风险”）的一个例子是离车不锁车，因为被保险人知道，如果车被盗，自有保险公司赔付，大可不必担心。后者（经济学家叫做“事后道德风险”）的一个例子是，只要有保险公司赔付，就非常不在乎修车花多少钱。经济学家将道德风险称为信息问题，因为如果保险公司能够确定哪些人在无保险情况下会很小心，继而要求这些人在投了保险之后保持同样的小心程度，保险公司就能够消除道德风险。但是，保险公司很难做到，因为它们没有无成本获得必要信息的手段，也不能监控人们的行为。

对付道德风险，有三个基本策略：一是“承包护理（contracting on care）”，即对投保人提供一个财务激励，投资某种形式的耐久保护，比如汽车报警器、弹子门锁、自动喷水消防系统，投保人每天必须启动的保护越少越好。二是保险公司与投保人创建一个“命运共同体”，使投保人感受一些损失的痛苦。在这种情形下，免赔额（deductibe）就是一个最普通的例子，使投保人对任何损失承担一个起始金额的自我支付。三是设计保险合同，对引起很高道德风险危害的各种风险不予承保，或承保很少。一般地，被保险人对损失的控制权越大，道德风险就越大，保险公司提供完全保护的意愿就越小。因此，保险公司一般不愿意对故意伤害予以承保，健康保险公司也不愿意对整容手术予以承保。

2. 逆向选择（adverse selection）

在保险语境里，“逆向选择”一般指这种理论上的趋向，即高风险人群比低风险人群对保险更感兴趣。举例来说，在所有其他情况都相同时，具有种种医疗问题历史的人比一直保持良好健康状态的人更关心丧失健康的保险。类似地，相比于另一家类似企业，一家面临产品责任索赔高潮的厂商更可能寻求保单限额很高的保险。逆向选择的理论结果是，选择购买保险人群的平均风险水平要高于整体人口的平均风险水平。

在其他条件相同的情况下，高概率风险的投保人会比低概率风险的投保人有更大的投保偏好。如果潜在的保单持有人比保险人更了解自己是否会遭受相对高概率或者相对低概率的风险，就会发生逆向选择：如果保险人对每一个投保人收取同样的价格，则相较于低风险者而言，更多的高风险者就会积极地选择投保，保险人就得被迫提高保险承保价格，进而使得低风险概率的投保人拒绝购买保险或者购买较少的保险。其结果是保单持有人的平均风险程度随之上升，保险人被迫再次提高承保价格，从而再次开始逆向选择的循环。经济学家认为逆向选择也是一个信息问题。因为，如果保险公司能够识别出潜在被保险人群的风险状况，并采取相应行动，它们就能够对付逆向选择。虽然逆向选择不能完全消除，但保险人可以通过仔细的核保来控制逆向选择。核保是保险人选择投保人和对投保人进行分类的过程。满足核保标准的投保人会以标准费率获得保险。如果不符合核保标准，投保者就会被拒绝或者必须支付额外的保险费。保险人经常会把保险卖给那些高于平均损失概率的投保人，但这些投保人必须支付更高的保险费。当高于平均损失概率的投保人以标准或平均费率获得保障时，就出现了逆向选择的问题。保险人通常运用保单条款来控制逆向选择，如人寿保险中的自杀条款、健康保险中的既存状况条款等。[①]

四、保险与类似行为之比较

在现实社会中，对危险发生的结果，通常采用的经济准备方法主要有“慈善”“储蓄”“保险”三种，但各自有所区别，分述如下。

一般所谓的“慈善”（charity），是对于危险发生后导致的经济生活不安定的补救，固有其功用，但慈善乃单方救助行为，是一方无偿受领他方之给予，并非基于一定的权利义务关系，而且不是人人均能接受。简言之，危险的发生导致经济生活不安定时，依他方之给予应付者，为“慈善”。

“储蓄”（saving），即以现在的剩余作为将来的准备，也就是将现在收入之非必需部分，为未雨绸缪计，准备将来之所需。因此，储蓄以准备财产的形式安定经济生活，颇具功效。然储蓄所得者，为自己所储蓄的本金及其所孳生的利息，必须经一定期间的等待始能有相当的数额；若危险在储蓄初期发生，则不能达到充分经济准备的目的。换言之，危险的发生使经济生活不安定时，依自力应付者，为“储蓄”。

保险之旨趣，乃根据危险分散之法则，依相互性之原理，将集中于少数人之危险，由多数人分担其损失，含有“我为人人，人人为我”之寓意。比较而言，唯有保险，既可避免储蓄之缺点，又可对危险发生的结果有充分而合理的准备，更基于一定之权利义务关系。换言之，危险的发生使经济生活不安定时，依自力与他力之结合而为应付者为“保险”。保险是人类社会以协同、协力为基础之各种社会经济制度中，最为普遍而有效的一种制度。

在现代保险制度中，除人寿保险与财产保险之商业保险外，还有社会保险。人寿保险一方面具有保险之保障性，另一方面则具有储蓄性；社会保险一方面具有保险之保障性，另一方面具有社会性；而财产保险则仅具有保险之保障性。至于相互组织，如果基于合理计算而共同出资，则为相互保险组织（即民间为互助合作而办理之非营利的任意保险组织），如保险相互公司、保险合作社等。上述各种保险制度与“慈善”“储蓄”之间的关系，如图 1-2 所示。

---

① ［美］乔治 • E. 瑞达：《风险管理与保险原理》，刘春江、王欢译，中国人民大学出版社 2010 年版，第 30 页。

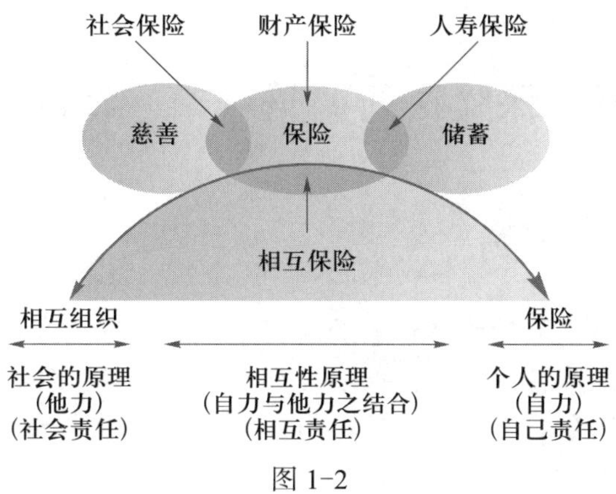

图 1–2

本节理论与实务研讨

保证 VS 保险

保证与保险两者在理念上存有极大之不同，两者主要之差异见表 1–2：

表 1–2 保证与保险之比较表

比较项目	保险	保证	说明
功能	损失填补功能	财务融通机能	
当事人	双方当事人：投保人、保险人	三方当事人：保证人、被保证人、权利人	英文用语：保证人（surety）/ 被保证人（principal）/ 权利人（obligee）
预期损失	有	无	
价格名称	保险费	服务费	英文用语：服务费（service fees）
保险期间	一定期间	不定期间	
终止	自由终止	不得终止	
赔偿责任	保险人单独责任	保证人与被保证人负连带责任	
资格限制	有	无	
合同特性	有偿合同、双务合同	可以为无偿合同、单务合同	
再保险	再保险依存度高	无	
法律适用	保险法	民法	
合同解除	可以解除合同	不可解除合同	违反告知义务时
合同文件	保险合同	主契约、保证委托合同、保证合同	英文用语：主合同（principal contract）/ 保证委托合同（或称偿还同意书）（indemnity agreement）/ 保证合同（surety contract）
基本用语	保险金额（sum insured）、保险费（premium）、保险单（policy）	保证金额（penaty）、服务费（service fees）、合同（contract）	

第二节　保险法的调整对象、特征及地位

一、保险法的调整对象

保险法是以商业保险关系为调整对象的法律规范的总称。商业保险关系之构成，首先当然是保险之需求者与供给者；而由于保险商品本身之特色，保险中介人亦在市场中扮演重要角色。此外，政府法令对于上述三种成员之影响力亦不能忽视。此四者之间的关系如图 1-3 所示。

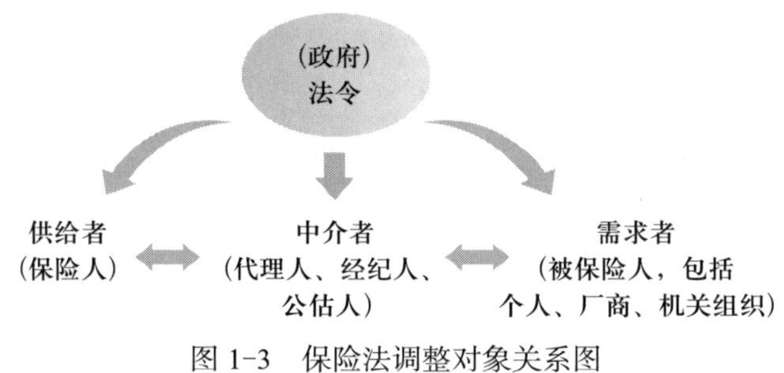

图 1-3　保险法调整对象关系图

上述四者之间所构成的商业保险关系，分别从“交易面”与“管制面”可区分为保险营业关系与保险监管关系，以下分述之。

（一）保险营业关系

1. 保险合同关系

这种关系是平等主体的当事人之间通过订立保险合同而形成的一种横向关系。这是保险法调整对象的最主要的内容。

2. 保险中介关系

这种关系是指保险代理人、保险经纪人或者保险公估人与保险人、投保人之间形成的媒介关系。保险代理人、保险经纪人或者保险公估人的保险中介活动，具有沟通保险人和投保人、推动保险经营的作用。

3. 保险方内部及相互之间的关系

这种关系包括两方面：一方面是保险企业的内部组织关系，主要受保险公司法的规范；另一方面是保险企业与保险企业相互之间的外部关系，这是一种横向的竞争与协调关系，除受保险法的规范外，还受反不正当竞争法的规范。

4. 投保方内部及相互之间的关系

这种关系也包括两方面：一方面是投保方内部的关系，即投保人与被保险人及受益人之间的关系，这三者可以是同一人，也可以是不同的人；另一方面是投保人与投保人相互之间的内部关系，如相互保险社中社员之间的关系。

（二）保险监管关系

1. 国家与保险人之间的关系。这种关系是国家与保险企业之间以监督与被监督、管理与被管理为内容的纵向关系。国家为了规范保险企业的保险经营行为，维护被保险人的利益，保障保险业的健康发展，设立了保险业主管机关，负责审批保险企业的设立，监督和管理保险企业的保险经营行为。任何保险企业从事保险经营活动，都必须在有关主管机关的监督管理下合法地进行。

2. 国家与投保人之间的关系。这种关系包括两方面内容：一方面是国家与投保人之间的保护与被保护的关系，即国家为了维护广大投保人的一般利益而形成的关系；另一方面是国家与投保人之间的强制与被强制的关系，即国家为了保护投保人的利益而强制投保人作为或不作为而形成的关系，如国家通过法律规定强制投保机动车对第三者责任保险而形成的关系。

3. 国家与保险中介之间的关系。这种关系是国家与保险中介之间以管理与被管理为内容的纵向关系。国家通过立法对保险中介的任职资格和从业条件作出相应的规定，并通过有关国家机关对保险中介的任职资格和从业条件进行审核和批准。保险中介从事保险中介活动，必须在有关主管机关的监督管理下合法地进行。

综上所述，保险法以商业保险关系为调整对象，分别对保险营业关系与保险监管关系予以规范。前者在性质上属于保险私法，后者在性质上属于保险公法。

二、保险法的特征

与一般民事法律、其他商事法律相比，保险法具有以下特征：

（一）私益性与公益性之结合

保险法的商法属性使其必然表现出一定的私益性特征。保险法的私益性，是指保险法所调整的各种保险合同是双方当事人为追求私法上的利益而进行的商事法律行为，投保人与保险人之间基于保险合同而形成的关系是一种商事法律关系。从本质上而言，保险法仍然属于私法范畴，虽然其已经具有一定的公法性因素。从投保人和被保险人方面而言，与保险人订立财产保险合同或人身保险合同，可以保障其有关的财产利益或人身利益，达到预防风险的目的。从保险人方面而言，实施保险经营行为，可以使保险企业所追求的营利目的得以实现。

保险法的公益性，体现为保险法具有社会性的特征，即保险法对保险业的调整更多地注重保险业的社会责任或公共责任。保险法的公益性从某种程度上来说，是为了修正从事保险业的大企业过分追求营利而表明的一种法律态度。20 世纪以来，各国越来越重视对包括保险业在内的与公众社会生活关系甚为密切的大企业社会性的法律调整。这是因为这些大企业所从事的事业一旦经营不良，将使公众的社会生活遭受重大的不利影响。法律的这种变化和倾向，被称为法律的社会化趋势。保险业由于在社会生活的保险活动中处于最重要的地位，其经营行为与社会公众的切身利益直接相关，因此法律对其的调整也越来越体现出社会化或公益性的特征。具体来说，与一般的企业相比，保险业的社会性体现为：（1）基于保险的技术上的特征而产生的团体性、集体性以及寿险的长期性；（2）对于投保人、被保险人而言，保险所保障的偶然事故大多是他们的不幸遭遇；（3）保险是市场经济之核心——金融业的一环，担负着维持经济秩序的重要角色；（4）保险资金（尤其是寿险业）在公益事业上的投资；（5）保险具有节省货币准备的特征。

（二）任意性与强制性之兼顾

保险法的任意性，是指在保险合同法领域，允许保险人、投保人或被保险人、受益人享有设立、变更、终止保险合同的权利，允许其采用协议或其他方式设定义务或施加条件，只要不违反法律的强制性规定，不违反法律的基本原则，也不损害第三人或公共利益，法律就认可其效力并予以保护。保险合同属于商事合同，通过订立保险合同而达成意思表示一致的保险行为，是建立在当事人意思自治的基础上的，它以当事人自愿和意思表示真实为行为有效的必备要件。例如，我国《保险法》第 11 条规定："投保人和保险人订立保险合同，应当遵循公平互利、协商一致、自愿订立的原则，不得损害社会公共利益。除法律、行政法规规定必须保险的以外，保险公司和其他单位不得强制他人订立保险合同。"保险法的任意性实质上是合同自由原则在保险法上的具体体现。

保险法的强制性，是指由于保险事业涉及社会公共利益，具有公益性和社会性的特征，使保险法规范中多有强制性规定的内容。与民商法中大量存在的任意性规范不同，那些属于强制性规范的保险法规范，不允许当事人作出变更或限制。保险法中的强制性规定有二：（1）"片面性"之强行规定，即若对被保险人不利则不得变更，若对被保险人有利则可加以变更之规定。（2）"全面性"之强行规定，即无论对被保险人有利或不利，均不得加以变更之规定，当事人有相反约定的，该约定原则上归于无效。

（三）技术性与伦理性之彰显

保险法的技术性，是指保险行为长期实践中得来的经验和客观规律，使得保险法规范中存在很多具有一定技术性要求的法律规范。如保险费率的厘定、承保风险的选择程序、保险事故损失的计算、保险赔款的计算、设立保险公司应具备的技术与物质条件、责任准备金的提存等，这些法律规范的内容一般不允许当事人之间加以约定，具有强制性的法律效力。同时，保险业经营过程中形成的一些惯例和便利保险公司经营管理的做法所具有的这种技术性，在社会不断进步的过程中，要经过法律的筛选与确认，剔除其中不合理之处，使之更加符合社会正义与经济上平等的法律标准。此外，国家为了便于加强管理，也有必要设立一些程序性的规范，其具体内容对一般的投保人和被保险人来说不甚熟悉，因此法律规定保险人负有让投保方知晓的义务。

保险的伦理性，是指为防止道德风险，保险法对保险合同的当事人提出了较高的善意要求，使保险法具有了一定的伦理性特征。保险行为是射幸行为，保险合同是射幸合同。保险的这种射幸性质使其具有了道德风险发生的可能性。为防止道德风险的发生，法律要求保险合同当事人以特别的善意订立保险合同，因此保险合同又被称为"最大善意合同"。保险法的这种伦理性要求，在保险法的各个历史发展阶段均有一定的反映。例如，1906 年《英国海上保险法》第 17 条规定，海上保险契约以绝对的忠诚老实为基础，倘若任何一方不遵守忠诚老实的原则，另一方得声明此项契约无效。又如，我国《保险法》第 17 条关于"如实告知义务"的规定，也属于此类性质的规定。

三、保险法的地位

保险法的地位，是指保险法在整个法律体系中的地位。世界各国或地区均十分重视保险立法，但由于对保险法的法律属性的认识不同，对保险法的地位很难形成统一的定论。从保险法的编制来看，可归纳为表 1-3 所列三种模式：

表 1-3　世界各国或地区关于保险法地位的立法模式

立法模式	主要立法例
民法典	(1)《意大利民法典》第四编“债”第三章“各类契约”第十二节“保险”；(2)《俄罗斯民法典》第十四编“因金融服务而产生的债”第五十九章“保险之债”；(3)《魁北克民法典》第五编“债”第二题“有名合同”第十五章“保险”
商法典	(1)《日本商法典》第三编“商行为”第十章“保险”；(2)《韩国商法》第四编“保险”；(3)《澳门商法典》第三卷“企业外部活动”第十八编“保险合同”
单行法	(1) 2008 年《日本保险法》；(2) 1908 年《德国保险契约法》；(3) 1930 年《法国保险契约法》；(4) 1935 年美国《加州保险法》；(5) 2012 年《英国消费者保险法》；(6) 我国台湾地区“保险法”

一般来说，在采民商合一制的国家或地区，保险法是民法的特别法，与民法的关系为特别法与普通法的关系，凡保险法无特别规定的，皆适用民法的一般规定。在采民商分立制的国家或地区，保险法与公司法、票据法、海商法、破产法等一起被纳入商法典中，构成商事法的组成部分。

◎ 典型案例

德菲诉西部汽车供给公司案[①]

被告西部汽车供给公司在俄亥俄州设有多个零售商店，出售汽车用的充气橡胶轮胎，其材料和做工都达到了质量标准。被告提供两种所谓的“保证”，保证的格式也已由被告印好。其中一种保证很特殊，在合同中宣称：在保证期间，“对轮胎爆裂、割伤、财损、轮胎边缘破损、充气不足、车轮出轨、刹车失灵或其他可能造成轮胎无法再用（除了火灾和偷窃）的路上危险负责”；“万一前述情况导致轮胎无法使用，我们将（由我们选择）对其进行免费修理，或用我们任一个商店里同样的新轮胎来替换，收费……依照自轮胎售出日后我们每个月的平均价格计算。在调试期间，新轮胎将完全由我们保证赔付。并且，我们对每个轮胎材料和做工缺陷的保证，没有时间、里程或服务上的限制”。另外一种保证规定：“如果轮胎在更换期内出现问题，可以将其退还给最近的西部汽车商店，我们会免费修理，或用新轮胎来

① 资料来源：[美] 哈威尔·E. 杰克逊、小爱德华·L. 西蒙斯编著：《金融监管》，吴志攀等译，中国政法大学出版社 2003 年版，第 434—437 页。

更换，您只用付购买轮胎后我们每个月平均价格的适当部分价款即可。”

审判记录所显示的唯一问题是：被告在销售轮胎时所用的这些口头陈述或书面协议，是否构成保险。原告认为对被告提起控告，是由于它从事保险业，违反了总法典第 665 条（Section 665，General Code）。[①] 被告争辩说，出售轮胎时使用的两种保证协议，都只是为了保证产品所用的材料和工艺质量，并提供一条履行其保证义务的途径。被告还争辩说这两种保证合同只跟被告售出的商品有关，是它和顾客之间买卖交易的一部分。被告所作的承诺也是有条件限制的，即只保证在规定期限内对轮胎提供服务，在任何情况下，这两种保证都不存在对买方给予“归还金钱”的承诺，只是保证免费修理破损的轮胎，或者用新的轮胎更换，新轮胎的价格按保修期内平均价格的一定比例计算。

这些保证协议是否属于总法典第 665 条范围内、应被禁止的“实质上相当于保险的合同”呢？法院判决认为：“从广义上讲，保险是一种合同，是一方以收取保险费的方式承担另一方的特定风险，并承诺当特定事故发生时，对另一方或其受益人给予一定或特定金额补偿的合同。对财产保险而言，它是这样一种合同：一方通过收取对价，承诺当另一方因特定原因蒙受损失时对其给予补偿或赔偿，或对其因此遭受的损失提供保证、赔偿或保护。”它是规定“当保险单上特定财产由于遭受特定危险而损坏或灭失时，对保险客户进行赔偿”的合同。也就是说，有一点已经确定，即保险的成立不需要有金钱赔付的承诺，承诺可以是“金钱”的等价物，也可以是对被保险人特定财产遭受的损害或灭失所采取的一些措施或行为。法院判决进一步指出，解决本案中的分歧，关键是要陈明保证和保险的区别。按总法典第 8392 条关于保证的概念之规定[②]，保证承诺对存在缺陷的已售商品进行赔偿；而保险则赔偿外部危险造成的灭失或损害，与商品本身的缺陷无关。依据上述，法院判决认为：被告的格式合同之一特别规定“对材料和工艺缺陷的保证不受时间、里程或服务的限制”，但它进一步保证赔偿轮胎所有人由于各种路途危险（火灾或偷窃除外）造成的轮胎需要修理的损失。显然，这种合同包含了对买方财产的保险，不能抹煞该交易行为的保险性质。买卖行为完毕后，所有权转移，作为保险或赔偿标的物的财产由买方所有，但实际上它是“实质上相当于保险”的合同，因而属于总法典第 665 条的规范范围。

美国上述判例表明，哪些交易属于保险规范的范围？这些交易为什么适用保险规范这种特殊制度？保险究竟有什么特殊之处？如此诸种，不能仅凭合同之名称判定，还需审查交易之实质内容。

---

① 该条规定，除非得到本州法律的明确认可，而且已经遵守了规范它的法律，任何公司或团体，无论其构建于本州还是其他地方，都不得直接或间接在本州开展保险业务，或订立实质上相当于保险的合同，或以任何方式谋求此种目标，或从事对义务、灭失或损害的保证义务。

② 该条规定，如果卖方对商品所作的确认或承诺本意是吸引顾客购买商品，顾客并据此购买了商品，那么卖方对商品所作的任何确认或承诺都是一个明确的保证。

第三节　我国保险法的沿革、体系结构与渊源

一、我国保险法的沿革

我国现代意义保险业的发展，源于 1978 年十一届三中全会所作的改革开放的决定。1979 年 4 月，国务院批准《中国人民银行全国分行行长会议纪要》，作出了“逐步恢复国内保险业务”的重大决策，从此我国保险业进入了一个崭新的发展时期。随着我国保险业的发展，我国保险立法也随之启动，经历了一个从孕育到制定再到修订的发展历程。

（一）保险法之孕育

1981 年 12 月 13 日，第五届全国人民代表大会第四次会议公布了《经济合同法》（1993 年 9 月 2 日修正），其中第 25 条和第 46 条对财产保险合同作了原则性的规定。1983 年 9 月 1 日国务院发布了《财产保险合同条例》，共 5 章 23 条。其中，第一章为总则，第二章为保险合同的订立、变更和转让，第三章为投保方的义务，第四章为保险方的赔偿责任，第五章为附则。实际上，《财产保险合同条例》是《经济合同法》第 25 条和第 46 条规定的实施细则。1985 年 3 月 3 日，国务院又发布了《保险企业管理暂行条例》，共 6 章 24 条。其中，第一章为总则，第二章为保险企业的设立，第三章为中国人民保险公司，第四章为偿付能力和保险准备金，第五章为再保险，第六章为附则。该条例旨在通过法律规定，加强国家对保险业的管理，维护被保险人的利益，发挥保险的经济补偿作用，促进保险业的健康发展。如果说我国的《财产保险合同条例》相当于国外的保险契约法，那么可以将《保险企业管理暂行条例》看作国外的保险业监督法，为我国保险法的制定奠定了基础。

（二）保险法的制定

为适应改革开放的保险市场，在总结我国保险实践经验的基础上，1995 年 6 月 30 日，第八届全国人民代表大会常务委员会第十四次会议通过《保险法》，并于同年 10 月 1 日起施行。这是新中国成立以来我国第一部保险基本法，采用了国际上一些国家和地区集保险业法、保险合同法于一体的立法体例，形成了一部较为完整、系统的保险法律，共 8 章 152 条。其中，第一章为总则，第二章为保险合同，第三章为保险公司，第四章为保险经营规则，第五章为保险业的监督管理，第六章为保险代理人和保险经纪人，第七章为法律责任，第八章为附则。该法的颁布和实施，为我国保险业的发展提供了全面的法律依据和法律保障，为建立具有中国特色的社会主义保险市场提供了法律环境。中国保险业就此进入全面腾飞的时代。①

---

① 陈继儒编著:《新编保险学》，立信会计出版社 1996 年版，第 48 页。

（三）保险法的修改

2002年10月，为适应我国加入WTO的需要，对《保险法》进行了颁布后的首次修改。此次修改增加6条，涉及38处变动。修改后的《保险法》共158条，包括总则（1—9条）、保险合同（10—69条）、保险公司（70—91条）、保险经营规则（92—106条）、保险业的监督管理（107—124条）、保险代理人和保险经纪人（125—137条）、法律责任（138—152条）与附则（153—158条）。2006年3月21日，国务院颁布了《机动车交通事故责任强制保险条例》，规定被保险人因被保险机动车发生交通事故造成他人的人身及财产损害所负的赔偿责任，由保险人在法定限额内对受害人予以补偿，正式确立了我国的机动车责任保险制度。

2009年2月，为了适应保险实践的发展，第十一届全国人民代表大会常务委员会第七次会议对《保险法》进行了第二次修改。此次修改，新增48条，删除19条，修订126条，使其从原来的158条增加到187条。2014年8月31日，第十二届全国人民代表大会常务委员会第十次会议通过并公布了《全国人民代表大会常务委员会关于修改〈中华人民共和国保险法〉等五部法律的决定》，对该法进行第三次修改，涉及第82条、第85条。2015年4月24日，第十二届全国人民代表大会常务委员会第十四次会议通过了《全国人民代表大会常务委员会关于修改〈中华人民共和国计量法〉等五部法律的决定》，对《保险法》中有关行政审批、工商登记前置审批及价格管理的规定作出修改，涉及13处，删去第132条、第168条后，共计185条，完成第四次修改。

二、我国保险法的体系结构及特色

近代以降，保险业之特殊性使其逐渐成为被各国政府监管的行业。德国著名保险学者波斯（P.Boss）就保险业由国家予以监管的必要性曾言："保险存在于以相互分担损失为目的的共同体（gemeineschaft）中，系一种相互关系（gegenseitig keitsverhaltnisse）。正常保险契约之签订，只有在共同关系之单一性及职司管理的完整性中始得实现。据此，基于保险机构之特性，为保护保险人及被保险人之权益，各国除了一般债权法外，尚应分别制定具有强制规定之保险特别法。惟各种保险特别法并非万能，且保险事业在国民经济之重要性日趋增大，为弥补法律规定之不足，并确实保障保险加入者之利益及维持保险事业之健全发展，由政府予以更多关注，严格实行国家之管理监督，实属必要。"因此，现代保险立法之编制，既要注重保险的"交易面"规范，也要重视保险的"监管面"规范，二者不可偏废。以下通过两大法系主要国家保险立法例之比较，来看我国《保险法》之特色。

（一）德、法、日、英等保险业先进国家保险立法例

以德、法、日、英等为典型代表的保险立法，采保险契约法与保险业监督法分别立法模式。就德国而言，1897年颁行的《商法典》第四编第十章，就"海上危险之保险"为专门规定，共计7节120条。而对于陆上保险，则于1908年颁行《保险契约法》，共计5章194条：第一章为各种保险之共同规定；第二章为损害保险；第三章为人寿保险；第四

章为伤害保险；第五章为附则。本法被推为20世纪初陆上保险统一法典之先驱。[①] 在保险业监督方面，1901年颁行《保险业监督法》，共计10章160条。[②] 进入21世纪后，为将相关欧盟保险指令的内容转换为德国国内法，并将德国多年实践积累的不成文法，包括联邦最高法院判决、联邦宪法法院判决等落实为成文法，德国保险合同法改革委员会启动修法，新《保险契约法》于2008年1月1日正式生效。此次改革是德国保险契约法有史以来最大一次改动，基本抛弃了原有的条款编排，完全重新改写，史称德国保险契约法之"百年修法"。[③] 在保险业监督方面，德国也于2012年修改颁行《保险业监督法》。[④] 从上述历史来看，正如我国台湾地区江朝国教授总结所言："德国保险法律，采契约法与监督法分离之体制，即有关保险契约与保险业监督各自成法，互不相属。"[⑤]

就法国而言，1807年《商法典》第三编"海商"第九章"保险"，共计3节65条，已是当时相当完整之海上保险法。对于陆上保险，于1904年作成《保险契约法草案》，直到1930年才予以公布。法国1930年《保险契约法》共计4章86条：第一章为保险总则；第二章为损害保险；第三章为人身保险；第四章为程序规定。该法不但体系极其完备，参酌各种学说、判例及各国立法例，而且历经长久的研究修正，因此颇能契合当时实际。[⑥] 在保险业监督方面，法国于1905年3月颁行《保险业监督法》，又分别于1922年3月、1938年6月、1946年4月先后颁布其他有关保险业监督事项的法令。上述表明，法国也采保险契约法与保险监督法分离之体制。[⑦]1976年，法国将有关保险的法律、规定、法令编纂成《法国保险法典》，并于2005年7月进行了部分修改。《法国保险法典》采用汇编的形式，包括5部保险法律，分别是《法国保险契约法》《法国强制保险法》《法国保险公司法》以及《法国保险中介法》。[⑧] 上述表明，《法国保险法典》只是形式意义上的保险法统一，并未突破保险契约法与保险业监督法分离的传统体制。

就日本而言，其保险立法始于明治维新。1890年日本公布《商法典》，史称"旧商法典"。旧商法典共3编：第一编为商通则，第二编为海商，第三编为破产。其中，陆上保险规定在第一编"商通则"第十一章，海上保险规定在第二编"海商"第八章。1899年日本公布实施新《商法典》，废止旧商法典。新《商法典》共五编，即第一编总则、第二编公司、第三编商行为、第四编票据、第五编海商。其中，陆上保险规定在第三编"商行为"第十章"保险"；海上保险规定在第四编"海商"第六章"保险"。[⑨] 在保险业监督方面，1939年颁行《日本保险业法》，1995年和2006年两次重大修改。[⑩]2008年又对新

---

① 参见江朝国译：《德国保险法》，财团法人保险事业发展中心编印1993年版，第81—143页。

② 参见江朝国译：《德国保险法》，财团法人保险事业发展中心编印1993年版，第1—80页。

③ 参见孙宏涛：《德国保险合同法》，中国法制出版社2012年版，第1—2页。

④ 参见陈丽娟：《德国保险经营与监理》，财团法人保险事业发展中心编印2013年版，第81—255页。

⑤ 江朝国译：《德国保险法》，财团法人保险事业发展中心编印1993年版，序言第1页。

⑥ 参见林群弼：《保险法论》，三民书局2006年版，第32—34页。

⑦ 参见陈猷龙：《保险法论》，瑞兴图书股份有限公司2010年版，第15页。

⑧ 参见孙宏涛译：《法国保险合同法》，宋志华主编：《保险法评论》（第5卷），法律出版社2013年版，第285页。

⑨ 参见王书江、殷建平译：《日本商法典》，中国法制出版社2000年版，第1—3页。

⑩ 参见廖淑惠译：《新日本保险业法》，财团法人保险事业发展中心编印2003年版；陈国奇译：《日本保险业法》，王保树主编：《商事法论集》（总第14卷），法律出版社2008年版。

《商法典》第三编“商行为”第十章“保险”有关内容进行重大修改，并从商法典中独立出来，颁布单行的《日本保险法》，于 2010 年 4 月 1 日施行。[①] 由此可见，日本仿德国立法例，也采保险契约法和保险业监督法分离之体制。

就英国而言，其保险业虽然发达较早，但属不成文法国家，故早期并无成文法，一切保险法律关系，全凭当事人间的约款、习惯法、判例法等予以规范。1756 年，首席大法官曼斯菲尔德根据欧陆之海事条例及国际惯例，编订《海上保险法草案》，直至 1906 年根据此草案制定了《海上保险法》。英国《海上保险法》之规定，依据英国历年之判例，得适用于与海上保险法性质无异之其他险种。由于《海上保险法》从商人法角度加以规定，无法满足商人与消费者对于保险之合理期待与需求，在保险人与被保险人相关权利与义务的天平上多有失衡，故英国国会于 2012 年 4 月正式通过《消费者（告知暨说）保险法》[Consumer Insurance (Disclosure and Representations) Act]。在保险业监督方面，自 1774 年《赌博法》颁布施行之后，陆续又颁布 1909 年《保险公司法》以及 1935 年《保险公司解散法》等。上述表明，英国也采保险契约法与保险业监督法分离的体制。

综上所述，以英、德、法、日等为代表的保险业先进国家之保险立法例，遵循私法与公法相区隔的法理，均采保险契约法与保险业监督法分离之体制。详言之，保险契约之规范与保险业之监督，两者性质截然不同。保险契约法以规范契约当事人之权利义务为目的，属私法之范畴，重在权利义务之平衡与法之安定性；而保险业监督法则以赋予主管机关监督保险业之权限与准则为宗旨，具有公法之性质，重在保险业之健全发展与法之适用性。一言以蔽之，保险契约法与保险业监督法故均以促进保险业之健全发展为终极目标，唯规范之对象不同，所持之原则因而有异。[②]

（二）我国《保险法》体系结构之特色

我国《保险法》于 1995 年制定之初，就脱离前述国家立法例所采的保险契约法与保险业监督法相分离的传统，将两法合并立法，统称“保险法”。从立法背景来看，我国《保险法》之所以采“合并立法”模式，主要是受美国和我国台湾地区之影响和启发。

美国原属英国殖民地，美国保险业于殖民地期间自英国传入，因此其保险法较多受到英国判例法的影响。但与英国不同的是，美国保险立法权归属各州，因此美国并无全国统一的保险法典，各州自行其是。总体而言，各州大都以对被保险人之保护以及对保险业之监管为内容。有美国学者曾总结指出：“保险法有两个主要分支。一个分支侧重于规范从事保险业务的实体。保险法的这一领域主要由州立法机构颁布的成文法和各州由政府专门机构制定的行政法所组成。另一个主要分支是一套司法原则，主要调整保险人与其投保人之间的关系。保险法的这一分支主要是合同法在保险领域的专门适用，尽管有时也涉及侵权法、代理法律原则，以及有些成文法和行政法规。”[③]

不过，美国学者从“保险的社会功能”角度出发，主张：“保险并不完全适合‘公私

---

① 参见沙银华：《日本保险经典判例评释》，法律出版社 2011 年版，第 178 页。

② 樊启荣：《保险法诸问题与新展望》，北京大学出版社 2015 年版，第 4 页。

③ [美] 理查德 • 斯考特 • 卡内尔等：《美国金融机构法》（下册：非银行金融机构法），高华军译，商务印书馆 2016 年版，第 39—40 页。

二分法'下的一些做法。私人保险公司并非政府的代表，因此，其对于限制政府自由裁量范围的一些标准并没有服从的义务。但是，考虑到保险的社会功能和其重要性，我们需要一些规范去规制私人保险公司的行为，上述规范既不是现存的普通法合同规则，亦不是常规的保险管理规则。上述两种规则所表现出来的发展能力并不是很大。"[①] 正是基于上述理由，美国大多数州保险立法例与一般大陆法系国家以及英国立法例不同，不将保险法分为保险业监督法与保险契约法，而是将二者合而为一，凡与保险契约或保险业务经营有关事项，无不经认定与公益有关而详加规范。只有少数州立法例以保险契约法为中心。比较而言，加州 1935 年制定的《保险法》最为完整，被大家所推崇，除保险业监管规范外，该法还将原存在于普通法中的有关保险契约之既定判例与法则纳入法典，成为标准保单条款之一部分，使保险法规范更趋具体。

美国保险法合并立法体制对我国台湾地区"保险法"之修改产生了较大影响。详言之，我国台湾地区"保险法"源自国民政府时期，沿袭了大陆法系两法分离之传统。1929 年立法院草拟《保险契约法草案》，经审议将《保险契约法》中之"契约"二字删除，改称《保险法》，并于同年公布实施。1935 年立法院草拟《保险业法》，并经 1937 年修正公布。[②] 迁台之后，台湾当局对保险业力加整顿，保险业之发展一日千里，旧有之"保险法"与"保险业法"无法适应保险业发展之需要，于 1963 年对上述两法予以修改，将两法并为一法，合称"保险法"，从而脱离大陆法系之传统。揆诸其理由如下："根据保险法理，参酌各国立法例，并征询保险商业同业公会及专家之意见，认为'保险法'与'保险业法'，系属一事两法，不如合而为一，较方便施行，爰将前述'保险业法'中，必须以法律规定之部分，并入'保险法'中。"[③] 不过，我国台湾地区修改"保险法"时，之所以效法美国，深层次的原因在于其在保险观念、保险公司之经营以及保单条款之采用上，均受美国影响颇深。

综上所述，我国《保险法》在体系结构上的特色在于，并非采保险契约法与保险业监督法两法分离的传统体制，而效仿美国之立法例，采两法合并之体制。考立法者之初衷，乃出于实用或便利之考量。详言之，采合并立法体例，只制定一部《保险法》，而不是《保险合同法》与《保险业法》两部法律，只需一次立法程序即可完成，减少了立法程序，易于被立法机关接受，有助于提高立法效率。[④]

三、我国保险法的渊源

保险法的渊源主要是指保险法效力的直接来源，可分为保险成文法和保险非成文法两类，以下分述之。

（一）保险成文法

在我国，保险法以成文法之形态而存在者，首推《保险法》；其他调节保险关系的法

---

① ［美］小詹姆斯·A. 亨德森等：《美国侵权法：实体与程序》，王竹等译，北京大学出版社 2014 年版，第 605—606 页。

② 参见林群弼：《保险法论》，三民书局 2006 年版，第 40—41 页。

③ 参见陈猷龙：《保险法论》，瑞兴图书股份有限公司 2010 年版，第 19 页。

④ 参见李祝用：《中国保险立法体例研究》，《河北法学》2006 年第 12 期。

律，主要有《海商法》《民法典》《道路交通安全法》等。其中，《保险法》为我国调整保险关系的基本法。

在保险法律之外，为适用保险法律，我国颁布了调整保险关系的行政法规，如国务院颁布的《外资保险公司管理条例》《道路交通安全法实施条例》和《机动车交通事故责任强制保险条例》等。

（二）保险非成文法

1．保险规章等规范性文件

国务院保险监督管理机构为贯彻保险法律和行政法规，依照法律规定和国务院授权，制定和发布的多件部门规章和规范性文件，如《保险公司管理规定》《保险专业代理机构监管规定》《再保险业务管理规定》《保险保障基金管理办法》《保险公司偿付能力管理规定》等，成为保险监督管理机构监管保险业的重要执法依据，对于保险公司开展保险业务活动具有十分重要的指导或引导作用。国务院保险监督管理机构制定和发布的保险规章等规范性文件，构成我国保险业监督法渊源的重要补充。

2．保险法司法解释

在我国，最高人民法院的司法解释不是立法，司法解释的活动亦非立法活动，有关保险的司法解释不属于法律渊源。但是，最高人民法院对法律有解释权，其发布的有关保险法的解释性意见、指示、批复等，对各级人民法院审理保险纠纷案件适用法律具有重要的指导作用，甚至具有相当程度的约束力。最高人民法院作出的关于保险的司法解释，主要有2006年《关于审理海上保险纠纷案件若干问题的规定》，自2009年以来陆续公布的《保险法司法解释一》《保险法司法解释二》《保险法司法解释三》《保险法司法解释四》，以及《关于保险金能否作为被保险人遗产的批复》等，构成了我国保险法渊源的重要补充。同时，还应注意到最高人民法院公布的指导案例的作用。法院的判决只对个案有约束力，我国不承认法院的判决具有法律渊源的地位。最高人民法院所公布的有关保险的指导案例，往往对下级法院审理同类案件或者解释法律具有指导或者引导作用，类似于司法解释而成为我国保险法渊源的补充。

本章理论与实务研讨

保险法的调整对象是否包括社会保险法律关系

我国《保险法》在制定之初，曾发生过保险法的调整对象是否应当包括“社会保险”之争。如果不包括，则法律名称是否应当改称为“中华人民共和国‘商业’保险法”？其原因在于：在中文语境中，“保险”是一个“全称性”概念，包括商业保险与社会保险。

世界各国的保险法都仅适用于商业保险，社会保险由国家另行制定专门的法律，通常也不把社会保险立法归入保险法，如日本的《六法全书》即将社会保险立法归入“社会法”，而将“保险法”归入“商法”。正如我国台湾地区学者郑玉波先生指出的，保险分营利保险和社会保险两大类，两者在原理、原则上看似有共同之处，但在目的和手段上颇不相同。保险法若仅就名称上冠以“保险”二字系属全称，似包括社会保险在内，但若就其内容观之，又仅以营利保险为规范对象，对于社会保险则另以法律定之。我国著名学者李嘉华先生也曾明确指出：“有人认为，保险法调整对象应包括社会保险，以及其他以社会保险为内容的法律关系，我们认为社会保险不属于保险法的调整范围。”

商业保险和社会保险是两个性质完全不同的范畴。商业保险是保险人和投保人通过订立保险合同进行的一种自愿保险行为，是一种民事（合同）行为，投保与不投保、投保哪个险种以及向哪家保险公司投保等均由当事人双方协商，不允许强迫；保险人的经营活动以营利为目的，其保险费完全由投保人交纳，并采用商业性经营规则。而社会保险则是一种社会保障制度，它是根据法律规定，通过对劳动者的生、老、病、死等强制保险而给劳动者及其家属提供基本生活保障的行为，其保险费一般由政府、单位和个人共同负担，需由政府指定的专门机构办理。因此，社会保险是一种政府行为，它通过国家立法强制实施，经办社会保险的机构具有行政权力，有权强制执行，在经营过程中不以营利为目的。因此，国际劳工大会特别规定，社会保险只能由公共权力机构管理，而不能由任何以营利为目的的机构（企业）经营。基于上述区别，对商业保险和社会保险不可能采取相同的法律原则予以规范，应采取分别立法的方式解决不同领域的问题。

我国正是以分类立法为原则来解决商业保险和社会保险的关系问题的。1995 年颁行的《保险法》，在名称上仍称“保险法”；以符国际惯例；在立法技术上，于第一章“总则”第 2 条规定，“本法所称保险，是指投保人根据合同约定，向保险人支付保险费，保险人对于合同约定的可能发生的事故因其发生所造成的财产损失承担赔偿保险金责任，或者当被保险人死亡、伤残、疾病或者达到合同约定的年龄、期限时承担给付保险金责任的商业保险行为”，以限定保险法的调整对象与适用范围。嗣后，于 2010 年 10 月 28 日颁布《社会保险法》，两种性质保险之分类立法体系始告确立。

本章法考与考研练习题

一、名词解释

1. 保险
2. 逆向选择
3. 保险法
4. 保险契约法
5. 保险业监督法

二、简答题

1. 简述保险的本质。
2. 简述可保危险之构成要件。
3. 简述道德风险之含义及其防止对策。
4. 如何区分保险与储蓄、慈善?
5. 简述保险法的特征。
6. 简述我国《保险法》在体系上的特色。
7. 简述我国保险法的渊源。

三、案例分析

王海锋等诉许昌万里运输集团股份有限公司等机动车交通事故责任纠纷案[①]

2014年2月25日12时30分，在彭花公路长葛境石固镇双马腾飞公司门口处，被告常占东持B2证驾驶豫K78310号中型自卸货车由东向西行驶时，与原告王海锋持C4证驾驶豫K36919号三轮汽车由西向东行驶时发生相撞，造成王海锋及乘车人张改花二人受伤、两车不同程度受损的交通事故，原告王海锋住院花费医疗费近300 000元。长葛市公安交通警察大队作出事故责任认定书，认定被告常占东负该事故的全部责任。被告驾驶的豫K78310号中型自卸货车于2013年4月25日至2014年4月24日在被告人保财险投保交强险和第三者责任险。原告为维护自己的合法权益，诉至法院，要求被告赔偿原告医疗费、护理费、误工费、住院伙食补助费、营养费、交通费等共计565 169.4元。

被告万里公司辩称：（1）因为肇事车辆实际车主为常占东，以分期付款方式从我公司购买，我公司不是侵权人，故针对该事故我公司不应当承担赔偿责任。（2）肇事车辆在人保财险投有交强险和第三者责任险，原告的损失应当由保险公司在保险范围内赔偿。（3）因被告的车辆在我公司投保互助险，我公司愿意在合同约定范围内，承担赔偿责任。（4）我公司不是侵权人，所以本案鉴定费及诉讼费我公司不承担。（5）原告在住院期间，我公司先予支付原告医疗费80 000元。

法院判决认为：（1）被告常占东作为司机，又是肇事车辆的实际车主，对该事故应承担民事赔偿责任。（2）因该肇事车辆在被告人保财险投保交强险和第三者责任险，被告人保财险应当按照法律规定和保险合同约定在交强险范围内承担赔偿责任。（3）被告常占东为豫K78310号中型自卸货车参加了万里公司内部的车辆安全互助，该车辆安全互助实际上是一种变相的保险行为，其行为违反了《中华人民共和国保险法》的有关规定，被告万里公司设立内部车辆安全互助统筹是不合法的，应承担由此产生的法律后果，即被告常占东在本案中承担的赔偿责任应由被告万里公司承担。

请问：法院判决适用法律是否正确？为什么？

本章法考与考研练习题参考答案

① 河南省长葛市人民法院民事判决书（2014）长民初字第00693号。

第二章 保险法基本原则

【导 语】

保险法基本原则是贯穿于整个保险法律规范体系、统领各项保险法制度的基础性法律规范，表达了维系保险交易伦理正当性、消除交易信息不对称导致的交易不公平的基本理念，是保险立法、保险裁判、保险监管的依据，也是保险活动当事人应当遵守的基本准则。根据各国保险立法及市场实践，被普遍认同的保险法基本原则包括保险利益原则、保险诚信原则。

本章主要讨论保险利益原则及保险诚信原则的内涵、功能、演变规律及制度构成。本章学习的重点是保险利益的认定、投保人的告知义务与保险人的说明义务的具体要求。本章学习的难点是投保人的告知义务的发展、保险人违反说明义务的认定。

第一节 保险利益原则

一、保险利益的内涵

保险利益，又称“可保利益”或“可保权益”，是指投保人或被保险人对其所保标的享有的法律承认的权益或利害关系，是保险事故发生时投保人或被保险人可能遭受减损的利益。

只要在事故发生时会遭受合法利益的损失，即可认为该主体对特定保险标的享有保险利益。保险利益虽然存在于保险标的之上，但不同于保险标的。同一保险标的之上，可同时存在数个利益主体。

我国《保险法》第 12 条第 6 款规定：“保险利益是指投保人或者被保险人对保险标的具有的法律上承认的利益。”根据该规定，保险利益具有以下特征：

（1）合法性。只有被法律承认的利益才可能成为保险利益，被法律具体规范和基本原则所否定的利益不属于保险利益。

（2）确定性。投保人或者被保险人对保险标的所具有的利益，若是现有利益，则必须已经被确定；若是期待利益，则必须在将来可以被确定。因事实不能够或者法律不能够而难以被确定的利益，难以转化为保险利益。

（3）可量化性。保险交易的实质在于，被保险人以支付保险费为代价，换取保险人在保险事故发生时为自己补偿遭受的经济损失或者确保自己满足某种经济需求。保险利益必须能够被货币量化，否则保险交易难以实现。那些无法被货币量化的精神上或者生理上的苦难难以成为保险利益。人身保险的保险利益本身难以被金钱衡量，只不过被法律直接承认而已，这是人身保险中保险利益的特殊性所在。[①]

二、保险利益的外延

关于保险利益的外延，界定保险利益性质的理论学说给我们很多启示。关于保险利益的性质，理论上有经济利益说、利害关系说、合法利益说、可转嫁风险说等多种学说。[②]经济利益说也称“价值说”，认为保险利益就是保险标的物上的价值，是可以用货币来量化的经济利益或与经济利益密切相关的合法利益。利害关系说认为，保险利益应当指向被保险人对于保险标的所具有的利害关系，包括经济上之利害关系及精神上之利害关系两种。合法利益说认为，保险利益是投保人或者被保险人对保险标的物或者被保险人人身所享有的合法利益。可转嫁风险说认为，保险利益实质是一种法律上的可转嫁风险。某种利益在法律上应当得到而实际未得是一种风险，某种损失的面临也是一种风险。投保人借助于保险，可将这些风险转移给保险人。保险的实质是转移风险，保险利益就是这些可转移的风险，风险有多大就买多少保险。风险属于什么种类就买什么种类的保险，没有风险就不应当有保险。可转嫁风险说的解释力在这些学说中是最强的。这些学说的发展，也很好地诠释了保险利益的演变趋势。从发展历史看，保险利益的外延经历了一个明显的扩张过程：从最初的物上权利到现在的非物性的利益，从最初的所有权到现在的一切经济利益。

保险利益种类很多，大致可进行如下分类：

（1）财产利益与人身利益。根据所依存的保险标的，保险利益可分为财产利益与人身利益两类。可转化为保险利益的财产利益，是指投保人或被保险人对其投保的财产具有的合法经济利益。可转化为保险利益的人身利益，是投保人或者被保险人对被保险人的寿命、健康、人身安全所享有的利益。

（2）现有利益与期待利益。此种分类一般存在于财产保险中，以保险利益存在的时间为划分标准。现有利益，是指在投保时投保人或被保险人对保险标的就享有的、已经被确定的利益。期待利益，是指投保人或被保险人基于对保险标的现有利益而发生的、在未来可期待获得的利益。期待利益的发生基础，法定与约定均可。

（3）积极利益与消极利益。此种分类一般存在于财产保险中，以保险利益的性质为划分标准。积极利益，是指投保人或被保险人在保险标的上享有的固有利益，该利益因保险

① 韩长印、韩永强编著：《保险法新论》，中国政法大学出版社 2010 年版，第 40 页。

② 参见尹田主编：《中国保险市场的法律调控》，社会科学文献出版社 2000 年版，第 192—199 页；韩长印、韩永强编著：《保险法新论》，中国政法大学出版社 2010 年版，第 39—40 页；江朝国：《保险法基础理论》，中国政法大学出版社 2002 年版，第 59—60 页；曹兴权：《保险法学》，元照出版公司 2015 年版，第 44—46 页。

事故的避免而保有，因保险事故的发生而丧失。消极利益，是指投保人或被保险人随着保险事故的发生将遭受的某种不利或者责任。财产损失保险中的保险利益属积极利益，责任保险中的保险利益属消极利益。

三、保险利益原则的功能

（一）维系保险的伦理正当性

保险是一种风险转嫁机制，风险的不确定性导致保险具有明显的射幸性或者赌博性。如何有效防止投保人或者被保险人利用保险合同获得不当得利是保险法面临的首要难题，保险利益原则则是解决该难题的第一道防线。最早确立该原则的国家是英国。为防止海上保险中许多人以船舶能否完成其航程为赌博对象，英国《1745 年海上保险法》明确规定："没有可保利益，或者除保单以外没有其他可保利益证明的，或者以赌博方式订立的海上保险合同无效。"英国《1774 年人寿保险法》也明确要求，被保险人应当对被投保的生命具有保险利益。英国《1906 年海上保险法》延续了该规定。我国《保险法》第 12 条第 1、2 款规定："人身保险的投保人在保险合同订立时，对被保险人应当具有保险利益。财产保险的被保险人在保险事故发生时，对保险标的应当具有保险利益。"

（二）防范保险中的道德风险

保险事故发生后遭受的损失会从保险人获得赔付，投保人、被保险人或者受益人可能故意制造保险事故，这是保险交易中存在的一种特殊道德风险。要求投保人对保险标的存在保险利益，实质是仅仅允许他们转移法律上承认的风险。故意制造保险事故的，因此而遭受的风险在法律上不允许转移，不能获赔。保险利益原则在一定程度上具有防范这种道德风险的功能。

（三）是保险合同生效的要件

保险利益原则的赌博防范或者禁止利用保险获得不当得利的意图，是通过合同效力规则体现的。

我国《保险法》第 31 条第 3 款规定："订立合同时，投保人对被保险人不具有保险利益的，合同无效。"此规定属于合同法理论中的效力强制性规范。投保人对被保险人不具有保险利益的，保险合同直接无效、自始无效、当然无效，无任何自由裁量的空间。因此，是否具有保险利益、以死亡为给付保险金条件的合同是否经过被保险人同意并认可保险金额，属于保险合同纠纷案件审理中法院必须主动审查的内容。对此，《保险法司法解释三》第 3 条有明确规定。

上述规则适用于人身保险。我国《保险法》对财产保险中保险利益与合同效力之间的关系另有表达。第 48 条规定："保险事故发生时，被保险人对保险标的不具有保险利益的，不得向保险人请求赔偿保险金。"依照该规定，在财产保险中，保险利益并非直接否定整个合同效力，而是否定特定场合下特定被保险人与保险人之间关系的效力。不具有保险利益就不能获赔，保险人也不得放弃该抗辩。

（四）限定保险索赔范围

在保险合同生效的情况下，保险利益还具有确定索赔权的有无、限定索赔范围的功能。《保险法》第48条正是从确定索赔权有无的角度来影响特定关系的效力的。《保险法司法解释二》第1条也明确规定："财产保险中，不同投保人就同一保险标的分别投保，保险事故发生后，被保险人在其保险利益范围内依据保险合同主张保险赔偿的，人民法院应予支持。"比如，租赁合同的出租人与承租人均针对出租标的购买了财产损失险，保险事故导致保险标的损毁的，出租人与承租人有权主张索赔的范围就有显著差别，各自能够获得的赔付受合同约定条件、保险利益范围的限制。

四、人身保险的保险利益

（一）存在时点

依据我国《保险法》第12条，人身保险的保险利益在合同订立时必须存在，至于合同订立后甚至事故发生时是否存在则无关紧要。

合同订立后甚至事故发生时不要求保险利益的原因在于：

（1）人身关系具有稳定性。投保人与被保人不是同一人时，二者之间多具有稳定的人身关系，比如配偶关系、亲属关系。保险利益关系在合同订立时存在而在合同订立后甚至事故发生时不存在的情况较少发生。

（2）预防赌博与道德风险的功能已经通过合同订立时的保险利益要件得以实现。合同订立后甚至事故发生时是否存在保险利益，与道德风险的预防没有多大关系；即使存在某些道德风险，也可以通过其他机制来实现。比如，夫妻离婚后，被保险人可以行使受益人指定权而重新指定受益人。

（3）有助于维系保险合同公平。多数人身保险合同具有储蓄的性质，购买保险等于投资，保险金与保险费也依据一定数学原理计算并相对固定。保险利益消失后，如果认定保险人的保险责任终止，则对保单持有人不公平。

（二）保险利益的范围

1. 立法模式

人身保险中保险利益的存在范围，涉及保险利益的判断基础。对此，各国立法存在三种模式。

（1）关系主义模式。在该模式中，投保人和被保险人之间有无利益关系，是依投保人和被保险人之间是否具有金钱上的利害关系或者其他利害关系判断的。英美法系的保险法采该模式。美国纽约州《保险法》第146条规定，对被保险人的生命、健康或者安全具有合法及实际的经济利益的人，属于订立人寿保险合同时具有保险利益者。但是，以被保险人的死亡、伤残或伤害而得到保险金为其唯一利益的，没有保险利益。在关系主义模式下，判断利益关系是否存在的基础，除投保人对本人外，包括投保人与被保险人之间的婚姻关系、血缘关系、家庭关系、经济利益关系等客观存在的特殊关系。关系主义模式具有有效体现保险损失补偿原则的优势，但是也存在不尊重被保险人身体和生命，容易侵犯被保险人对自己身体或生命的自我保护权的缺陷。

（2）同意主义模式。在该模式中，投保人和被保险人之间有无利益关系，并非以客观关系为基础，而取决于是否取得被保险人同意。日本、韩国、德国、法国等国的保险法采用该模式。比如，日本《商法》第 647 条规定："因他人的死亡而支付保险金额的保险契约，须经该人同意。但被保险人为保险金额的受领人时，不在此限。"韩国《商法》第 731 条规定："订立以他人死亡为保险事故的保险合同时，应当征得被保险人的同意。"将被保险人的同意作为投保人取得保险利益的唯一法定依据，有助于彰显人的价值和尊严，但是也存在明显局限：不要求客观的利益关系，忽视了保险的利益补偿目标，不能充分体现保险的宗旨；完全取决于同意的立场也无法杜绝以他人之生命赌博的问题，最终有悖善良风俗。

（3）折中主义模式。该模式将关系主义模式与同意主义模式结合起来，我国即采该模式。我国《保险法》第 31 条第 1、2 款明确规定："投保人对下列人员具有保险利益：（一）本人；（二）配偶、子女、父母；（三）前项以外与投保人有抚养、赡养或者扶养关系的家庭其他成员、近亲属；（四）与投保人有劳动关系的劳动者。除前款规定外，被保险人同意投保人为其订立合同的，视为投保人对被保险人具有保险利益。"其中，第 1 款采关系主义模式，第 2 款采同意主义模式。关系主义模式与同意主义模式的弊端在死亡保险特别是以未成年人或无民事行为能力人为被保险人的死亡保险中表现得仍很突出。为此，我国《保险法》对死亡保险的保险利益有特别规定。

2．存在情形

（1）投保人对本人具有保险利益。投保人对自己的生命和身体健康当然享有完全的、无限制的保险利益。

（2）投保人对其配偶、子女、父母具有保险利益。从婚姻伦理与家庭伦理看，夫妻之间、子女与父母之间可以互为投保，保险利益不宜作限制。一方面，基于此种关系，保险中道德风险发生的概率极低；另一方面，这些主体之间存在法定的抚养、扶养和赡养关系。夫妻之间、子女与父母之间关系的确定，应以《婚姻法》为准。其中，夫妻关系以合法的婚姻为前提；子女与父母之间的关系当然包括养子女与养父母之间的关系以及继子女与继父母之间的关系。

（3）投保人对与投保人有抚养、赡养或者扶养关系的家庭其他成员、近亲属具有保险利益。对此，可以从两方面考察。首先是近亲属。亲属之间具有血缘关系或者拟制血缘关系，无论从伦理情感的角度考虑还是从法律上权利义务的角度考虑，都以认定相互存在保险利益为宜。基于这些关系，任何一个人的生命和健康对另一人来说都是福音。当然，亲属关系有疏近之分，无论是一般法律关系的建构还是伦理关怀，都不宜作无限拓展。除子女与父母之间外，投保人对其他亲属是否具有保险利益，还需要考察他们与投保人之间是否存在抚养、赡养或者扶养关系。只有在存在事实上的抚养、赡养或者扶养关系的场合，投保人才在这些主体的生命与健康上享有实质的、合法的利益关系；否则，只是道德关系而已。当然，此种亲属关系并不以法定的抚养、赡养或者扶养关系为前提，也不以共同生活为前提，而应基于事实关系来判断。只有这样，才符合我国社会的家庭伦理观念。其次是不具有血缘关系的家庭成员，比如长期受某个家庭尽道义上的抚养、赡养、资助的远房亲属，长期生活在一个家庭的保姆。承认此种情形下的保险利益，也符合社会道德观念与家庭伦理。需要注意的是，居住关系、家庭成员本身并不是产生保险利益关系的当然依据，关键在于他们与投保人之间是否存在抚养、赡养或者扶养关系。此点，我国大陆和我国台湾地区的做法有明显差异。比如，生活在一个家庭的公婆与儿媳之间、女婿与岳父母之间的保险利益，我国台湾地区的“保险法”直接承认，而我国《保险法》则强调赡养关系是否存在。

（4）与投保人有劳动关系的劳动者。当投保人与被保险人之间既不存在法定义务关系，也未形成扶养、抚养或者赡养关系时，还可以依据其他法律关系产生保险利益。从国外的实践看，这些关系包括债权债务关系、合伙关系、劳动关系以及雇佣关系等。不过，我国《保险法》仅将这种关系限制在劳动关系领域，对于与投保人有劳动关系的劳动者，投保人具有保险利益。

（5）被保险人同意。在现实中，仅具有一般债权债务关系以及合伙关系、雇佣关系时，投保人以他人为被保险人购买保险的，要么基于代理人身份代为购买，要么取得他人的同意。其他场合也如此。被保险人同意可以显著扩张保险利益存在的范围。有疑问的是，是否任何同意均可产生保险利益？基于被保险人同意即认可存在保险利益的，可能诱导用他人生命赌博的伦理风险。因此，对于被保险人同意是否必须以投保人与被保险人之间已经存在的利益关系为基础，理论上存在争议。否认说认为：“不论投保人与被保险人相互间有无其他利害关系，经被保险人书面同意订立保险合同的，视为投保人对被保险人有保险利益。”[①] 肯定说则坚持对同意施加某种限制。[②] 基于伦理正当性，强调被保险人的同意必须以投保人与被保险人之间存在的关系为基础是必要的；但从便利实施的角度看，又不适宜强制设定前置条件。因此，坚持对保险法相关规定的字面含义进行解释，不强行要求同意必须以关系为前提的立场较为科学。至于可能存在的伦理难题，则交由市场处理为宜。

保险利益作为保险合同生效前提与限定保险索赔范围的功能，体现了民法公序良俗原则之精神。利用保险赌博甚至诱使他人制造保险事故属于违反公序良俗的行为。保险利益原则实质上是保险交易中公序良俗原则的具体体现。因此，判断保险利益是否存在，可以借助民法上的公序良俗原则。比如，团体保险中，作为投保人的某个组织，在与被保险人群体之间不存在《保险法》规定的人身保险利益的情形下购买了团体人身保险，如果能够判断该组织的购买保险行为不会违背公序良俗原则，就可以不否定团体保险合同的效力。再比如，保险实务中经常发生农村留守的祖父母以自己为投保人、以未成年孙子女为被保险人所购买的保险是否有效的争议。按照《保险法》第 31 条，只有存在抚养关系时，祖父母对未成年孙子女才具有保险利益。在孙子女的父母健在的情况下，此种抚养关系很难被认定为存在。在保险事故发生时，保险公司经常以祖父母没有保险利益为由拒绝赔付。而祖父母利用未成年孙子女的身体及生命获得不当利益、祖父母故意伤害孙子女等背离公序良俗的情况，在这些保险中相当少见。若从保险利益维护公序良俗的根本目的去解释，便容易找到判断思路，否定保险公司的抗辩较为适宜。当然，如果从事实抚养关系而非法律抚养关系的角度去判断是否存在保险利益，该类争议也能够得到公正处理。

---

① 邹海林：《论保险利益原则及其适用》，《中外法学》1996 年第 5 期。

② 《中国保险法简明教程》编写组：《中国保险法简明教程》，中国金融出版社 1995 年版，第 105 页；肖梅花：《试论人身保险合同中保险利益产生的依据》，《郑州大学学报（哲学社会科学版）》1998 年第 4 期 。

（三）死亡保险中保险利益的特殊规定

生命的价值高于一切，死亡保险中的保险利益应当有特殊性。一般的同意能够产生一般保险的保险利益，不一定能够产生死亡保险的保险利益，死亡保险的保险利益需要特别同意。如此处理，才能有效地避免以他人为被保险人投保死亡保险可能诱发的道德危机。对此，各国保险法均有详细规定。当然，此处死亡保险特指以被保险人在保险期间内死亡为给付保险金条件的人寿保险，包括定期人寿保险、终身人寿保险，而不针对健康保险、意外伤害险等险种。

1. 死亡保险的被保险人特别同意规则

人身保险中以死亡为给付条件的合同必须得到被保险人的书面同意且认可保险金额，否则无效。此同意，应当为认定死亡保险特殊保险利益的同意。我国《保险法》第 34 条第 1 款对此有详细规定。为有效贯彻该原则，按照以死亡为给付保险金条件的合同所签发的保险单，未经被保险人书面同意，不得转让或者质押。

2. 未成年人或无民事行为能力人死亡保险利益的特殊规则

（1）他人对无民事行为能力人死亡保险的保险利益仅例外存在。根据《保险法》第 33 条，他人对无民事行为能力人死亡保险一般不享有保险利益，即使存在《保险法》第 31 条的关系也如此，唯一例外是父母与子女关系。但是，无民事行为能力人父母的同意可能创设其他主体对无民事行为能力人死亡保险的保险利益。《保险法司法解释三》第 6 条特别强调，未成年人父母之外的其他履行监护职责的人为未成年人订立以死亡为给付保险金条件的合同的，除非经未成年人父母同意，当事人不得主张合同有效。该解释的进步在于，扩大了父母同意创设死亡保险保险利益的范围，从无民事行为能力人的未成年人扩展到了限制民事行为能力人的未成年人；但局限在于，父母之外的其他履行监护职责的人为成年的无民事行为能力人与限制行为能力人订立以死亡为给付保险金条件的合同的，即使不存在违背公序良俗的情形，也不得经由父母的同意创设保险利益。

当然，司法解释可能坚持了尽可能保护弱者、尽可能杜绝背离公序良俗风险发生的立场。在无民事行为能力人死亡保险中，无民事行为能力人死亡保险后的最终受益人并非无民事行为能力人，将这种特殊保险利益限制在极其个别情形，有助于保护无民事行为能力人和维护公序良俗。

（2）无民事行为能力人死亡保险的保险利益限额规则。在无民事行为能力人死亡保险中，无民事行为能力人死亡后，保险金要么支付给指定的受益人，要么作为被保险人的遗产分配给其继承人，无民事行为能力人并非保险金利益的享有者。即使有限地承认他人对无民事行为能力人死亡保险的保险利益，也应限制此种保险利益的范围，并限制保险金的额度。《保险法》第 33 条第 2 款规定："……因被保险人死亡给付的保险金总和不得超过国务院保险监督管理机构规定的限额。"根据国务院保险监督管理机构的规定，该限额目前为 50 万元人民币。从我国社会发展的水平看，该限额明显过高。

五、财产保险的保险利益

（一）存在时点

在保险事故发生时填补被保险人因此遭受的损失，是投保人购买财产保险的根本目的。就此而言，财产保险中保险利益的赌博预防功能、道德风险预防功能应当基于保险事故发生时的保险利益状态来体现。保险利益仅存在于合同订立时而消灭于保险事故发生时的，被保险人根本不会遭受任何损失，不应获得赔偿；保险利益虽不存在于合同订立时但存在于保险事故发生时的，被保险人肯定遭受损失，有权获得赔偿。同时，如果强制要求财产保险合同订立时被保险人应对保险标的具有保险利益，则无异于不当限制被保险人购买保险的自由，也不利于整个社会的风险防范。因此，财产保险的保险利益应当基于保险事故发生的时间点来确定，至于合同签订时是否存在保险利益，则无关紧要。我国《保险法》第 48 条对此有明确规定。

（二）保险利益的范围

财产保险合同中的可保利益基于财产权益关系、合同权益关系和侵权导致的责任关系等而产生。在财产权益关系中，所有权利益、占有利益、股权利益、担保利益等权益可产生保险利益；在合同权益关系中，无论是债权人对债权及相关权益，还是债务人对债务及相关义务，都具有保险利益；在侵权导致的责任关系中，侵权责任人针对侵权行为导致的侵权责任享有保险利益，只不过此种性质的保险利益属于消极利益。当然，责任利益一般应以民事赔偿责任为限，行政责任、刑事责任不能构成责任利益而被纳入可承保的标的范围。

从保险利益学说的发展状况以及保险市场的实践看，财产保险中保险利益的判断标准已经相当宽松。只要投保人或被保险人对保险标的存在某种权益、某种义务甚至难以用权益、义务来表达的某种经济利益关系，只要其中的利益可以用金钱计算，是合法的、确定的，都可构成保险利益。对于财产保险中保险利益的确定，无论是保险界还是法学界，无论是理论界还是实务界，均争议较少。

对财产保险中保险利益的判断包括两个层面，即保险利益之有无和保险利益之多少。保险利益之有无的判断标准越来越宽松后，保险利益之多少的确定可能越来越困难。比如，股东能否以公司财产为自己的利益投保财产保险就存在争议。这些争议就涉及股东对公司财产是否具有保险利益以及如果具有如何判断具体数额两方面。关于股东对公司财产是否具有保险利益，我国司法界的立场并不一致，其他国家也如此。被保险人与保险标的之间的关系是否紧密到使其在标的受损时获得赔偿成为合理，是判断财产保险中保险利益是否存在的关键。股东与公司是相互独立的民事主体，财产独立、意志独立、责任独立；但股东与公司之间又具有紧密的利益关系。在公司法中，公司财产遭受损失时一定会导致股东财产遭受损失吗？在保险法中，股东与公司财产之间的关系是否紧密到保险事故的发生必然导致股东财产遭受损失？前一个问题在公司法中有肯定答案，因此后一个问题在保险法中也应有肯定答案。其实，这两个问题最终涉及评估问题：利益损失到底有多少？因此，股东对公司财产是否享有保险利益的问题，已经转化为保险利益有多少的问题。有学者早就指出，公司法既然规定股东有分享红利及分配剩余财产的权利，就应承认股东对公司的财产有保险利益。[①] 只不过，要评估股东对公司财产享有多少保险利益并且根据该评

---

① 桂裕：《保险法》，三民书局 1993 年版，第 52 页。

估来确定赔偿范围则较为困难。但是，并不能以保险利益多少的评估难题去否认股东对公司财产享有保险利益的事实。在允许股东以公司财产为自己投保财产保险之后，应着力考虑如何消解评估难题。有学者就建议选择定值保险合同的方式来化解评估难题。[①]不过，还存在诸多疑问：定值财产保险是否背离保险利益原则、损失填补原则？因为公司财产遭受损失并不必然导致股东利益遭受损失。因此有学者提出，“股东对公司的财产拥有保险利益，在理论上应属当然，但在实践中似不宜运用”[②]。

（三）损失填补原则

在保险理赔中，保险利益的范围直接决定保险事故发生时被保险人索赔的范围：一方面，索赔的损失仅限于保险利益范围内的损失，否则将可利用保险获得不当利益；另一方面，该保险利益实际损失多少就赔偿多少。这就是保险法中的损失填补原则。关于该原则是否为保险法的基本原则，理论界有争议。有的主张，损失填补原则包括任何人均不得就无保险利益的财产投保、保险用以填补被保险人因保险事故之发生所遭受的实际损失、禁止被保险人经由保险制度获取超过其所受实际损失的保险金等三个层面的基本含义，具有禁止不当得利、控制道德风险和维护保险制度的基本功能，适用于所有保险。[③]有的主张，损失补偿原则仅仅存在于财产保险或者非定值保险中，在具体赔付时，必须确保被保险人所得的补偿等于或者低于实际损失。[④]一般认为，保险代位求偿权、超额保险禁止规则、保险标的无残值归属规则是体现损失填补原则的基本制度，我国《保险法》对此也有明确规定。不过，这些制度仅存在于财产保险部分而不适用于人身保险。人身保险的保险利益涉及身体与健康等人身利益，人身利益在伦理上是无价的，不存在适用损失填补原则的基础。当然，如果当事人在人身保险合同中明确援用相关规则，也未尝不可。作为仅限于财产保险的损失补偿原则，不宜成为保险法的基本原则。[⑤]鉴于与保险利益原则的内在联系，将其作为贯彻落实保险利益原则的次级原则是适宜的。

第二节 保险诚信原则

一、保险诚信原则概述

（一）保险诚信原则的内涵

诚实信用是民法的基本原则，我国《民法典》第 7 条规定：“民事主体从事民事活动，应当遵循诚信原则，秉持诚实，恪守承诺。”所有民事主体在从事任何民事活动时均应遵守该原则，保险也不例外。对当事人诚实信用的要求，保险远远高于其他活动。我国《保

① 任以顺、李丽丽：《论股东对公司财产之保险利益》，《政法论坛》2007 年第 6 期。

② 李玉泉：《保险法》，法律出版社 2003 年版，第 80 页。

③ 黄军、李琛：《损失填补原则探微》，《法学评论》2006 年第 2 期。

④ 李玉泉：《保险法》，法律出版社 2003 年版，第 83—86 页。

⑤ 韩长印、韩永强编著：《保险法新论》，中国政法大学出版社 2010 年版，第 38 页。

险法》第 5 条特别强调："保险活动当事人行使权利、履行义务应当遵循诚实信用原则。"

保险诚信原则对保险活动当事人的要求主要体现在三个方面：（1）在合同的订立与履行过程中，应当按照要求履行信息交换义务，不得隐瞒和欺诈，否则合同的成立、合同的效力或者合同条款的效力均会受到影响；（2）应当恪守合同的约定，不得随意毁约，恶意违约的可能面临特别的民事责任；[①]（3）应当保护相对方对自己行为产生的合理信赖。

（二）保险诚信原则的发展

保险诚信原则在保险法上的发展具有三个显著特点：

1．从海上保险到所有保险的扩展

保险诚信原则起源于英国海上保险法，由法官曼斯菲尔德在 *Carter V Boehm* 一案中创立。[②] 在海上保险初期，有效通信工具的极度欠缺导致保险人在保险合同签订时难以掌握航行在远方的船舶的基本状况，保险人在获得用以衡量是否承保以及以何种条件承保的信息上形成了对投保人的高度依赖，投保人不实际告知或者故意隐瞒的，将导致保险人承受严重不利。基于保险人对投保人的这种高度信赖关系，法律要求投保人在遵守不得欺诈、虚假告知的普通法一般规定的基础上，还必须履行主动如实告知与保险标的危险状况评估有关的其他信息的积极义务。英国《1906 年海上保险法》第 17 条就明文规定："海上保险合同是在最大诚信的基础上成立的合同，如果任何一方不遵守最大诚信，他方可宣告合同无效。"后来，以主动信息披露为主要内容的该原则被扩展到所有保险。

2．从约束投保人为主到约束保险人为主的转化

最初，保险诚信原则主要约束投保人，要求投保人必须承担主动告知义务。到后来，诚信要求被逐步从合同订立前及订立时拓展到保险交易全过程，在对投保人提出更多要求的同时也逐步对保险人提出一些要求。最终，保险诚信原则成为保险合同任何一方均须遵守的规定。随着通信技术的发展与保险业经营经验的积累，合同订立前及订立时保险人在保险标的危险信息获取上对投保人单方面高度依赖的状况得到显著改观，投保人就危险状况评估有关信息的主动告知义务逐步被修正为如实回答保险人提问的被动告知义务。由于保险产品具有高度专业性，保险人具有相对于投保人的特殊优势地位，在了解保险产品内容以及是否投保、以何种条件投保的理性判断上，投保人对保险人产生了高度信赖。此时，有必要考虑如何对保险人施加义务以有效维护交易公平的问题。同时，保险消费者保护运动也强化了倾斜保护投保人、被保险人或受益人的政策。在这些因素的共同作用下，保险诚信原则已经转化为主要约束保险人的制度。保险法不断强化保险人的说明义务，甚至要求保险人承担适当性审查义务，以确保投保人获得理性判断的能力和机会；明确引入保险人弃权的法律效果规则及禁止保险人反悔规则，以有效保护投保人对特定保险人交易行为的合理信赖。

3．从保险法特殊制度到合同法一般制度的演变

保险诚信原则的要求虽然很多，但主要是围绕信息披露展开的。最初，保险诚信原则对投保人提出的信息披露义务明显不同于一般合同法上的要求。在一般合同法中，合同各

---

① 比如，恶意迟延理赔、恶意拒接理赔的，可能被追究侵权责任。基于本书体系安排的考虑，本章不涉及此内容。

② Semin Park, *The Duty of Disclosure in Insurance Contract Law*, Dartmouth Publishing Company, 1998, p.20.

方仅需负担不得欺诈对方的义务即可，无须主动披露信息，即你有权保持沉默，但不得说假话。正因为信息义务负担上的显著不同，保险法理论才将保险诚信原则称为“最大诚信原则”，英国《1906 年海上保险法》也直接引入“最大诚信”的术语。随着时代的变迁，保险诚信原则的信息披露要求逐步降低，而一般合同法规定的信息披露要求显著提高。我国《民法典》第 500 条规定了适用于所有合同的主动告知义务。根据该规定，当事人在订立合同过程中“故意隐瞒与订立合同有关的重要事实或者提供虚假情况”的，属于违背诚信原则的行为，造成对方损失的应当承担赔偿责任。因此，对于保险中的诚信原则，是否用“最大诚信原则”的术语予以表达从而突出其特殊地位，理论上产生了争议。① 鉴于曾经作为保险法特殊规定的保险诚信原则及其具体要求已经转化为合同法的一般制度，本书认为，继续强调“最大诚信”不太适宜。

（三）保险诚信原则的确立依据

1. 民法基本原则在保险法中的体现

诚实信用是民商法的基本原则。保险合同关系在本质上是平等主体之间的财产关系，是民商事关系，当然应遵守诚实信用原则。

2. 保险交易中严重信息不对称导致的当事人之间高度信赖

一方面，保险人不了解由投保人所掌握的保险标的的危险信息，难以对危险状况进行理性评估。另一方面，保险产品高度专业化，产品条款越来越复杂，投保人难以知悉和理解保险合同的内容。保险人只能信赖投保人提供的与保险标的危险状况有关的信息，投保人也只能信赖保险人提供保险产品的合理性以及保险人解释的合理性。为了保护保险交易中各方对相对方的特别信赖，各方必须承担特殊的诚信义务。根据诚实信用原则，行为人应当秉持尊重他人权利、维护他人合法利益的主观善意，抑制欺诈或者隐瞒的内心冲动，客观正当地行为，不实施欺诈或者隐瞒对方的行为。

3. 投保人倾斜保护政策

保险消费化的色彩相当明显。作为防范风险的最后手段，保险已经深入人们的日常生活，成为生活必需品。保险实质上是一种社会治理政策工具，对于提升一个国家或者地区的社会治理水平有重要价值。保险市场公共监管者越来越强调对保险市场行为的监管，要求保险人承担特别义务，以便有效维护交易公平、有效保护作为弱者的投保人。在投保人倾斜保护政策的推动下，保险人承担的诚实信用义务越来越多，除不得欺诈等传统义务外，还出现了必须及时理赔、必须确保所推荐的保险与投保人风险承受能力相匹配等诸多新型义务。

二、投保人的告知义务

投保人的告知义务是保险诚信原则的主要体现。我国《保险法》第 16 条、第 32 条，

---

① 曹兴权：《保险“最大诚信”之反思——兼论保险告知义务的理论依据》，《甘肃政法学院学报》2006 年第 1 期；任自力：《保险法最大诚信原则之审思》，《法学家》2010 年第 3 期。

《海商法》第 222 条、第 223 条对此有明确规定。

（一）告知义务的内涵

投保人的告知义务，是指在保险合同订立时，投保人依法负有的将与保险标的危险状况评估相关的重要事实向保险人如实披露的义务。该义务具有以下特征：

1．法定义务

投保人的告知义务是直接基于保险诚信原则产生的，不是约定的。无论保险合同中是否有约定，投保人均须履行该义务。投保人违反该义务的，即使保险合同没有约定后果，保险人也有权按照保险法的规定主张救济。

2．先合同义务

告知义务的目的在于，确保保险人能够便利地获得与保险标的危险状况评估有关的重要信息，以便作出是否承保、以何种条件承保的决策。该义务依附于合同义务而存在，发生在合同成立之前，属于先合同义务，是合同法理论中的附随义务。

3．不真正义务

投保人违反告知义务的，必须承担不利后果，但是保险人不能直接基于该义务的违反请求赔偿，因此投保人的告知义务属于不真正义务，与那些在违反后可直接提出强制执行要求或者提出赔偿请求的法律义务有显著区别。[①]

（二）告知义务的弱化发展趋势

告知义务以保险人在保险标的危险信息收集上对投保人的依赖为存在前提。该前提的变化将导致告知义务本身的变化。随着科学技术日益发达、保险经营技术日益成熟，保险公司收集信息的能力显著提高，保险标的危险信息的不对称程度得以显著降低。继续对投保人课以较高要求的告知义务，不仅不利于保险交易公平，也不利于促进保险人提升经营能力，故投保人的告知义务呈弱化发展的趋势。

首先，告知范围被逐渐限缩。在最初的海上保险中，投保人必须主动告知与保险标的有关的一切信息，这是主动告知、无限告知的立场。目前，依据我国《保险法》第 16 条，投保人仅承担如实回答保险人询问的义务。保险人的询问也必须限定在与保险标的评估有关的重要信息上。这是有限告知、被动告知的立场。当然，我国《海商法》第 222 条在该转变上尚不彻底。该条规定：“合同订立前，被保险人应当将其知道的或者在通常业务中应当知道的有关影响保险人据以确定保险费率或者确定是否同意承保的重要情况，如实告知保险人。保险人知道或者在通常业务中应当知道的情况，保险人没有询问的，被保险人无需告知。”根据第 1 款，被保险人承担无限告知义务，保险人未询问时也必须如实告知；虽然第 2 款设置了针对保险人知道或者在通常业务中应当知道的情况的例外，但并未消除被保险人的主动告知义务。

其次，违反后果越来越柔性。投保人未如实回答的，保险人的救济抗辩不仅受到逾期抗辩无效的限制，而且受到比例赔偿规则的限制。逾期抗辩无效的限制，就是保险不可抗

① 韩长印、韩永强编著：《保险法新论》，中国政法大学出版社 2010 年版，第 54 页。

辩。基于比例赔偿的限制，保险人不得在保险事故发生后完全拒赔，而要在评估不如实告知信息所涉事实对危险事故产生影响程度的基础上，向投保人、被保险人或者受益人支付部分保险金。[①]

（三）告知义务的构成

1. 主体

告知义务的主体原则上为投保人。不过，在投保人与被保险人不一致的场合，存在重大危险事实仅为被保险人知悉而投保人可能无法获知的情形，如果被保险人不负担告知义务，保险人可能难以通过投保人的告知义务予以有效救济，这显然是不公平的，故告知义务人还应包括不是投保人的被保险人，应当对我国《保险法》第16条告知义务主体的规定进行扩张解释。[②]

告知义务，可由本人履行，也可以由他人代理履行。为他人代买保险的，代理人承担投保人的告知义务。有疑问的是，由于可能尚不知道那些为投保人知悉或者应当知悉的与保险标的危险程度评估有关的重要信息，判断代理人代为履行告知义务的行为是否违反告知义务，是以代理人自己的知悉或者应当知悉为标准还是以投保人的知悉或者应当知悉为标准呢？依据代理原理，代理人意思表示的效力因代理权欠缺、被欺诈、胁迫或明知等原因受影响的，这些事实的有无应当以代理人为准；如果意思表示是按本人的指示而为，事实的有无就应当以本人为准。不过，如果在保险代理告知义务中绝对地坚持该原则，将会出现代理人的介入弱化投保人法定义务的效果。比如，即使投保人故意隐瞒、过失遗漏或不实告知相关信息，保险人也无法解除合同。在无权代理订立保险合同的情形中，此等风险更为严重。这些情况无疑会助长投机，因此应当对代理签订合同的告知义务做特别规定。[③]例如，德国《保险契约法》就规定，保险合同由代理人或无权代理人签订的，违反如实告知义务事实的有无，应当就投保人或代理人来决定。英国1906年《海上保险法》第19条关于“投保代理人的规定”也有类似的规则。[④]我国保险法应借鉴这些立法经验，完善投保人告知义务的代理履行规则。

2. 范围

如前所述，我国《保险法》对告知义务范围采用了不同立场，前者采有限告知主义，后者坚持采无限告知主义。在此，主要讨论《保险法》的规定。

（1）危险信息重要性规则。根据我国《保险法》第16条第1款，在订立保险合同时保险人就保险标的或者被保险人的有关情况提出询问的，投保人应当如实告知。疑问是，对于保险人提出的所有询问，投保人均应当如实告知吗？答案是否定的。该条第2款明文规定，投保人未如实告知时，只有足以影响保险人决定是否同意承保或者提高保险费率

---

① 罗璨：《保险告知义务违反后果多元化改良》，《金融法苑》2015年第1期。

② 樊启荣主编：《保险法论》，中国法制出版社2001年版，第138页。

③ 江朝国：《保险法基础理论》，瑞兴图书股份有限公司1999年版，第253页。

④ 根据英国《1906年海上保险法》第19条的规定，如果由代理人为被保险人投保，该代理人必须告知保险人：（1）他已知的每一重要情况，一名保险代理人被认为知道其正常业务中应该了解的或已经通知他的每一重要情况；（2）被保险人有义务告知的每一重要情况，除非被保险人获悉该情况太晚而无法通知该代理人。

的，保险人才有权解除合同。结合这两款的规定可知，保险人所询问的事实与保险标的或者被保险人的情况无关，或者即使相关但不足以影响保险人决定是否同意承保或者提高保险费率的，投保人即使未如实回答询问也无关紧要。总之，投保人应当告知的范围应限于那些对于保险标的危险程度评估产生实质性影响的重要信息。

判断告知内容对于危险评估是否有实质性影响的标准，在理论上有危险估计说、限制危险估计说、危险估计兼因果关系说、因果关系说等几种学说。[①]

危险估计说主张，使保险人对危险程度的估计产生实质性偏差的事实是重要事实。该说自被英国1906年《海上保险法》创立以来，为瑞士、法国等国的保险法例所广泛采纳。比如，瑞士《保险契约法》第4条第2款规定："缔结契约之际足以影响保险人决定缔结与否，或以何种条件为缔约的所有危险事实，为重要事实。"我国《保险法》第17条采用的也是危险估计说。对危险估计的影响最终体现在保险人的交易决策上，因此，对保险人决定是否承保或者决定以何种保费为条件予以承保产生影响的信息就是重要信息。

限制危险估计说主张，只有那些不如实告知导致的危险估计偏差足以达到保险人拒保程度的信息才是重要信息。如果信息没有被如实告知仅仅影响到保险人承保的条件，则被排除在如实告知的范围之外。美国纽约州《保险法》规定，除非保险人如果了解到该不实陈述事实的真相就会拒绝达成保险合同，否则就不应当被看作是对重要事实的不实陈述。该主张有限制投保人告知义务的意味，但如何区分对保险费高低的影响与合同是否签订的影响则是相当困难的。

危险估计兼因果关系说主张，如果能够影响一个谨慎保险人决定是否承保或者确定保险费的高低，该信息就是重要的；不过，如果告知义务人能够证明危险之发生与其积极或消极违反告知义务无关的，不在此限。显然，与限制危险估计说一样，危险估计兼因果关系说也有限制告知义务范围的效果。但是，限制的路径不是直接排除对承保条件产生影响的信息，而是借助于证据规则赋予义务人否定的权利。德国《保险契约法》采用该立场，该法第17条第1款规定，要保人于合同订立时，就其所知之所有危险承受之重要事实须告知于保险人；第2款则规定，违反告知义务的，保险人得解除契约，但要保人证明危险的发生未基于其说明或未说明之事实时，不在此限。

因果关系说主张，无论事实本身如何重要，如果这种不实陈述所涉及的危险事实不是造成事故发生的原因，保险人就不能使保险无效。[②]依据该主张，判断信息重要与否的关键在于不实陈述与损害后果之间的因果关系。因明显违背告知义务存在的基本原理，保险人也难以证明此种因果关系的存在，该说较少被采纳。

我国《保险法》在第16条的各款采用了不同学说。其中，第2款在保险人解除合同的救济上采用的是危险估计说；第4款在投保人故意不如实告知导致保险人拒绝赔偿的问题上采用的也是危险估计说；但第5款在投保人因重大过失的不如实告知导致保险人拒绝赔偿的问题上采用的是因果关系说。依据第16条第5款，投保人因重大过失未履行如实告知义务时，只有在该不如实告知对保险事故的发生有严重影响的情形下，保险人才有权

---

① 林勋发：《保险法上告知义务相关法律关系问题之分析》，《政大法学评论》第53期。陈欣：《保险法》，北京大学出版社2000年版，第58—59页。

② 陈欣：《保险法》，北京大学出版社2000年版，第58—59页。

选择拒绝赔付的救济。虽然《保险法》第 16 条第 2 款、第 4 款采用了危险估计说，但也存在进一步限缩投保人告知义务的可能。如果要进一步保护投保人、被保险人或者受益人，则可以适当引入因果关系说，允许投保人通过举证反驳来限制保险人在投保人告知义务上的合同解除权。

不过，让投保人通过举证排除是相当困难的。或许可以考虑引入由保险人负担证明因果关系存在的规则。这其实涉及在判断某个危险信息是否重要时，是以谨慎保险人的感受为标准，还是以特定合同中特定保险人的感受为标准。将该疑问具体化而引发的疑问是：投保人对于未如实告知也存在主观过错，未如实告知的信息也足以影响保险人的决定，该投保人的不如实告知是否一定属于对如实告知义务的违反，以至于必须保护保险人的救济权呢？可能足以影响保险人是否同意承保或者是否提高保险费率的信息，与保险人实际上受到这些信息的影响才决定去签订保险合同之间并不等同。这涉及英美保险法理论中的实际诱导规则。依据该规则，对于投保人的未如实告知，保险人必须证明他是在实际受到了该事实的影响之后才签订该合同的，否则投保人就可以因为所涉及事实不具有重要性而不必告知。1973 年，Kerr 法官在 *Berger & Lights Diffusers Ltd v Pollock* 一案中提出了实际诱导规则："法院不但应当发现一个谨慎保险人所考虑的情况，还应当考虑案件的实际保险人是否受到未告知情况的影响，如果不是这样，保险人仍然能够宣布保险单无效，将会出现奇怪的结果。"事实上，此种保险法告知义务中的实际诱导规则，与普通法的一般规则一致。普通法中有关错误陈述法律责任的所有规则均要求存在"实际诱导"的情形，即该错误陈述与订立合同之间存在因果关系。因此，我国《保险法》若要进一步限制投保人的告知义务，实际诱导规则可作为备选方案之一。

（2）被动回答规则。根据《保险法》第 16 条，投保人仅须被动回答询问。在投保时，保险人会在投保单中提出与保险标的危险状况评估有关的问题，投保人应如实逐一回答这些问题。如此处理，对投保人有以下几个明显的好处：首先，投保人如实告知的范围被限定在保险人所询问事项之内；其次，投保人仅被动回答提问即可，无须判断哪些信息与保险标的危险状况评估有关，也无须主动判断哪些信息是重要的。保险人所询问的事项，其实就是他所关心的与所保风险评估有关的重大事项，凡是被询问的事实都被假定为重要事实。最后，如实回答保险人询问的告知规则显著地减轻了投保人履行告知义务时的注意负担，投保人的告知义务事实上成为协助保险人调查的协助义务。

在被动回答保险人询问的如实告知模式下，保险人必须按谨慎保险人的标准尽高度注意，根据保险技术和业务经验确定需要调查哪些重要信息，并合理地设计出调查问卷交由投保人作答。当然，保险人可以借助科技手段收集相关信息，比如在人身保险中组织被保险人到医院体检，借助区块链技术核实相关信息的真实性，借助大数据技术对保险标的进行精准画像。在实务中，保险人还可能借助调查问卷中特殊的问题设计转移自己的风险，诸如"你认为还有哪些重要信息，请如实告知，否则保险人有权在保险事故发生时拒绝赔偿或者提前解除合同"等兜底式提问。此种提问方式实质加重了投保人的告知义务负担，相关内容应属于我国《保险法》第 19 条所列的无效格式条款。对此，《保险法司法解释二》第 6 条第 2 款表达了否定性立场："保险人以投保人违反了对投保单询问表中所列概括性条款的如实告知义务为由请求解除合同的，人民法院不予支持。但该概括性条款有具体内容的除外。"

（3）投保人的明知与应知规则。投保人回答保险人询问后，如何判断该回答是否如实呢？这首先涉及投保人对所询问信息的明知与应知。对于保险人所询问的信息，如果投保人不知道或者不应当知道的，即使没有回答或者回答的与实际情况不一致，也不构成对如实告知义务的违反。必须如实告知的信息，除必须具备重要性外，还必须是投保人知悉或应当知悉的信息。

知悉的信息，是指投保人本人通过某种方法、手段能够实际了解到的各项情况或事实。对于知悉的判断，若以特定主体的主观状况为标准，证明起来将相对困难。如果仅将投保人如实回答的范围限定在自己明知的信息之上，则会诱导义务人以没有知悉为由进行抗辩，导致如实回答询问的告知义务可能最终被完全规避。因此告知范围不仅包括投保人已经知悉的重要信息，还要包括投保人应当知悉的重要信息。当然，在确定应当知悉信息的范围时，应当坚持同类一般谨慎主体的注意标准。如果告知义务人是商业经营者，他就应当尽通常业务中应有的谨慎去对有关信息作“合理查询”；如果告知义务人是普通消费者，他就应当尽普通消费者应有的谨慎去对有关信息作“合理查询”。如果要继续降低投保人的如实告知义务负担，则可以进一步限定应知的判断标准，将其限制在只要不故意避免知悉就应当知道的事实上。德国《保险契约法》第 17 条第 2 项就规定：“违反前项规定而不告知重要事实，保险人得解除契约。要保人因故意避免知悉该事实，而不告知时，亦同。”

我国《保险法司法解释二》第 5 条，将投保人“应当如实告知”的内容限制在投保人明知的范围内，采纳了对投保人最为有利的立场。

（4）告知除外规则。对于保险人询问事项涉及的重要信息，投保人知悉或者应当知悉时均必须如实告知吗？答案是否定的。保险如实告知义务的目的在于帮助保险人以较低成本获得进行危险状态评估的信息。如果这些信息已经为保险人所知悉或者应当知悉，继续让投保人承担该信息披露义务则失去正当性。因此，关于投保人告知义务的范围，还涉及告知除外规则。

即使在坚持投保人主动告知、无限告知的保险立法例中，也存在针对某些事实直接免除告知义务的明文规定。比如，英国《1906 年海上保险法》规定，如果保险人没有特别询问，投保人没有义务告知下面的事实：任何使危险减少的事实；任何保险人已经知道或推定知道的事实，保险人应当了解的通常事实或常识性的事实，以及一个保险人在正常业务中应当了解的事实；保险人声明放弃了解的事实；任何因为明示或默示保证无须告知的并且在本质上又不重要的事实；任何为保险合同所除外而本质上又不重要的事实。在坚持被动如实回答的保险立法例中，为了降低投保人的告知义务负担，当然也存在除外规则。例如，德国《保险契约法》第 17 条第 3 项规定，保险人知悉该未告知的情况或未为告知之要保人并无过失的，不得解除；日本《商法典》第 644、678 条规定，保险人已知该事实或因过失不知时，不得解除。虽然我国《保险法》尚无明文规定，但裁判中可将保险人知道或者在通常业务中应当知道的常识性信息排除在投保人的如实告知义务之外。《保险法司法解释三》第 5 条第 2 款承认了告知除外规则。该款规定，保险人知道被保险人的体检结果时，不得再以投保人未就相关情况履行如实告知义务为由要求解除合同。

3．告知义务违反的法律后果

（1）告知义务违反的构成。认定投保人违反如实告知义务，首先是在客观上存在没有告知或虚假告知的行为。投保人回答了询问但保险人认为该回答不符合要求的争议，最为常见，也最难作出裁判。虽然告知不实导致的客观情况与告知信息之间存在差异，但差异与保险人承保的危险之间无重要的关联性的，不实告知就不构成告知义务之违反。这就是其他国家保险法实践经常采用的“实质真实原则”。该原则首先出现于英美判例法，后来为大陆法学说所接受。大陆法通说认为，告知义务要求投保人说明的事项并不需绝对真实，即使出现一些对危险评估无重要性的差异，也不构成告知义务的违反，如将投保车辆的绿色说成蓝色。[①]

其次是在主观上投保人对告知不实存在过错。关于过错，各国保险法的立场并不相同。有的对投保人最为有利，采用故意主义。如法国《保险契约法》第 21 条第 2 款规定：“投保人故意隐匿或虚假告知时，倘其行为足以变更或减少保险人对危险的评价者，保险合同无效。”有的对投保人最为不利，采用故意或者过失主义。如德国《保险契约法》第 17 条第 2 款规定：“义务人义务的违反以故意或者过失为前提。”有的采用折中主义，坚持故意或重大过失要件。我国《保险法》采折中立场，第 16 条第 2 款规定：“投保人故意或者因重大过失未履行前款规定的如实告知义务，足以影响保险人决定是否同意承保或者提高保险费率的，保险人有权解除合同。”依据该条第 4 款，只有在投保人故意或者重大过失不如实告知时，保险人才有权在保险事故发生后拒绝赔偿。投保人有不如实告知的，若无过错或者有过错但属于轻微过失，保险人也无权获得救济。

（2）告知义务违反后保险人的救济。投保人违反告知义务的，按照我国《保险法》第 16 条，保险人可以根据不同情形选择三种救济途径：一是解除合同。根据该条第 2 款，投保人违反如实告知义务的，保险人有权解除合同。保险人未主张解除的，合同继续有效。二是在保险事故发生后拒绝赔付并拒绝退还保险费。根据该条第 4 款，投保人故意不履行如实告知义务的，保险人对于合同解除前发生的保险事故，不承担赔偿或者给付保险金的责任，并不退还保险费。此种处理是对投保人故意违反如实告知义务这种违背诚信行为的惩罚。三是保险事故发生后拒绝赔付但必须退还保险费。根据该条第 5 款，投保人因重大过失未履行如实告知义务并且该行为对保险事故的发生有严重影响的，保险人对于合同解除前发生的保险事故，不承担赔偿或者给付保险金的责任，但应当退还保险费。

无论是行使解除权，还是在保险事故发生后拒绝赔付，保险人的救济途径均受到限制：

首先是不可抗辩规则的限制，即赋予投保人、被保险人或者受益人特殊抗辩权来对抗保险人的救济主张。我国《保险法》第 16 条第 3 款规定，自保险人知道有解除事由之日起，超过 30 日不行使而消灭。自合同成立之日起超过 2 年的，保险人不得解除合同；发生保险事故的，保险人应当承担赔偿或者给付保险金的责任。无论是 30 日还是两年，都是除斥期间，但各自的存在缘由并不相同：解除权 30 日的不可抗辩，意在促使保险人尽

① 赵启进：《论保险法上的告知义务》，《法律科学（西北政法学院学报）》1996 年第 3 期。

快解决纷争；解除权与拒绝赔偿权两年的不可抗辩，意在保护投保人、被保险人或者受益人对保险合同的期待，以确保保险最大限度地发挥风险管理的社会功能，也有助于督促保险人改善经营。

其次是保险人明知时除外的限制。我国《保险法》第 16 条第 6 款规定，保险人在合同订立时已经知道投保人未如实告知的情况的，不得解除合同，保险事故发生后也不得拒绝赔付。此种限制的逻辑在于：可以防止保险人反悔，从而有效保护投保人、被保险人或收益人对保险合同的合理期待；与法律不保护故意不谨慎行为的常识相吻合；投保人未如实告知的情况实际上不会实质影响该保险人的交易决策。

（3）比例赔付规则。关于保险人的救济，还存在比例赔付规则。我国《保险法》第 32 条第 2 款规定："投保人申报的被保险人年龄不真实，致使投保人支付的保险费少于应付保险费的，保险人有权更正并要求投保人补交保险费，或者在给付保险金时按照实付保险费与应付保险费的比例支付。"根据规定，投标人对年龄告知不实的，保险人的合同解除救济或者拒绝赔付救济受到限制。所主张的方案，不能让投保人完全丧失保险合同利益，应当在不实信息产生的影响并考察该影响的比例的基础上让投保人获得部分赔付。少收了保险费，是投保人不如实告知被保险人年龄对保险人的实质影响。保险人主张投保人增加这部分保险费，或者根据人身保险合同关于保险费与保险金的对应关系主张按比例赔付的，可获得完全救济。比例赔付规则，实质上降低了投保人告知义务负担，有助于保护投保人、被保险人或受益人，也缓和了告知义务在保险纠纷裁判中的对抗性。

我国《保险法》中的比例赔付规则有两个特点：首先，适用范围极其有限，仅针对人身保险中的年龄告知事项。为发挥比例赔偿规则的积极价值，可考虑将其扩展到所有保险中的所有告知事项。比例赔付规则已经通过协商或者调解等纠纷解决机制被大量采用，具备扩展适用的实务基础。其次，不区分故意与非故意。即使投保人故意不如实申报年龄，也有权主张适用比例赔付规则，保险人也乐意如此选择，以继续维系客户关系。不过，不区分故意与非故意而一律适用比例赔付规则，也有诱导投保人故意不如实告知、故意破坏市场诚信之弊。因此，可以借鉴他国保险法的经验，将比例赔付规则仅限于非故意不如实告知的情形，可对《保险法》第 32 条第 2 款规定进行限缩解释。

三、投保人的保证义务

（一）保证的内涵

投保人保证，也称为保险保证，是指投保人向保险人作出特别承诺，担保其将作为或者不作为特定事实，或者担保某事实状态存在或不存在。保证条款是保险人控制保险危险、规避保险交易风险的重要手段，对保险人与投保人之间权利义务的平衡构建很关键。我国《保险法》对此并未作明文规定，但第 51 条中的安全保障义务规则与之有关，保险人通过在合同中设置很多保证条款主动运用保险保证的情况很常见。

保证义务与告知义务之间有显著区别：（1）性质不同。保证多表现为合同条款，保证义务是合同义务；告知义务是法律直接规定的先合同义务。（2）目的不同。保证义务的目的多元，包括控制危险信息调查中的风险、控制合同签订后保险标的危险状态显著变化的风险；告知义务的目的在于确保保险人便于获得危险信息进行风险评估。（3）后果不同。

投保人违反保证义务的，无论是否有过错，保险人均可主张救济；投保人违反告知义务的，只有在存在法律规定的过错时保险人才可主张救济。

（二）保证的方式

1．明示保证与默示保证

在明示保证中，保险人利用书面合同形式来明确规定投保人保证某个事实状态或者承诺作出或不作出某个行为。保险保证条款，在保险实务中通常是“合同基础条款”。

默示保证是海上保险特有的制度，相关内容直接由法律规定。在海上保险中，这些保证包括合法性保证、适航性保证、不绕航保证三种。

2．确认保证与承诺保证

确认保证，是对合同成立前有关事实状态的保证，投保人保证其告知的内容与实际内容完全一致。比如，投保人在人身保险中保证自己没有特定疾病史，在财产保险中保证保险标的不存在某种特定状况，甚至保证告知未被询问到的其他重要信息。此种保证具有扩展告知义务负担的效果，可能对法律规定的被动回答、有限告知、重大性等要件进行实质性修改。

承诺保证，也称为持续保证，是指投保人承诺确保将来的事实与现在已经确定的一致，或者承诺作出或不作出某个行为。该事实在保险期间发生变化的，或者未按承诺作出或不作出某个行为的，导致对保证的违反。在财产保险中，保险人常常将我国《保险法》第 51 条第 1 款规定的被保险人安全保障义务设置为承诺保证；在人身保险中，保险人也可以借助承诺保证针对被保险人的行为设置一些不违背公序良俗原则的特定要求。

（三）违反保证的法律后果

1．违反保证的构成

保证通常表现为合同条款，违反保证等于违约。因此，确认保证中告知的内容与实际情况不完全一致的，承诺保证中后来发生的事实与合同签订时已经确定的情况不一致的或者未承诺作出或不作出某个行为的，即构成违约，不论是否存在主观上的过错。

2．违反保证后保险人的救济

保证涉及的事实几乎都是影响保险人保险交易决策的基础性事实。投保人违反保证的，保证人一般有权按照约定获得充分救济。当然，保险保证的类别不同，救济方式也有差异。违反确认保证，存在故意或重大过失的，直接适用故意或者因重大过失违反告知义务的救济规则；仅是一般过失违反的，可以不支持保险人的救济主张，但默示保证例外；违反承诺保证的，可参照《保险法》第 50 条第 3 款的规定处理，支持保险人增加保险费或者解除合同的主张。

（四）保险保证条款的法律规制

在实务中，投保人的保证义务常常通过保险合同的保证条款来界定。这些条款几乎全是对投保人设置义务负担的格式条款。为防止保险人滥用，以保护投保人、被保险人或受益人，有必要对保险保证条款进行特别规制。

保险合同的保证条款具有单向扩张投保人义务的效果，可适用我国《保险法》第 19 条严重不公平格式条款无效规则。若不否定这些条款效力，则可在条款性质的认定、违约构成等环节加以变通。

构成保证条款必须有将某个事项作为保证的明确意图，要有“保证”或者类似的文字，应当明确表示“违反该条款将导致合同失去效力”的法律效果。为此，可以尽量将那些单纯对风险所依附的标的物进行描述的条款解释为风险限制条款，除非在描述中存在构成合同基础之类的表达。违反风险限制条款的，不会发生整个合同失去效力的后果，这对投保人相对有利一些。鉴于承诺保证的要求要比确认保证的要求高，对投保人更为不利，可以尽可能地将承诺保证解释为确认保证。只有在所涉及的事实与合同生效后发生的保险标的危险程度增加有关的场合，才解释为承诺保证。

在违反保证的认定上，对义务的履行可坚持实质履行标准，可以在承诺保证中将偶尔的“不履行”排除在违反保证之外；引入重大性标准，可要求保险人证明保证事项的违反与保险事故的发生之间具有潜在的因果关系，不具有因果关系的也不构成违反；可引入主观要件，比如要求存在故意，如无故意也不构成违反；可引入情势变更原则，将因后来法律规定为非法而未履行保证的行为排除在约反保证之外。

四、保险人的说明义务

（一）说明义务的内涵

说明义务是指在订立保险合同时，保险人向投保人说明保险合同条款内容的义务。我国《保险法》第 17 条对此有明确规定。该条第 1 款规定了针对格式条款的说明义务，第 2 款规定了针对免除保险人责任条款的明确说明义务。为行文方便，本书统一称之为说明义务。

保险人说明义务具有以下特征：

（1）说明义务是法定义务。保险人说明义务是控制保险合同格式条款滥用的一种法定措施，是《民法典》控制格式合同的强制规则在保险法中的再次表达。无论保险合同中是否有约定，保险人均须履行该义务。保险人违反的，即使保险合同没有约定后果，投保人、被保险人或受益人也有权按照保险法的规定处理。

（2）说明义务是先合同义务。说明义务的目的在于，确保投保人充分了解保险产品的内容，以便理性地作出是否投保、以何种条件投保的决策。该义务依附于合同义务而存在，发生在合同成立之前，属于先合同义务，属于合同法理论上的附随义务。

（3）说明义务是主动性义务。与告知义务要求投保人如实回答保险人询问的规定不同，保险人必须主动向投保人说明合同的内容，主动向投保人明确说明免除保险人责任的条款。保险人还应当根据投保人的理解需求调整自己的说明行为。投保人能够或者已经充分了解保险产品的内容的，则不需要保险人继续说明；否则，应当通过口头、书面或者其他形式继续解释、说明。

（4）不真正义务。与告知义务一样，保险人违反告知义务的，必须承担不利后果，但是投保人不能直接以义务的违反而请求赔偿或者要求强制执行。

（二）说明义务的构成

1．说明的内容

根据《保险法》第 17 条，需要进行说明的内容为保险人提供的格式条款；需要明确说明的内容为免除保险人责任的条款。对该规定的理解可能有以下疑问：

（1）需要明确说明的免除保险人责任的条款是否一定是格式条款？对此，该条第 2 款未作明确规定。但从说明义务产生的根据看，答案是肯定的。只有那些通过格式条款表达的免除保险人责任的条款，才必须由保险人明确说明。①

（2）如何界定免除保险人责任的条款？对此，有形式标准、实质标准与折中标准三种。按形式标准，只有那些被冠以责任免除或者免责条款的条款，才被认定为免除保险人责任的条款。我国《保险法》第 18 条第 1 款罗列了保险合同中应当包括的事项，其中第 4 项为保险责任和责任免除。这是否意味着，除“责任免除”条款外的其他条款均不属于免除保险人责任的条款呢？答案应当是否定的。坚持形式标准，可能出现保险人借助条款设计规避说明义务的极端后果。按实质标准，只要实质上具有限制保险人责任的功能，相关条款就应被认定为免除保险人责任的条款。此种标准，有助于保护投保人、被保险人或者受益人，防止保险人滥用格式条款，但标准过于宽泛，可能背离保险市场客观规律。通读一份保险产品就会发现，从产品名称到最后一个条款，保险人的责任被各个保险条款逐步限缩，保险产品的每一个条款都具有免除或限制保险人责任的效果。如果必须明确说明这些条款的含义，对保险人来说无疑是灾难，他们将无法承受此种要求带来的高营销成本，也无法承担所有合同条款可能被否定的风险。《保险法司法解释二》采取了折中标准，第 9 条第 1 款规定：“保险人提供的格式合同文本中的责任免除条款、免赔额、免赔率、比例赔付或者给付等免除或者减轻保险人责任的条款，可以认定为保险法第十七条第二款规定的‘免除保险人责任的条款’。”根据该规定，以“免责除外条款”冠名的条款，当然属于免除保险人责任的条款；同时，那些实质上具有免除或者减轻保险人责任效果，并且按照保险市场惯例被所有保险人与投保人高度关注的重要条款，也属于免除保险人责任的条款。

（3）将法定免责的强制性规定在合同中转述而形成的条款是否属于需要明确说明的内容？保险合同中免除保险人责任的条款，很多是对法定免责或者法定责任限制的转述性表达。这些内容，不宜被强制要求予以明确说明。《保险法司法解释二》对此有所涉及，如第 9 条第 2 款规定，保险人因投保人、被保险人违反法定或者约定义务，享有解除合同权利的条款，不属于《保险法》第 17 条第 2 款规定的“免除保险人责任的条款”；第 10 条规定，保险人将法律、行政法规中的禁止性规定作为保险合同中的免责事由，保险人对该条款作出提示后，投保人、被保险人或者受益人不得以保险人未履行明确说明义务为由主张该条款不生效。尚有疑问的是，保险监管机关批准的保险条款是否需要保险人明确说明？例如，《保险法》规定，关系社会公共利益险种的保险条款与保险费率都由监管机关制定或由保险公司拟订后经过监管机关批准，比如机动车辆保险条款。这些保险条款，实际已经成为具有普遍效力的法律文件，在保险实践中通常被附在保险单背后而成为保险合同内容的组成部分。这些条款如果涉及免除保险人责任的内容，保险人是否有明确说明的

---

① 对此也有不同意见，即对于经过双方仔细磋商的特约条款，保险人也应当尽明确说明义务。参见韩长印、韩永强编著：《保险法新论》，中国政法大学出版社 2010 年版，第 63 页。

义务？本书认为，将其纳入保险人明确说明的范围为宜。

2．说明的履行方式

说明与明确说明在《保险法》第 17 条有区别，二者的履行要求不同，说明方式也应当不同。

（1）一般格式条款的说明。对于如何说明一般格式条款，该条并无规定，但可以参照一般合同法格式条款订立过程的控制规则。在一般合同制度中，格式合同订立控制措施主要有合理提醒规则、了解机会规则、消费者同意规则、消费者反悔权等，保险人说明义务涉及合理提醒规则、了解机会规则。合理提醒规则要求，经营者在订约时必须以明示或者其他合理、适当的方式提醒相对人注意其欲以格式条款订立合同的事实。了解机会规则要求，条款使用人必须给予相对人合理的机会，使其有充分时间了解格式条款内容。同时，交易对方提出询问的，格式条款使用人必须解答。[①] 因此，保险人要主张自己已经履行说明义务，就必须证明：第一，已经将保险条款提交给投保人；第二，就适用格式条款的事实向投保人作了专门提醒；第三，应给投保人预留阅读的时间；第四，应当提醒投保人，有疑问可以向自己提问；第五，在投保人提出疑问时自己进行了回答。

（2）免除保险人责任条款的明确说明。对于免除保险人责任的条款，保险人不仅要作说明，还要作明确说明。《保险法》第 17 条第 2 款直接规定了明确说明的方式，即书面或者口头形式。何谓明确说明，《保险法司法解释二》第 11 条、第 12 条、第 13 条提出了具体要求。根据第 11 条，保险人应以书面或者口头形式向投保人解释说明有关免除保险人责任条款的概念、内容及其法律后果，并且该解释说明要达到投保人作为常人可以理解的标准。当然，投保人若有特别疑问则有权继续询问，保险人也必须回答这些疑问。同时，保险监督管理机关已经强制要求保险人建立保险销售回访制度。回访制度在一定程度上可以替代明确说明的功能。在回访过程中，保险人必须逐一解答投保人的提问。根据第 12 条，通过网络、电话等方式订立保险合同的，保险人的明确说明可以通过网页、音频、视频等形式进行。根据第 13 条，保险人对其已经履行了明确说明义务的主张承担举证责任。销售回访以及保险监管机关要求保险公司在人身保险销售中必须录音录像，这在很大程度上可以帮助保险人克服保险人举证不力的困难。在实务中，保险人常常以投保人签字或盖章或其他确认的方式来证明自己已经履行了明确说明义务，使得保险人的实质性说明义务被程序化甚至被规避、被弱化。对此，第 13 条明确规定，对投保人的确认一般予以认可，但同时允许投保人举示其他证据予以否认。《保险法司法解释二》第 11 条、第 12 条、第 13 条的这些具体要求，在一定程度上矫正了过度扩张保险人明确说明义务的不良倾向。明确说明对抑制保险人格式条款滥用、治理保险市场销售误导之顽疾有重大价值，但也不能无限扩张保险人明确说明义务。动辄以保险人违反明确说明义务为由支持投保人索赔主张的做法，等于无限扩张保险人的明确说明义务负担，严重背离保险市场基本规律，最终将损害投保人的利益，也不利于市场诚信秩序的养成。

从民法一般理论与制度看，格式条款提供义务、免责条款提示义务和明确说明义务

---

① 苏号朋：《论格式条款订入合同的规则——兼评中国〈合同法〉第 39 条规定之不足》，杨振山、［意］桑德罗·斯奇巴尼主编：《罗马法·中国法与民法法典化——物权和债权之研究》，中国政法大学出版社 2001 年版，第 571—573 页。

均属于格式条款订立控制制度的内容。我国《保险法》第 17 条也包括格式条款提供义务、免责条款提示义务和明确说明义务三项具体要求。广义而言，保险人明确说明义务应当包括上述三项内容。[①] 不过，从正面要求与违反后果看，《保险法》第 17 条第 2 款将提醒投保人注意保险合同中免除保险人责任条款的提示义务与免责条款的明确说明义务是各自独立的不同义务。司法解释也持相同立场。但是，在判断保险人是否已经履行明确说明义务时，需要关注它与提示注意义务的关系。没有或者没有充分地提示注意的，保险人就应当更多地作实质性解释与说明。

（3）犹豫期。在实务中，已经赋予投保人犹豫期，而投保人在此期间没有询问也没有解除合同，是保险人主张自己已经履行了明确说明义务的常见理由。犹豫期与《消费者权益保护法》中消费者有权在一定期间内无条件反悔权或者无条件合同解除权的规定差不多。犹豫期的目的在于，确保投保人有机会阅读和理解保险条款的内容，以便衡量已经签订的合同是否理性、是否有必要继续维持。赋予投保人犹豫期，可以缓解保险人明确说明义务的社会压力。不过，犹豫期并不能完全免除明确说明义务。依照法律规定，明确说明义务是主动性义务，无论投保人是否询问，保险人均需按照法律规定及市场惯例去履行。当然，如果保险法明文引入犹豫期规则，则可以同时规定，投保人未在犹豫期内反悔的，就不得以保险人未履行明确说明义务为由否定有关条款的效力。如此处理，可以实质性地降低保险人明确说明义务的负担。

（三）违反说明义务的救济

说明义务的违反，通常有两种情形：一种是不实说明，即保险人对合同条款进行错误说明或夸大说明；另一种是应说明而未说明，包括保险人故意隐瞒保险合同有关事项，未向投保人说明或在向投保人说明的过程中由于过失遗漏了有关事项。《保险法》第 17 条关于“未作明确说明的”规定涵盖这两种情况。在说明格式条款时，保险人应披露重要信息，不得错误说明或夸大说明。

根据《保险法》第 17 条第 2 款，无论是哪种状态，只要保险人违反了明确说明义务，免除保险人责任的条款便不产生效力，投保人、被保险人或者受益人有权提出免除保险人责任的条款不对自己产生约束力的抗辩。

如果责任免除条款、免赔额、免赔率、比例赔付或者给付等免除或者减轻保险人责任的条款均被认定为不发生效力，保险合同是否转化为承保所有风险、任何情况下均进行赔付的合同呢？应当不是。这些条款不发生效力，等于相关事项出现约定空白。根据《民法典》关于民事法律行为解释的一般原理，可以借助保险市场交易习惯填补这些约定的空白。

需要注意的是，虽然《保险法》第 17 条第 1 款对一般格式条款的说明义务有正面规定，但没有规定违反该义务的法律后果。第 17 条第 2 款并不针对第 1 款的一般说明义务，保险人未履行一般说明义务时，投保人、被保险人或者受益人不能按照第 2 款规定的救济方式寻求救济。按照一般法与特别法的关系，投保人、被保险人或者受益人似乎可以主张

① 曹兴权：《反差与调适：保险人说明义务的履行——兼论〈保险法〉第 17、18 条的修改》，《求索》2015 年第 2 期。

适用《民法典》有关格式条款控制的一般规则寻求救济。但这些一般规则与《保险法》第17条第2款的规定没有实质差异，适用《民法典》一般规则将导致区分说明义务与明确说明义务的立法意图被消解。因此，将保险人针对保险合同一般格式条款的说明义务解释为宣示性的义务较为适宜。可以认为，将格式条款说明义务区分为一般说明义务与明确说明义务，是保险交易与一般民事交易的一个显著区别。

五、保险人的弃权与禁止反悔

从生活常理看，保险交易中的保险人和投保人均应当遵守弃权与禁止反悔规定。但是，保险法上的弃权与禁止反悔主要针对保险人而存在，其实质是为了倾斜性地保护投保人、被保险人或受益人，而对保险人索赔抗辩设置的特殊限制。因此，保险人的弃权与禁止反悔是诚实信用原则在保险法领域的特殊运用。

（一）弃权

1. 弃权的概念

弃权是指在保险合同的订立和存续过程中，保险人有意识地主动放弃自己在合同中可以主张的某项权利，这些权利包括合同解除权、合同终止权及各种抗辩权。私法权利特别是财产性权利，当然可以被权利主体放弃。保险法特别规定弃权的意图在于强调弃权对保险人的限制性后果。弃权一旦构成，保险人就不得反悔，当然不得主张继续拥有该权利。

我国《保险法》尚未明文规定弃权规则。但是，可将第16条第6款解释为一种特殊的弃权规则。依据该款，明知投保人未如实告知而继续签订合同的，可以视为在合同签订时就放弃了抗辩，保险人不得再以投保人违反告知义务为由主张解除合同或者拒绝赔付。需要注意的是，《保险法司法解释二》将该款的规定作了三层扩展：时间点上，从合同订立前扩展到了合同成立后；范围上，从知道扩展到了应当知道；行为表现上，从继续订立合同扩展到了收取保险费。

2. 弃权的构成

构成保险弃权应符合以下条件：

（1）保险人基于法律规定或者合同约定享有一项权利。

（2）该权利的放弃不为法律所禁止。保险合同中的权益是债权性权益，保险人当然可放弃。但基于保险产品的特殊公共性，保险人不得放弃基于保险利益而享有的合同无效抗辩权利，否则将背离公序良俗原则。当然，这也不绝对。比如在美国，违反保险利益原则使保险合同失去强制执行的可能，但更多的是作为保险人的抗辩。保险人有权以缺乏保险利益为由对索赔提出抗辩，但如果索赔方提出保险人曾经作出过足以构成放弃保险利益抗辩的某种言论或行为的，法院将支持索赔方。

（3）保险人在弃权时已经知悉产生该权利的事实。知道投保人有不当或者违约行为后，保险人就应该立即采取行动，以避免自己的交易风险，只有此时才存在放弃权利的可能。

（4）保险人在弃权时有明确的意思表示。这些意思表示，明示与默示均可。但通过默示作出意思表示的，投保人、被保险人或者受益人应承担较多的证明义务。

（5）保险人作出的意思表示达到对方当事人或者被对方当事人知悉。弃权是一种形成权，虽然不需要对方同意，但最终以对方能否抗辩的形式表现出来，须到达对方当事人或者被对方当事人知悉后才产生相应的约束效果。

3．弃权的法律后果

构成保险弃权后，保险人即丧失了被自己放弃的权利，不得再针对投保人、被保险人或者受益人提出主张或者提出抗辩。不过，该种弃权仅限于被放弃权利的有效范围之内。比如，投保人、被保险人或者受益人违约时，保险人放弃了本来享有的合同解除权的，便不得再行使基于此种违约行为产生的合同解除权，但如果投保人、被保险人或者受益人有其他违约行为，保险人仍然享有相应的合同解除权。

（二）禁止反悔

1．禁止反悔的概念

禁止反悔，也称禁反言，指保险合同订立和存续过程中，保险人对某一事实加以陈述或者明确允诺后，善意投保人或被保险人对此产生了合理信赖并且基于该信赖从事了某些行为的，保险人不得推翻自己先前的陈述或者明确允诺。

保险法上的禁止反悔实质上是民法善意保护规则的一种特殊表现，有助于防止保险人实施欺诈行为。但直接以禁止反悔或者禁反言的术语进行表达的，仅存在于英美法，并且属于衡平法的内容。在英美保险法中，禁止反悔原则被广泛运用于保险合同从缔约、成立、生效至理赔的全过程。

禁止反悔和弃权之间有密切联系。保险人放弃特定权利后就不得再主张该权利，是禁止反悔的一种具体表现。但是，禁止反悔针对的范围远不止弃权这一种，比如事实陈述禁止反悔。保险禁止反悔，大致包括事实陈述禁止反悔与真实允诺禁止反悔，保险弃权属于真实允诺禁止反悔。按照事实陈述禁止反悔，保险人或其代理人就保险条款作错误陈述后，投保人、被保险人或者受益人产生合理信赖并签订合同的，保险人不得以自己陈述有误为由进行抗辩。

2．禁止反悔的构成

不同情形的禁止反悔构成条件并不相同。在涉及保险人错误陈述的场合，有效的禁止反悔应当符合以下条件：（1）保险人或其保险代理人作出了清晰而确定的错误表示或者虚假表示；（2）投保人、被保险人或受益人合理地信赖该意思而实施了某项在法律上有效的行为；（3）若否定该项陈述的法律约束力，就会严重损害投保人、被保险人或受益人的利益，导致交易不公平；（4）投保人、被保险人或受益人不存在欺诈或者恶意。

在涉及真实允诺的场合，有效的禁止反悔应当符合以下条件：（1）保险人知道权利已经存在；（2）保险人通过明示或默示方式作出了放弃权利的意思表示；（3）投保人、被保险人或受益人对保险人放弃权利的意思表示产生了合理信赖，并基于该信赖实施了某项在法律上有效的行为；（4）若否定该项陈述的法律约束力，就会严重损害投保人的利益，导致交易不公平；（5）投保人、被保险人或受益人不存在欺诈或者恶意。

3．禁止反悔的法律后果

构成禁止反悔后，保险人不得再以投保人、被保险人或者受益人违反合同义务为由主张解除合同、拒绝赔偿或者提出其他抗辩。

禁止反悔的适用有赖于善意、信赖等有宽泛含义的条件，因而可能被投保人滥用。英美保险法为此规定，禁止反悔在适用时应受到公共利益、口头证据规则、事实、非弃权条款的限制。

六、保险人的适当性审查义务

（一）适当性审查义务的内涵

1．适当性审查义务的概念

适当性审查义务是金融机构对其服务对象承担的一些特别注意义务。保险人属于金融机构，当然应当履行该义务。具体而言，保险人适当性审查义务是指保险人在向客户销售金融产品或者提供金融服务时，必须充分了解自己产品或者服务的风险，充分了解客户的风险承受能力，向客户充分揭示产品或服务风险，向客户推荐或者销售与其风险承受能力相适应的产品或者服务。

保险市场监管机构很早就针对资产管理类保险、特殊人身保险的销售行为提出了适当性审查的监管要求。2019 年《全国法院民商事审判工作会议纪要》在第 72—78 条对包括保险公司在内的金融机构的适当性审查义务作出了详细界定。

2．适当性审查义务的特征

（1）适当性审查义务是法定义务。适当性审查义务是基于投保人对保险人、金融市场客户对金融机构的高度信赖产生的，其目的在于防止保险公司等金融机构向客户推销不适合客户风险承受能力的产品或者服务。该义务是保险诚信原则的具体体现，无论保险合同是否作出约定，保险人均必须按照法律规定履行。

（2）适当性审查义务是先合同义务。适当性审查义务发生于保险合同缔结之前，不是合同约定的合同义务，属于附随义务中的先合同义务。

（3）适当性审查义务是主动性义务。保险人必须在合同缔结之前主动地了解产品、了解客户并且作出适当性推荐或者销售。

（4）适当性审查义务是真正义务。根据 2019 年《全国法院民商事审判工作会议纪要》第 77 条，保险人未尽适当性审查义务导致投保人、被保险人或者受益人损失的，应当赔偿投保人、被保险人或者受益人所受的实际损失。投保人、被保险人或者受益人有权直接以保险人未尽适当性审查义务为由提出索赔，故适当性审查义务是真正义务。当然，投保人、被保险人或者受益人并不能够针对适当性审查义务申请法院强制执行，这是适当性审查义务与其他真正义务之间的一个显著区别。

（二）适当性审查义务的内容

根据 2019 年《全国法院民商事审判工作会议纪要》的指引以及金融监管文件的要求，适当性审查义务大致包括以下内容：

1．适用场合

适当性审查义务的目的在于，适当抑制保险人的销售自由和投保人的购买自由，确保投保人远离高风险的保险产品。因此，保险人适当性审查义务仅发生在高风险保险产品或者服务领域，比如投资类保险。

2. 履行要求

（1）了解产品的风险。保险人应当充分了解所销售保险产品的信息，根据风险特征和程度，对保险产品划分风险等级。

（2）了解客户的风险承受能力。保险人应当全面了解并收集与投保人产品理解能力、投资决策能力、风险承受能力有关的信息，并且以此为基础对投保人的风险承受能力进行评估，划分投保人风险承受能力的等级。

（3）向投保人充分揭示保险产品的风险。包括：向投保人说明保险产品的关键条款，特别是免除保险人责任的条款；特别提醒投保人注意购买该保险可能面临的市场风险。

（4）销售适当的产品给客户。结合投保人的风险承受能力以及保险产品的不同风险等级两方面因素，向投保人明确提出某产品是否适合的适当性匹配意见，将适当的产品或者服务，销售或者提供给适合的投保人；若投保人不适合购买该保险，不得推荐。

（三）违反适当性审查义务的法律后果

保险人违反适当性审查义务的，应当对保险人承担损失赔偿责任。此种责任，应当属于侵权责任。不过，该类损失赔偿请求依附于保险合同，应当允许投保人、被保险人或者受益人按请求权竞合规则选择救济方式。

（四）适当性审查义务与说明义务的关系

1. 适当性审查义务与说明义务的区别

（1）适用场合不同。适当性审查义务适用于高风险保险产品领域；说明义务适用于所有保险产品。

（2）义务内容不同。适当性审查义务要求保险人必须了解自己的产品、了解自己的客户，并确保向客户推荐的产品与客户的风险承受能力匹配；说明义务要求保险人向投保人对提供的格式条款予以说明，对免除自己责任的特别条款向投保人以口头或者书面的方式作明确说明。

（3）制度功能不同。适当性审查义务意在适当限制投保人的投保自由，尽量让投保人远离高风险的保险产品；说明义务意在确保投保人有了解保险产品的机会，努力帮助投保人理解保险产品，便于其作出理性决策。

（4）性质不同。适当性审查义务是真正义务，保险人违反时，投保人有权直接索赔；说明义务是不真正义务，保险人违反时，投保人不能直接索赔。

2. 适当性审查义务与说明义务的联系

适当性审查义务与说明义务均要求保险人说明保险条款，特别是免除保险人责任的条款。就保险人说明保险条款的负担而言，基于适当性审查义务的要求明显高于基于说明义务的要求。其中一个重要表现就是，履行适当性审查义务时，保险人必须充分揭示或者明确说明的范围，已经不限于免除保险人责任的条款，且不能仅进行一般的口头或者书面说明，而要充分说明。

本章理论与实务研讨

成年无民事行为能力人死亡保险的限制

无民事行为能力人包括成年无民事行为能力人与未成年无民事行为能力人。我国《保险法》第33条规定，投保人不得为无民事行为能力人投保以死亡为给付保险金条件的人身保险，保险人也不得承保。父母为其未成年子女投保的人身保险，不受此限制，因被保险人死亡给付的保险金总和不得超过国务院保险监督管理机构规定的限额。问题在于，被保险人是成年无民事行为能力人时，其父母是否可以为其投保死亡保险？从语义表达看，似乎不能。从保险金最终受益的情况看，作为死亡保险被保险人的成年无民事行为能力人并非保险金利益的实际享有者。但是，从保险利益防范道德风险的制度目的来看，只要不存在故意导致被保险人死亡的道德风险，在对成年无民事行为能力人具有保险利益的情况下，父母也应当可以为成年无民事行为能力人投保以死亡为给付保险金条件的人身保险。

不可抗辩与合同欺诈撤销权的冲突与协调

依据我国《保险法》，即使投保人故意违反如实告知义务，保险人也必须受到两年不可抗辩的约束。投保人故意不如实告知时，不能够依据保险法获得救济的，保险人是否有权依据《民法典》第148条、第152条规定的民事法律行为欺诈撤销规则获得救济呢？从一般法与特别法的关系看，似乎不能。出现这种情况，根源在于保险人不可抗辩中没有排除投保人故意不如实告知的情形。在立法未修改的情况下，可否从其他角度寻找解决方案呢？比如，民法的基本原则与利益衡量的方法。投保人故意隐瞒而不如实告知的行为可能严重违背市场诚信甚至公序良俗。投保人故意不如实告知时，依然限制保险人的抗辩而倾斜保护投保人、被保险人或者受益人，等于在维护市场诚信、践行社会道德的社会整体利益与特定主体交易利益之间的冲突中，选择了特定主体交易利益优先于社会整体利益的利益衡量立场。此种选择是否正当，值得反思。如果选择优先维护市场诚信，答案可能不同。

保险人说明义务中保险消费者保护与市场规律之间冲突的协调

保险合同是典型的格式合同，保险人说明义务特别是明确说明义务是控制格式条款滥用、治理保险市场欺诈的有效手段。在强化保险消费者保护的政策背景中，不断强化保险人明确说明义务是裁判者的惯性选择。但是，保险人明确说明义务应当直面来自保险市场客观规律的理性约束。对很多保险产品的销售而言，根本不存在适用明确说明的空间，一手交钱一手交货成为常态，保险人通过提醒投保人注意特别条款、要求投保人签字确认的方式来履行明确说明义务已经成为普遍现象。此外，保险人明确说明后，投保人也不一定能够真正获得实际增益。况且，提高明确说明义务的履行要求会显著提高保险人的经营成本。为此，如何协调保险消费者保护与保险市场规律之间的冲突，是理性完善保险人明确说明义务必须面对的问题。至于完善路径，可以在合理界定说明对象、选择恰当的说明方式、理顺说明义务与提示义务的关系、优化说明义务与适当性审查义务的关系等方面加以综合考虑。

本章法考与考研练习题

一、名词解释

1. 保险利益
2. 投保人的告知义务
3. 保险不可抗辩
4. 投保人的保证义务
5. 保险人的说明义务
6. 保险弃权
7. 保险禁止反悔

二、简答题

1. 简述人身保险合同中保险利益的判断标准。
2. 简述财产保险中保险利益的类型。
3. 简述投保人违反告知义务的认定。
4. 简述投保人违反告知义务后保险人的救济。
5. 简述保险人明确说明的范围。
6. 简述保险人明确说明义务履行的标准。
7. 如何限制保险人滥用保证条款?

三、案例分析

1. 陈某之父陈某康，因右肺腺癌于2010年8月10日入院治疗，至2010年8月24日病情平稳后出院。2010年8月25日，陈某为陈某康在中国平安人寿保险股份有限公司乐山中心支公司（以下简称“被告”）处投保了8万元的身故险和附加重大疾病险。陈某和陈某康均在“询问事项”栏就病史、住院检查和治疗经历等项目勾选为“否”。两人均签字确认其在投保书中的健康、财务及其他告知内容的真实性，并确认被告及其代理人已提供保险条款，对免除保险人责任条款、合同解除条款进行了明确说明。双方确认合同自2010年9月2日起生效。合同第7.1条及第7.2条就保险人的明确说明义务、投保人的如实告知义务以及保险人的合同解除权进行了约定。

2010年9月6日至2012年6月6日，陈某康因右肺腺癌先后9次入院治疗。2012年9月11日，陈某康以2012年3月28日的住院病历为据向被告申请赔付重大疾病保险金。保险公司经调查发现，陈某康于2010年3月10日入院治疗，被确认为“肝炎、肝硬化、原发性肝癌不除外”，因此被告于2012年9月17日以陈某康投保前存在影响该公司承保决定的健康情况，而在投保时未书面告知为由，向原告送达解除保险合同并拒赔的通知。陈某康、陈某于2012年10月24日诉请判令被告继续履行保险合同并给付重大疾病保险金3万元，后在二审中申请撤诉，二审法院于2012年12月18日裁定撤诉。2014年3月11日至3月14日，陈某康再次因右肺腺癌入院治疗，其出院诊断为：右肺腺癌伴全身多次转移（Ⅳ期，含骨转移）。2014年3月24日，陈某康因病死亡。原告陈某遂诉至法院，请求被告给付陈某康的身故保险金8万元。[①]

---

① 资料来源:《陈某诉中国平安人寿保险股份有限公司乐山中心支公司人身保险合同纠纷案》，载中国法院网。

请问：投保人未如实告知投保前已发生的保险事故，保险合同成立两年后请求理赔的，应否支持？

2. 2013 年 11 月 18 日，甲公司为其名下的一辆货车向乙保险公司投保了交强险、车辆损失险、商业第三者责任险。该合同约定，车辆“检验不合格”的，保险人不予赔偿。保险期间，甲公司驾驶员徐某驾驶该货车，在杭州市某路口与案外人潘某碰撞，造成潘某死亡及车损的交通事故。杭州市公安局出具道路交通事故证明认定，徐某驾驶不符合技术标准的机动车上路行驶，潘某无具体违法行为，由于事故发生时交通信号灯控制情况无法查明，故对此事故责任不予认定。该货车行驶证检验记录一栏显示，检验有效期至 2014 年 12 月。

浙江出入境检验检疫鉴定所受杭州市公安局委托出具了鉴定报告书，鉴定意见为：事故车的制动系、照明和信号装置不符合国家标准的相关要求；转向系符合国家标准的相关要求。事故车协调时间：1.010s（不合格），MFDD（减速度）：5.13 米 / 平方秒（不合格），事故车左后制动灯不工作，其余照明和信号装置齐全，工作正常。2015 年 4 月 13 日，法院发函至浙江出入境检验检疫鉴定所，要求其安排鉴定专家出庭作证，就相关专业内容进行解释说明。鉴定所书面复函如下：车辆行车制动性能不符合标准技术要求，……对车辆制动性能状况的感知，本所认为车辆并非明显制动失效，但其与驾驶员对车辆熟悉程度及个体感知能力等因素有关，故不能确定标的物车辆驾驶员能否察觉。

事故发生后，为抢救伤者潘某，甲公司垫付了医疗抢救费用。后因理赔争议，甲公司诉至法院，请求判令乙保险公司依据商业三者险支付保险金。乙保险公司辩称，被保险车辆在事故发生时经检验制动不合格，属于保险合同约定的免责事由，保险人不负保险责任。①

请问：对于“依照法律法规或公安机关交通管理部门有关规定不允许驾驶被保险机动车的其他情况下驾车”的责任免除事项，保险人如何明确说明？

本章法考与考研练习题参考答案

① 资料来源：北大法宝。

第三章　保险合同总论

【导　语】

保险合同是投保人和保险人就保险权利义务关系意思表示一致的产物。借此合同可达成通过保险制度转嫁风险的目的。保险合同为债权合同之一种，主体、内容、客体是构成保险合同法律关系的要素，但较之于一般债权合同，保险合同又极具独特韵味，有不同于民事合同的独特属性，需仔细琢磨方得领悟其堂奥之美。

本章主要讲述保险合同的概念、性质与特征，保险合同的当事人与关系人，保险合同的客体，保险合同的内容，保险合同的类型等。本章的学习重点是保险合同的性质、保险合同的当事人与关系人、保险合同的客体、保险合同的内容以及保险合同的类型。本章学习的难点是保险合同的要式性、保险合同的客体、保险合同格式条款以及保险合同的解释原则。

第一节　保险合同的内涵与外延

一、保险合同的概念

合同是平等主体的自然人、法人和非法人组织之间设立、变更、终止民事权利义务关系的协议。[①] 什么是保险合同？我国《保险法》第 2 条规定：“本法所称保险，是指投保人根据合同约定，向保险人支付保险费，保险人对于合同约定的可能发生的事故因其发生所造成的财产损失承担赔偿保险金责任，或者当被保险人死亡、伤残、疾病或者达到合同约定的年龄、期限等条件时承担给付保险金责任的商业保险行为。”第 10 条第 1 款将保险合同的概念界定为：“保险合同是投保人与保险人约定保险权利义务关系的协议。”由上述规定可知，“保险”和“保险合同”的定义均由保险法予以明确界定。故而，保险合同是法定“有名合同”，是由保险法规定其名称并确定其适用范围的合同，不得超越适用范围使用“保险合同”名称。

---

① 参见《民法典》第 2 条和第 464 条。

关于保险合同的内涵与外延，无论是从形式上立论，抑或从实质上探讨，均应围绕保险法上的“保险”和“保险合同”展开。由此，我们可以从以下几方面理解保险合同的概念：（1）合同是保险的载体，保险合同是投保人与保险人之间订立的协议；（2）保险合同以保险权利义务关系为客体；（3）保险合同以投保人交付保险费，保险人于不可预料或不可确定的保险事故发生前承担危险、保险事故发生时承担损害赔偿或给付保险金责任为核心内容；（4）保险人赔偿或给付保险金之发生以保险合同约定的保险事故或条件之发生为要件；（5）保险合同是商业保险行为。[①]

综上，我们可以从学理上将保险合同定义为：所谓保险合同，是指投保人和保险人约定的，由投保人支付保险费于保险人，保险人于合同生效时承担危险，并对合同约定的保险事故发生或条件具备所致之损失、损害或负债，负担赔偿或给付保险金义务的商事协议。

二、保险合同的性质

民事法律行为，以其产生的不同效果为标准，可分为债权行为和物权行为。债权行为以发生债权债务关系为内容，如买卖合同；物权行为以直接促使物权产生、变更或消灭为内容，如设定抵押权。在保险法领域，保险合同生效后，保险人对投保人有请求给付保险费之债权，并负有于保险事故发生前承担危险及于保险事故发生时承担保险赔偿或给付之债务。故而，从民事法律行为角度观察，保险合同当属债权行为。据此，对保险合同性质的讨论，亦应在债权行为性质的范畴下进行。保险合同具有如下性质。

（一）双务性

合同，以当事人是否互负对待给付义务为标准，可分为双务合同与单务合同。[②] 双务合同，是指当事人双方互负对待给付义务的合同。在保险合同中，投保人的主要义务表现为给付保险费、如实告知、危险程度显著增加之通知、保险事故发生之通知以及避免和减轻损害。对此，学界多不存疑议。而对于保险人所负之义务，学说上尚存争议，主要存在以下两种理解模式：（1）金钱给付说。该说主张保险合同中保险人所负义务为“于保险事故发生时赔偿财物”。[③] 此种学说的理论缺陷在于，如保险事故未于保险期间发生，则保险人于保险期间不承担任何给付义务，这既不符合双务合同的特征，亦损及保险人保有保费的正当性。（2）危险承担说。该说主张保险合同中保险人所负义务为“在整个保险期间内

---

① 参见《保险法》第2条。

② 大陆法系合同法理论认为合同是两个独立的意思表示合致的结果；而英美法系合同法理论则强调合同即允诺，当违反该允诺时，法律将给予救济或以某种方式视该允诺之履行为法律上之义务。正如科宾在论及保险合同时所言：“两个当事人订立双务合同时，他们正在进行允诺的交换”；“保险合同通常是单务合同”；“偿付保险费的允诺是用来交换提供保险的允诺的”。参见［美］A.L. 科宾：《科宾论合同（一卷版）》（下册），王卫国等译，中国大百科全书出版社1998年版，第129、138—139页。

③ 参见孙积禄：《保险合同法律性质分析》，《比较法研究》2007年第2期；林群弼：《保险法论》，三民书局2003年版，第66页。

承担危险”，具体包括“于契约成立生效后承担危险”和“于保险事故发生后为一定给付（通常为给付保险金）”两方面内容。[①]

应当认为，“危险承担说”对保险人义务的概括较为妥当。原因在于：事实上，保险合同生效后，对投保人而言，即使保险事故尚未发生，投保人亦已享受保险合同所提供的精神及经济保护。析言之，保险合同生效后，投保人、被保险人或受益人因知悉保险人对保险事故发生负担给付义务，而使其于精神及经济上免于忧患。因此，保险合同生效后保险人即在承担危险、履行义务，只是此阶段的危险承担尚处于隐性状态，经由保险事故的发生，才由隐性阶段转为现实阶段。此外，保险法上投保人如实告知义务之违反，保险人得享有合同解除权，[②]以及被保险人未尽危险程度显著增加时及时通知义务，保险人得就危险程度显著增加而发生之保险事故免于保险金赔偿责任的规定，[③]亦能作为保险人危险承担义务的旁证。即投保人未尽如实告知义务或危险程度显著增加时及时通知义务的，虽保险事故尚未发生，但因保险人在整个保险期间均负有承担危险的义务，例如提取责任准备金义务，故保险人的危险承担义务将因此而大大加重，故保险人得解除合同或免于承担支付保险金义务。

客观上，保险事故发生时之“金钱给付”与保险期间之“风险承担”均为保险人之义务。“危险承担说”较传统的“金钱给付说”更能说明保险合同上的给付关系，并使保险人的给付义务不受“给付保险金”的拘束。[④]故而，保险合同为双务合同，投保人负担给付保险费义务、如实告知义务、通知危险显著增加义务、通知保险事故发生义务及避免和减轻损害义务，保险人负担于保险事故发生前承担危险的义务、于保险事故发生时承担保险金给付之义务，彼此互具对价关系。

（二）有偿性

合同，以当事人一方依照合同享有利益是否需向对方支付相应代价为标准，可分为有偿合同和无偿合同两种。有偿合同，是指双方当事人各须支付代价以取得利益的合同。如前所述，保险合同中，投保人须履行支付保险费的义务，保险人须于保险事故发生前承担危险、于保险事故发生后承担赔偿或者给付保险金的义务，因此，保险合同是双方互为给付而取得对价的有偿合同。

通说认为，保险合同不得为赠与合同，即保险人不得免除投保人给付保险费的义务，否则，未经“支付保险费”而换取保险人“承担危险，承诺给付或赔偿保险金”，保险合同将不生效力。原因在于，保险以危险共同团体交纳的保险费为分散风险、消化损失的基金，保险费即参加危险共同体的投保者所负担之分摊额，若无保险费的交纳累积，保险金则无从给付，保险分散风险、消化损失的功能将无法实现。

---

① 参见刘宗荣：《保险法》，三民书局 1997 年版，第 33 页；江朝国：《保险法基础理论》，中国政法大学出版社 2002 年版，第 33 页。

② 《保险法》第 16 条。

③ 《保险法》第 52 条。

④ 叶启洲：《保险法实例研习》，元照出版公司 2011 年版，第 30 页。

（三）诺成性

合同，以是否以交付标的物为成立要件或生效要件为标准，可分为诺成合同和实践合同两种。所谓诺成合同，是指当事人双方意思表示一致、无须实际交付标的物即可成立的合同。一般认为，保险合同为诺成合同，无须以保险费的交付、签发保险单或者其他保险凭证为成立要件。其理由在于：（1）我国《保险法》第13条规定，“投保人提出保险要求，经保险人同意承保，保险合同成立”；“依法成立的保险合同，自成立时生效”。依此规定，保险合同的成立采取要约承诺方式，以当事人达成缔约合意为要件，“同意承保”即保险人对成立保险合同的承诺。（2）虽然《保险法》第13条亦同时规定“保险人应当及时向投保人签发保险单或者其他保险凭证”，但此时保险合同已经成立，及时签发保险单或者其他保险凭证是保险合同成立后保险人对投保人所负的法定义务，投保人有要求保险人出具保险单的权利。保险单更大的作用在于是确认保险合同成立与存在的法律证明文件，保险合同的法律效力并非始于保险单签发之时。（3）我国《保险法》第14条规定：“保险合同成立后，投保人按照约定交付保险费，保险人按照约定的时间开始承担保险责任。”依此规定，在依约交付保险费之前，合同业已成立。（4）从法理上讲，民法之所以规定实践合同，是为了提高当事人缔结合同的慎重程度。民事交易中，实践合同多用于无偿合同，而无偿合同当事人之间的权利义务关系往往呈现出极大的不对等性，即片面地有利于一方当事人而不利于另一方当事人。因此，特别规定非至标的物交付契约不成立，有助于阻止债务的轻易发生，减免无偿合同中负担义务一方当事人的责任。但保险合同并非无偿合同，在立法政策上并无刻意阻止或避免债务发生而减轻保险人或投保人责任的考量必要，因此宜采诺成合同理论。[①] 故而，在合同成立层面上，保险合同为诺成合同。但诺成合同仅是保险合同的一般形态，不排除当事人双方特别约定以交纳保险费为保险合同成立的特别要件。

就保险合同是否须以交付保险费为生效要件，我国学界颇有争议。其原因在于，学界对《保险法》第14条“保险合同成立后，投保人按照约定交付保险费，保险人按照约定的时间开始承担保险责任”的规定在理解上出现了分歧。一种观点认为保险合同是实践合同，只有保险费交纳后才生效；另一种观点认为保险合同是诺成合同，经要约承诺并就保险费等条款达成一致即可生效。

应当认为，在合同生效层面，保险合同仍为诺成合同。首先，应区分合同的生效与合同的履行。保险单的签发、保险费的交付均为保险合同生效后的履约行为，而非保险合同的生效要件。即合同生效后，若投保人未交纳保险费，则构成对保险人的债务不履行，保险人有权请求投保人履行交纳保险费的义务并承担违约责任，而非将合同认定为不生效。其次，在违约制度和解除权等制度可资适用的情况下，仅因未交纳保险费而使合同不生效，有悖比例原则。最后，将保险合同的效力取决于保险单的签发或保险费的交付，有悖保险合同的债权契约性，并延后投保人、被保险人获得保险保障的时间，剥夺了投保人、被保险人依保险合同享有的权利，亦有碍保险分散危险、消化损失的功能，实质上无益于保险业的发展。故而，从保险合同的效力层面讲，保险合同亦应属于诺成合同。

---

① 参见刘宗荣：《保险法》，三民书局1997年版，第43页。

（四）不要式性

合同，以法律是否要求其成立必须依一定形式或程序为标准，可分为要式合同和不要式合同两种。[①] 据此，探讨合同是否为要式合同，应以法律对合同的订立形式的有关规定为依据。不要式合同的成立，只需当事人意思表示一致即可，无须践行一定方式。保险合同的要式与否涉及保险合同是否成立，因此有必要对其予以分析。

《保险法》关于保险合同订立方式规定的模糊性，引发了保险合同究竟为要式合同还是不要式合同的争议。主张保险合同为要式合同的学者[②] 所持理由多为：首先，从逻辑上讲，《保险法》第 13 条第 1 款前半段[③] 的规定是法律对保险合同的要式、不要式、其他形式的总论，各种形式的合同全部适用。而由《保险法》第 13 条第 1 款后半段[④] 的“签发”二字决定了保险合同主要是要式合同。[⑤] 其次，由《保险法》第 18 条关于保险合同应载事项的规定可知，保险合同有应载法定基本事项，足见保险合同为要式合同。[⑥] 主张保险合同为不要式合同的学者，所持理由多为：首先，法律对保险合同的缔结过程没有规定特别程序。根据《保险法》第 13 条第 1 款的规定，投保人与保险人之间经要保、承保程序，保险合同即告成立，法律对要保、承保的具体形式未作具体规定。[⑦] 其次，保险单是保险人单方签发的证明保险合同存在和内容的文件，并非保险合同本身。不采取法定形式的保险合同并非无效，只是由于缺乏证据，法律将不强制执行。[⑧] 最后，保险先进国并未将保险合同强制规定为要式合同。[⑨]

应当认为，保险合同为不要式合同更为妥当。其理由，除上文所述主张保险合同为不要式合同的学者所持观点外，尚有以下两点：

第一，强调保险合同的要式性，在法理上缺乏合理依据。法律规定部分合同需采要式方式订立，目的大致可总结为“提高当事人订立合同的慎重程度”“保留证据，以明确当事人权利义务关系”及“公示法律行为，避免法律关系混淆”三方面。而保险合同并无通过要式手段达成上述目的的必要。首先，通过保险合同的要式性“提高当事人订立合同的慎重程度”实属冗余。对投保人来说，一方面，今日之保险业虽然已获得较大发展，但就整个社会层面看，保险产品仍未发展为生活必需品，同时随着社会经济的发展，保险产品

---

① 要式合同并非与诺成合同相对应，诺成合同是实践合同或要物合同的对应名词。合同依是否以物之交付为成立要件，可分为要物合同（实践合同）与不要物合同（诺成合同）。要物合同是指除当事人双方意思表示一致外，还须交付标的物或完成其他现实交付才能生效的合同。以保险费之交付为成立要件的合同，为要物合同，否则为诺成合同。

② 我国台湾地区有多位保险法学者认为保险合同为要式合同。参见桂裕：《保险法》，三民书局 1984 年版，第 31 页；郑玉波著，刘宗荣修订：《保险法论》，三民书局 2006 年版，第 37 页；张国键：《商事法论（保险法）》，三民书局 1985 年版，第 42 页。

③ 《保险法》第 13 条第 1 款前半段规定：“投保人提出保险要求，经保险人同意承保，保险合同成立。”

④ 《保险法》第 13 条第 1 款后半段规定：“保险人应当及时向投保人签发保险单或者其他保险凭证。”

⑤ 参见王尧：《论保险合同的要式与不要式及其他形式——兼与张淑珍同志商榷》，《保险研究》1996 年第 3 期。

⑥ 参见林群弼：《保险法论》，三民书局 2003 年版，第 75—76 页。

⑦ 参见张淑珍：《保险合同是不要式合同》，《保险研究》1996 年第 1 期。

⑧ 参见樊启荣：《保险合同：从要式性向不要式性之立法发展》，《现代法学》1996 年第 5 期。

⑨ 江朝国：《保险法基础理论》，中国政法大学出版社 2002 年版，第 36 页。

的“消费性”“投资性”特征日益凸显。在此背景下，有理由推定，投保人的投保行为是基于自身经济实力和消费需求作出的理性选择，是投保人慎之又慎的考虑结果；另一方面，保险合同不似不动产转移等重大权益变更，相比之下其投入较少，不会产生重大财产损失忧患，因而客观上亦无须以要式手段提高投保人缔约的慎重程度。对保险人而言，凭借其得天独厚的专业优势设计出的保险产品多具经济效益，且有繁复的核保程序作为保障，亦有理由推定保险人就承保已有慎重考量。其次，保单的存在已起到证据保存的作用。保险合同权利义务关系固然复杂，但因保险人负有及时签发保险单或其他保险凭证的义务，当事人之间的权利义务关系已得到了较好巩固，不会因期间久远导致权利义务内容混淆甚至消灭。再次，保险合同调整局部私人关系，通常只及于保险人、投保人、被保险人或受益人之间，无向社会大众公开宣示的必要。最后，数字化大背景下投保方式多元化，网络投保日渐盛行，书面之作成渐不合时宜。

第二，强调保险合同的非要式性，有利于对被保险人合法权益的保护，亦有利于保险分散危险、消化损失功能的实现。实践中，保险单的填发，必然需要历经一段时间和一定程序，若坚持保险合同的要式性，令其至保单签发之际始得成立，将导致投保人与保险人要约承诺一致至保险单签发这段时间，保险合同不成立。而若此段时间内发生保险事故，投保人将得不到损害赔偿，从而不利于被保险人合法权益的保护。更有甚者，一些保险人可能利用保险合同的要式性，在投保人交纳保险费后，迟迟不签发保单，而至保险事故发生之时，主张保险合同未成立生效，从而逃避保险责任。如此，主张保险合同的要式性将不利于被保险人合法权益的保护，亦不利于发挥保险分散危险、消化损失的功能。

（五）继续性

合同，以时间因素对给付的内容和范围有无影响为标准，可分为一时性合同和继续性合同两种。所谓继续性合同，指给付的内容和范围因时间的持续发生变化，合同目的须经持续给付才能实现的合同。保险合同中，投保人给付保险费的义务经一次给付而实现，而保险人的给付则具有继续性。保险合同的继续性表现在以下几方面：（1）保险人于保险合同成立生效时起即承担危险，至保险合同终止才得结束，此危险承担具有持续性。（2）保险人给付或赔偿保险金的义务并非必然一次给付即告消灭。如车损险中，在保险合同期间及保险金额度内，汽车保险的标的物因保险事故发生而受损害时，保险人即应负赔偿责任，而非于一次理赔之后保险合同即归于消灭。（3）法律规定被保险人于保险合同所载危险程度显著增加时需履行通知义务，亦是保险合同的继续性使然。（4）保险合同主体变更情形下保险合同仍继续。例如，如果被保险人或者受益人已向投保人支付相当于保险单现金价值的款项并通知保险人，被保险人或受益人可以承继投保人的保险合同当事人地位，保险合同得以继续。①（5）货物运输保险合同和运输工具航程保险合同保险责任开始后，合同当事人不得解除合同也体现了保险合同的继续性。②（6）保险合同中止与复效制度的设立彰显了人身保险合同的继续性。③

① 《保险法司法解释三》第 17 条。

② 《保险法》第 50 条。

③ 《保险法》第 36 条、第 37 条。

◎ 典型案例

美亚财产保险有限公司上海分公司与上海冠翼国际货运代理服务有限公司财产保险合同纠纷案[①]

2011年5月24日，上海冠翼国际货运代理服务有限公司（以下简称“上海冠翼”）以电子邮件方式向美亚财产保险有限公司上海分公司（以下简称“美亚财保”）发出货物运输保险投保申请书。美亚财保同日回复上海冠翼称公司同意承保，并于2011年5月31日将电子版中文保单及保险条款发送给上海冠翼。同年6月1日，美亚财保将邮寄正本保单的快递单号发送给上海冠翼。

后美亚财保因催款无果，遂提起诉讼，要求上海冠翼支付保费及相应利息损失。诉讼中，上海冠翼抗辩称：其提出承保申请后，美亚财保未交付正本保单，双方保险合同未成立，被告不应支付保费。

法院认为，我国《保险法》第13条规定，投保人提出保险要求，经保险人同意承保，保险合同成立。本案中，被告以投保申请书的方式向原告发出投保的意思表示的行为属要约。原告受领投保申请书后向被告表示同意承保，构成承诺，原、被告之间货物运输保险合同成立。针对上海冠翼提出的“未收到书面保单”作为保险合同未成立的抗辩，法院认为，根据《保险法》的规定，保险单只起合同凭证的作用，其签发是保险合同成立后保险人的义务，而非保险合同成立的必要条件。且在保险合同成立后，原告已通过电子邮件方式将电子版保险单发送给了被告，完成了其相应义务。故该项抗辩不能成立。针对上海冠翼提出的“其最终未实际承运货物”而不应支付保费的抗辩，法院认为，作为诺成合同，保费的交付并非保险合同的成立条件。我国《保险法》规定，保险合同成立后，投保人按照约定支付保险费，可见投保人是否支付保险费并不影响保险合同的成立、生效。如果在投保人支付保险费前发生承保损失，保险人不能以投保人未支付保险费作为拒赔理由。同理，本案投保人亦不能以未发生承保损失为由逃避支付保险费的义务。

综上，法院认为，原、被告双方保险合同关系成立，被告应向原告支付保险费及相应利息。

三、保险合同的特征

（一）保险合同为附合合同

所谓附合合同，是指合同的基本条款只由一方当事人预先并以格式化形式所决定，另一方没有机会参与合同条款的形成，而只能以完全附合的方式接受的合同。[②] 保险合同为

① 参见上海市闵行区人民法院（2013）闵民四（商）初字第358号民事判决书。

② 于海纯：《保险消费者权益保护制度研究——以保险人说明义务规制为重点》，对外经济贸易大学出版社2015年版，第21页。

典型附合合同，保险条款均由保险人一方预先拟就，而投保人仅有附合其内容而缔结合同的权利。亦即，在保险合同订立过程中，投保人对保单的内容仅得表示接受或不接受，而无讨价还价之余地。保险合同的附合性主要由以下因素决定：（1）保险业务的广泛性。保险公司为应付数量巨大的同种要保需求及节省交易时间，有必要单方预先拟定内容皆同的保单，否则将增加不必要的交易成本，最终不利于保险业发展。（2）保险业务的专业性。保险产品的设计，涉及统计、精算、法学、数学等专业领域，要维持保险业的良性发展，既实现保险分散危险、消化损失的功能，又维持保险公司的合理利润，必须以专业计算为基础，确定合理的应收保费、责任范围与应付保险金额，故而保险合同具有较强的专业性、技术性。对此，投保人往往因缺乏经验及相应专业知识而无能为力，故而客观上保险合同的内容亦依赖于保险人的专业知识而先行确定。（3）保险业处于较强的政府监管之下。为防止保险人利用自身优势地位，拟定保险条款时为求己方利益最大化而不顾保险消费者权益之维护，法律多授权特定政府机构对保险条款及保险费率等进行监管。例如，我国《保险法》第135条就规定，关系社会公众利益的保险险种、依法实行强制保险的险种和新开发的人寿保险险种等的保险条款和保险费率，必须报国务院保险监督管理机构批准。如此，保险人预先确定保险合同内容时亦会有所忌惮，努力平衡双方当事人权利义务。

值得注意的是，保险合同的附合性并非意味着保险合同的签订不需要协商过程。保险合同的订立，仍要经过要约、承诺阶段。只是，投保人只能于保险人提供的不同类型、不同费率、不同赔付方式的险种中选择投保，而保险人则根据标的及危险程度等情况决定是否承保。故而，同一险种的保险合同仅在标的名称、坐落地点、保期及保额等方面有所差异。

保险合同的附合性虽有其必要性，但其弊端亦显而易见。主要表现为，保险人可能利用其制定保险条款的优势地位，拟定不合理，或显失公平地减轻或免除其责任、加重投保人或被保险人责任，不合理地分配合同风险，限制或剥夺投保人或被保险人的权利，限制保险消费者寻求法律救济等条款。[①] 而一般保险消费者限于保险知识的短缺，对保险合同中存在的高度专业化、技术化的术语纵使阅读亦难窥其堂奥，处于缔约的不利地位。针对这一问题，域外不乏特别立法约束，我国也发展了相应原则，具体内容见本章第四节。

（二）保险合同为最大诚信合同

诚实信用原则被赋予“民法帝王条款”的地位，而保险法上当事人间的诚实信用则更进一步，被称为“最大诚信”原则。保险合同订立过程中，法律对合同双方信息披露义务的要求要远远高于一般合同，这是由保险合同的性质决定的。保险合同具有附合性、射幸性、信息高度不对称性等特征，适用一般的诚信原则难以对其进行有效规制，唯有最高度的诚信原则始能生最大的拘束力。[②] 因此，保险合同当事人所负的诚信义务较一般民商事

---

① 于海纯：《保险消费者权益保护制度研究——以保险人说明义务规制为重点》，对外经济贸易大学出版社2015年版，第23—24页。

② 于海纯：《保险消费者权益保护制度研究——以保险人说明义务规制为重点》，对外经济贸易大学出版社2015年版，第43页。

合同当事人更为严格。具体说来，其“最大”体现在以下两个方面：（1）诚信内容范围更广。一般合同仅包括与订立合同有关的重要事实的说明告知义务；[①] 而保险合同除此之外，还包括保险利益的诚信、危险程度显著增加需通知之诚信、保护标的物免受损失等诚信。（2）违反诚信的不利后果更为严重。在一般合同中，若违反诚信原则，如非为故意隐瞒或欺诈等严重侵害合同另一方当事人的内心真意而可得撤销者，有时可不予重视，或追究缔约过失责任。而在保险合同中，若违反诚信原则，多苛以合同被解除之险况，如人身保险缔约时投保人必须对被保险人具有保险利益，否则合同无效；[②] 投保人故意或因重大过失违反如实告知义务且足以影响保险人决定是否承保或提高保险费率的，保险人有权解除合同；[③] 投保人、被保险人未履行对保险标的的安全应尽责任的，保险人有权要求增加保险费或者解除合同；[④] 等等。

“最大诚信”要求保险合同双方当事人在订立及履行合同的过程中，必须以最大的诚信善意全面而完整地履行自己应尽的义务，互不欺骗和隐瞒与保险合同有关的重要情况。保险合同的成立与维系以双方提供的信息为基础，一旦信息失实，合同赖以存在和维系的基石便崩塌了。就保险人而言，在缔约时，因保险标的多在投保人掌控之中，保险人是否承保及保险费、保险金额的确定，高度仰赖投保人就保险标的状况履行如实告知义务。缔约后，虽然危险承担已转移至保险人，但保险标的物仍处于投保人掌控之中，标的物是否处于稳定状态、危险变动与否、能否防止保险事故的不当发生，亦赖于投保人的善良注意与维护。故而，投保人需尽最大诚信义务。就保险人而言，其对保险产品占有天然的专业及经验优势，投保人在此意义上属于绝对弱者，故亦应尽最大诚信义务。唯有此，当事人之间的权利义务关系才能达到平等之良性状态。

（三）保险合同为射幸合同

合同，以当事人给付的内容和范围在合同成立时是否确定为标准，可分为射幸合同和确定合同或实定合同两类。[⑤] 所谓“射幸”，即“侥幸”“碰运气”之意。“射幸的”即不确定的、偶然的或冒险的。所谓射幸合同，是指当事人一方或双方对于合同的给付，因不确定的偶然事件而发生的合同。换言之，射幸合同的给付承诺受制于约定的不确定的偶然事件的发生，若这种给付承诺始终未发生，并不构成违约。显然，射幸合同不是交换等价给付的协议。[⑥]

对于射幸合同，我国《民法典》并没有明文规定，故只能取得无名合同的法律地位。但外国立法例有明确规定者。[⑦] 射幸合同的特点为：合同成立，一方履行义务后，只要偶

---

① 参见《保险法》第 16 条关于询问告知义务的规定与第 17 条关于说明义务的规定。

② 《保险法》第 12 条、第 31 条。

③ 《保险法》第 16 条。

④ 《保险法》第 51 条第 3 款。

⑤ 所谓实定合同，是指当事人双方的给付义务在订立时已经确定，不以偶然的事件为产生前提。

⑥ ［美］A.L. 科宾：《科宾论合同（一卷版）》（下册），王卫国等译，中国大百科全书出版社 1998 年版，第 129 页。

⑦ 例如，《法国民法典》第 1104 条第 2 款规定，在合同各方当事人依据某种不确定的事件均有获得利益或损失之可能时，此种合同为射幸合同。

然事情没有发生，另一方没有履行的义务，前者不得要求返还其给付；如偶然事情发生，则后者必须履行的义务在价值上将远远大于前者的给付，后者不得依显失公平为由撤销合同，也不得要求退还或不履行超出的价值部分。

保险合同是典型的非交换等价给付的协议。在保险合同中，投保人给付保险费的义务固然于保险合同成立时已确定，但保险人之保险金是否确实给付及如何给付，则取决于保险事故是否发生、何时发生及发生的影响程度和范围。例如，机动车辆第三者责任险保险合同就是射幸合同，保险人是否给付保险金，取决于合同成立后交通事故是否发生。故而，纵然投保人依约交付了保险费，若在保险期间内保险事故并未发生，保险人无须向被保险人承担任何责任，并可合法获得投保人交纳的保险费；如果保险事故发生，则保险人必须按约向被保险人支付远远高于保险费的保险金。因此，保险人承担的责任，亦是射幸责任、“机会主义”责任。正是因为保险合同是射幸合同，法律规定保险人仅承保或然性风险而不承保必然性风险，允许保险人在制定保险条款时设定责任免除条款、理赔条件，投保人、被保险人通知义务，以及保证事项等内容，以防止被保险人的道德风险，降低承保风险。

保险合同的这种射幸性质并非绝对的。从承保的保险合同整体来观察，总保险费用与总赔偿金额的关系并非完全仰赖于偶然事故，而是基于大数法则，经过科学数理计算的，两者大体应相互平衡，在这方面并不存在偶然性，即不存在射幸性。

（四）保险合同为债权合同

债权是权利人请求特定义务人为或者不为一定行为的权利。[①] 保险之债权是保险合同一方主体依据约定和法定所享有的请求特定义务主体为或不为一定行为的权利。合同是产生保险债务的重要依据。由于保险合同形成的债权与普通合同债权一样，具有相同的外部相似性和基本属性，民法上关于债的规定同样适用于保险合同之债，故保险合同为债权合同之一种。我国保险法律法规规定了三种类型的合同之债：一为《保险法》规定的保险合同之债，包括人身保险合同之债和财产保险合同之债；二为其他法域规定的特殊类型保险合同之债，例如海上保险合同之债；[②] 三为强制保险合同之债，即法律和行政法规规定必须签订强制性保险合同的债务，如机动车交通事故责任强制保险合同之债（《道路交通安全法》第 17 条）、强制油污染民事责任保险合同之债（《海洋环境保护法》第 28 条）等。

保险合同是债权合同中最复杂的合同之一。其复杂的原因是保险合同不同于一般的民事合同，对保险合同之债的履行方式，需以整体履行权利义务的方式分析：（1）保险事故发生，保险人在承保风险范围内承担赔偿或给付保险金的义务，被保险人或受益人享有保险金请求权；（2）保险事故未发生，因保险标的的损害风险已经由保险合同转嫁给保险人，作为该转嫁风险的对价，保险人享有对投保人请求给付保险费的债权。

保险合同之债的法律适用有不同于普通债权合同的特殊之处。例如，《民法典》第 188 条规定一般民事权利保护的诉讼时效期间为 3 年，但《保险法》第 26 条第 2 款规定：“人寿保险的被保险人或者受益人向保险人请求给付保险金的诉讼时效期间为五年”；再如，

① 参见《民法典》第 118 条规定。

② 《海商法》第 216—256 条。

一般民事权利皆可通过诉讼方式请求保护，但对保险人依据保险合同享有“人寿保险的保险费”债权，保险人“不得用诉讼方式要求投保人支付”；[①] 又如，《民法典》第525条规定了同时履行抗辩权，但当保险合同成立后，投保人未按照约定支付保险费发生保险事故的，保险人不能适用《民法典》第525条之规定拒绝承担保险责任。

（五）保险合同为保障合同

保险是一种传统的与危险抗争的形式，它将有害影响分散到面临同样危险的众多同类主体上，是一种可以消除或减轻不可预料或不可抗力事件对自然人、法人、非法人组织财产产生的有害影响的经济制度。保险的本质功能就在于为保险参加人提供一个在不测危险之下的安定经济生活。从学科的角度，保险更多依靠的是经济学、统计学和概率论，因此，保险首先属于经济范畴，保险合同是一种经济保障合同。其最大特征在于，借由合同机制，于特定偶然事件发生后，保险人向被保险人或受益人进行经济补偿、损失填补或定额给付，以保障其经济生活的安定。因而在效用上，保险合同更具经济保障性、损失填补性，许多保险法条文也是为实现保险保障功能设立的，使保险参加人可以未雨绸缪、免于忧患。保险保障原则甚至可以称为保险法的一项基本原则。袁宗蔚先生对保险的定义精彩地揭示了这一点：“保险者，为确保经济生活之安定，对特定危险事故发生所致之损失，集合多数经济单位，根据合理计算，共同聚资，以为补偿之经济制度。”[②]

◎ 典型案例

张涛与中国人民财产保险股份有限公司南京市分公司
“危险程度显著增加之争”[③]

2015年3月27日，张涛在中国人民财产保险股份有限公司南京市分公司（以下简称“人保南京分公司”）为其自有轿车投保了交强险、商业三者险，保险期间均自2015年3月28日起至2016年3月27日止，保单上的使用性质为“家庭自用汽车”。2015年7月28日下午，张涛通过打车软件接到网约车订单一份，在驾车搭载网约车乘客途中，与程春颖驾驶的电动自行车发生碰撞，致程春颖受伤、车辆损坏。

程春颖起诉请求判令张涛与人保南京分公司赔偿医药费、营养费、残疾赔偿金等合计255 339.75元。诉讼中，张涛辩称：其为分担油费成本而在下班途中顺路搭载乘客，不属于营运行为，未使车辆危险程度显著增加，应当由人保南京分公司在交强险及商业三者险限额内赔偿。人保南京分公司辩称：张涛驾驶家庭自用车辆从事营运活动，改变车辆用途，危险程度显著增加，且张涛未通知人保南京分公司，人保南京分公司在商业三者险范围内免赔。

---

① 《保险法》第38条。

② 袁宗蔚：《保险学——危险与保险》，首都经济贸易大学出版社2000年版，第52页。

③ 参见最高人民法院公报案例“程春颖诉张涛、中国人民财产保险股份有限公司南京市分公司机动车交通事故责任纠纷案”。

法院认为，保险合同是双务合同，保险费与保险赔偿金为对价关系，保险人依据投保人告知的情况，评估危险程度而决定是否承保以及收取多少保险费。保险合同订立后，如果危险程度显著增加，保险事故发生的概率超过了保险人在订立保险合同时对事故发生的合理预估，仍然按照之前保险合同的约定要求保险人承担保险责任，对保险人显失公平。本案中，张涛的营运行为使被保险车辆危险程度显著增加，张涛应当及时通知被告人保南京分公司，人保南京分公司可以增加保险费或者解除合同返还剩余保险费。张涛未履行通知义务，且其营运行为导致了本次交通事故的发生，人保南京分公司在商业三者险内不负赔偿责任。

本节理论与实务研讨

保险人赔偿或给付保险金之或然性与保险合同之双务性

有学者提出："保险合同成立时，仅投保人单方面履行交纳保险费的义务，而保险人在承诺于特定事故发生时支付保险金后，并不能强制其再有任何义务。如果保险合同有效期间内，特定事故不发生，保险人就不负任何责任。"[①] 并据此认为保险合同属于单务合同。

本节认为，不能因为保险人"赔偿或给付保险金义务之或然性"而否认保险合同的双务性。原因有二：（1）如前文所述，保险人承担义务的理论基础是"危险承担说"，既包括合同成立生效时之隐形危险承担，亦涵盖保险事故发生后的给付或赔偿保险金义务。故而，无论保险事故是否发生，从保险合同成立生效之时，保险人即在履行给付，这构成了投保人支付保险费的对价。（2）"民法上之双务，系指合同双方是否均承担义务，至于双方之义务是否在经济价值上相等，或双方义务是否均具履行的必然性，在所不问。"[②] 因而，双务合同虽须具有对价，但其对价非必须在客观上价值相等，是否履行亦非必须，只要当事人主观上各自认为他方给付为己方给付之对价即可。故而，从这一角度来看，保险合同的双务合同亦未受损抑。

射幸合同视域下的保险与赌博

保险与赌博皆以随机事件为基础，保险金的给付与赌博的输赢皆取决于偶然事件，故均具有射幸性。两者都可能以较少的支出获得较大的回报。然观察其本质，二者差异甚大，现简述如下：

第一，目的不同。保险之目的，在于分散危险、减少损失，实现社会生活的和谐安定，于保险事故发生前免于忧患，于保险事故发生后填补损害；而赌博以损人利己、侥幸牟取不法利益为目的，只会给社会带来消极的作用。

第二，手段不同。赌博为纯投机行为，是否得利及得利范围完全取决于偶然发生之机会，投机危险是由交易本身创造出来的；而保险合同中，可保危险为"纯粹危险"，不可

① 转引自李玉泉：《保险法》，法律出版社 2003 年版，第 117 页。

② 尹田主编：《中国保险市场的法律调控》，社会科学文献出版社 2000 年版，第 231 页。

能获利，只可能损失。保险金的获得虽然取决于偶然事件的发生，但其保险金额具有大致限额，以“大数法则”计算得出。

第三，效果不同。保险旨在调整保险事故发生后的不安定现状，通过填补损失使其恢复至原来状况，具有安定社会的功能；赌博则不同，赌博前当事人经济状况处于安定状态，赌博后赢者获得意外之财，输者则可能倾家荡产，进而可能扰乱社会治安。

第四，性质不同。保险在任何国家和地区都是道德赞同、法律许可的行为。在我国，保险以保险利益存在为前提，属于合法行为，保险债权人享有债权。而赌博则是非道德且违法犯罪行为，不享有任何债权。

以上，保险与赌博虽同具射幸性，其区别却是本质上的。这也是我国民法赋予保险合同之债强制效力，而赋予赌博之债自然债务效力的原因之所在。

第二节 保险合同的当事人及关系人

权利以权利主体为前提①，法律关系以法律关系主体为前提。保险合同作为一种法律关系，其权利之享有及义务之承担，亦以保险合同法律关系主体的存在为前提。保险合同法律关系主体主要包括保险合同当事人及关系人两类。

一、保险合同的当事人

所谓保险合同的当事人，是指参与订立保险合同，直接依据保险合同约定享有权利和承担义务的人。由于保险合同是双务有偿合同，所以保险合同当事人既是权利主体，又是义务主体。②根据我国保险法的规定，保险合同当事人包括投保人及保险人两类。

（一）投保人

投保人是指与保险人订立保险合同，并按照合同约定负有支付保险费义务的人。③任何类型的民事主体均得成为投保人。人身保险的投保人在保险合同订立时，对被保险人应当具有保险利益，此为人身保险合同的效力要件。④财产保险的被保险人在保险事故发生时，对保险标的应当具有保险利益，否则不得请求给付保险金。⑤依此规定，对于保险合同的投保人，应从以下四个方面进行界定：

1. 投保人系向保险人提出要保申请以订立保险合同的主体

首先，提出要保申请从而订立保险合同的对象是保险人，故投保人是保险人的相对

---

① ［德］汉斯·布洛克斯、沃尔夫·迪特里希·瓦尔克：《德国民法总论》，张艳译，中国人民大学出版社2012年版，第418页。

② 樊启荣主编：《保险法论》，中国法制出版社2001年版，第93页。

③ 《保险法》第10条第2款。

④ 《保险法》第12条第1款、第31条第5款。

⑤ 《保险法》第12条第2款、第48条。

人。在保险合同订立过程中，投保人处于要约人地位；在合同订立后，投保人是与保险人处于相对地位的当事人。其次，订立保险合同通过主体的意思表示完成，提出要保申请需具有权利能力，有行为能力者可由自己提出亦可委托代理人提出，无行为能力者由法定代理人提出，限制行为能力者经法定代理人事先允许或事后追认可自己提出，无民事行为能力人单独订立的保险合同无效。最后，提出要保申请以唤起保险人承诺为直接目的，以订立保险合同为最终目的。

2．投保人系于合同成立后负有支付保险费义务的主体

首先，保险合同为有偿合同，必须有支付保险费的约定。无论是财产保险还是人身保险，保险合同的当事人约定投保人无须支付保险费的，该合同应认定为无效，亦无所谓投保人之存在。其次，投保人为负有支付保险费义务的主体。投保人须为依据保险合同约定负担支付保险费义务的主体，被保险人、受益人或者其他人均无义务代其支付保险费。人身保险实务中，投保人保费支付困难或支付不能，抑或与被保险人、受益人关系生变拒绝继续交纳保险费的，被保险人、受益人或者其他人基于自身利益等代为支付保险费并为保险人受领的，视为投保人交费义务已经履行，保险合同继续有效。① 第三，保险费与保险金虽互为对价，但投保人有交纳保费的义务，却无请求保险金支付的权利，被保险人或受益人是保险法规定的有权请求保险金的权利主体。② 盖因投保人订立保险合同，或为自身利益，或为他人利益。这里的“他人”指的是被保险人或受益人，当投保人为他人利益订立保险合同时，其无保险金请求权。最后，投保人于合同成立后依约支付保险费。保险费应当支付，但如何支付、何时支付可由投保人和保险人自行约定。

3．人身保险合同投保人须为订立合同时对保险标的具有保险利益之人，财产保险合同于投保人无此要求

投保人是否需要具有保险利益，于人身保险合同和财产保险合同各有不同。人身保险合同中，订立合同时投保人对被保险人不具有保险利益的，合同无效。③ 这是对人身保险投保人在投保资格上的唯一要求。财产保险合同订立时及合同有效期内，无投保人须具有保险利益的要求，只要求保险事故发生时被保险人须对保险标的具有保险利益，因此，当投保人与被保险人为同一人时，投保人也应具有保险利益，但从本质上讲，此保险利益要求针对的是被保险人。

4．投保人在没有约定的情况下可以任意解除保险合同

除保险法另有规定或者保险合同另有约定外，保险合同成立后，投保人可以解除保险合同，但保险人不得解除合同。④ 换言之，投保人依法享有任意解除保险合同的权利。投保人保险合同解除权是一种法律上的权利，属于形成权，投保人单方解除合同的意思表示就可以使已经成立的保险合同效力终止。人身保险合同中，投保人解除保险合同无须经被保险人或者受益人同意。一方面，从立法宗旨上看，保险法既然赋予了投保人任意解除权，其合同解除权的行使就无须征得被保险人或受益人的同意；另一方面，从合同的相对

① 《保险法司法解释三》第 7 条规定：“当事人以被保险人、受益人或者他人已经代为支付保险费为由，主张投保人对应的交费义务已经履行的，人民法院应予支持。”

② 《保险法》第 12 条第 5 款、第 18 条第 3 款。

③ 参见《保险法》第 31 条第 3 款。

④ 参见《保险法》第 15 条。

性原理看，只有投保人和保险人是保险合同的当事人，享有保险合同约定的权利，并承担相应的义务。被保险人或者受益人是当事人以外的第三人，无权主张保险合同上的权利，亦不负担保险合同上的义务。所以，其亦不享有干预保险合同存续的权利。此外，保险合同成立后所形成的保险单现金价值的所有权属于投保人，保险法既然赋予投保人任意解除保险合同的权利，就应允许投保人随时解除保险合同并获取现金价值，或者将保险单不受被保险人或受益人干涉地转让或质押于第三人以获得利益。

在特殊的情形下，被保险人或者受益人已向投保人支付相当于保险单现金价值的款项并通知保险人的，保险合同不得解除。[①] 这是因为，一方面，投保人保险单现金价值的权利得以实现；另一方面，被保险人或受益人承继了投保人的保险合同当事人地位，合同的安定性得以维护，被保险人或受益人对合同存续的合理期待得以满足，保险合同已无须解除。

财产保险合同中，对投保人解除保险合同权利的唯一的强制性限制是《保险法》第 50 条的规定。根据该条规定，货物运输保险合同和运输工具航程保险合同，保险责任开始后，合同当事人不得解除合同。

（二）保险人

保险人是指与投保人订立保险合同，并按照合同约定承担赔偿或者给付保险金责任的保险公司。[②] 依此规定，对于保险合同的保险人，应从以下三个方面进行界定：

第一，保险人系经营特许保险业务的保险公司及其他保险组织。在我国，经营保险业务的保险人，为依照《保险法》设立的保险公司及法律、行政法规规定的其他保险组织，其他单位和个人不得经营保险业务，亦不得为保险合同的保险人。此缘于保险人责任重大，其存续稳定性与经营状况，轻者关系保险合同当事人的权益维护，重则影响整个社会经济稳定，故而各国保险法均对保险人资格加以相当限制。

第二，保险人系于保险合同成立后享有保险费请求权的人。保险合同为有偿合同，保险人以“于合同成立后承担危险，于保险事故发生时给付或赔偿保险金”作为“请求投保人支付保险费”的对价，因而保险合同中，保险人对投保人享有保险费请求权，投保人未按时支付的，保险人有权请求投保人履行支付保险费的义务并主张违约责任。但如前所述，保险人不得以投保人未支付保险费为由，主张保险合同尚未成立，若保险期内发生保险事故，保险人仍应承担给付或赔偿保险金的责任。另外，值得注意的是，在人寿保险合同中，保险人不得用诉讼方式要求投保人支付保险费。[③]

第三，保险人于合同有效成立后即按照约定的时间开始承担保险责任，于保险事故发生时依其承保之责任范围，履行给付或赔偿保险金之义务。

二、保险合同的关系人

所谓保险合同的关系人，是指不参与订立保险合同，但与保险合同具有间接利害关系

---

① 参见《保险法司法解释三》第 17 条。

② 参见《保险法》第 10 条第 3 款。

③ 参见《保险法》第 38 条。

的人，包括被保险人[①]与受益人。有学者将被保险人和受益人称为第三当事人[②]。投保人以自己的寿命或身体或财产为保险标的并自己享有其利益者，自不发生第三当事人问题，此时第三当事人与投保人是同一的。

（一）被保险人

被保险人是指其财产或者人身受保险合同保障，享有保险金请求权的人。投保人可以为被保险人。[③]依此规定，对于保险合同的被保险人，应从以下四个方面进行界定：

1. 被保险人的资格限制

在人身保险合同中，被保险人除需具有权利能力外，为保护被保险人的人身安全，防止道德风险的发生，我国保险法还对被保险人的资格作了如下限制：（1）精神状态之限制。未成年人之外的无民事行为能力人不得为以死亡为给付保险金条件的被保险人[④]。（2）年龄之限制。父母为其未成年子女投保人身保险，因该未成年子女死亡给付的保险金总和不超过国务院保险监督管理机构规定限额的，该未成年子女得为该保险合同的被保险人。[⑤]盖无民事行为能力人或心神丧失、精神脆弱，或年幼无知、智识不成熟，易发生受益人或投保人为获得保险金而杀害被保险人的道德风险，故我国保险法对人身保险合同的被保险人进行资格限制。财产保险合同中，被保险人只需具有权利能力即可，无其他资格要求。

2. 被保险人系保险事故发生时，其财产或者人身遭受损害的人

所谓保险事故，就是保险人根据保险合同所应担保的责任事由，如火灾险之“火灾”、意外险之“死亡”。财产保险中，保险事故发生时，财产所有人或对该财产享有其他权利的人遭受损失，因保险事故而遭受损失的人即财产保险合同的被保险人。例如，甲以乙之汽车为保险标的投保汽车保险，乙即为该汽车保险之被保险人。人身保险中，因保险事故发生而死亡的人，或因保险事故发生身体遭受损害的人，为人身保险合同的被保险人。例如丙以丁之寿命或身体为标的投保伤害保险，丁即为该伤害保险之被保险人。

3. 被保险人系保险事故发生后享有保险金请求权的人

财产保险合同中，保险事故发生后，被保险人为享有保险金请求权的人。唯被保险人在保险事故发生时必须对保险标的享有保险利益，否则不得请求保险金。[⑥]人身保险合同中，保险事故发生后，被保险人享有保险金请求权。值得注意的是，人身保险合同中，被保险人或者投保人可以指定一人或者数人为受益人，[⑦]而受益人亦为享有保险金请求权的人。[⑧]一般说来，非死亡保险中，被保险人和受益人同一，均为被保险人；死亡保险中，被

---

① 当投保人与被保险人同一时，即便在保险关系上投保人与被保险人具有两种不同的身份，被保险人仍拥有实质合同当事人的地位，故作为保险合同关系人的被保险人，特指投保人与被保险人不同时的被保险人。

② 桂裕：《保险法》，三民书局 1984 年版，第 40—41 页。

③ 参见《保险法》第 12 条第 5 款。

④ 参见《保险法》第 33 条第 1 款。

⑤ 参见《保险法》第 33 条第 2 款。

⑥ 参见《保险法》第 48 条。

⑦ 参见《保险法》第 40 条第 1 款。

⑧ 参见《保险法》第 18 条第 3 款。

保险人和受益人不同一，仅受益人享有保险金请求权，盖死亡保险中被保险人既因保险事故发生而死亡，其作为权利主体之人格亦随即消灭，不可能再成为享有保险金请求权的人。

4. 作为保险合同关系人的被保险人，系为他人利益保险之被保险人

依照我国保险法的规定，投保人亦可为被保险人。[①] 当投保人以自己之财产及其有关利益、寿命或生命为保险标的，自行订立保险合同时，投保人与被保险人同一，即便在保险关系上投保人与被保险人为两种不同之身份，此时被保险人实质上为合同当事人；投保人以他人之财产或寿命与身体为保险标的，投保人与被保险人不同一的，被保险人为保险合同之关系人。

（二）受益人

所谓受益人，指人身保险合同中，由被保险人或者投保人指定的，享有保险金请求权的人。[②] 依此规定，对于保险合同的受益人，应从以下四个方面进行界定：

1. 受益人存在于人身保险合同中

受益人制度只存在于人身保险中，财产保险无所谓受益人。其原因在于：财产保险中，因保险事故发生而享有保险金请求权的人，恒为因保险事故发生而遭受损失的人，即被保险人，故而无再行指定受益人之必要；而人身保险中，存在大量死亡险，以被保险人死亡为保险事故，此时若不指定受益人，于保险事故发生时，保险金请求权可能无人行使。故而，人身保险中除投保人、被保险人外，尚有受益人存在之必要。

2. 受益人由被保险人或者投保人指定

人身保险中，被保险人或投保人均享有指定受益人的权利，[③] 但决定权在被保险人，即投保人指定受益人时须经被保险人同意，[④] 投保人指定受益人未经被保险人同意的，指定行为无效。[⑤] 具体指定时，涉及数量、内容、对象三方面：数量上，无人数限制，被保险人或投保人可指定一人或数人为受益人；内容上，指定受益人为数人的，被保险人或者投保人可以确定受益顺序和受益份额；[⑥] 对象上，《保险法》就受益人未作诸如“保险利益”“亲属关系”等资格限制，但为防止雇主利用优势地位侵害劳动者利益，《保险法》规定，投保人为与其有劳动关系的劳动者投保人身保险的，其指定的受益人需为被保险人或其近亲属，否则指定无效。[⑦] 另外，值得注意的是，指定受益人并非强制义务，投保时，若没有填写指定受益人，则默认为是法定受益人，保险金按照《继承法》的规定由法定继承人领取。[⑧] 法律如此规定，盖保险事故之发生，直接遭受损害的是被保险人本人的生命、

① 参见《保险法》第 12 条第 5 款后半段。

② 参见《保险法》第 18 条第 3 款。

③ 另外，为了防止投保人利用无民事行为能力人或者限制民事能力人年龄或精神状况上的劣势，发生道德风险，《保险法》第 39 条还赋予特定情形下监护人指定受益人的权利，即“被保险人为无民事行为能力人或者限制民事行为能力人的，可以由其监护人指定受益人”。

④ 参见《保险法》第 39 条第 1 款、第 2 款前半段。

⑤ 参见《保险法司法解释三》第 9 条。

⑥ 参见《保险法》第 40 条。

⑦ 参见《保险法》第 39 条第 2 款后半段。

⑧ 参见《保险法》第 42 条。

身体，事故发生后的保险金请求权本质上属于被保险人，被保险人有权通过指定的方式让渡其保险金请求权于他人，当然其也可以采取不指定受益人的方式，将保险金作为自己的遗产，由其继承人继承。

3．受益人享有保险金请求权

受益人于保险事故发生后享有请求给付保险金的权利。此权利因无须以支付对价为代价，因而为纯获利益的权利。又此权利为依据保险合同直接取得，因而为原始取得而非继受取得。原始取得的意义在于，若指定受益人同时为被保险人的继承人，该笔保险金不会被视为遗产来继承，指定受益人无须在接受该笔保险金时承担被保险人生前的债务。但若受益人先于被保险人死亡、受益人依法丧失受益权或者受益人放弃受益权的，受益人将不再享有保险金请求权。①

4．投保人、被保险人可以为受益人

《保险法》就受益人未作资格限制，并明确规定投保人、被保险人可以为受益人。就被保险人而言，其生命或身体被作为保险标的的，发生保险事故时所致损害自然落在被保险人身上，被保险人当然可以为受益人。就投保人而言，当其以自己的生命或身体为保险标的时，投保人同时为被保险人，为保险事故发生的最直接利害关系者，自然亦可为受益人。当投保人以他人的生命或身体为保险标的时，投保人亦可被指定或自己指定自己为受益人，其原因在于：(1)《保险法》就人身保险的投保人做了严格的保险利益要求，在投保人与被保险人具有保险利益的背景下，发生道德风险的可能性锐减，因而投保人可为受益人；(2)《保险法》第39条规定，投保人指定受益人时须经被保险人同意，故而，投保人指定自己为受益人时，亦须征得被保险人同意。被保险人同意投保人指定自己为受益人，一方面可作为被保险人信任投保人，相信不会发生道德风险的旁证；另一方面亦是被保险人意思自治的结果，被保险人愿意以自己的生命或身体为保险标的，而由他人承受利益，对此，法律无禁止的正当性，故而投保人亦可为受益人。

◎ 典型案例

中国人民财产保险股份有限公司阳西支公司与严某、谭某等人身保险合同纠纷②

2011年1月6日，姚宗球以雇主身份，为其雇员谭永光向中国人民财产保险股份有限公司阳西支公司（以下简称“中保阳西支公司”）投保意外伤害保险，于当日以谭永光作为投保人与中保阳西支公司签订《意外伤害保险》合同，约定意外险保险金额是288 000元，保险期间自2011年1月7日0时起至2012年1月6日24时止，特别约定“第一受益人是姚宗球”。

2011年4月3日，谭永光因发生交通事故死亡。2012年7月10日，姚宗球以其系第一受益人为由，向阳西县人民法院提起诉讼，要求中保阳西支公司支付保险

① 参见《保险法》第42条第2、3款，第43条第2款。

② 参见广东省阳江市中级人民法院（2015）阳中法民二终字第111号民事判决书。

金288 000元。法院判决支持了姚宗球的诉讼请求。判决生效后，严某、谭某等人得知姚宗球为谭永光投保了上述人身意外伤害保险，并向法院申请再审姚宗球与中保阳西支公司人身保险合同纠纷一案。

后该案经过（2013）阳西法审监民再字第2号民事判决、（2014）阳中法民二终字第115号民事判决，最终作出（2015）阳中法民二终字第111号民事判决书。终审法院认为，姚宗球作为雇主为雇员投保人身保险，符合《保险法》第31条的规定，但姚宗球投保时特别约定第一受益人为其本人，违反了《保险法》第39条第2款“投保人为与其有劳动关系的劳动者投保人身保险，不得指定被保险人及其近亲属以外的人为受益人”的规定，因而该约定无效。由于指定姚宗球为第一受益人的约款无效，则应视为该《意外伤害保险》合同属于“没有指定受益人，或者受益人指定不明无法确定的”情形，保险金作为谭永光的遗产，由其法定继承人依法继承。故而，谭永光的法定第一顺序继承人严某、谭某等请求中保阳西支公司给付保险金288 000元的主张，符合法律规定，应予支持。

本节理论与实务研讨

财产保险受益人之争

就财产保险是否存在受益人这一问题，我国《保险法》第18条第3款予以明确否定，即受益人仅存在于人身保险。但就该问题的讨论，并未因此而一锤定音，在保险理论界，仍不乏主张财产保险存在受益人的主张。

梳理主张财产保险存在受益人的理由，举其要者，如“在财产保险中，被保险人指定受益人也是基于自愿而处分其保险金请求权的法律行为”①,“这种行为实际是为第三人设定权利的行为，应该允许”②,“就法理而言，受益人的资格并无特别限制之必要，凡具有受领保险金之资格者，均可成为受益人”③,“可确知财产保险亦得有受益人”④,“保险实务上已经出现了投保人在财产保险合同中指定受益人的情形”⑤。

本书认为，否定财产保险存在受益人似乎更为妥当，理由是：

首先，财产保险无受益人存在的现实必要性。于人身保险中，常以被保险人死亡为保险金支付之要件，故除投保人、被保险人之外，尚有受益人存在的必要，以于保险事故发生时受领保险金。⑥而财产保险中，被保险人一般为保险标的的物权人或债权人，保险事故发生时仅被保险人的财产权益受到损害，故而无另行约定受益人的必要。

① 尹中安：《论财产保险是否存在受益人》，《兰州学刊》2009年第7期。

② 李玉泉：《保险法》，法律出版社2003年版，第124页。

③ 林群弼：《保险法论》，三民书局2003年版，第98页。

④ 郑玉波著，刘宗荣修订：《保险法论》，三民书局2006年版，第15页。

⑤ 参见尹中安：《论财产保险是否存在受益人》，《兰州学刊》2009年第7期。

⑥ 参见江朝国：《保险法基础理论》，中国政法大学出版社2002年版，第135页。

其次，有学者依据财产保险指定受益人的实例已经出现，从而主张财产保险合同有存在受益人的现实需求。该观点的问题在于，对“保险受益人”进行浅表性理解，混淆了“保险受益人”与“保险金受领人”两个概念。所谓受益人，是指无须以支付对价为代价，亦无损失需要弥补，而纯粹从他人处获得利益的人，如侵权法律关系中，被侵权人获得民事损害赔偿以遭受损失为代价，故而侵权责任法中无受益人一说。人身保险之受益人，在被保险人与受益人不同一时，受益人无支付保险费的义务；同时，在保险事故发生时，虽有受精神伤害的可能，却无经济损失之虞，所获得的保险金并非用于弥补经济损失，故而为纯粹从他人处获得利益的人。而保险金受领人，指于保险事故发生后领取保险金的人，既包括财产保险的被保险人，亦包括人身保险合同中的被保险人、受益人。故而，保险金受领人是保险受益人的上位概念。财产保险中，被保险人获得保险金是对其经济损失的弥补，并非受益，因此被保险人虽然是保险金受领人，却不能被称为保险受益人。同理，财产保险实践中出现的“受益人”亦以支付对价为获得保险金的代价，如甲向乙银行贷款，甲用自己的一栋房屋做抵押，同时将此房屋向丙保险公司投保火灾保险，约定乙银行为“受益人”。在该保险合同中，保险人为承保房屋损失险的丙保险公司，被保险人甲（同时为投保人）为借款合同的债务人，受益人是借款合同债权人即银行，银行获得的保险金以向投保人（借款人）支付贷款为对价，并非纯粹获利，而是债权的实现。因而，实践中出现的财产保险“受益人”并非人身保险受益人，二者不可相提并论。

最后，被保险人基于意思自治原则，当然可以让渡其保险金请求权于第三人，但经让与，该第三人仅为保险金受领人而非受益人。实践中，财产保险的投保人指定受益人的行为实质上是《合同法》第 79 条之债权让与，即被保险人将自己享有的针对保险人的保险金请求权让与自己的债权人。该债权被让与后，被保险人作为原债权人便退出了向保险人请求保险金给付的法律关系，由新的债权人继承其债权人地位。

第三节 保险合同的客体

一、保险合同客体的意义

法律关系的客体是指法律关系主体的权利义务所指向的对象，为法律关系三要素之一。客体是主体权利义务的承载，没有法律关系的客体，就无法产生权利和义务，也就不存在法律关系。故而，客体是构成法律关系必不可缺的因素，厘清法律关系的客体事关法律关系能否成立，保险合同客体对于保险合同亦然。

然而，法律关系的客体在不同的法律关系中又各有不同。因此，在考察各个法律关系客体时，都应当结合具体的法律关系分别判定、具体讨论，因此，有必要鉴别、明确保险合同法律关系的客体。

二、保险合同的具体客体类型

保险合同作为法律关系的一种，其客体亦指保险合同当事人的权利和义务所共同指向的对象[①]，为保险法律关系的三要素之一。对此，学界基本达成共识。而就保险合同的具体客体类型，囿于《保险法》未予明确，学界出现了一些困惑、矛盾与冲突，并形成了以下三种观点：

（一）保险合同的客体是保险利益[②]

主张保险合同的客体是保险利益的理由包括：订立保险合同并非保障保险标的在保险有效期内不受损失，也不是在保险标的损失后恢复其原状，而是在保险标的遭受约定的保险事故时，由保险人赔偿或给付被保险人或受益人因保险标的受损而受到的利益损失。

（二）保险合同的客体是有关行为

在认定保险合同的客体为有关行为时又区分为两种观点：（1）保险合同的客体是提供保险保障行为。[③]其理由包括：保险合同中，保险当事人一方需要保险保障服务，另一方提供保险保障服务，此乃问题之实质所在。（2）保险合同的客体是给付行为，即投保人支付保险费，保险人支付保险金的行为。[④]理由是：保险合同是合同之一种，保险合同在投保人与保险人之间产生债权债务关系，而债权债务关系的客体为给付行为，故而保险合同的客体亦为给付行为；此外，保险合同当事人支付保险费、给付保险金的运作过程亦可为证。

（三）保险合同的客体是保险标的[⑤]

主张保险合同的客体是财产及其有关利益或人的寿命和身体。其理由有：从法理上讲，在合同关系中，客体与标的是同一的，故保险合同的客体即我国《保险法》第 12 条第 3、4 款规定的保险标的。

本书认为，保险合同的客体为保险标的。除上述主张保险合同的客体为保险标的者所持的理由外，尚有以下两点理由：（1）从我国《保险法》体例来看，唯有将保险合同的客体解释为保险标的，方能实现《保险法》法理与现行规定之间的逻辑自洽。其原因在于，我国现行保险法并未要求所有保险合同的投保人于保险合同订立时均具有保险利益，其中以财产保险合同为典型，即财产保险合同成立时，无须具有保险利益；而由法理可知，法律关系的成立，须有主体、内容、客体三者同时存在。故而，将保险合同的客体解释为保险利益，将出现《保险法》现行规定与法学原理冲突的困境。（2）法律关系的内容即权

---

① 樊启荣主编：《保险法论》，中国法制出版社 2001 年版，第 99 页。

② 参见张国键：《商事法论（保险法）》，三民书局 1985 年版，第 63 页；孙蓉、王凯主编：《保险法概论》，西南财经大学出版社 2014 年版，第 32 页；贾林青：《保险法》，中国人民大学出版社 2011 年版，第 41—42 页；徐菲：《保险合同的客体是保险利益——与万楚雄同志商榷》，《上海保险》1994 年第 8 期。

③ 参见温世扬主编：《保险法》，法律出版社 2003 年版，第 72 页；李嘉华主编：《涉外保险法》，法律出版社 1991 年版，第 99 页；万楚雄：《保险合同客体辨析》，《武汉金融高等专科学校学报》1994 年第 2 期。

④ 参见马宁主编：《保险法理论与实务》，中国政法大学出版社 2010 年版，第 104—105 页；王肃元主编：《保险法学》，中国人民公安大学出版社 2003 年版，第 73 页。

⑤ 参见邹海林：《保险法》，社会科学文献出版社 2017 年版，第 71—72 页；李玉泉：《保险法》，法律出版社 2003 年版，第 144 页；王卫国：《保险法》，中国财政经济出版社 2009 年版，第 66—67 页；林群弼：《保险法论》，三民书局 2003 年版，第 112 页。

利、义务，而客体是权利、义务所指向的对象。在保险合同法律关系中，作为保险合同内容的保险合同权利义务，最主要的构成部分即“投保人支付保险费”和“保险人于保险事故发生时赔偿或给付保险金”，若依前述“保险合同的客体为有关行为”观点，则会出现保险合同内容与保险合同客体混同的弊端。（3）以保险标的为保险合同的客体，既符合保险运作流程，亦有利于保险业发展。在任一保险合同中，必然有保险标的的存在，以保险标的为保险客体，能够减小保险合同成立的阻力，从而促进保险业的发展；反观以保险利益为保险合同客体，不论一开始保险利益不存在，还是保险合同订立后保险利益丧失，都将影响保险合同的效力，从而给当事人订立保险合同的预期增添了一层顾忌，不利于保险事业的发展。

本节理论与实务研讨

客体、标的与标的物

观察本节保险合同客体归属之争可知，未能厘清客体与标的之间的关系，是未能明确保险合同客体的原因之一。

客体与标的是同一含义，只是二者适用范围不一，客体的适用范围大于标的。在民事法律关系视域下，客体一般用于所有民事法律关系，而标的仅用于债的关系，尤其是合同法律关系。此种说法亦为学界主流观点，如王利明指出，“法律关系的客体与标的是同一的”[①]；龙卫球也有类似表述，即“法律关系的客体，又称标的，是主体之间得以形成法律关系内容的目标性事物”[②]；李永军亦然，即“合同客体与合同标的是同一问题的不同称谓，是指权利义务共同指向的对象”[③]。类似观点不胜枚举。

民法理论中，与客体、标的相关的概念还有标的物。值得注意的是，客体或标的不等于标的物。标的物通常着眼于物，而客体或标的不然，可能是行为也可能是物或其他。如商品房买卖合同关系中，其客体或标的是给付行为，而标的物是商品房。另外，法律关系中，客体或标的必须存在，否则合同将不能成立或失效。而标的物则不然，如授课合同中只有作为客体或标的之给付行为，而无标的物存在。

第四节　保险合同的内容

合同的内容可包含两方面的理解：一方面，从法律关系角度讲，合同的内容指合同当事人所享有的权利和承担的义务，即合同权利和合同义务；另一方面，从合同文本角度讲，合同的内容指合同当事人约定的合同条款。实质上，二者系内容与形式的关系，合同权利和合同义务需要通过合同文本即合同条款来表现。本节将从合同文本角度对保险合同

① 王利明等：《民法学》，法律出版社 2017 年版，第 41 页。

② 龙卫球：《民法总论》，中国法制出版社 2001 年版，第 127 页。

③ 李永军：《合同法》，中国人民大学出版社 2012 年版，第 77 页。

的内容进行梳理，具体包括保险合同的基本条款、特约条款、格式条款以及解释原则。

一、基本条款与特约条款

（一）基本条款

所谓基本条款，指关于保险合同基本事项的条款。基本条款载明了保险合同的基本内容，是保险合同不可或缺的条款，但不同险种保险合同的基本条款又有所差异。基本条款的范围由法律明确规定，且多由保险人事先拟定。根据我国《保险法》第 18 条第 1 款的规定，保险合同基本条款包括以下内容。

1．保险当事人及关系人的名称（姓名）及住所

任何合同的成立，均以主体存在为前提，保险合同亦不例外。此外，保险合同主体信息的载明，有利于保险合同债务的履行。保险合同成立后，保险费的支付与催缴、危险程度增加的通知及保险理赔等，均与保险合同当事人及关系人的名称、住所息息相关。保险合同主体信息的载明，亦有利于因合同履行发生纠纷时，诉讼管辖及法律文书送达等相关事宜的确定。在具体实践中，保险人的名称和住所一般会事先印于保险合同上或保单上，而投保人、被保险人或受益人等信息则于保险合同订立时具体填明。

2．保险标的

保险标的，即人身保险中的人的寿命和身体，以及财产保险中的财产及其有关利益。唯财产保险中的利益有积极利益与消极利益之分。消极利益即不利益，系指危险事故发生时被保险人依法对第三人应付的赔偿责任，此即责任保险的保险标的。[①] 保险标的对于保险合同具有重要意义：（1）作为保险合同客体的保险标的，任一保险合同的成立均须具有，否则保险合同将因缺乏保险对象而无从成立。（2）保险标的对于确定保险险种、保险费率、保险价值、保险金额及保险人应承担保险责任的范围至关重要。因为不同保险标的的性质不同，面临的危险种类及程度亦不同，故而其保险险种、保险费率、保险价值等亦不同。（3）借由保险标的，可判断投保人或被保险人对保险标的是否具有保险利益，从而影响保险合同的成立或保险金请求权的存续。

3．保险责任和责任免除

保险责任条款和责任免除条款的设置，明确了保险人的责任范围，是衡量当事人权利义务是否平等的重要因素，亦是减少保险事故发生时不必要争讼发生的重要工具。

保险责任，是指保险合同约定的保险事故发生，造成保险标的损失时，或者保险合同约定的期限届满时，保险人对被保险人或受益人应承担的保险给付义务。因保险标的面临的危险具有不确定性及多样性，导致保险标的损失的事由亦具有多样性。但实际上，保险人不可能就保险标的面临的所有风险承担保险责任，故保险合同应明确保险人于多大范围内承担保险责任。

责任免除，又称除外责任，是指依照法律的规定或者合同的约定，保险人不承担保险责任的事由。除外责任可分为法定除外责任与约定除外责任。前者指保险法明文规定的保险人不承担保险责任的事由，如被保险人故意造成保险标的损失。后者指法律并未明文规

---

① 参见《保险法》第 65 条第 4 款。

定，而由当事人约定保险人不承担保险责任的事由，如战争、罢工等。区分二者的重要意义在于，《保险法》对保险人就不同类型的除外责任的说明义务之要求不同：就法定除外责任而言，保险人"将法律、行政法规中的禁止性规定情形"作为保险合同免责条款的免责事由的，只要保险人就该条款尽到了提示义务，投保人、被保险人或者受益人即不得以保险人未履行明确说明义务为由主张该条款不生效。[①] 而就约定除外责任而言，因其多为保险人单方事先以格式条款形式拟定的免除其保险责任的事由，《保险法》对其多有"忌惮"，规定保险人除须尽到"足以引起投保人注意的"提示义务外，尚须"以书面或者口头形式"就该条款向投保人作出明确说明，否则该条款将不生效力。[②]

4. 保险期间和保险责任开始时间

保险期间，是指保险人承担保险责任的起止期限。保险期间的意义在于：（1）保险期间的长短影响着保险人收取保险费的多寡；（2）通常情况下，保险人仅就保险期间内发生的保险事故承担保险责任，而对保险期间届满后发生的保险事故不承担保险责任；（3）保险期间决定着保险合同的存续期间，保险期间届满，保险合同即告终止。保险合同均应约定保险期间。

保险责任的开始时间，是指保险人从哪一具体时点开始承担保险责任。约定保险责任开始时间的意义在于，其进一步明确了保险人承担保险责任的时间范围。一般而言，若保险合同未作约定，则一旦保险合同成立，保险期间即开始，保险人的保险责任亦随之开始。当事人对保险期间有约定，而未就保险合同的保险责任开始时间作约定的，以保险期间的始期为保险责任的开始时间。当事人对保险期间有约定，对保险责任的开始时间也有约定的，保险人按照约定的保险责任开始时间开始承担保险责任。

5. 保险费及支付办法

保险费，系投保人为获得保险人的保险保障而支付的对价。保险合同必须约定保险费而不得为赠与，此于前文已做详述。一般而言，同种类保险合同的保险费额具有一致性，由保险人的风险成本、经营费用及合理利润三部分构成[③]，但同险种的具体保险合同，又因具体保险标的所面临的危险、保险金额及保险期间的不同而不同。通常，保险金额越大保险费率越高，保险期间越长保险费越多。

保险费的支付办法，由保险合同约定。时间上，当事人既可约定一次性支付，也可约定分期支付；方式上，既可约定现金支付，也可以约定通过票据、电汇等方式支付。

6. 保险金额及保险金赔偿或者给付办法

保险金额，是指保险人于保险期间内，所负赔偿或者给付保险金的最高限额。保险金额具有以下两项规范意义：（1）保险合同订立时，财产保险和人身保险的约定保险金额确定方法不同。财产保险中，保险金额必须以保险标的的保险价值为限，否则有违财产保险的损失填补原则，被保险人领取的保险金超过保险价值的构成不当得利，故在财产保险中，若保险金额超过保险价值，其超过部分无效。[④] 而人身保险中，由于人的生命、身体

---

① 参见《保险法司法解释二》第 10 条。

② 参见《保险法》第 17 条第 2 款。

③ 参见邹海林：《保险法》，社会科学文献出版社 2017 年版，第 72 页。

④ 参见《保险法》第 55 条第 3 款。

具有无价性，保险金额可由保险人及投保人协商确定，而无所谓超额保险问题，当然亦有例外：一是以死亡为给付保险金条件的合同，其保险金额必须经被保险人同意并认可，否则无效；[①]二是父母为其未成年子女投保以死亡为给付保险金条件的人身保险，因被保险人死亡给付的保险金总和不得超过保险监督管理机构规定的限额。[②]（2）保险事故发生后，财产保险和人身保险中，保险人实际给付的保险金计算方法及给付数额亦有区别。财产保险中，保险人除需在上文所述约定保险金额内赔偿保险金外，此保险金尚需以保险事故所致保险标的的实际损失为限，需要经过严密的勘查计算程序。而人身保险中，由于人身之无价性，实际给付的保险金往往与约定保险金额具有同一性或定额性，如人寿保险中实际给付的保险金即合同成立时约定之保险金额，又如伤害保险中按伤残等级与保险金给付比例直接计算得出意外残疾保险金。

保险金赔偿或者给付的办法，由当事人在保险合同中约定，原则上以货币形式履行赔偿或者给付责任，但就财产保险而言，亦可约定采取修复、重置等办法。

7．违约责任和争议处理

当事人订立保险合同时，可依据《民法典》及《保险法》的相关规定，约定当事人违约时应负之责任，以督促当事人履行合同义务，保障纠纷产生后受害方的权益。争议处理指化解当事人权利义务纠纷的方式，主要有自行协商、仲裁和诉讼三种。值得注意的是，约定仲裁条款时应载明具体的仲裁机构名称，否则，发生争议后，除双方协商一致同意将纠纷提交仲裁机构外，纠纷应由当事人自行协商解决或向人民法院起诉。

8．订立合同的年、月、日

投保人和保险人无特别约定的，保险合同自成立时生效。当事人采书面形式订立合同的，自应载明合同成立之年、月、日，以便确定保险事故是否发生、保险费支付期限、保险责任及人身保险投保人是否具有保险利益等。

以上即为我国保险法规定的保险合同应载事项。值得注意的是，保险合同未约定前述部分条款的，是否影响保险合同的成立？根据合同法原理可知，合同要成立，当事人必须就“足以使合同成立的主要条款”达成一致，即必备条款不可少。而必备条款应根据合同的性质和当事人的特别约定来确定[③]，不同性质的合同必备条款存在差异。[④]据此，保险合同是否成立，应依据当事人是否已就合同必备条款达成一致判断。但应当注意的是，保险合同基本条款不等于保险合同必备条款，两者并不是对等概念，基本条款里有必备条款，但也有非必备条款。一般而言，保险合同中，当事人的姓名、保险标的、保险事故的种类、保险费、保险金额等均为必备条款，若有欠缺，保险合同不成立。[⑤]

（二）特约条款

所谓特约条款，指投保人和保险人根据特殊需要，就与保险有关的其他事项作出的特别

---

① 参见《保险法》第34条。

② 参见《保险法》第33条第2款。

③ 参见王利明：《合同法研究》（第1卷），中国人民大学出版社2015年版，第379页。

④ 参见吴汉东、陈小君主编：《民法学》，法律出版社2013年版，第478页。

⑤ 参见覃有土、樊启荣：《保险法学》，高等教育出版社2003年版，第114页。

约定。[1]对“与保险有关的其他事项”可作以下两种理解：（1）该其他事项为基本条款所涉事项以外的特种事项；（2）该其他事项为有关保险的任何权利、义务或者事实确认。应当认为，对《保险法》第 18 条第 2 款规定的“其他事项”做扩大解释更为妥当，即该“其他事项”既包含当事人就基本条款所涉事项所做的特别约定，也包含就基本条款之外事项所做的特别约定。其理由为，特约条款的意义在于，对保险合同基本条款进行补充或更改，进而满足当事人投保或承保的特种需要。故而，保险合同当事人往往不可避免地首先就“与保险权利义务联系最密切”的基本条款所涉事项做特别约定，唯有此，方能实现特约条款存在的价值，发挥保险合同特约条款效力优先于保险合同其他条款的效益。而将“与保险有关的其他事项”解释为基本条款所涉事项以外的事项，有过度限缩范围导致“见树不见林”之嫌。

保险市场上，特约条款主要包括以下三种：

1．保证条款

保证条款，又称“个别议商条款”，源于英美法上的担保（warranties，或译为保证）[2]，指保险合同当事人于保险合同的基本条款外，另加约定，承诺履行特种义务之条款。此处的“承诺”包括保证某种事实状态存在或不存在，或者保证为一定行为或不为一定行为。如海上保险中的船舶适航保证、不改变约定航道和航程保证，以及火灾保险中的不在室内存放易燃易爆物品保证等。投保人或被保险人未遵守保证条款的，保险人有权解除保险合同，或者于保险事故发生时不承担保险责任。

2．附加条款

附加条款，又称补充条款、追加条款，指当事人基于特殊需要，为扩展或限制保险合同的基本条款作出的补充约定。在保险实务中，当事人就附加条款协商一致后，一般将附加条款加注于保险单空白处或者在保险单上粘贴批单，从而使附加条款成为合同的内容之一。当附加条款与基本条款发生冲突时，附加条款的适用效力优先于基本条款。

3．协会条款

协会条款，指保险业的同业者通过协商一致拟定的保险合同条款。在国际保险市场上，多特指由伦敦保险人协会根据实际需要拟定的海上保险条款，其多与海上货物运输和船舶保险有关。协会条款一经纳入保险合同，即对合同原有内容作出扩展或限制之修正。

二、格式条款

（一）含义与特征

格式条款，又称定型化契约、一般交易条款、约款、标准契约、附合契约、附意契约

---

① 参见《保险法》第 18 条第 2 款。

② 传统上，美国保险法中的担保有肯定担保（affirmative warranty）和允诺担保（promissory warranty）之分。前者目的在于确保订约时（现在）或订约前（过去）某一事实存在或事务状态陈述之真实性，若非真实，不论是否影响危险之评估，保险契约自始不生效力或得解除并溯及失效；后者目的在于确保有关契约订立后（未来）某一作为或不作为之履行或某一事实之存在，若违反，将使保险契约自违反时失效或使合同终止并自违反时向后失效。参见 John.F.Dobbyn，*Insurance Law*，3rd edition，West Group，1996，p.203. 另参见［美］约翰 • F. 道宾：《美国保险法》，梁鹏译，法律出版社 2008 年版，第 198—199 页。

等，是当事人为了重复使用而预先以格式化形式拟定，在订立合同时未与对方协商的条款。换言之，格式条款是另一方没有机会参与契约条款的形成，只能以完全附合的方式接受的契约条款。[①]《保险法》上的格式条款，一般称为保险条款，指保险人一方为了重复使用而预先拟定并在订立合同时未与投保人协商的条款。其具有以下特征：

1．格式条款是保险人一方为了重复使用而预先拟定的

保险“分散风险、消化损失”功能的实现以保险的团体性特征为前提，即必须有多数经济个体加入保险，才有可能形成共同的准备财产。保险的团体性特征决定了保险合同数、保险交易量的规模化。在此情况下，保险人预先拟定格式条款并将之重复使用有其客观必然性：（1）面对大规模的要保需求，格式条款可省去保险人与投保人一一磋商的繁冗，从而节省交易时间和交易成本，有利于保险业的高速发展；（2）要通过保险制度实现“分散风险、消化损失”，就需要对同质风险的保险费率、责任范围及理赔标准各方面确定同质标准，否则同质风险的风险分担将难以落实；（3）保险业的健康发展、合理运营往往以保险精算、数理、法律为基础，其专业性和复杂性往往使想要磋商条款内容的普通投保人望而却步，从而在保险市场上，保险合同条款内容的制定、释义往往依赖于保险人予以落实。

2．格式条款适用于不特定的投保人，其内容具有定型化特征

由于与保险人订立合同的人多是社会上分散、不特定的投保人，故格式条款是为不特定的人拟定的。同时，如前所述，由于保险是通过“团体”实现其“分散风险、消化损失”功能的制度，其在保险费率、责任范围及理赔标准等具体内容上，往往具有相对一致性和稳定性，它将普遍适用于一切要与保险人订立合同的投保人，故格式条款的内容具有定型化特征。

3．投保人在订约中处于附从地位

对于保险人提供的格式条款，投保人只能概括地接受或不予接受，而不能就格式条款内容讨价还价，即“要么接受，要么走开 (take it or leave it)”[②]，故相对人在合同关系中处于附从地位。

（二）格式条款的规制

在传统合同观念下，合同条款经当事人充分、反复协商始得确定，极大地彰显个人自由。以格式条款订立合同，仍需经过当事人的要约、承诺，仍以双方合意为基础，因而格式条款一经成立，即对双方当事人均产生拘束力。[③]但毫无疑问，格式条款对缔约相对人缔约自由的限制不容忽视。在保险法上，除再保险、海上保险等少数险种外，保险合同当事人双方的经济地位、磋商能力和专业智识等甚有差异。对投保人一方而言，保险人具有显失公平的优势，若无公权力规制，极易作出违背诚信原则的不公平保险条款。因此，无论在保险的立法、监管或司法层面，公权力对保险格式条款均有深入的介入。为了防止保

---

① 于海纯：《保险消费者权益保护制度研究——以保险人说明义务规制为重点》，对外经济贸易大学出版社 2015 年版，第 21 页。

② 参见［英］施米托夫：《国际贸易法文选》，赵秀文选译，中国大百科全书出版社 1993 年版，第 201 页。

③ 参见王利明：《合同法研究》（第一卷），中国人民大学出版社 2015 年版，第 410 页。

险人滥用其提供格式条款的优势，侵害投保人、被保险人、受益人权益，我国《保险法》对格式条款的订立、内容、解释进行了较为全面的规制，具体如下。

1．保险合同格式条款的提供、提示与说明

采用保险人提供的格式条款订立合同的，保险人应于订立保险合同时履行提供和说明格式条款的义务，即向投保人提供的投保单应当附格式条款，并且就此格式条款向投保人作出一般说明。① 同时，为了保护投保人、被保险人或者受益人的权益，我国《保险法》还就"格式条款中免除保险人责任的条款"② 作了进一步规制：（1）在订立合同时，保险人应当在投保单、保险单或者其他保险凭证上作出"足以引起投保人注意"的提示，具体形式可为足以引起投保人注意的文字、字体、符号或者其他明显标志；③（2）订立合同时，保险人须以书面或者口头形式向投保人作出明确说明，且该说明应是"常人能够理解的"解释说明。④ 若保险人未就前述"免除保险人责任的格式条款"作提示或者明确说明，该条款将不产生效力。

2．格式条款之内容禁止

保险合同的基本条款多由保险人事先拟定，故格式条款可涉及从保险费支付到理赔程序等多方面内容。但在格式条款中，保险人不得拟定以下内容：（1）免除保险人依法应承担的义务或者加重投保人、被保险人责任；（2）排除投保人、被保险人或者受益人依法享有的权利。⑤ 若保险人提供的格式条款包含上述内容，该条款无效。

3．格式条款的解释

合同解释是对合同内容含义的挖掘与领会。合同解释的主要目的在于，使不明确、不具体的合同内容归于明确、具体，合理化解矛盾。就合同解释的一般客体而言，解释不限于发生争议的合同中使用的语言文字，不拘泥于合同条文的字面含义，与合同内容相关的当事人的行为，订约、履约过程以及行业习惯等客观情况所体现出来的意义，以及合同暗含条款的内容等，均在解释之列。

一般来说，若格式条款不明确、不具体、不清楚，当事人便会对条款产生理解上的争议，从而涉及格式条款的解释问题。对保险条款的解释应由人民法院或者仲裁机构作出，在具体解释时应遵循以下两种规则。

（1）通常理解解释规则。通常理解解释规则为 2009 年《保险法》修订新增⑥，此后沿用至今。通常理解解释，旨在矫正原《保险法》规定下"法院形成的凡涉及保险条款争议，就直接适用疑义利益解释规则的思维惯性"⑦，以更好地保护双方当事人权益。而何谓通常理解，我国《保险法》及相关解释并未明确。在一般合同中，格式条款不同于协商条

① 参见《保险法》第 17 条、最高人民法院《关于"〈保险法解释二〉第九条适用"问题的答复》。

② 参见最高人民法院《关于"〈保险法解释二〉第九条适用"问题的答复》。

③ 参见《保险法司法解释二》第 11 条第 1 款。

④ 参见《保险法司法解释二》第 11 条第 2 款。

⑤ 参见《保险法》第 19 条。

⑥ 参见《保险法》第 30 条，源于原《合同法》第 41 条"对格式条款的理解发生争议的，应当按照通常理解予以解释"之规定。

⑦ 参见樊启荣：《保险法诸问题与新展望》，北京大学出版社 2015 年版，第 71 页。

款，其既然为不特定之人制定，就应当以可能订约者平等、合理的理解对格式条款进行解释，而非考察具体订约环境中个别当事人的真实意图。[①]而保险合同格式条款之通常理解，亦不同于保险合同协商条款之通常理解，应当认为，以“一个处于被保险人地位的普通人的理解为法官判决的依据”[②]为宜，如此，既不依保险人单方的意思为准，又不依投保人单方意思为准，能够更好地实现保险“转移风险、消化损失”的功能。

（2）有利于被保险人和受益人的解释规则。有利于被保险人和受益人的解释规则，又称为疑义利益解释规则或歧义的不利益由保险人负担规则。其基本含义为：若保险合同合理地容许有两种以上的解释，合同即为有歧义。此时，不必经过探求当事人真意阶段，可直接做不利于保险条款制定者的解释。我国自《保险法》颁布以来一直沿用该解释规则，旨在调整保险人与投保人、被保险人或受益人之间不平等的交易地位，以实现对保险交易中弱势群体的倾斜性保护。应当看到，疑义利益解释规则确为追求实质公平而设立，即让“合同任何一方的权利与义务相称或均衡”[③]。疑义利益解释规则的适用应注意以下几点：首先，疑义利益解释规则仅适用于保险人提供的格式条款。对于特约条款，因其是双方当事人充分协商的结果，无适用疑义利益解释的正当基础。其次，疑义利益解释规则的适用应坚持一定的位阶次序，即在“通常理解解释规则”无法解释，或者依据“通常理解解释规则”存在两种以上解释结果的，始得最终作出有利于被保险人和受益人的解释。再次，解释保险合同之歧义时，并不考虑保险合同双方的议价能力和保险人拟定保险条款之目的，而应优先考虑一般被投保人或保险人的理解判断。最后，如果保险条款与个别议商条款相冲突，个别议商条款优先。如此，既可防止保险人利用优势地位谋取一己之利目的的实现，又不至于使法院动辄机械适用疑义利益解释规则而使保险人感叹“为什么受伤的总是我”。[④]

◎ 典型案例

杨树岭诉中国平安财产保险股份有限公司天津市宝坻支公司保险合同纠纷案[⑤]

2006年1月20日，原告杨树岭向被告中国平安财产保险股份有限公司天津市宝坻支公司（以下简称“平安保险宝坻支公司”）投保机动车辆第三者综合责任险。同日，被告接受原告投保，并为原告出具保单。保险合同约定保险期间自2006年1月21日至2007年1月20日，保险费为1 386.60元，保险金额为50 000元。2006年3月17日21时许，原告驾驶被保险车辆不慎将墙撞倒，致其母张玉荣死亡。同

① 参见王利明：《合同法研究》（第一卷），中国人民大学出版社2015年版，第424页。

② 参见樊启荣：《保险法诸问题与新展望》，北京大学出版社2015年版，第74页。

③ 参加朱广新：《合同法总则》，中国人民大学出版社2012年版，第118页。

④ 参见樊启荣：《保险合同“疑义利益解释”之解释——对〈保险法〉第30条的目的解释和限缩解释》，《法商研究》2002年第4期。

⑤ 参见《中华人民共和国最高人民法院公报》2007年第11期。

年4月11日，经天津市公安局宝坻分局交通警察大队调解，原告对事故损害作出相应赔偿，并于事故调解解决后向被告提出保险理赔，遭被告拒赔。原告认为，根据保险单约定，被告可以免赔20%，故诉请法院判令被告赔偿原告保险金40 000元，并承担本案诉讼费用。

被告平安保险宝坻支公司辩称：按照保险合同的约定，原告杨树岭所驾车辆造成其家庭成员伤亡的，被告应免赔。保险合同所指“家庭成员”包括被保险人的直系血亲和在一起共同生活的其他亲属。本案事故死者为原告的母亲，是原告的直系血亲，故原告驾驶被保险机动车发生事故致其母死亡，被告应免赔。保险合同中的免责条款已用黑体字明确提示，原告对此完全了解并接受，故被告不同意原告的诉讼请求。

一审法院认为，本案的争议焦点为：原告杨树岭与被告平安保险宝坻支公司签订的保险合同中的保险人免责条款是否有效，被告对于涉案交通事故损害应否予以保险理赔。对此，一审法院认为，被告的抗辩理由不能成立，原告与被告签订的机动车辆第三者责任险保险合同虽然合法有效，但其中的保险人免责条款无效，被告对于涉案交通事故损害应予保险理赔。理由是：（1）被告平安保险宝坻支公司利用己方强势以预先设定的格式免责条款，将被保险人或被保险车辆驾驶人员的家庭成员排除在外，属人为故意缩小第三者的范围，以最大化免除自己的责任，没有法律依据，该格式化免责条款应认定为无效条款；（2）平安保险宝坻支公司在涉案机动车辆第三者责任险保险合同文本中以黑体字提示免责条款的行为，仅尽到了提醒投保人注意的义务，根据本案事实、证据，不能认定平安保险宝坻支公司已经履行了就免责条款的概念、内容及其法律后果等以书面或者口头形式向投保人或其代理人作出解释，以使投保人明了该条款的真实含义和法律后果的明确说明义务。故涉案机动车辆第三者责任险保险合同约定的免责条款应归于无效。

综上，被告平安保险宝坻支公司依据涉案机动车辆第三者责任险保险合同中的格式化免责条款，拒绝向原告杨树岭作出保险理赔，不符合法律规定，不予支持，平安保险宝坻支公司未履行保险合同义务，引发纠纷，应承担全部责任。平安保险宝坻支公司不服一审判决，向天津市第一中级人民法院提起上诉。经审理，天津市第一中级人民法院驳回上诉，维持原判。

三、特约条款的解释原则

所谓合同解释的原则，是指法官、仲裁员等裁判者在解释合同时应当遵循的基本准则。合同内容解释的主体应是法官、仲裁员等裁判者，因为“合同解释是与合同纠纷联系在一起的，是通过解释来正确地解决纠纷，而只有纠纷裁判者所做的解释才具有拘束的效力”[①]。一般来说，保险合同的解释涉及对“格式条款”“特约条款”的解释，“格式条款”

① 参见王利明：《合同法研究》（第一卷），中国人民大学出版社2015年版，第429—430页。

的解释前文已述，现就“特约条款”的解释详述如下。

应当看到，特约条款是投保人和保险人于保险条款之外另行约定，承认履行特种义务之条款，又称“个别议商条款”。其法律依据为《保险法》第20条“投保人和保险人可以协商变更合同内容”之规定。“特约”的存在形式为“批注或附贴批单”或“书面协议”。“特约条款”与格式条款之最大不同在于其经过了“个别议商”的过程。因而，当保险合同双方对特约条款的理解有争议时，法院或仲裁机构对特约条款的解释应区别于格式条款，应充分利用合同解释一般原则，对特约条款进行解释、判断，以确定条款的真实意思。①

大陆法系国家就合同解释发展出了三种理论：（1）意思主义。主张合同的解释在于探求当事人的真意，应从订约时的具体情势考量，确定当事人主观意思。（2）表示主义。主张在意思表示与内心真意不一致时，合同的解释应以相对人足以合理客观了解的表示内容为准。（3）折中主义。主张原则上合同的解释应当探求当事人的争议，但若相对人有合理信赖，则应以当事人的表示为准进行解释。从我国《合同法》第125条的规定来看，我国对合同的解释实际上采取了折中主义，即在解释合同时，既要努力探求当事人的真意，“确定条款的真实意思”，又不能忽略当事人的外部表示行为，“按照合同所使用的词句、合同的有关条款、合同的目的、交易习惯以及诚实信用原则”解释。具体到保险合同特约条款的解释，人民法院、仲裁机构亦应当按照合同所使用的词句、合同的有关条款、合同的目的、交易习惯以及诚实信用原则来确定该特约条款的真实意思，兼顾意思主义与表示主义。

本节理论与实务研讨

保险合同解释之合理期待原则

合理期待原则，在美国1947年的*Gaunt*案②判例中被首次提出，并由Robert E.keeton法官于1970年在《哈佛法律评论》上发表的《保险法上存在的与保单条款相冲突的权利》③一文作出系统阐释，是指保险合同当事人就合同内容的解释发生争议时，裁判者应以投保人或被保险人对于合同缔约目的的合理期待为出发点对保险合同进行解释。

合理期待原则已在美国、加拿大、英国等国家及我国台湾地区的司法裁判实践中产生实质影响，且有立法化趋势。我国《保险法》的保险合同解释制度框架未涵盖合理期待原则。基于此，部分学者提出我国《保险法》亦应适时引入该原则，与现行解释制度相协同，以更好地平衡合同缔约双方的权利义务。对此，法学界和保险界褒贬不一。

---

① 参见于海纯、傅春燕编著：《新保险法案例评析》，对外经济贸易大学出版社2009年版，第152页。

② *See Gaunt v. John Hancock Mut. Life Ins. Co.*, 160 F.2d 599, 165（1947 2th.Cir.）.

③ See RobertE.Keeton, “Insurance Law Rights at Variance with Policy Provision”, *Harvard Law Review*, 1970, p.83; Keeton R. E. and Widiss A. I. , *Insurance Law:A Guide to Fundamental Principles*, *Legal Doctrines*, *and Commercial Practices*, Student Edition, West Publishing Co., 1988, pp.613—615.

赞同者的理由大致可总结为[①]：(1)合理期待原则宣示禁止保险人滥用其制度性优越地位的新兴公共政策，作为一种新兴法益思潮，体现了对保险消费者的特别保护；(2)矫正了缔约双方的失衡地位，制衡保险人制定条款的优势；(3)合理期待原则敦促保险人向投保人提供更真实、详细、充分的保险信息；(4)保险是一种分散危险和消化损失的工具，合理期待原则的适用促进了危险的有效分散。反对者的理由有[②]：(1)合理期待原则的适用使保险案件的裁判呈现出极大的不确定性，从而增加了保险成本；(2)合理期待原则一味探寻对投保人、被保险人更有利的解释，而忽视了当事人之间的合意，取而代之的是法官的个人好恶和自由裁量；(3)合理期待之合理应以什么为标准尚无定论，现实中理性之人实质上仅是一个虚幻的概念；(4)现行不利解释原则、说明义务、弃权与禁止反言、缔约目的解释、举证责任分配等足以保护保险消费者权益，无须另行创设合理期待原则。

本书认为，是否将合理期待原则纳入我国《保险法》体系，不仅应看该原则在别国发挥的作用，还应当思考并厘清的问题包括但不限于：(1)该原则在各国的产生背景有何共性和个性，我国是否已具备引入此原则的条件及现实需求；(2)该原则的适用有何法理依据，其适用是否会颠覆传统的合同本质理论；(3)该原则的适用条件是否完备，具体该如何搭建，以及与现行解释规则的搭配是相得益彰还是画蛇添足；(4)若引入，选择何种确立路径，才合法、合理、高效便捷。以上及相关未尽事宜，均值深思，然支持者尚无详尽充分之论述，故而在现行保险合同解释体系足以有效自给的情况下，本书认为不必大动干戈，冠上加冠。

第五节 保险合同的类型

保险合同按照不同的标准，可作不同的分类。根据我国《保险法》及我国保险经营实践，保险合同主要包括以下几类：

一、人身保险合同与财产保险合同

以保险标的为标准，保险合同可分为人身保险合同和财产保险合同。这是保险合同的基本分类，也是我国《保险法》结构设计和制度设计的依据。[③]

① 参见樊启荣：《美国保险法上"合理期待原则"评析》，《法商研究》2004年第3期；韩长印、韩永强编著：《保险法新论》，中国政法大学出版社2010年版，第145页；何丽新、王鹏鹏：《论合理期待原则对保险合同解释的司法适用》，《厦门大学学报（哲学社会科学版）》2017年第6期；孙宏涛：《保险合同解释中的合理期待原则探析》，《当代法学》2009年第4期。

② 陈百灵：《论保险合同解释中的合理期待原则》，《法律适用》2004年第7期；于海纯：《保险消费者权益保护制度研究——以保险人说明义务规制为重点》，对外经济贸易大学出版社2015年版，第79—80页。

③ 《保险法》第二章将保险合同分为人身保险合同和财产保险合同，该法定"二分法"成为《保险法》第95条划分保险公司业务范围的依据。

（一）人身保险合同

人身保险合同，指以人的寿命和身体为保险标的的合同，具体又可分为人寿保险合同、年金保险合同、健康保险合同及意外伤害保险合同。人身保险合同保险标的的人格化，使其具有以下几项特征：（1）人身保险的保险标的不能以金钱价值估价，故在保险事故发生时不考虑被保险人是否有经济损失及具体损失数额，而由保险人按照保险合同订立时确定（约定或法定）的数额给付保险金，故人身保险合同的保险给付往往具有定额化特征；（2）人身保险标的的不可估价性，使保险固有的损失填补原则在人身保险合同中无适用空间，故人身保险合同里亦无所谓足额保险、不足额保险、超额保险、保险代位求偿权等；（3）人身保险合同，尤其是人寿保险合同，其保单具有现金价值，投保人不交纳或迟延交纳保险费的，保险人不得以诉讼要求投保人交纳；（4）订立人身保险合同的，投保人对被保险人在订立合同时必须具有保险利益，否则合同无效。

（二）财产保险合同

财产保险合同，指以财产及其有关利益为保险标的的合同，具体又分为财产损失保险合同、责任保险合同、信用保险合同、保证保险合同、海上保险合同及再保险合同。财产保险合同最大的特征即在于补偿被保险人因保险事故遭受的损失，此即“财产保险的损失填补原则”，故财产保险合同是补偿性的。也正是因为这一原则，财产保险合同具有以下几项特征：（1）订约时约定的保险金额不得超过保险价值，超过保险价值的保险金额部分无效。[①]（2）保险事故发生后，保险人以保险合同约定的保险金额为限，在实际损失范围内承担保险责任，保险人不赔偿超出保险金额的损失部分，被保险人也不得因保险事故发生而获得超过其实际损失的利益。[②] 同理，重复保险的，各保险人赔偿保险金的总和不得超过保险价值。[③]（3）被保险人所发生的损失应当由第三人承担赔偿责任的，保险人自向被保险人赔偿保险金之日起，在赔偿金额范围内代位行使被保险人对第三者请求赔偿的权利。而保险事故发生后，被保险人已经从第三者取得损害赔偿的，保险人赔偿保险金时，可以相应扣减被保险人从第三者已取得的赔偿金额。[④]

二、自愿保险合同与强制保险合同

以保险合同的订立是否基于当事人的自愿为标准，保险合同可分为自愿保险合同与强制保险合同两种形式。

（一）自愿保险合同

自愿保险合同，是指基于意思自治，投保人与保险人双方在平等协商的基础上订立的保险合同。保险实务中，大多数保险合同属于自愿保险合同。投保人可以自由决定是否投

① 参见《保险法》第 55 条第 3 款。

② 参见《保险法》第 18 条第 4 款

③ 参见《保险法》第 56 条第 2 款。

④ 参见《保险法》第 60 条第 1、2 款。

保、何时投保、向谁投保、是否退保，也可以自由决定投保何险种、投保金额和保险期间等。保险人也可以自由决定是否承保及承保条件等。可见，自愿保险合同的成立，完全取决于当事人的意思自治。

（二）强制保险合同

强制保险合同，指加入保险共同体的方式不考虑当事人主观愿望，依照法律规定，都必须订立的保险合同。换言之，承保人与投保人之间的保险合同关系是依靠法律强制建立的。强制保险的本质在于：投保人负有法定责任或义务自己出资为受益人（如第三人生命、健康或财产）的风险购买保险，投保人无权逃避订立该强制性保险合同；而保险人负有法定承保义务，无权拒绝订立该类保险合同。强制保险合同旨在维护社会公众利益、促进社会稳定发展。因为总会有某类活动，常常给他人带来较大风险并造成损失，若事故责任人无力承担赔偿责任，难免有损社会安定。故借由国家强制，由保险团体搭建保险基金，建立专项保险，在事故发生时有责任保险之保障，受害人可尽快获得比较充分的补偿，如此于各方当事人均有利。我国自 2006 年 7 月 1 日在全国范围内实行机动车交通事故责任强制保险，它是我国首个由国家法律规定实行的强制保险，也是我国最为典型的强制保险合同。目前，我国强制保险制度还处于较为落后的状态，在强制险种、覆盖面等方面，相较于发达国家还有待改进。

三、原保险合同与再保险合同

以承担责任的次序为标准，保险合同可分为原保险合同和再保险合同。

（一）原保险合同

原保险合同，是相对于再保险合同而言的，即通常意义上投保人与保险人之间订立的保险合同。在原保险合同关系中，由投保人将风险转嫁于保险人，保险人于保险事故发生时向被保险人或受益人赔偿或给付保险金。保险实务中常见的非经营保险业务的社会公众作为投保人订立的保险合同都是原保险合同。

（二）再保险合同

再保险合同，指原保险合同中的保险人，将其在原保险合同中承担的保险业务，以分保形式部分转移给其他保险人所订立的保险合同。[①] 在再保险合同中，原保险合同的保险人是再保险合同的投保人，又称再保险分出人；接受原保险合同保险人转移保险责任投保请求的保险人，为再保险人，又称为再保险接受人。[②] 再保险本质上是一种责任保险，旨在分散保险公司所承保的危险于其他保险公司，从而合理控制自己承担的保险责任。

再保险合同与原保险合同既相互联系又相互独立。其关联性在于，再保险合同是在原保险合同基础上建立起来的，以原保险合同的存在为前提，原保险合同终止的，再保险

① 参见《保险法》第 28 条第 1 款。

② 参见《保险法》第 28 条第 2 款。

合同也终止，再保险合同的保险责任以原保险合同为限；其独立性在于，在权利义务承担上，两合同是各自独立的，即再保险接受人不得向原保险的投保人要求支付保险费，而原保险的被保险人或者受益人亦不得向再保险接受人提出赔偿或者给付保险金的请求，再保险分出人不得以再保险接受人未履行再保险责任为由，拒绝履行或者迟延履行其原保险责任。[①]

四、单一保险合同与重复保险合同

以承保保险人人数为标准，保险合同可分为单一保险合同和重复保险合同。

（一）单一保险合同

单一保险合同，指同一投保人对同一保险标的、同一保险利益、同一保险事故、同一保险期间，与一个保险人订立的保险合同。在多数情况下，投保人与一个保险人订立保险合同即可满足转移风险、消化损失的目的，因而多数保险合同都属于单一保险合同。

（二）重复保险合同

重复保险合同，指同一投保人对同一保险标的、同一保险利益、同一保险事故、同一保险期间，分别与两个以上保险人订立的，保险金额总和超过保险价值的保险合同。[②]由此可见，我国的重复保险仅指狭义之重复保险，即不包含各保险金额总和未超过保险价值的保险合同。其原因在于，法律规制重复保险合同，旨在防止因保险金额大于保险价值而引发道德风险及获得不法利益的可能，若各保险金额总和未超过保险价值，则道德风险发生及获得不法利益的可能性锐减，甚至全无，同时也符合保险充分填补被保险人损失的功能。对重复保险而言，我国《保险法》规定[③]，投保人负有将重复保险的有关情况通知各保险人的义务。重复保险的各保险人赔偿保险金的总和不得超过保险价值。除合同另有约定外，各保险人按照其保险金额与保险金额总和的比例承担赔偿保险金的责任。就保险金额总和超过保险价值的部分，投保人可请求各保险人按比例返还保险费。

五、定额保险合同与补偿保险合同

以保险人保险事故发生时应给付的保险金额在保险合同订立时是否具体、确定为标准，保险合同可分为定额保险合同和补偿保险合同。

（一）定额保险合同

定额保险合同，指保险人于保险事故发生时应给付的保险金额在保险合同订立时已确定的保险合同。人身保险合同多为定额保险合同。在发生保险事故时，如被保险人生存到

---

① 参见《保险法》第 29 条。

② 参见《保险法》第 56 条第 4 款。

③ 参见《保险法》第 56 条第 1—3 款。

约定年龄、被保险人于保险期间内死亡或者被保险人因意外致残，保险人向被保险人或受益人给付的保险金都是定额化的，无须再具体核定损失大小。这一特征使得保险固有的损失填补原则在定额保险内无适用空间。

（二）补偿保险合同

补偿保险合同，指在订立时仅约定最高限额，而保险金的具体数额须依据保险事故发生时被保险人所遭受的实际损失计算得出的保险合同。财产保险合同均为补偿保险合同，在保险事故发生时，保险人在约定保险金额限度内，以评定的实际损失为基础确定保险金的数额。但是，补偿保险合同不限于财产保险合同，人身保险合同约定的医疗保险金有时也可能为补偿性的，比如人身保险合同约定保险人以一定比例按照被保险人实际支付的医疗费用赔付的，为补偿保险合同。①

六、定值保险合同与不定值保险合同

财产保险合同，以保险标的的保险价值在订立保险合同时是否已经约定为标准，可分为定值保险合同和不定值保险合同。值得注意的是，因人身保险合同的标的具有不可估值性，这一分类不适用于人身保险合同。

（一）定值保险合同

定值保险合同，指投保人和保险人在订立保险合同时，已经约定了保险标的的保险价值并在合同中载明，以此作为保险事故发生时保险人确定保险责任依据的保险合同。②在保险实务中，为避免保险事故发生后因保险标的毁损灭失而估价困难，或为避免具有主观价值的保险标的于保险事故发生时引发估价争议，保险合同当事人常于合同订立时对保险价值作出约定。在定值保险合同情形下，发生保险事故的，以约定的保险价值作为保险标的在保险事故发生时的价值，并以此为计算标准，评估保险事故造成的保险标的的实际损失和确定保险人须承担的保险责任，而无须对保险标的重新估价。在定值保险合同中，保险价值由双方自愿约定，故保险事故发生时，存在约定保险价值高于或者低于保险标的实际价值的情形，此时，除非证实投保人在约定保险价值时存在恶意欺诈，保险人不得以约定保险价值高于实际保险价值为由拒绝赔承担保险责任。定值保险多适用于海上保险、内陆货物运输保险及一些以不易确定价值的艺术品为保险标的的财产保险。

（二）不定值保险合同

不定值保险合同，是指投保人和保险人在订立保险合同时，未约定保险标的的保险价值，须至保险事故发生时按照约定或法定的方法另行确定保险标的价值的保险合同。③在不定值保险合同情形下，保险标的发生毁损时，以保险事故发生时保险标的的实际价值为

① 参见邹海林：《保险法》，社会科学文献出版社 2017 年版，第 19—20、308 页。

② 参见《保险法》第 55 条第 1 款。

③ 参见《保险法》第 55 条第 2 款。

赔偿计算标准，通常做法是以保险事故发生时当地同类财产的市场价格来确定保险标的的价值，但无论根据此市价计算出的保险标的实际损失额为多少，保险人赔付的保险金都不得超过约定的保险金额。在保险实务中，因不定值保险以事故发生时的实际价值为赔偿计算标准，更能体现保险的填补损失特征，故实际操作中大多数财产保险合同均为不定值保险合同。

七、足额保险合同、不足额保险合同与超额保险合同

财产保险合同，以保险价值与保险金额的关系为标准，可分为足额保险合同、不足额保险合同和超额保险合同。

（一）足额保险合同

足额保险合同，指保险金额等于或大体相当于保险价值的财产保险合同。在定值保险合同中，足额保险合同的保险金额与当事人约定的保险价值相等或相当；在非定值保险合同中，足额保险合同的保险金额与保险标的在保险事故发生时的价值相等或相当。在足额保险合同中，保险人按照保险标的所受损失的金额向被保险人赔偿保险金。保险标的全部损失的或者推定全损的，保险人向被保险人赔偿全部保险金；保险标的发生部分损失的，保险人按照实际损失额赔偿保险金。

（二）不足额保险合同

不足额保险合同，指保险金额低于保险价值的财产保险合同。在定值保险合同中，不足额保险合同的保险金额低于当事人订约时约定的保险标的在保险事故发生时的价值；在不定值保险合同中，不足额保险合同的保险金额低于保险标的在保险事故发生时的实际价值。在不足额保险合同情形下，除合同另有约定外，保险标的发生全损或推定全损的，保险人以约定的保险金额向被保险人赔偿保险金，不足部分由被保险人自担；保险标的发生部分损失时，保险人按照保险金额与保险价值的比例，以保险标的的实际损失为计算基础，承担赔偿保险金的责任。[①]

（三）超额保险合同

超额保险合同，指保险金额高于保险价值的财产保险合同。在定值保险合同中，超额保险合同的保险金额高于当事人订约时约定的保险标的在保险事故发生时的价值；在不定值保险合同中，超额保险合同的保险金额高于保险标的在保险事故发生时的实际价值。形成超额保险合同的原因有：（1）诈欺之超额保险合同，即被保险人处于恶意，在投保时虚报保险标的价值，企图于保险事故发生后获得多于实际损失的补偿；（2）非诈欺之超额保险，即由于被保险人非故意地高估保险标的价值，或者由于市场价值波动等原因导致保险标的贬值。理论上有观点认为，对于诈欺之超额保险，应使整个保险合同无效；而对于非

① 参见《保险法》第 55 条第 4 款。

诈欺之超额保险，应使超过保险价值的部分无效。我国《保险法》未区分诈欺超额保险与非诈欺超额保险，规定超过保险价值的，超过部分无效，保险人应当退还相应的保险费。[①]应当认为，这一规定有其合理性。理由在于，法律限制超额保险的本质在于贯彻财产保险的损失填补原则，若因超额保险而使整个保险合同无效，最终将使被保险人暴露在无保险保障的真空下，不免有违比例原则，导致手段与目的失衡。

◎ **典型案例**

太平洋财产保险阜新中心支公司与阜新东达经销中心财产保险合同纠纷案[②]

太平洋财产保险阜新中心支公司申请再审称：双方约定的保险金额明显高于保险价值，超过部分应为无效，发生事故时车辆实际价值应为428 688元。原审判决太平洋财产保险阜新中心支公司全额赔偿阜新东达经销中心后再向第三者追偿不符合双方保险合同的约定。

被申请人东达经销中心辩称：本合同约定，在保险期间，投保车辆发生全损的交通事故，保险公司应当在保险合同约定的范围内赔付车辆损失保险金。因签订保险合同时双方认定新车购置价824 400元，保险金额824 400元，属于保险法中认定的保险金额与保险价值相等的定值投保，故东达经销中心车辆全损，保险公司应按保险金额824 400元赔付。

辽宁省高院认为，本案争议焦点为：保险事故发生后，保险赔偿金额应如何确定。关于赔偿金额应具体如何确定的问题，涉及保险金额与保险价值的区分确认。本案原审判决将车辆损失险视为定值保险，将当事人约定的保险金额视为保险价值，混淆了定值保险与不定值保险、保险金额与保险价值等基本概念，判决结果违背保险补偿原则。本案中车辆损失险为不定值保险，新车购置价是保险金额而不是保险价值，旧车发生全损保险事故的，保险赔偿金不能大于保险价值，只能赔偿保险事故发生时被保险车辆的实际价值。本案车辆于投保时以新车购置价作为基准，投保险种约定的保险金额明显超出了保险价值，出现超额保险。不论超额保险原因如何，保险金额超过保险价值部分都属无效，保险公司应退还对被保险人超额收取的保费，但被保险人不可以通过超额保险获得超出其实际损失的不当利益。因此，太平洋财产保险阜新中心支公司主张的按保险事故发生时车辆的实际价值计算车辆损失（理赔额428 688元）符合《保险法》规定和合同约定，应予支持，同时超额收取的保费（5 513.01元）应退还东达经销中心。

---

① 参见《保险法》第55条第3款。

② 参见辽宁省高级人民法院（2016）辽民再334号民事判决书。

本章理论与实务研讨

保险单并非保险合同本身

实践中，部分学者观念上未对保险合同与保险单进行区分。

本书认为，保险单并非保险合同本身。最大的原因在于，保险单是由保险人单方签发的文件，而保险合同是双方当事人意思表示一致的结果。因此，在此意义上，只有在签发保险单之前保险合同已成立的前提下，后期保险人单方签发的保险单才对投保人产生约束力。

应当注意的是，强调保险合同的非要式性，否认保单作为保险合同的成立要件，并非否认出具保单的积极意义，也非倡导保险合同的签订不需要履行任何形式。通常情况下，由于保险合同具有关系复杂、专业性强、种类多、期限长等特征，为稳定合同关系，保护双方当事人利益，便于纠纷解决，非要式合同成立后，保险人要向投保人签发保险单或其他书面凭证。只是，这一签发不影响保险合同的非要式性，保险人的这一义务亦是训示性的，若违反，过错在于保险人，不影响保险合同的成立与效力。

格式条款视域下的保险合同责任免除条款与一般合同责任免除条款探析

对于以格式条款形式提供的责任免除条款，我国《保险法》与《民法典》均有规制。根据我国《保险法》规定，对于以格式条款形式提供的责任免除条款，保险人应当履行提示和明确说明义务，否则该责任免除条款不产生效力。[①] 即保险合同中，以格式条款形式提供的免责条款以保险人的提示与明确说明为效力要件。而我国《民法典》规定，提供格式条款一方不合理地免除或者减轻其责任、加重对方责任、排除对方主要权利的，该格式条款无效[②]。即一般合同中，凡以格式条款免除提供格式条款一方责任的，该条款均属无效。

如此，《保险法》与《民法典》就以格式条款形式提供的免责条款的规定，疑似存在矛盾与冲突之处，对此，学理上该如何解释，司法实践中法院又该如何适用法律呢？不乏解释称，此乃特殊合同与一般合同之关系，优先适用特殊合同的规定即可。本书认为，此种解释实属未能厘清保险合同责任免除条款与一般合同责任免除条款之本质。

观察比较，保险合同责任免除条款与一般合同责任免除条款具有以下本质差异：（1）免除对象不同。保险合同责任免除条款限制或免除保险人赔偿或给付保险金的义务，其免除的是“合同给付义务”；而一般合同责任免除条款免除当事人因不履行合同义务而应承担的民法上的后果，其免除的是“民事责任”。民事责任是违反民事义务的结果，而民事义务是义务人为满足权利人的要求为一定行为或不为一定行为的法律负担。[③] 毫无疑问，二

① 参见《保险法》第 17 条第 2 款。

② 参见《民法典》第 497 条第 2 项。

③ 王利明等：《民法学》，法律出版社 2017 年版，第 39 页。

者具有本质差异。(2)规制目的不同。保险合同责任免除条款，除具有平衡合同权利义务、剔除发生频率低而无法运用大数法则以厘定保险费率之风险事故等作用外，其突出作用在于防止被保险人或受益人道德风险的发生；而一般合同责任免除条款，纵然基于合同自由原则，当事人可对责任承担作出自愿安排，但因其以格式条款形式提供，且本质上属于违反“义务”的“责任”范畴，故具有浓厚的国家强制性。基于此,《保险法》与《民法典》对二者的规制态度各异。

本章法考与考研练习题

一、名词解释

1. 保险合同的附合性
2. 保险合同的受益人
3. 保险标的
4. 保险利益
5. 疑义利益解释规则
6. 单一保险合同、重复保险合同
7. 原保险合同、再保险合同
8. 定额保险合同、补偿保险合同
9. 定值保险合同、不定值保险合同
10. 足额保险合同、不足额保险合同、超额保险合同

二、简答题

1. 简述保险合同的性质。
2. 简述保险合同的法律特征。
3. 简述保险合同的当事人及关系人。
4. 简述保险合同的客体。
5. 简述保险合同的内容。
6. 简述保险合同特约条款的分类及解释。
7. 简述格式条款的含义与特征。
8. 简述保险合同格式条款的解释。
9. 简述保险合同的分类。

三、不定项选择题

1. 以下关于保险合同的说法，错误的是（　　）。

A. 保险合同是射幸合同　　B. 保险合同是双务合同
C. 保险合同是实践合同　　D. 保险合同是有偿合同

2. 依据我国保险法的规定，保险合同于（　　）时成立。

A. 保险人同意承保　　B. 投保人收到保险单
C. 投保人支付保险费　　D. 保险人签发保险单

3. 关于投保人，以下说法错误的是（　　）。
A. 投保人是保险合同的当事人
B. 投保人负有支付保险费的义务
C. 投保人必然对保险人享有保险金给付请求权
D. 投保人可能对保险人享有保险金给付请求权
4. 关于保险人，以下说法错误的是（　　）。
A. 保险人是保险合同的当事人
B. 保险人有权收取保险费
C. 保险人可以放弃收取保险费的权利
D. 保险人负有赔偿或给付保险金的义务
5. 关于保险合同的关系人，以下说法错误的是（　　）。
A. 保险合同的关系人包括被保险人、受益人
B. 被保险人与受益人都享有请求支付保险金的权利
C. 被保险人与受益人可以是同一人
D. 被保险人与受益人必须为同一人
6. 关于被保险人，以下说法错误的是（　　）。
A. 被保险人是保险合同的关系人之一
B. 被保险人对保险标的必须具有保险利益
C. 被保险人享有保险金支付请求权
D. 被保险人是投保人
7. 关于受益人，以下说法错误的是（　　）。
A. 受益人只存在于人身保险中
B. 受益人可以由被保险人指定
C. 投保人是受益人
D. 受益人有权请求保险人给付保险金
8. 关于受益人的资格要求，以下说法错误的是（　　）。
A. 无民事行为能力人可以为受益人
B. 法人和非法人组织可以为受益人
C. 活着出生的胎儿可以为受益人
D. 已经死亡的成年人可为受益人
9. 下列关于受益人的表述，错误的是（　　）。
A. 受益人可以是一个，也可以是多个
B. 受益人是多人的，如未确定受益份额，则按照相等份额享有受益权
C. 投保人变更受益人的，应当征得被保险人同意
D. 被保险人变更受益人的，应当征得保险人同意
10. 保险合同中规定保险人责任免除条款的，保险人在订立保险合同时应当向投保人提示并明确说明。未作提示或者说明的，（　　）。
A. 对该条款作不利于保险人的解释
B. 可以减少投保人的保险费

C. 保险合同无效

D. 该条款不产生效力

11. 在保险合同条款中，属于人身保险合同特有的条款是（ ）。

A. 受益人指定条款 B. 保险期间条款

C. 保险责任免除条款 D. 保险价值条款

12. 对于保险人提供的格式条款，保险人与投保人、被保险人或受益人对合同条款有争议时，人民法院或仲裁机构应对该争议条款的保险合同条款作出（ ）的解释。

A. 有利于保险人 B. 有利于投保人

C. 有利于被保险人和受益人 D. 通常理解

13. 以下关于原保险与再保险的说法，正确的是（ ）。

A. 原保险的投保人是再保险合同的当事人

B. 再保险人可以向原保险的投保人请求支付保险费

C. 原保险的投保人可以向再保险人请求给付保险金

D. 再保险人不能向原保险的投保人请求支付保险费

14. 根据我国保险法的规定，下列属于再保险的是（ ）。

A. 甲将自己的一辆汽车分别向乙、丙两家保险公司投保车损险，保险金额总和大于汽车价值

B. 甲保险公司将其承保业务的一部分分出，再由乙保险公司予以承保

C. 甲将乙投保责任保险的一辆汽车出售

D. 甲将自己的一辆汽车分别向乙、丙两家保险公司投保损失险和责任险

15. 甲就自己价值320万元的轿车与乙保险公司签订财产保险合同，投保的保险金额为500万元，约定的保险价值为290万元，后该轿车在保险期间内全部毁损灭失，毁损时该轿车价值310万元，甲后向乙保险公司提出赔偿，则乙保险公司应支付甲保险金额（ ）。

A. 500万元 B. 290万元

C. 320万元 D. 310万元

16. 人身保险的受益人通过（ ）途径产生。

A. 被保险人指定

B. 投保人指定后征得被保险人同意

C. 保险人指定

D. 被保险人指定后征得投保人同意

17. 以下哪些情形下，保险合同部分无效或不产生效力？（ ）

A. 保险人未向投保人明确说明免责条款的

B. 保险人未向投保人说明全部条款的

C. 保险金额超过保险价值的

D. 保险金额低于保险价值的

18. 人身保险是以人的身体或寿命为保险标的的保险，包括（ ）。

A. 人寿保险 B. 健康保险

C. 意外伤害保险 D. 以上都不是

19. 下列有关财产保险合同的表述正确的有（　　）。

A. 投保人和保险人可以约定保险标的的保险价值并在合同中载明

B. 投保人和保险人未约定保险标的的保险价值的，保险标的发生损失时，以保险事故发生时保险标的的实际价值为赔偿计算标准

C. 保险金额不得超过保险价值，超过保险价值的，保险合同无效

D. 保险金额低于保险价值的，保险人按照保险金额与保险价值的比例承担赔偿保险金的责任

20. 下列关于再保险的说法中正确的有（　　）。

A. 原保险人和再保险人共同对被保险人的请求承担赔偿责任

B. 再保险人只能要求保险分出人支付保险费

C. 再保险合同的双方当事人都是保险公司

D. 再保险人按其所收取的保险费的比例承担赔偿责任，除此之外的赔偿责任不应由再保险人承担

四、案例分析

2017 年 8 月 31 日，赫某为其新购价值 10 000 元的 Apple MacBook Pro 笔记本电脑向中国人民财产保险公司（简称“中国人保财险”）投保财产损失险，保险金额为 10 000 元，保险期限自 2017 年 9 月 1 日零时起至 2018 年 9 月 1 日 24 时止。同日，因赫某工作业绩突出，其所在公司亦以赫某为投保人为其就该笔记本电脑投保了财产损失险，保险人为阳光财产保险股份有限公司（简称“阳光财保”），保险金额为 5000 元，保险期限自 2017 年 9 月 1 日零时起至 2018 年 9 月 1 日 24 时止。2018 年 7 月 1 日，赫某携家人出海游玩，在邮轮甲板上处理紧急文件时，邮轮突触暗礁，在强烈颠簸之中，赫某的 Apple MacBook Pro 笔记本电脑坠入深海，打捞无望。半月后，赫某返回家中，于 2018 年 7 月 16 日向中国人保财险和阳光财保提出索赔。两家保险公司均以赫某就同一保险标的进行两次投保为由，主张其与赫某签订的保险合同无效，从而拒绝赔付。

依据所学知识，分析中国人保财险和阳光财保的拒赔理由是否成立。

本章法考与考研练习题参考答案

第四章 保险合同的订立

【导 语】

本章介绍保险合同订立的程序、保险合同订立过程中的缔约义务以及保险合同订立中的几个特殊问题。重点是投保人的告知义务和保险人的条款提示和说明义务，难点在于网上保险业务以及卡式保险业务的合同订立规则。

依照《保险法》规定，订立保险合同应当自愿，法律、行政法规规定必须保险的除外。我国法律、行政法规规定必须保险的主要有机动车交通事故责任强制保险。强制责任保险在投保、承保或者保险内容方面必须按照法律、行政法规的强制性规定处理。对于非强制性保险，是否投保、承保以及保险合同的内容如何取决于当事人的意愿，任何第三人不得进行强迫或者干预。《民法典》规定，合同当事人的法律地位平等，一方不得将自己的意志强加给另一方。

对于非强制性保险而言，合同订立是指投保人和保险人在平等、自愿的基础上，进行协商，作出意思表示并达成合意的过程。按照《保险法》第 11 条，订立保险合同就是协商一致确定各方的权利和义务。《民法典》第 471 条规定："当事人订立合同，可以采取要约、承诺方式或者其他方式。"按《保险法》第 13 条，订立保险合同的方式是投保人提出保险要求并经保险人同意承保。订立保险合同的结果是当事人意思表示一致，保险合同成立。依法成立的保险合同通常自成立时生效。在订立保险合同的过程中，投保人和保险人要遵循诚信原则，履行相应的义务。保险合同订立中还产生了需要激活的保险卡等新问题，需要加以规范。

第一节 保险合同的订立程序

一、要约和承诺

（一）投保人要约：投保

投保就是投保人提出保险要求。实践中，投保人提出保险要求的方式通常是填写并交付保险人事先置备的投保单。一般地，投保单表明投保人向保险人要求保险的意思，构成投保人向保险人发出的要约。按照《民法典》规定，要约的内容必须具体确定。这些内容主要表现为保险人在投保单中列明的保险合同必备事项、保险人以其他方式提供且让投保人在投保时知悉的保险条款。当然，投保人也可提出新的内容。

（二）保险人承诺：承保

投保人提出的保险要求需要经过保险人的同意。这种同意表现为承保，即保险人审核投保人的保险申请（包括提交的投保单）、认定相关风险符合承保条件、确定给予保险保障并明确适用的费率。

性质上，保险人的承保一般属于承诺，即对投保人要约的同意。保险人的承诺通常是明示的，也可以是默示的。默示承诺是指受要约人没有向要约人通知承诺的意思表示，但从其行为可以推知承诺的意思。我国《民法典》承认默示承诺，第 480 条规定："承诺应当以通知的方式作出；但是，根据交易习惯或者要约表明可以通过行为作出承诺的除外。"承认默示承诺有利于简化程序，便利合同的成立。在默示承诺情形下，行为人要以自己积极的行为表明自己有订约的意思，受要约人单纯的沉默或者不行为不构成默示承诺。[①]《保险法司法解释二》第 4 条第 1 款规定："保险人接受了投保人提交的投保单并收取了保险费，尚未作出是否承保的意思表示，发生保险事故，被保险人或者受益人请求保险人按照保险合同承担赔偿或者给付保险金责任，符合承保条件的，人民法院予以支持；……"从中可知，保险人的收费行为构成默示承诺，可以导致合同成立。这一解释可以督促保险公司尽快承保。

保险人的承诺不管是明示的或是默示的，都必须符合一定条件。《民法典》第 488 条规定："承诺的内容应当与要约的内容一致。受要约人对要约的内容作出实质性变更的，为新要约。有关合同标的、数量、质量、价款或者报酬、履行期限、履行地点和方式、违约责任和解决争议方法等的变更，是对要约内容的实质性变更。"因此，保险人在接到投保单后，对投保的内容作出实质性变更的，例如对保险标的提出不同意见、要求适用不同的费率等，都不是承保，而是保险人的反要约。对于保险人的这一要约，投保人可以承诺，也可以拒绝，还可以予以实质变更而提出新的要约。

不仅保险人对投保内容的实质变更构成保险人要约，通常属于要约邀请的保险人对保险产品的宣传广告，如果符合要约的条件，也构成要约。所谓符合要约条件，是指保险费、保险金额、保险事故以及保险期间等已经明确，表明了保险人希望订立合同的意愿。

二、保险合同的诺成性和非要式性

投保人投保与保险人承保，双方意思表示达成一致的，保险合同成立。

保险合同是诺成合同而非实践合同。也就是说，投保人和保险人意思表示达成一致即可成立保险合同，无须实际交付标的物或者完成其他现实给付。认定保险合同为诺成性合同的法律依据是《保险法》第 13 条第 1 款第 1 句"投保人提出保险要求，经保险人同意承保，保险合同成立"的规定。据此，投保人是否交纳保险费不是保险合同成立的前提条

---

① 参见王利明：《合同法》，中国人民大学出版社 2015 年版，第 47—48 页。

件。《保险法》第 14 条规定："保险合同成立后，投保人按照约定交付保险费，保险人按照约定的时间开始承担保险责任。"因此保险合同成立生效后，投保人才有交付保险费的义务。

保险合同不是要式合同，也就是说，保险合同的成立无须具备书面形式等特定方式。这一定性的法律依据是《保险法》第 13 条第 1 款第 1 句、第 2 句规定的"保险人应当及时向投保人签发保险单或者其他保险凭证"。从逻辑上看，保险人在保险合同成立后才签发保险单或者其他保险凭证。保险单或者其他保险凭证是保险合同的证明，它们不是保险合同成立的前提条件。不过，鉴于保险合同内容复杂，为确定当事人之间的权利义务，避免一旦发生纠纷缺乏证据，以作成保险单或其他书面形式为上。附带指出，从第 13 条第 1 款第 2 句看，保险人及时向投保人签发保险单或者其他保险凭证是保险合同成立生效后产生的附随义务，保险人违反该义务给投保人造成损失的，应当承担赔偿责任。

三、保险合同的形式

合同的形式是合同双方当事人意思表示的表现形式。保险合同的订立和成立可以使用口头方式，我国《保险法》对此予以承认。对于特殊风险或者标的进行保险而无现成保险条款的，可以签订保险协议书并报监管机构备案。不过，保险合同的订立通常由投保人填写并提交投保书，提出保险要求，由保险人审核决定是否承保。保险人决定承保的，签发保险单或者其他凭证作为保险合同证明。

（一）投保单

投保单又称投保书、要保书。它一般由保险人事先拟定，记载保险的主要内容，比如投保人、被保险人、保险标的、保险险种、保险价值、保险金额、保险费率、保险期限等，并列出投保人应当告知保险人的事项。投保人填妥后交给保险人。它是保险人作出是否承保、是否订立保险合同决定的根据。保险合同成立后，投保单构成合同的一部分。

（二）保险单

保险单，简称保单，是保险合同成立后由保险人签发的正式凭证。保险单是保险合同的书面证明，记载投保人和保险人约定的保险条款，包括当事人享有的权利和承担的义务。具体来说，其正面记载投保人、被保险人、保险标的、保险价值、保险金额和保险期限等，背面印制具体险种的保险责任范围、除外责任、投保人或被保险人与保险人的权利义务、退保退费以及争议解决等。

保险单与投保单的内容不一致时，如何处理？有观点认为应当以保险单为准，理由是保险单与投保单不一致构成对投保单内容的变更，而此变更相当于保险人的反要约，投保人不予反对即视为同意。不过，我国司法实践采取与此不同的立场，《保险法司法解释二》第 14 条第 1 项规定"投保单与保险单或者其他保险凭证不一致的，以投保单为准。但不一致的情形系经保险人说明并经投保人同意的，以投保人签收的保险单或者其他保险凭证载明的内容为准"。这一解释是合理的。首先，司法解释实行投保单优先的原则符合我国《保险法》对投保人等权益加强保护的宗旨。其次，司法解释要求保险人说明与投保单不一致的内容，与《保险法》第 17 条的精神一致，该条规定保险人应当向投保人说明格式合同内容。最后，所谓“不予反对即视为同意”，涉及对要约的默示承诺，而上述司法解释使用的“投保人同意”措辞并未排斥投保人默示承诺，但默示承诺应当从投保人的积极作为中推知，而这种积极作为应当是投保人在收到保险单后交纳保险费。投保人收到保险单后即使没有阅读或者提出异议，只要交纳保险费就可视为同意保险单的内容，投保单与保险单不一致的，以保险单为准。

投保单与保险单不一致并不限于保险人作出反要约的情形。对于其他情形的不一致不能通过要约、承诺规则解决，而应当利用合同内容证明规则。基于《保险法》加强保护投保人等权益的宗旨以及《保险法》第 17 条规定的精神，在采行证明规则时遵循投保单优先原则也是可取的。

（三）暂保单

暂保单，又称临时保险单，是指保险人在签发正式保险单之前所签发的保险凭证。投保人与保险人就保险合同的主要条款达成协议，但需要进一步协商其他条款的，保险人往往签发暂保单。在出口贸易中，为了便利交单结汇有时也签发暂保单。暂保单内容较为简单，一般只记载被保险人姓名、保险险种、保险标的等，至于当事人之间的权利义务等要以正式保险单为准。暂保单的效力与正式保险单的效力相同，但有效期一般在 30 天以内，而且在保险单签发之后，暂保单自动失效。另外，保险人拒绝投保人要求签发保险单的申请、投保人决定终止暂保单等也可终止暂保单的效力。暂保单通常仅用于汽车保险、盗窃险、火险等财产保险。

（四）小保单

小保单，又称保险凭证，是保险人签发给投保人的证明保险单已经签发的书面凭证，其实质是一种简化的保险单。小保单通常用于下列情况：（1）团体保险。承保团体保险时，保险人向投保人签发保险单，并向投保人中的每个成员签发小保单用以证明该成员参加了此种团体保险。（2）货物运输总括保险。保险人与投保人订立总括保险合同后，就每宗货物保险，保险人仍需向投保人签发小保单。我国《海商法》第 231 条和第 232 条规定，被保险人在一定期间分批装运或者接受货物的，可以与保险人订立预约保险合同。预约保险合同应当由保险人签发预约保险单证加以确认。应被保险人要求，保险人应当对依据预约保险合同分批装运的货物分别签发保险单证。保险人分别签发的保险单证的内容与预约保险单证的内容不一致的，以分别签发的保险单证为准。（3）机动车强制责任保险。投保人与保险人订立机动车强制责任保险合同后，为了方便车辆驾驶人员接受有关部门的查验，需要保险人另行签发小保单。小保单不印载保险条款，具体内容以同一险种的保险单为准。小保单与保险单具有同等效力，但小保单记载的内容与相应的保险单载明的内容发生抵触的，以小保单记载为准。

（五）批单

批单是投保人提出更改保险合同的要求，经保险人同意后，保险人出具的书面文件。根据《保险法》第 20 条规定，批单可以体现为保险单上的批注，也可以是粘贴的便条。保险实务中，往往事先制作与各险种险别相对应的批单，供投保人在申请变更保险合同时选择使用。批单更改的对象可以是格式化保险条款中除基本保险条件之外的条款。批单一经保险人签发就成为保险合同的一部分。

第二节 保险合同订立过程中的缔约义务

一、投保人的告知义务

（一）如实告知义务的含义

如实告知，是指投保人在订立保险合同时，应当将其知道的与保险标的或者保险对象有关的事项或情况如实告诉保险人。开展保险业务，订立保险合同，保险人需要知道影响保险事故发生概率的因素，如标的自身的危险、安全设施和措施、被保险人的保险索赔记录等，以便确定保险共同体内存在某项危险是否适当。如果假定危险存在，则必须测算与危险相符的保险费。保险人主要根据投保人告知的信息来决定是否承保和保险费的多少，因此投保人应当根据法律规定将有关信息告诉保险人。

（二）询问告知和主动告知

告知范围因询问告知或主动告知而有异。主动告知，即无限告知。按主动告知，即使保险人没有询问，投保人也应告知。海上保险一直实行主动告知。在非海上保险中，个别法律也要求主动告知。非海上保险中，主动告知难以操作，因为投保人由于保险知识和经验不足，往往对应该告知什么没有明确的观念。询问告知，即有限告知。按询问告知，投保人只需回答保险人的询问。询问告知适应现阶段保险业发展水平，维护了投保方的利益。但询问告知也有不足：保险人进行询问一般需要使用问题表，而问题表只能针对一般、普遍和共同的因素，不得不省略特殊情况，询问得到的信息未必全面。因此两种方法各有利弊。在这方面，我国《海商法》采主动告知，而我国《保险法》一直采询问告知。《保险法》第 16 条第 1 款规定，订立保险合同，保险人就保险标的或者被保险人的有关情况提出询问的，投保人应当如实告知。

对于保险人询问的形式和范围，我国《保险法》没有明确规定。实务中，保险公司通常以投保单、危险询问表或其他书面方式提出询问，但法律、行政法规以及规章等并没有禁止保险人用口头形式提出询问。保险人的询问及其范围应当清楚明确。保险人询问不清楚明确的，其后果应由保险人承担。《保险法司法解释二》第 6 条规定，当事人对询问范围及内容有争议的，保险人负举证责任。保险人以投保人违反了对投保单询问表中所列概括性条款的如实告知义务为由请求解除合同的，人民法院不予支持。但该概括性条款有具体内容的除外。

对于保险人的询问，投保人如何告知？投保人告知往往采书面方式，也可以采用口头方式。至于告知范围，《保险法司法解释二》第 6 条第 1 款规定，投保人的告知义务限于保险人询问的范围和内容。不论书面告知还是口头告知，投保人主张已经履行告知义务的，应负举证责任。

（三）如实告知的事项及排除

投保人披露义务仅适用于知道的信息，还是包括应当知道的重要信息？在海上保险，投保人一般应当主动告知其知道或应当知道的情况，而“应当知道”是指该投保人在其通常业务过程中本应知道的情况。不同的是，在非海上保险，投保人的告知仅限于其知道的事实。《保险法司法解释二》第 5 条规定：“保险合同订立时，投保人明知的与保险标的或者被保险人有关的情况，属于保险法第十六条第一款规定的投保人‘应当如实告知’的内容。”

在某些情况下，投保人无须告知。对于海上保险中的告知，我国《海商法》第 222 条第 2 款规定，保险人知道或者在通常业务中应当知道的情况，保险人没有询问的，被保险人无须告知。《最高人民法院关于审理海上保险纠纷案件若干问题的规定》第 4 条规定：“保险人知道被保险人未如实告知海商法第二百二十二条第一款规定的重要情况，仍收取保险费或者支付保险赔偿，保险人又以被保险人未如实告知重要情况为由请求解除合同的，人民法院不予支持。”所谓知道，是指保险人已获相当资料，而且一个谨慎的保险人会认为有必要据以做进一步的查询。所谓应当知道，是指以通常注意即可知道或者无法诿为不知。对于其他保险中的告知，《保险法》第 16 条第 6 款规定，保险人在合同订立时已经知道投保人未如实告知的情况的，保险人不得解除合同。而根据《保险法司法解释三》第 5 条，保险人在合同订立时指定医疗机构对被保险人体检，而保险人知道被保险人的体检结果，仍以投保人未就相关情况履行如实告知义务为由要求解除合同的，人民法院不予支持。可见，对于保险人已经知道的情况，投保人没有告知的必要。目前我国《保险法》只规定了保险人已经知道的事实，投保人无须告知。《保险法》还应补充规定，保险人应当知道的事实，投保人也无须告知。

（四）如实告知义务的违反

传统上，认定违反如实告知义务并不考虑主观过错及其程度。根据我国《海商法》，被保险人即使没有过错而违反告知义务，保险人也有权解除合同或者要求相应增加保险费。不同的是，基于公平观念和保护被保险人的需要，非海上保险中通常实行过错责任原则，即应认定投保人或者被保险人违反如实告知义务的过错以及程度。按原《保险法》，投保人因故意或过失违反告知义务的，应当承担相应后果。现行《保险法》将“过失”修改为“重大过失”。《保险法》第 16 条第 2 款规定，投保人故意或者因重大过失未履行前款规定的如实告知义务，足以影响保险人决定是否同意承保或者提高保险费率的，保险人有权解除合同。何为重大过失？在民法上，重大过失是指缺乏技术或注意达到惊人的程度。依此来说，在保险人提出询问的情况下，投保人对已经知道的重要事实因严重缺乏注意而没有告知的，构成重大过失违反如实告知义务。

（五）违反如实告知义务的后果

投保人和保险人之间存在信息不对称，而这可能导致投保人的逆向选择和道德风险。为了避免和减少逆向选择和道德风险，保险人希望尽可能多地获取与承保危险有关的信息，并对投保人的行为进行一定程度的干预和控制。为此，法律需要规定投保人违反告知义务的后果，从而给保险人获取有关信息提供一定保障。

1．解除合同

根据《保险法》第 16 条第 2 款规定，未如实告知“足以影响保险人决定是否同意承保或者提高保险费率的”，保险人有权解除合同。这里涉及三个层面的问题：（1）保险人的标准。英国《海上保险法》采用“谨慎的保险人标准”。在我国，《保险法》虽未明确规定保险人的标准，但它实际上采用的是谨慎的保险人标准。据此，投保人未如实告知的事实是否重要应从一个谨慎行事的保险人的角度来衡量。（2）未告知事实对保险人的影响。英国《海上保险法》将未如实告知的情况限于“重要事实”。美国纽约州《保险法》明确规定，除非保险人如了解到该不实陈述的事实会导致其拒绝达成合同，否则不能被看做对重要事实的不实陈述。按我国《保险法》，未如实告知的事实对保险人评估危险应当具有决定性影响，即保险人如果知道该事实时会拒绝承保，或者订立的保险合同会不同于保险人不知该事实时所订立的合同，或者会收取较高的保险费。需要告知的情况对保险人是否具有决定性影响，须依保险种类、特定保险合同的内容或目的，从保险技术角度客观地加以评判。（3）保险人对告知的实际信赖。只有投保人违反告知义务与保险人同意订立合同之间确实具有因果关系时，保险人才能解除合同。如果有迹象表明，保险人有必要进一步调查有关事实，并且可以合理期待保险人在调查中揭示真相，保险人就不能以投保方违反如实告知义务为由解除合同。

保险人可以解除的是部分合同还是全部合同？依我国台湾地区学者观点，保险人原则上只能解除与投保人违反如实告知义务有关的部分。因为从保险制度的社会功能及当事人利益的保障看，维持另一部分合同的存在，符合保险的公共政策，且对当事人并无不利。保险人解除部分合同的，投保人就未解除的部分，可以行使终止权。但是，若只以剩余部分单独订约，保险人本不会承保的，则保险人可以解除全部合同。对此，我国《保险法》没有规定，尚可完善。

我国《保险法》仅规定了解除合同，而未将增加保险费作为前置，应当完善：投保人违反如实告知义务，如果只影响到保险人核定保费，那么保险人只能要求增加保险费而不得要求解除合同。投保人不同意保险人增加保险费的要求的，保险人可以解除合同。

2．解除合同的溯及力

我国《保险法》第 16 条第 4 款和第 5 款规定，投保人故意不履行如实告知义务的，保险人对于合同解除前发生的保险事故，不承担赔偿或者给付保险金的责任，并不退还保险费。投保人因重大过失未履行如实告知义务，对保险事故的发生有严重影响的，保险人对于合同解除前发生的保险事故，不承担赔偿或者给付保险金的责任，但应当退还保险费。《海商法》第 223 条规定与此类似，但不同的是，它的用词不是“重要影响”而是“影响”。

如欲使合同解除发生溯及力，不实告知是否须“对保险事故的发生有严重影响”，即是否须与保险事故的发生有因果关系？按照《保险法》规定，合同解除发生溯及力的条件之一是存在这种因果关系。这一规定可以保障被保险人的合理期待，有利于实现保险的目的。什么是严重影响？最高人民法院曾在《关于人民法院审理保险纠纷案件若干问题的解释（征求意见稿）》中主张，“严重影响”是指未告知的事项为发生保险事故主要的、决定性的原因。如果保险事故的发生并非由投保人未告知的重大事项引起，可以认定该未告知的事项对保险事故的发生没有“严重影响”，保险人不得以投保人未告知为由解除保险合同或不承担保险责任。按我国《保险法》，如果故意违反告知义务，合同解除发生溯及力，则无须违反如实告知义务对保险事故的发生有重要影响。然而，为了符合保险的技术性，即使故意违反如实告知义务，如欲使解除合同发生溯及力，也应以违反告知义务“对保险事故的发生有严重影响”为条件。

（六）不可抗辩规则

不可抗辩（亦称“不可争辩”）是指一定的期间经过之后，保险人不得以投保人违反如实告知义务为由解除保险合同。19世纪晚期，美国保险公司的名声非常差，公众普遍认为，在他们投保多年后，保险人往往利用一些小的差错来否定保单的效力，逃避赔付。受保险人不诚信行为影响最大的是受益人，而受益人通常不介入合同订立环节，一般也不会留意合同效力是否受到投保时告知义务履行的影响。由于保险人滥用合同解除权，人们普遍产生反感，进而提出退保或干脆不投保。为了重建公众对保险公司的信任，保险公司开始推行这一条款，承诺自保单生效后两年内，保险人不对保险合同效力提出任何质疑。这一条款既存在于一般的寿险中，也存在于失能保险甚至健康保险中。到了20世纪初，美国许多州的保险立法强制要求人身保险保单必须包含这种条款。[①] 其他一些国家借鉴美国的做法也在法律中作了类似规定。依据德国《保险契约法》的规定，自保险合同缔结之日起5年后，保险人不得以投保人未能如实告知进行抗辩。不可抗辩条款可以防止保险公司的道德风险，维护投保人及受益人的利益，还可督促保险人增强责任心，加强核保工作。其结果虽然约束了保险人，却为保险业赢得了声誉。[②]

我国《保险法》也规定了不可抗辩条款，其第16条第3款规定：“前款规定的合同解除权，自保险人知道有解除事由之日起，超过三十日不行使而消灭。自合同成立之日起超过二年的，保险人不得解除合同；发生保险事故的，保险人应当承担赔偿或者给付保险金的责任。”其中第2句即关于不可抗辩条款的规定。规定这种条款，限制保险人的合同解除权，有利于稳定保险法律关系，维护被保险人的利益，树立保险公司的信誉，促进我国保险市场健康发展。

我国《保险法》中不可抗辩条款的适用是否应当受到限制？有人主张，如果投保人以骗保为目的，投保时故意不如实告知，两年内出险不通知保险人，等到两年期满才申请理赔，使保险人丧失抗辩的机会，则保险合同可被撤销。[③] 还有人建议，首先，应当规定不可抗辩条款适用的例外情形，比如投保人严重欺诈，以免违背立法本意。其次，应当协调与疾病保险合同中疾病定义的关系，因为疾病保险合同一般约定不保投保前所患疾病。[④] 本书认为，从法律适用角度看，以投保人故意或欺诈违反如实告知义务为由，不适用《保险法》规定的不可抗辩条款、撤销保险合同的主张不宜得到支持。当然，从立法视角看，《保险法》需要修改完善，以便应对投保人故意或者欺诈违反如实告知义务的情况。比较

---

① 参见黄勇、李之彦编著：《英美保险法经典案例评析》，中信出版社2007年版，第122页。

② 参见孙祁祥等：《中国保险市场热点问题评析（2005—2006）》，北京大学出版社2006年版，第6—7页。

③ 参见陆坚：《〈保险法〉第十六条在理赔实务操作中的问题与反思》，《上海保险》2011年第5期。

④ 参见上海市保险学会法律专业委员会：《新〈保险法〉实施一周年理论研讨会综述（寿险）》，《上海保险》2010年第12期。

法上，德国《保险契约法》第 22 条规定，保险人以投保人欺诈性不实陈述为由撤销保险合同的权利不受影响。不过，《德国民法典》第 123 条第 2 款又对此作了限制。它规定，应向其作出意思表示的相对人以外的人，因意思表示而直接取得权利时，只有当权利取得人明知或者可知欺诈事实时，始得撤销该意思表示。可见，如果投保人为被保险人利益订立保险合同，而投保人欺诈的，保险人通常不能撤销合同。这些规则值得我们借鉴。至于投保前患病等则属于承保范围或免责条款问题，与违反如实告知义务或不可抗辩规则没有关系。

二、保险人条款提示及说明义务

（一）条款提示及说明义务的含义

订立保险合同通常使用保险人事先拟定的格式条款。由于保险人对保险条款具有信息优势，加之保险市场竞争不充分等原因，使用格式条款会给投保人带来不利后果。这就要求法律对保险合同订立程序和保险合同内容进行干预。保险合同格式条款必须经过提示和说明才能进入当事人合意的范围，即订入合同。同时，这些条款必须有效才能成为合同组成部分。对有效的保险条款发生争议的，需要依据一定的规则进行解释。① 对特定保险条款进行提示和说明是将这些保险条款订入合同的必要步骤。

（二）一般条款的说明

《保险法》第 17 条第 1 款规定："订立保险合同，采用保险人提供的格式条款的，保险人向投保人提供的投保单应当附格式条款，保险人应当向投保人说明合同的内容。"对一般保险条款，保险人需要进行说明。所谓说明，是指保险人应当使得保险条款清楚、明白，没有歧义。《保险法》只是规定保险人负有说明义务，但未就保险人违背该义务的法律后果作规定。通说认为保险人未作说明不影响这些条款的效力。

尽管这一规定只是倡导性质的，但仍然十分必要。由于保险的专业性和技术性，保险合同通俗化存在一定困难，许多保险条款难以理解，需要保险人说明。尽管投保人应当注意维护自己的权益，对保险条款有不明之处，应当主动提出疑问，寻求解答，但是鉴于我国保险业不甚发达，投保人欠缺保险知识和经验，对其不能要求过高。诚如学者所说，保险条款有"读不懂的畅销品"之称，而消费者的保险知识较少，因此保险公司有义务对其中的重要事项加以说明。②

（三）免责条款的提示和明确说明

《保险法》第 17 条第 2 款规定："对保险合同中免除保险人责任的条款，保险人在订立合同时应当在投保单、保险单或者其他保险凭证上作出足以引起投保人注意的提示，并对该条款的内容以书面或者口头形式向投保人作出明确说明；未作提示或者明确说明的，

---

① 按王泽鉴先生见解，在确认格式条款已经被订入合同后，应对那些当事人有争议的格式条款进行解释以确定其含义，然后进行内容控制，即检查条款内容的公平性。参见王泽鉴：《债法原理》（第一册），中国政法大学出版社 2001 年版，第 94 页。

② 参见 [日] 上山道生：《保险》，刘淑梅、赵儒煜译，科学出版社 2004 年版，第 122 页。

该条款不产生效力。”对于免责条款，保险人应当承担提示和明确说明义务。这是因为保险法应当强化处于强势的保险人的义务，更好地保护处于弱势的投保人的利益；保险合同是由保险人精心设计的，十分复杂，而且还会在一定情况下作出修改，投保人难能及时理解；实务中，一些保险人回避说明保险合同中的免责条款，引起保险消费者的普遍不满；发生事故时保险人可能滥用解释权，对投保人不利；提示和明确说明对于保险人来说不难操作，成本不大；强化保险人的提示和明确说明义务还会节省投保人获取咨询意见或成立顾问机构的成本，有利于减少投保人的调查成本，维护被保险人利益，确立保险诚信。

1．提示和明确说明义务的范围

根据《保险法》规定，保险人提示和明确说明的对象是“免除保险人责任的条款”。如何理解“免除保险人责任的条款”？《保险法司法解释（二）》第 9 条规定：“保险人提供的格式合同文本中的责任免除条款、免赔额、免赔率、比例赔付或者给付等免除或者减轻保险人责任的条款，可以认定为保险法第十七条第二款规定的‘免除保险人责任的条款’。保险人因投保人、被保险人违反法定或者约定义务，享有解除合同权利的条款，不属于保险法第十七条第二款规定的‘免除保险人责任的条款’。”本书认为，上述规定尚有不足。保险人明确说明的对象应当是免除或者限制保险人赔付义务的条款以及免除或者限制保险人违约责任的条款，其中，免除或者限制保险人赔付义务，是指限定承保范围以及其他赔付条件。限定赔付条件的条款有时间限制、最大赔偿金额限制、免赔额、共同保险、比例分摊等，以及约定保险合同生效条件或者保险责任开始条件的条款、保证条款、危险增加条款、约定保险人解除权的条款、不定值保险条款等。这些条款都会给投保方利益带来严重负面影响，保险人应当予以提示并加以明确说明。上述司法解释虽然做了一些弥补，有利于保险消费者利益，但还有完善余地：一是有关条款的范围还应扩大；二是它排除“保险人因投保人、被保险人违反法定或者约定义务，享有解除合同权利的条款”，不尽合理。

提示和明确说明义务在一定条件下可以减轻和免除。一方面，有的免赔及免责条款无须提示和明确说明。包括：（1）法律、行政法规规定以及保险监管机构制定的免赔及免责条款。保险合同如果将这些条款原原本本移入保险合同，保险人无须提示，也无须明确说明。（2）普通投保人已能明了其含义与后果的条款无须说明。（3）与同一投保人多次订立合同的，保险人无须重复履行明确说明义务。另一方面，以下情形，提示和明确说明义务不得减免：（1）法律、行政法规及保险规章没有明确规定保险人免赔或免责的违法行为被纳入免赔及免责条款的，保险人仍须提示和明确说明。不论是法定条款还是规章条款，如果这些条款并没有直接而明确地规定特定违法行为可以引发免除或者限制保险人责任的法律后果，而保险人将其纳入保险合同作为免除或者限制保险人责任的事由或者依据的，保险人必须对此作出提示和明确说明。例如，保险合同约定，被保险人或其允许的驾驶人在事故发生后未依法采取措施的情况下，驾驶被保险机动车或者遗弃被保险机动车逃离事故现场，或故意破坏、伪造现场，毁灭证据的，保险人均不负责赔偿。对此，有法院认定，这一约定与《道路交通安全法》第 70 条①的规定完全相符。然而，《道路交通安全法》

① 第 70 条第 1 款规定，在道路上发生交通事故，车辆驾驶人应当立即停车，保护现场；造成人身伤亡的，车辆驾驶人应当立即抢救受伤人员，并迅速报告执勤的交通警察或者公安机关交通管理部门。因抢救受伤人员变动现场的，应当标明位置。乘车人、过往车辆驾驶人、过往行人应当予以协助。

第 70 条并没有规定没有保护现场的法律后果。因此上述条款需要提示和明确说明。又如，有的保险条款规定，保险标的属于违章建筑的，保险人不予赔偿；被保险人卖淫、嫖娼，服用国家管制的精神药品或者麻醉药品的，保险人不予赔付。尽管投保人对于有关行为或保险标的之违法性及其后果应当有所认识，但由于法律法规没有明确规定其对保险人责任的影响，投保人不可能产生相应的认知，因此还需要保险人予以提示和明确说明。然而，根据《保险法司法解释二》第 10 条，保险人将法律、行政法规中的禁止性规定情形作为保险合同免责条款的免责事由的，保险人无须明确说明。这一解释不尽合理。（2）免赔及免责条款已经保险监管机构审批或者备案，不能成为免除保险人提示和明确说明义务的理由。（3）保险人的某一分支机构的提示和明确说明不能代替其他分支机构的提示和明确说明。

2. 提示和明确说明义务履行的程度和方式

保险人首先要对免责条款作出提示。提示，就是保险人提醒投保人，使其注意到特定条款的存在，而且如果对方想看，则能看清有关条款。从《德国民法典》第 305 条第 2 款看，提示的方法通常是个别指明，但在匆忙的连续交易而个别指明非常困难的情况下，可以公告提示。而且，不论哪种方式，都必须使对方能以合理方式了解格式条款的内容。根据英美普通法，一个书面条款要订入合同，条款拟定者应当采取合理措施引起对方对该条款的注意。英国的丹宁大法官指出，有些条款须以红色墨水印在文件上并以红色手指标志指出，其提请注意才能被认作充分合理。对于提示的方式和标准，《保险法司法解释二》第 11 条第 1 款规定："保险合同订立时，保险人在投保单或者保险单等其他保险凭证上，对保险合同中免除保险人责任的条款，以足以引起投保人注意的文字、字体、符号或者其他明显标志作出提示的，人民法院应当认定其履行了保险法第十七条第二款规定的提示义务。"

保险法还要求保险人"明确说明"免责条款。何谓"明确说明"？我国《保险法》没有给出标准。《保险法司法解释二》第 11 条第 2 款则规定："保险人对保险合同中有关免除保险人责任条款的概念、内容及其法律后果以书面或者口头形式向投保人作出常人能够理解的解释说明的，人民法院应当认定保险人履行了保险法第十七条第二款规定的明确说明义务。"这一解释以"常人"即通常的人或普通的人作为标准。通过说明，保险公司应使具有通常知识和经验的投保人，能够明白、理解该条款的真实含义和法律后果。这种客观标准，可以避免说明的主观性、随意性，有利于稳定法律关系，减少争议，比较合理。按照《最高人民法院关于适用〈中华人民共和国合同法〉若干问题的解释（二）》（简称"《合同法司法解释（二）》"）第 6 条，提供格式条款一方对已尽合理提示和说明义务负有举证责任。《保险法司法解释二》第 13 条规定："保险人对其履行了明确说明义务负举证责任。投保人对保险人履行了符合本解释第十一条第二款要求的明确说明义务在相关文书上签字、盖章或者以其他形式予以确认的，应当认定保险人履行了该项义务。但另有证据证明保险人未履行明确说明义务的除外。"司法解释中有关投保人对保险人明确说明进行确认的规定值得商榷。本书认为，保险人以一定的方式对格式条款进行说明，并使普通投保人知悉理解，这是一个事实问题。对于履行说明义务，应由保险人实际举证。保险人如何举证？如是书面说明（条款本身包含的解释或者独立文件的说明），保险人应向法院提供书面材料；如是口头说明，则需提供说明笔录、音像资料或者证人证言等，然后由法院根据前述常人标准进行认定。如果说明已经达到清晰易懂的程度，即使没有投保人"声明"，也可认定保险人履行了明确说明义务。相反，即使有了"声明"，也不能予以认定。

3. 违反提示和明确说明义务的后果

根据我国《保险法》第17条第2款规定，对免责条款未作提示或者明确说明的，该条款不产生效力。保险人使用免责条款而不作提示和明确说明，误导投保人作出错误的决策，损害被保险人的合理期待，也妨碍保险功能的发挥，阻碍公共利益的实现，理应受到否定性评价。但是，免责条款不产生效力不该影响其他条款甚至整个合同的效力，否则同样有损投保人利益。因此免责条款不生效力不影响其他条款的效力。然而，若免责条款因不生效力而不能适用，其结果可能形成“合同漏洞”。[①] 对于形成的“合同漏洞”可用两个方法填补，即利用合同法上的默认规则或者缺省规则，或者对合同进行补充解释。

◎ 典型案例

韩龙梅等诉阳光人寿保险股份有限公司江苏分公司保险合同纠纷案[②]

一、案情和争议

“绚丽阳光”保险卡系被告阳光人寿保险股份有限公司（简称“阳光人保”）推出的适用于短期个人综合意外伤害保险业务的，可在网上激活的自助式保险卡。该保险卡正面印制的内容为：(1) 保险责任：意外身故、伤残保障6万元，意外伤害医疗保障1万元；(2) 保险期限1年，保费100元，以及自助保险卡系列及卡号；该卡的背面内容为：(1) 账号、密码，激活有效期至2010年6月30日（请在此日期前激活）；(2) 投保激活方式：①网络激活：登录阳光保险集团网站——点击“网上激活”页面——输入账号、密码、验证码进入投保页面——填写相关投保信息——确认激活成功。②电话激活：拨打阳光保险全国客户服务专线95510，选择人寿保险，坐席接听后，告知投保信息，确认激活成功。保险卡宣传手册对该产品的保障内容、投保对象、保费与份额限制、注意事项、投保规定、保险责任、责任免除、索赔指引等进行了详细的介绍，并摘录了部分保险条款。其中，“重要提示”部分第1条载明，保险卡仅供客户投保使用，非保险凭证，持卡人须在卡的有效期内按照投保流程投保，在获得保险单号后该卡所对应的保险责任于激活次日零时生效；“投保规定”第6条规定，投保职业只接受一、二、三、四类人员作为被保险人，不接受四类以上人员作为被保险人，职业类别按照《阳光人寿保险股份有限公司职业分类表》确定。保险人另行提交的《阳光人寿个人综合意外伤害保险条款》（2008年6月中国保监会备案）第1.2条规定，本合同自本公司同意承保，收取保险费并签发保险凭证后开始生效；第6.1条规定，订立本合同时，本公司会向投保人明确说明本合同的条款内容，特别是责任免除条款，本公司会就投保人和被保险

① 参见樊启荣、李娟：《论保险合同的内容控制——以对保险约款违反任意性规范的特别控制为中心》，《法商研究》2007年第5期。

② 参见《韩龙梅等诉阳光人寿保险股份有限公司江苏分公司保险合同纠纷案》，《中华人民共和国最高人民法院公报》2010年第5期。

人的有关情况提出书面询问，投保人和被保险人应当如实告知。该保险条款没有对参保人员的职业进行规定。保险条款和宣传手册均未记载《阳光人寿保险股份有限公司职业分类表》。阳光人保网站可以查阅《阳光人寿保险股份有限公司职业分类表》，保险公司通过网页设置，在激活保险卡过程中，对包括被保险人职业在内的各种问题进行询问，并提供了可以承保的被保险人职业选项，要求投保人以填写或选择的方式告知。该职业分类表将营业用货车司机列为第六大类生产、运输设备操作人员及有关人员。网上激活过程中，如被保险人职业栏选择“营业用货车司机”，则会因被拒绝承保而不能激活保险卡，无法形成电子保单。

2008 年 12 月 5 日，被告阳光人保与徐州民兴保险代理有限责任公司 (以下简称“民兴代理公司”) 签订了保险代理合同，约定由民兴代理公司代理阳光人保在徐州地区的保险销售业务，合同期限为 1 年。刘继为农业家庭户口，系苏 CB8375 解放牌货车车主，于 2006 年 11 月 27 日为该车办理了从事经营活动的机动车辆道路运输证，刘继的驾驶证载明的准驾车型为 B 类。2009 年 3 月，刘继以 100 元的价格从民兴代理公司业务员宗芹手中购得“绚丽阳光”保险卡一张。阳光人保的网站系统显示，刘继购买的保险卡已被激活，其职业为“农夫”，被保险人为刘继，保险责任期间自 2009 年 3 月 16 日 0 时起至 2010 年 3 月 15 日 24 时止，保单未指定受益人。

2009 年 4 月 20 日，刘继驾驶苏 CB8375 解放牌货车在四川发生交通事故。次日，刘继经医院抢救无效死亡。刘继之妻韩龙梅，子女刘娜、刘凯，父亲刘元贞，母亲王月兰（简称“五原告”）均为刘继的合法继承人。五原告向被告阳光人保提出理赔申请，2009 年 6 月 15 日，阳光人保向五原告出具书面拒赔通知书，称刘继以“农夫”职业参保，而其实际职业为“营业用货车司机”，依据“绚丽阳光”保险卡列明的拒保职业范围，作出拒赔决定。

诉讼中，五原告申请民兴代理公司业务员宗芹作为证人出庭。证人宗芹述称：本人系民兴代理公司业务员，以前不认识刘继。2009 年 3 月本人到刘继所在村子做保险宣传，推广“自助式保险卡”，刘继购买“绚丽阳光”保险卡并当即交纳了涉案的 100 元保费。根据公司规定，推销保险时，本人作为业务员不随身携带保险卡，收取保费后交给公司，由公司内勤根据业务员对被保险人职业状况的陈述，代为激活保险卡。本人认为村子里都是农民，刘继也是农民，就没有询问其职业，以“农夫”为刘继的职业向公司汇报。几天后，才将已激活的保险卡交付刘继。

法院认为，本案的争议焦点是：被告阳光人保是否履行了对保险合同条款的说明义务，刘继是否违反了投保人如实告知义务。

二、判决和理由

法院判决：南京被告阳光人保赔偿五原告保险金 60 000 元。

判决理由：《保险法》第 17 条第 1 款规定：“订立保险合同，保险人应当向投保人说明保险合同的条款内容，并可以就保险标的或者被保险人的有关情况提出询问，投保人应当如实告知。”据此，投保人的告知义务的范围应当以保险人询问的事项为限，对保险人未询问的事项，投保人不负告知义务。本案中，所涉保险卡系民兴代理公司内勤代为激活，激活过程中，民兴代理公司仅向其业务员宗芹而未向投保人刘继进行询问，而宗芹并未询问过刘继的职业，使得刘继没有机会就其职业状况履行如实告知义务。因此，刘继并未违反投保人如实告知义务。阳光人保作为保险人以刘继违反告知义务为由主张解除合同，要求免除相应的赔偿责任，没有事实根据与法律依据。

第三节 保险合同订立中的特殊问题

一、代理订立保险合同与代为签名

投保人投保，可以自己亲自为之，也可以由他人代为投保。按照《民法典》第 162 条规定，代理人在代理权限内，以被代理人名义实施的民事法律行为，对被代理人发生效力。据此，如果投保人由代理人代为投保，订立的保险合同对投保人具有约束力。

实务中时常发生保险人或者保险人的代理人代投保人或者投保人的代理人在保险单证或者保险合同上签章而引发纠纷的情况，为此《保险法司法解释（二）》第 3 条规定："投保人或者投保人的代理人订立保险合同时没有亲自签字或者盖章，而由保险人或者保险人的代理人代为签字或者盖章的，对投保人不生效。但投保人已经交纳保险费的，视为其对代签字或者盖章行为的追认。保险人或者保险人的代理人代为填写保险单证后经投保人签字或者盖章确认的，代为填写的内容视为投保人的真实意思表示。但有证据证明保险人或者保险人的代理人存在《保险法》第 116 条、第 131 条相关规定情形的除外。"

二、网上保险业务

（一）网上保险业务的概念及特点

网上保险业务是指保险人通过网站推介其产品，投保人根据设定条件和流程进行投保，保险人核保后输出电子保单。从法律上看，保险人对其产品的推介属于广告，通常构成要约邀请。投保人按照设计的投保条件和流程进行操作，则是要约。保险人利用后台程序核保后输出电子保单表征保险人的承诺。但是，如果保险人的推介内容符合要约规定，则视为要约。所谓内容符合要约的规定，包括注明为要约，或者含有希望订立合同的愿望，或者写明只要投保人作出规定的行为就可以使合同成立。[①] 对于保险人的要约投保人作出承诺的，保险合同成立。此时，合同成立机制与自动售货机情形类似。有观点认为，保险人在网上推介的保险，不仅包含了相应保险的基本条款、投保条件和投保流程，还附有该保险产品的说明手册等，应当认定为保险人愿意出卖具体保险的一种意思表示，属于要约。[②] 其实不然。关键在于这些内容并不符合要约的规定，特别是未体现保险人希望订立合同的意愿。网上投保还可与网下投保进行比较。网下投保时，投保单应当记载保险的

① 参见王利明：《合同法》，中国人民大学出版社 2015 年版，第 36 页。

② 参见贾林青：《正确认定电子保单的生效时间》，《金融时报》2012 年 7 月 11 日，第 11 版。

必备事项、主要内容，如此投保单内容才能具体明确，才能构成要约。网上投保时，保险人网站提供特定保险的基本条款，甚至附有说明手册，只是为了便于投保人据以作出投保要约，只是要约邀请，并不构成保险人的要约。

（二）保险人明确说明免责条款

网上业务中，保险人通过激活流程向投保人履行明确说明义务。《保险法司法解释二》第12条规定，通过网络、电话等方式订立的保险合同，保险人以网页、音频、视频等形式对免除保险人责任条款予以提示和明确说明的，人民法院可以认定其履行了提示和明确说明义务。实务中，有的保险人利用“本人已经详细阅读保险条款及免责条款”将自己的明确说明义务转化为投保人的主动阅读义务。这种做法不应得到支持。

三、卡式保险业务

（一）卡式保险业务的概念

卡式保险业务是指保险人向客户宣传保险产品，客户付费购买在网上激活的纸质保险卡。保险卡一般采取小册子的形式，其中载有特定险种的保险责任和除外责任等内容，还印有如何激活保险卡的指南。客户依设定流程在网上填写符合条件的资料后，保险卡激活。

（二）卡式业务中保险合同的成立

性质上，保险卡是保险人对特定保险产品的商业广告，属于要约邀请。客户按照设定程序填写符合承保条件的被保险人等资料，提出保险要求，并经保险人核保承诺后，保险合同成立。但是，有法院认为，客户购买保险卡为要约，保险人收取保险费为承诺，双方意思表示达成一致，保险合同成立。尽管《保险法》第18条规定保险合同应当包括被保险人姓名，但法律并未规定不具备该事项的保险合同不成立，因此在填写被保险人等资料激活保险卡之前保险合同就可以成立。[①] 然而，按照《民法典》的规定，要约内容必须明确具体，而客户在填写有关资料之前，谈不上客户表示了足以使合同成立的主要条款，更谈不上其表示清楚而无保留，所谓客户要约或投保并不存在。更为重要的是，从《合同法司法解释二》第1条第1款的规定来看，标的和数量是合同成立的必备条款。在人身保险中，保险合同标的是投保人与被保险人之间特定的经济利害关系。如果保险合同欠缺被保险人，保险合同标的就欠缺载体，保险合同就没有标的，因此就不能成立。此外，保险人作出承保决定需要基于保险标的或者被保险人的风险状况，而在欠缺保险对象或者被保险人，因而无从了解相关风险的情况下，保险人如何能够作出承保决定？在卡式业务中，只有保险卡被激活后，被保险人才能确定，保险合同才有对象或者标的，保险人也才能了解与被保险人有关的风险情况，保险合同才不欠缺必备要素，保险人也才可作出承保决定。因此，在卡式业务中，只有激活保险卡，保险合同才能成立。保险合同成立后，购卡费用充当保险费。客户不激活保险卡的，可以要求保险人退还购卡费用，保险人则可以要求扣

---

① 参见张娜、邢嘉栋：《电子保单中的热点及疑难问题探讨——电子保单理论与司法实务研讨会综述》，《人民法院报》2012年7月18日，第7版。

除保险卡的工本费。为了进一步减少客户不激活保险卡而产生的费用损失，保险人在销售保险卡时只应收取工本费。

（三）卡式保险业务中的如实告知义务

卡式业务中，告知义务人应当是通过激活保险卡表明是投保人，并以该身份提出保险要求的人。该人与被保险人存在利害关系，也了解被保险人年龄、职业风险等情况。保险人在网上以一定程序和方式向该人提出询问，该人应当如实告知。

（四）保险人对免责条款的明确说明

在激活保险卡的过程中，投保人必须首先阅读保险条款，然后在投保声明页面中“本人已详细阅读投保须知和保险条款，对各项保险责任和除外责任均已了解并同意”的提示内容下方点击“同意”并“确定”，或者对保险人明确说明的条款打钩。通过这种方式，保险人履行对免责条款的明确说明义务。

（五）保险代理人代为激活保险卡

对于保险卡，保险人代理人并无代为激活的义务。保险人代理人或者其他人经投保人授权或同意而激活保险卡的行为构成代理行为，其后果由投保人承担。

本章法考与考研练习题

一、名词解释

保险单

二、单项选择题

甲公司代理人谢某代投保人何某签字，签订了保险合同，何某也依约交纳了保险费。在保险期间内发生保险事故，何某要求甲公司承担保险责任。下列哪一表述是正确的？（2014 年司法考试卷三第 34 题）

A. 谢某代签字，应由谢某承担保险责任

B. 甲公司承保错误，无须承担保险责任

C. 何某已经交纳了保险费，应由甲公司承担保险责任

D. 何某默认谢某代签字有过错，应由何某和甲公司按过错比例承担责任

三、简答题

简述投保人的告知义务。

本章法考与考研练习题参考答案

第五章　保险合同的效力

【导　语】

保险合同的效力表现为其对双方当事人的法律拘束力，用以督促当事人履行各自的义务，维护各方当事人的权利，该项法律约束力得到国家强制力的支持。但是，基于保险经营活动的特点，保险合同可能受到各种因素的影响，导致其效力的变更、转让、中止和复效。

本章主要讲述了保险合同生效与保险责任开始的概念与区别，保险合同的变更与转让，保险合同的解除、中止与复效等内容。本章的学习重点是理解保险合同生效及其效力变动的基本原理。

第一节　保险合同的生效与保险责任的开始

一、保险合同生效的概念

保险合同的成立与生效是两个不同的概念。保险合同的成立，是指合同当事人就保险合同的主要条款达成一致协议；保险合同的生效，是指合同条款对当事人双方已发生法律上的效力。当事人双方依法应恪守合同，全面履行合同规定的义务。保险合同成立与生效的关系有两种：一是合同一经成立即生效，双方便开始享有权利，承担义务；二是合同成立后不立即生效，而是等到合同约定的停止条件成就或所附期限届至后才生效。

二、保险责任的开始①

一般认为，保险责任是指保险人承担的经济损失补偿或人身保险金给付的责任。因此，保险责任应当在保险事故发生后开始。但是依我国《保险法》第14条规定来看，在术语使用中，实际上是将保险责任等同于保险期间，因而此处所谈到的保险责任的开始，是指保险期间的起始点。

---

①　参见贾林青：《保险法》，中国人民大学出版社2014年版，第126页。

在理解保险责任开始时，应当注意将保险责任开始与保险合同生效相区别。严格地讲，这是两个不同的法律概念。因为，保险合同的生效时间是保险合同之法律约束力产生的时间，而保险责任开始的时间则专指保险人开始承担保险责任的时间，又称保险责任的起期。两者可以是同一时间，也可以是不同时间，但保险合同生效的时间肯定先于保险责任开始的时间。从法律上讲，保险合同作为诺成合同，根据我国《民法典》和《保险法》的规定，自成立时生效。不过，保险合同另行约定生效时间的，则依约定确定保险合同生效的时间。至于保险责任开始的时间，一般取决于保险合同的约定。例如保险合同约定"保险责任的开始日期为本合同的生效日"，或自"保险人签发保险单"或"货物运离起运地发货人最后一个仓库或储存处所"时开始保险责任。保险合同没有特别约定的，保险责任自保险合同生效时开始。对此问题，投保人在投保之时应当予以重视，以免影响保险索赔。

三、保险合同生效的要件

根据我国《民法典》第 143 条之规定，民事法律行为应当具备下列条件：（1）行为人具有相应的民事行为能力；（2）意思表示真实；（3）不违反法律、行政法规的强制性规定，不违背公序良俗。因而，保险合同若要有效订立，当事人必须具备相应的缔约能力，并在保险合同内容不违背法律、行政法规的强制性规定，不违背公序良俗的基础上意思表示真实。

需注意，我国《保险法》第 14 条规定："保险合同成立后，投保人按照约定交付保险费，保险人按照约定的时间开始承担保险责任。"因此，保险费的实际交付系投保人应履行之合同义务，而非保险合同的生效条件。

四、保险合同的无效

保险合同的无效是指基于法定或者约定原因，保险合同的全部或部分内容不产生法律约束力。保险合同可基于以下原因归于无效：

（一）因具备保险法上的无效原因而无效

1．超额保险

超额保险是保险金额高于保险价值的保险。对于损失补偿性保险合同，因受损失补偿原则的制约，需防止被保险人为获不当得利而引发道德风险，故当保险金额超过保险价值时，超过的部分无效，被保险人不得就该部分主张保险金请求权。

2．无保险利益

我国《保险法》第 31 条第 3 款规定："订立合同时，投保人对被保险人不具有保险利益的，合同无效。"可见，我国保险法将保险利益作为保险合同效力要件之一。

3．以死亡为保险事故的人身保险合同，未经被保险人同意

《保险法》第 34 条第 1 款规定："以死亡为给付保险金条件的合同，未经被保险人同意并认可保险金额的，合同无效。"同时，含有死亡、疾病、伤残以及医疗费用等保险责

任的综合性人身保险合同，如未经被保险人书面同意并认可保险金额，该合同死亡给付部分无效。父母为其未成年子女投保的人身保险，不受此限。

（二）因其他的法定无效原因而无效

保险合同作为民事合同，应当符合《民法典》规定的合同的一般生效要件。《民法典》中有关合同无效的规定，同样适用于保险合同。因此，在以下几种情况下，保险合同为无效合同。

1. 保险合同的内容违反法律、行政法规的强制性规定

既包括违反《保险法》中的强制性规定，也包括违反其他法律、行政法规中的强制性规定。

2. 无权代理

《民法典》将无权代理所订立的合同定性为效力待定的合同，但可以肯定的是，无权代理行为若未经追认，所订立的合同为无效合同。由于实践中代签保险合同的问题较为常见，《保险法司法解释二》第 3 条规定，投保人或者投保人的代理人订立保险合同时没有亲自签字或者盖章，而由保险人或者保险人的代理人代为签字或者盖章的，对投保人不生效。但投保人已经交纳保险费的，视为其对代签字或者盖章行为的追认。另需注意的是，保险代理人虽无代理权，但足以导致投保人误认的，应适用民法中的表见代理之规定。

3. 损害国家利益和社会公众利益

即订立合同的目的或履行合同的后果，严重损害了国家利益或社会公共利益。如保险合同的承保范围包含某些犯罪行为、妨害社会公共安全行为以及危害国家安全和社会公共利益的行为。

（三）因合同当事人约定的原因而无效

当事人对于合同效力的约定，可分三种情况：约定解除合同、约定合同不生效和约定合同失效。而保险合同因当事人约定而无效一般是指以下两种情况：（1）保险合同附生效条件，即当事人约定合同在一定条件下生效，条件未成就则合同确定不生效力；（2）保险合同约定合同失效条件，即发生某种特定事由可使合同归于无效。

保险合同无效的，在发生保险合同约定的保险事故时，保险人不承担保险责任。保险合同被确认无效后，当事人因无效合同取得的财产应返还给受损失的一方；有过错的一方应赔偿对方因此所受的损失，双方都有过错的，应当各自承担相应的责任；双方恶意串通、订立无效合同损害国家、集体或第三人利益的，应当追缴双方所得的财产，收归国家、集体所有或者返还给第三人。

第二节　保险合同的变更与转让

一、保险合同的变更

保险合同的变更可以分为合同的主体变更、客体变更和内容变更三种情况。

（一）主体变更

保险合同的主体不同，变更所涉及的法律程序规定也不相同。

1. 投保人的变更

投保人是合同当事人，负有支付保险费之义务，故变更投保人须经保险人同意。例如长期人身保险中投保人的变更，即意味着新投保人将负担以后支付保险费之义务。

2. 被保险人的变更

被保险人的变更属于合同的转让或者保险单的转让，只能发生在财产保险合同中。例如在移转财产所有权或者经营管理权的同时将保险合同一并转让给新的财产受让人。

3. 受益人的变更

我国《保险法》第 41 条规定："被保险人或者投保人可以变更受益人并书面通知保险人。保险人收到变更受益人的书面通知后，应当在保险单或者其他保险凭证上批注或者附贴批单。投保人变更受益人时须经被保险人同意。"

（二）内容变更

保险合同内容的变更指保险合同中规定的各事项的变更。《保险法》第 20 条规定："投保人和保险人可以协商变更合同内容。变更保险合同的，应当由保险人在保险单或者其他保险凭证上批注或者附贴批单，或者由投保人和保险人订立变更的书面协议。"这一规定是内容变更的总原则，即须双方协商同意后由保险人批注或者附贴批单或者双方订立变更的书面协议。但是，由于此变更须经保险人同意，容易出现保险人故意或无意拖延的情况。为求实际便利和保险关系的确定，有些国家规定在一定情况下，如保险人经一定期间并无反对之意即视为同意。

保险合同内容的变更包括保险费的变更及其他内容的变更，主要有两类情况：一是基于法定情况的发生，保险合同一方须提出变更，另一方亦不得拒绝；二是投保人因自己的实际需要提出变更。

1. 法定情形的变更

（1）保费的增加：投保人、被保险人未按照约定履行其对保险标的安全应尽的责任的，保险人有权要求增加保险费或者解除合同；保险标的危险程度显著增加的，被保险人按照合同约定应当及时通知保险人，保险人有权要求增加保险费或者解除合同；投保人申报的被保险人年龄不真实，致使投保人支付的保险费少于应付保险费的，保险人有权更正并要求投保人补交保险费，或者在给付保险金时按照实付保险费与应付保险费的比例支付。

（2）保费的减少。据以确定保险费率的有关情况发生变化，如保险标的危险程度明显减少，或保险标的的保险价值明显减少的，除合同另有约定外，保险人应当降低保险费，并按日计算退还相应的保险费。

2. 投保人提出的变更

（1）保险金额的增加。例如保险价值因市场价格上涨，投保人可提出按照或者不按照保险价值的增加比例增加保险金额，当然亦需增加保费；投保人亦可在保险价值并无增加的情况下，在保险价值限度内提出增加保险金额的请求。

（2）保险金额的减少。例如因有保险价值减少的情况或者虽无减少情况，投保人亦可提出减少保险金额的请求，只是有些保单规定保险人并不受理保险金额减少的请求，此种多为人寿保险保单。

二、保险合同的转让

（一）保险合同转让的内涵

保险合同的转让不同于保险合同的变更。保险合同的转让指人寿保单的转让。支付保险费满两年以上的人寿保险合同，其保险单具有现金价值，可以转让。以保险合同转让的时间为标准，可将保险合同的转让分为保险事故发生前或期限届满前的转让及保险事故发生后或期限届满后的转让。前者要求转让人与受让人达成转让协议。其中，若为以死亡为给付条件的合同转让，还应征得被保险人的书面同意。此外，可能发生投保人主体变更的，该受让人（新投保人）还应对被保险人具有保险利益。否则，即便转让人与受让人已经达成协议，该合同转让也是无效的。保险实践操作中，一般来说，转让主要体现为投保人的转让。

保险事故发生后或期限届满后，投保人不再负有交付保险费的义务，也无转让保险合同的权利。此时，被保险人和受益人是保险人的债权人，享有保险金请求权的合同债权。因此，通知保险人即可转让该保险金请求权于第三人。关于保险金请求权能否转让，有的观点主张，人身保险合同的保险金请求权不能转让，理由是保险金请求权以人身属性为载体，具有人身专属性，不具有转让可能性；有的观点认为保险金请求权来源于保险合同，是合同债权，属于财产权利，有可转让的基础并具有实质转让的可能性。从保险实践来看，保单转让是通行的做法，理由是：保险合同的保险价值和保险利益决定了其人身属性，但与保险现金请求权的关系不大，保险金请求权的转让实质上是合同债权的转让，与一般的合同债权转让并无不同，保险金请求权权利人处分自己的财产权利是其意思自治的体现，理应得到充分的尊重。

（二）保险合同转让与债权转让理论

投保人在保险事故发生前享有转让保险单的权利，该转让属于保险合同权利义务的概括转移。根据《民法典》的规定，需获得合同另一方当事人的同意。据此，当投保人意欲转让其持有的人寿保险单时，需征得保险人的同意。

被保险人或受益人在保险事故发生后欲转让保险合同的，因此时被保险人或受益人只享有请求保险人给付保险金的权利，并无其他义务，实质上属于债权的转让。根据《民法典》第 556 条的规定，债权人仅需通知债务人即可，因此被保险人或受益人仅需要通知保险人即可。

（三）保险合同的转让区别于保险标的的转让

保险标的的转让是引起财产保险合同主体变更的原因。财产保险合同主体的变更是指在财产保险合同不失其内容同一性的前提下，因保险标的发生转移而引起的保险合同当事人一方将其权利与义务全部或部分地转让给第三人的情形。转让保险标的需注意以下两点：

首先，原则上，保险标的的受让人自动继承被保险人的权利和义务。我国《保险法》

第 49 条第 1 款规定，保险标的转让的，保险标的的受让人承继被保险人的权利和义务，从而使得保险合同得以自动变更。

其次，保险标的转让应当通知保险人。《保险法》第 49 条第 2 款规定：“保险标的转让的，被保险人或者受让人应当及时通知保险人，但货物运输保险合同和另有约定的合同除外。”也就是说，除货物运输合同和另有约定的合同以外，被保险人或者受让人负有及时通知保险人的义务。因保险标的转让导致标的危险程度显著增加的，保险人自收到前述通知之日起 30 日内，可以按照合同的约定增加保险费或者解除合同。义务人不履行通知义务，且因转让导致标的危险程度显著增加的，保险人不承担赔偿保险金的责任。

（四）人寿保险单的质押

理论上，保险单的质押也属于保险合同的转让。保险单质押，即当投保人或被保险人急需现金，又不愿意解除人寿保险合同时，可以将人寿保险单质押贷款，即把人寿保险单质押于保险人处，从保险公司取得贷款。在贷款期间，保险合同仍为有效合同。对于在此期间内发生的保险事故，保险人应履行给付保险金的义务，但应从给付的保险金中扣除贷款本息。此外，如果贷款的本息超过了保单上的现金价值，且未及时归还，保险合同即行终止。如果投保人或被保险人到期不能偿还贷款本息，则保险公司可以从人寿保险单的退保金或保险金扣回；若有剩余，应当退还投保人、被保险人或受益人。

保险单的质押展现了三层法律关系：一是投保人与保险人之间的保险合同法律关系；二是投保人与第三人之间的债的法律关系；三是投保人与债权人之间的质押担保法律关系。

第三节　保险合同的解除

一、保险合同解除的含义

保险合同的解除是在保险合同期限届满前，合同一方当事人依照法律规定或约定行使解除权，提前终止合同效力的法律行为。

二、保险合同解除的形式

当可行使解除权的原因发生后，并不自然发生解除的效力，而必须在解除权人行使解除权后，合同的效力才消灭。保险合同的解除，一般分为法定解除和意定解除两种形式。

（一）法定解除

法定解除是指当法律规定的事项出现时，保险合同当事人一方可依法对保险合同行使解除权。法定解除的事项通常由法律直接规定，但针对不同的主体，法定解除事项有所不同。

对投保人而言，除保险法另有规定或保险合同另有约定外，保险合同成立后，投保人可以解除合同，货物运输保险合同和运输工具航程保险合同，保险责任开始后，投保人不得解除合同。

对保险人而言，法律的要求则相对严格，保险人必须在发生法律规定的解除事项时方有权解除合同。在我国，这些法定解除事项主要有：（1）投保人、被保险人未依法履行如实告知义务。（2）在保险合同有效期内，保险标的的危险显著增加。在保险合同有效期内，投保人或被保险人有义务将保险标的的危险程度增加的情况通知保险人，保险人可根据具体情况要求增加保险费，或者在考虑其承保能力的情况下解除合同。（3）在分期支付保险费的人身保险合同中，在无另外约定的情况下，投保人超过规定的期限 60 日未支付当期保险费的，保险合同中止。保险合同被中止后的两年内，双方当事人未就合同达成协议的，保险人有权解除合同。（4）投保人实施保险欺诈行为，故意制造保险事故或谎称发生保险事故。（5）投保人申报被保险人年龄不实，且不符合合同约定的年龄限制。（6）投保人未履行维护标的安全的义务。

（二）意定解除

意定解除又称协议注销终止，是指保险合同双方当事人依合同约定，在合同有效期内发生约定情况时可随时解除保险合同。意定解除要求保险合同双方当事人在合同中约定解除的条件，一旦约定的条件成就，一方或双方当事人便有权行使解除权，使合同的效力归于消灭。

第四节 保险合同的中止与复效

一、保险合同中止的概念

保险合同的中止是指在保险合同生效后，由于某种原因的发生而使保险合同暂时失去法律效力的情形。待中止事由消失后，合同可继续履行。但对于合同中止期间发生的保险事故，保险人不承担保险责任。保险实务中，保险合同的中止又称为保险合同的失效。

保险合同的中止仅适用于人寿保险合同。对于财产保险合同和短期人身保险合同，一般不适用保险合同的中止。人寿保险合同期限较长，其保险费的交付大部分都是分期交纳。如果投保人在约定的保险费交付时间内没有按时交纳，且超过宽限期仍未交纳，则导致保险合同中止。

二、保险合同中止的适用

（一）保险合同中止的适用条件

我国《保险法》第 36 条第 1 款规定：“合同约定分期支付保险费，投保人支付首期保险费后，除合同另有约定外，投保人自保险人催告之日起超过三十日未支付当期保险费，或者超过约定的期限六十日未支付当期保险费的，合同效力中止，或者由保险人按照合同约定的条件减少保险金额。”适用保险合同中止，须具备如下条件：

1. 在投保人选择分期交纳保险费的人寿保险合同中，投保人支付了首期保险费

这是保险合同中止适用之前提。对于财产保险合同或短期人身保险合同，或者投保人趸交保险费或者在合同订立时已全部履行交纳保险费的人寿保险合同，保险合同中止无适用的意义。

2. 投保人超过法定或约定的宽限期没有交纳当期保险费

在分期支付保险费的人寿保险合同中，投保人在支付了首期保险费后，对到期没有交纳续期保险费的投保人给予一定时间的优惠，让其在宽限期内补交续期保险费。我国台湾地区“保险法”第116条规定，人寿保险合同的保险费到期没有交付，除合同另有约定外，经催告到达后经过30日仍不交付时，保险合同的效力中止。根据我国《保险法》，宽限期限的产生有两种方式：一是合同约定的期限；二是法定期限。合同没有约定期限的，宽限期限为30日或60日，即投保人自保险人催告之日起超过30日未支付当期保费或者超过约定的期限60日未支付当期保险费的，合同效力中止。

在宽限期内，保险合同继续有效。如果在此期限内发生保险事故，保险人仍要承担给付保险金的责任，但可以从给付的保险金中扣除欠交的保险费及利息。

3. 保险合同没有约定其他补救办法

对于投保人未交保险费情形的处理，保险合同还可以约定减少保险金额、保险费自动垫交等补救办法。其中，保险费自动垫交是指对分期交付保险费的保单，超过宽限期仍未交付保险费，而保单当时已经具有足够的现金价值的，保险人以现金价值自动垫交保险费，从而使保险合同继续有效。保险费自动垫交的时点为宽限期届满的次日。此外，保险实务中，有的投保人为他人订立保险合同后，不愿或不能继续支付保险费，此时如有被保险人或者受益人愿意代投保人继续支付保险费，应当予以准许，视为投保人对应的交费义务已经履行。一般情况下，投保人未依合同约定交纳保险费且超过宽限期，又未约定其他补救办法的，宽限期届满时，保险合同中止。

（二）保险合同中止的后果

保险合同中止期间，即使有保险事故发生，保险人亦不负给付保险金的责任。但保险合同的中止，并非保险合同的终止，仅暂时中止保险合同的效力，当事人仍然可以依一定程序，使其恢复效力。

三、保险合同的复效

（一）保险合同复效的适用条件

发生中止的保险合同，在具备复效条件后即可恢复其效力。我国台湾地区“保险法”第116条规定，对于中止效力的保险合同，在保险费和其他费用清偿后，保险合同在翌日上午零时开始恢复效力。我国《保险法》第37条对此也有明确规定，在合同效力依法中止的情形下，经保险人与投保人协商并达成协议，在投保人补交保险费后，合同效力恢复。但是，自合同效力终止之日起满2年双方未达成协议的，保险人有权解除合同。因此保险合同复效的适用，同样需要具备相应的条件。

1. 投保人向保险人提出复效申请

保险合同效力中止后，投保人愿意恢复合同效力的，必须向保险人提出复效申请，投保人的复效申请一般通过填写复效申请书来完成。投保人不提出复效申请的，已中止的保险合同的效力不能自行恢复。

2. 保险人未拒绝投保人的复效申请，并达成复效协议

投保人单方面的复效申请不能产生保险合同复效的效果，必须由保险人同意接受投保人的申请并且双方就复效事宜达成协议，方才表明双方有使合同复效的合意。

需要注意的是，《保险法》第 37 条规定，投保人提出复效申请后，经保险人与投保人协商并达成协议，在投保人补交保险费后，合同效力恢复。此处“经保险人与投保人协商并达成协议”，意味着保险人可以拒绝协商或拒绝达成协议，以使复效制度丧失应有的功能。对此，为促进复效制度发挥应有的功能，《保险法司法解释三》作了一定程度的突破，缩小了保险人拒绝恢复合同效力的范围：（1）保险合同效力依照《保险法》第 36 条规定中止，投保人提出恢复效力申请并同意补交保险费的，除被保险人的危险程度在中止期间显著增加外，保险人不得拒绝恢复效力；（2）保险人在收到恢复效力申请后，30 日内未明确拒绝的，应认定为同意恢复效力，即保险人拒绝恢复合同效力意思表示作出的期限为 30 日。

3. 投保人应补交保险费

投保人不交纳保险费是导致保险合同中止的主要原因。要使中止的保险合同复效，就应当消除导致合同中止的因素，即补交保险费，否则保险合同不能恢复效力。同时，《保险法司法解释三》为了平衡保险人的利益，规定保险人可以要求投保人补交相应利息。

4. 投保人的复效申请及复效协议的达成应在保险合同中止后两年内提出并完成

已中止的保险合同自投保人和保险人达成复效协议，并由投保人补交保险费后恢复效力。但是，保险合同复效的时间并非无限期的，投保人的复效申请及复效协议达成的期限为自保险合同中止之日起两年内。“两年”的期限规定有其法律意义：一方面，“两年”并不是指投保人提出复效申请的最终期限，如果自保险合同中止之日起已超过两年，只要保险人没有依法解除合同，或者合同另有约定，投保人仍然享有申请复效的权利；另一方面，“两年”意味着如果自保险合同中止之日起两年内投保人与保险人没有达成复效协议，保险人享有解除保险合同的权利。因此，如果投保人和保险人未达成复效协议，那么，保险合同中止后未满 2 年，或者虽然已满 2 年但保险人未行使解除权的，合同的效力仍然处于中止状态；如保险合同中止期间已满 2 年，且保险人解除合同，则合同效力终止。保险人依法解除合同的，应当按照合同约定退还保险单的现金价值。

（二）保险合同复效的后果

保险合同自投保人补交保险费之日恢复效力，中止期间仍计入保险期间。复效后的保险合同是复效前的保险合同的继续，保险合同的效力具有连续性和完整性。但是，并非所有的保险条款的效力都可以连续计算。为控制道德风险，某些特殊条款的效力自复效之日起计算，如自杀条款中的自杀期间的计算。《保险法》第 44 条第 1 款规定：“以被保险人死亡为给付保险金条件的合同，自合同成立或者合同效力恢复之日起二年内，被保险人自杀的，保险人不承担给付保险金的责任，但被保险人自杀时为无民事行为能力人的除外。”

这一规定表明，保险合同复效之日起两年内是保险人的自杀责任除外期；满 2 年之后才是其保险责任期。

本章法考与考研练习题

一、名词解释

1．保险责任

2．超额保险

3．保险金额

4．保险合同的转让

5．保险合同的终止

二、简答题

1．简述保险期间和保险合同生效的区别。

2．简述保险合同无效的法律后果。

3．简述投保人未尽安全防护义务时保险人的权利。

4．简述保险合同转让与保险标的转让的区别。

5．简述人身保险合同复效的条件。

本章法考与考研练习题参考答案

第六章　保险合同的履行

【导　语】

履行保险合同的核心内容是享有保险金请求权的被保险人或者受益人向保险人行使该请求权的行为和保险人依约履行保险责任，向被保险人或者受益人支付保险赔偿金或者人身保险金的行为。在保险实务中，前者称为索赔，后者称为理赔。保险合同中的其他各项义务的履行则是索赔和理赔的前提条件。

本章主要讲述了保险合同各方主体的义务、索赔与理赔的概念和应用以及保险合同的时效与期间等问题。本章的学习重点是掌握索赔和理赔的概念和应用、程序以及保险合同中的特殊期间。

第一节　保险合同履行概述

一、保险人的义务

（一）保险人的主要义务

首先，赔偿或给付保险金义务。保险人的首要义务是依照保险合同的规定对被保险人的损失予以赔偿，或向受益人支付保险金。保险公司赔偿或给付保险金须满足以下条件：（1）必须是保险标的受到损失；（2）财产损失或人身灾害必须是由保险合同规定的危险引起的；（3）财产保险损失的赔偿不能超过保险金额；（4）财产损失应当发生在合同约定的地点或范围；（5）人身保险保险金的给付以保险金额为准；（6）保险人须承担投保人或被保险人为减少保险标的的损失而付出的施救费用、诉讼费用和理赔费用。

其次，及时签单义务。

最后，保密义务。保险人对在办理保险业务中知道的投保人、被保险人的业务和财务情况，负有保密的义务。

（二）弃权制度

1．弃权的概念

弃权特指保险人放弃解除权和抗辩权。在投保人和被保险人的投保和履行告知义务行为违反保险法规定时，保险人依法可以行使解除权和抗辩权，即解除保险合同或者不承担赔付责任。但保险人以明示或者默示的方式放弃解除权和抗辩权的，即为弃权。

2．弃权的法律性质

弃权的外部形式为保险人原谅投保人或者被保险人的违法或者违约行为，实质是保险人主动扩张投保人或者被保险人的权利，目的在于维持和扩大保险业务，当然也包含保险人的工作失误所致不当弃权的情况。无论是何种情形导致的弃权，都发生法律效力，保险人不得反悔，这也是诚信原则的具体表现。

3．弃权的条件

构成弃权须同时具备两个条件：（1）保险人须有明示或者默示的意思表示；（2）保险人在弃权前须明知自己能够行使解约权或者抗辩权。

4．弃权的主要表现

（1）为维持合同效力而弃权。保险人愿意收取投保人逾期保险费，或者明知投保人有违约行为仍然收取其保险费，证明保险人有维持合同效力的意思表示，依法可以行使的解除权和抗辩权便视为放弃，事后不得因投保人有违约行为而解除合同或者不予赔付。

（2）对有抗辩理由的赔付予以赔付。被保险人在发生保险事故后，提出赔付请求的，保险人明知请求不在保险合同约定的保险事故范围内或者属于免责范围内，但是仍然赔付的，当属放弃赔付抗辩权，该赔付不属不当得利，不得请求返还。

（3）受理逾期赔付请求。被保险人逾期提出赔付请求，保险人本可依法拒绝，但受理赔付请求的，证明具有承担赔付责任的意思表示，当属放弃逾期赔付抗辩权，该赔付不得请求返还。

二、投保人、被保险人的义务

（一）交纳保险费的义务

保险合同成立后，投保人须按合同约定的时间交付保险费；保险人按约定的期间承担保险责任。保险人对非人寿保险的保险费可以诉讼方式请求投保人支付，对人寿保险的保险费不得诉请支付。约定分期交纳保险费的人身保险的投保人不能按期支付后续保险费的，一般经催告期或宽限期[①]后，合同效力中止，或者由保险人按照合同约定的条件减少保险金额。合同因此效力中止的，经保险人与投保人协商达成协议，在投保人补交保险费后，合同效力恢复。

（二）危险增加的通知义务

危险增加的通知义务，是指在保险合同的有效期内，保险标的危险程度增加的，投保人或被保险人应依照合同规定及时通知保险人。诚信原则要求被保险人对已经保险的财物须尽谨慎照看义务，发现原来的环境有了不利的变化时，应当判断该变化是否会对保险标

① 宽限期（grace period）是保险合同对于人身保险的保险费交付期予以宽限的期间。我国《保险法》第36条第1款规定："合同约定分期支付保险费，投保人支付首期保险费后，除合同另有约定外，投保人自保险人催告之日起超过三十日未支付当期保险费，或者超过约定的期限六十日未支付当期保险费的，合同效力中止，或者由保险人按照合同约定的条件减少保险金额。"

的造成危险增加，例如保险标的周边的易燃易爆和外力撞击的可能性增加时，应当及时通知保险人。如果投保人和被保险人未履行危险增加的通知义务，对于因保险标的的危险程度显著增加而发生的保险事故，保险人不承担赔偿保险金的责任。

（三）出险通知义务

出险通知义务，是指投保人、被保险人或者受益人知道保险事故发生后，应当及时通知保险人，以利后者及时勘查现场、收集证据和确定事故性质并及时赔付。

出险通知义务履行迟延的，保险人有权拒赔因投保人或被保险人迟延履行出险通知义务而扩大的损失，但不能解除保险合同。如果出险通知义务未在规定期限内履行，致使损失无法确定的，保险人的保险责任可以免除。

（四）出险施救义务

出险施救义务，是指保险事故发生时，投保人或被保险人有责任尽力采取必要的措施，以防止或减少损失。如果被保险人没有采取措施防止损失的扩大，保险人可主张赔付抗辩权。双方有争议的，由保险公估人认定在实施抢救措施后保险标的可能发生的损失，被保险人无权就超过保险公估认定的部分损失请求赔偿。

第二节　保险索赔

索赔是指被保险人或受益人在保险标的因发生保险事故而遭受损失，或在保险合同约定给付保险金的条件成就时，依据保险合同或保险单证向保险人要求赔偿或给付保险金的行为。索赔是投保人获得保险人所提供保险保障、实现保险目的的必经程序。

一、出险通知

投保人、被保险人或者受益人知道保险事故或者保险事项发生后，应当及时通知保险人，以便保险人及时采取施救措施、调查事实真相并确定责任范围。

二、提供证明

保险事故发生后，依照保险合同请求保险人赔偿或者给付保险金时，投保人、被保险人或者受益人应当向保险人提供其所能提供的与确认保险事故的性质、原因、损失程度等有关的证明和资料，如检验报告、鉴定报告、费用清单等。

第三节　保险理赔

理赔是指保险事故发生后或保险合同约定的给付保险金条件成就时，保险人自行或根据被保险人或受益人的索赔请求，依据保险合同之约定，进行损失核定、责任确定并承担相应赔付保险金责任的行为和过程，其与保险索赔共同构成一个完整的程序。

一、查勘定损

保险人收到被保险人或者受益人的赔付保险金的请求后，应当及时作出核定，并将核定的结果通知被保险人或受益人。情形复杂的，应当在30日内作出核定，但合同另有约定的除外。

二、赔偿给付

保险人经查勘核定，对属于保险责任的，在与被保险人或受益人达成有关赔偿或者给付保险金的协议后10日内，履行赔偿或者给付保险金义务。保险合同对赔偿或者给付期限有约定的，保险人应依约履行其赔付义务。

三、先行赔付

保险人自收到赔付保险金的请求和有关证明、资料之日起60日内，对其赔付保险金的数额不能确定的，应当根据已有证明和资料可以确定的数额先予支付；待保险人最终确定赔付保险金额后，再及时支付相应的差额。

第四节 保险合同的时效与期间

一、保险合同的诉讼时效

（一）民法上的诉讼时效

《民法典》第188条规定："向人民法院请求保护民事权利的诉讼时效期间为三年。法律另有规定的，依照其规定。诉讼时效期间自权利人知道或者应当知道权利受到损害以及义务人之日起计算。法律另有规定的，依照其规定。但是，自权利受到损害之日起超过二十年的，人民法院不予保护，有特殊情况的，人民法院可以根据权利人的申请决定延长。"因此，作为特别法的《保险法》，如果没有"另有规定"，保险合同应当适用《民法典》规定的3年的诉讼时效，且自知道或者应当知道权利受到损害以及义务人之日起计算，并受到20年最长时效期间的限制。

（二）保险索赔的诉讼时效

所谓保险索赔的诉讼时效，也称保险金请求权诉讼时效，是指保险人或者受益人在保险标的因保险事故遭受损失后，依照保险合同的有关约定，请求保险人赔偿或者给付保险金的法定时限。保险索赔时效为《民法典》所指“法律另有规定”的特别诉讼时效。

1. 一般保险的索赔时效

《保险法》第 26 条第 1 款规定：“人寿保险以外的其他保险的被保险人或者受益人，向保险人请求赔偿或者给付保险金的诉讼时效期间为二年，自其知道或者应当知道保险事故发生之日起计算。”

2. 人寿保险的索赔时效

人寿保险是为了满足人的生存状况需要而设定的，与其他保险不同，人寿保险的索赔时效应当长一些。《保险法》第 26 条第 2 款规定：“人寿保险的被保险人或者受益人向保险人请求给付保险金的诉讼时效期间为五年，自其知道或者应当知道保险事故发生之日起计算。”

（三）特殊的诉讼时效起算点

1. 取得代位求偿权之日

《保险法司法解释二》第 16 条规定：“保险人应以自己的名义行使保险代位求偿权。根据保险法第六十条第一款规定，保险人代位求偿权的诉讼时效期间应自其取得代位求偿权之日起算。”

2. 赔偿责任确定之日

《保险法司法解释四》第 18 条规定：“商业责任险的被保险人向保险人请求赔偿保险金的诉讼时效期间，自被保险人对第三者应负的赔偿责任确定之日起计算。”

二、保险合同的特殊期间

保险合同的特殊期间主要体现在人身保险合同中。

（一）不可抗辩条款

我国《保险法》第 16 条规定，投保人未尽如实告知义务的，保险人有解除权。该解除权自保险人知道有解除事由之日起，超过 30 日不行使而消灭。自合同成立之日起超过 2 年的，保险人不得解除合同。此即不可抗辩条款。

不可抗辩条款，又称不可争议条款，是针对保险人的合同解除权提出的。其基本内容是，人身保险合同生效满一定时间后，就成为无可争议的文件，保险人不能再以投保人在投保时违反最大诚信原则、没有履行告知义务等为由主张保险合同自始无效。[①]

我国《保险法》对不可抗辩条款的规定主要体现在两个方面：

1. 告知义务规范中的不可抗辩条款

《保险法》第 16 条是关于投保人告知义务的一般性规范，同样也应适用于人身保险合同。由于关于年龄不真实的情形已有条款予以规定，因此，本条所规定的不可抗辩条款主要适用于年龄不真实以外的其他违反告知义务的情形，如投保人没有如实告知身体状况等。根据第 16 条的规定，适用不可抗辩条款的情形包括两种：（1）投保人故意或者因重

① 范健、王建文、张莉莉：《保险法》，法律出版社 2017 年版，第 207—209 页。

大过失未履行如实告知义务，足以影响保险人决定是否同意承保或者提高保险费率的，保险人有权解除合同。自保险人知道有解除事由之日起，超过 30 日不行使而消灭。自合同成立之日起超过 2 年的，保险人不得解除合同；发生保险事故的，保险人应当承担赔偿或者给付保险金的责任。（2）保险人在合同订立时已经知道投保人未如实告知的情况的，保险人不得解除合同；发生保险事故的，保险人应当承担赔偿或者给付保险金的责任。

2. 年龄不实规范中的不可抗辩条款

根据《保险法》第 32 条的规定，投保人申报的被保险人年龄不真实，并且其真实年龄不符合合同约定的年龄限制的，保险人可以解除合同，并按照合同约定退还保险单的现金价值。此时，保险人行使解除权，适用《保险法》第 16 条第 3 款、第 6 款的规定。

不可抗辩条款也存在例外情况。在某些特定情况下，即使除斥期间结束，保险人也可提出抗辩，如投保人恶意欺诈、故意误告，未交纳保险费，以及投保人对保险标的不具有可保利益等。

（二）宽限期条款

我国《保险法》第 36 条规定，人寿保险合同中分期支付保险费的，对于支付了首期保险费却没能交纳其他到期保险费的投保人，除合同另有约定外，投保人自保险人催告之日起超过 30 日未支付当期保险费，或者超过约定的期限 60 日未支付当期保险费的，合同效力中止，或者由保险人按照合同约定的条件减少保险金额。该条款中的 30 日、60 日即宽限期。

（三）复效条款

我国《保险法》第 37 条规定，人身保险合同效力中止的，经保险人与投保人协商并达成协议，在投保人补交保险费后，合同效力恢复。但是，自合同效力中止之日起满 2 年双方未达成协议的，保险人有权解除合同。可见，人身保险合同复效的条件包括：（1）投保人向保险人正式提出申请；（2）申请复效的时间不超过法定的 2 年期限；（3）经保险人审核同意，并与投保人协商达成协议；（4）投保人补交保险费。在保险实务中，投保人补交的保险费一般是一次性的，经协商后也可分期补交。

（四）自杀条款

我国《保险法》第 44 条规定："以被保险人死亡为给付保险金条件的合同，自合同成立或者合同效力恢复之日起二年内，被保险人自杀的，保险人不承担给付保险金的责任，但被保险人自杀时为无民事行为能力人的除外。保险人依照前款规定不承担给付保险金责任的，应当按照合同约定退还保险单的现金价值。"自杀条款适用的目的是防范故意自杀骗取保险金的道德风险。

（五）保险合同的其他期间

《保险法》第 23 条第 1 款规定，保险人收到被保险人或者受益人的赔偿或者给付保险金的请求后，应当及时作出核定；情形复杂的，应当在 30 日内作出核定，但合同另有约定的除外。

《保险法》第 25 条规定：保险人自收到赔偿或者给付保险金的请求和有关证明、资料之日起 60 日内，对其赔偿或者给付保险金的数额不能确定的，应当根据已有证明和资料可以确定的数额先予支付；保险人最终确定赔偿或者给付保险金的数额后，应当支付相应的差额。

《保险法》第 47 条规定：投保人解除合同的，保险人应当自收到解除合同通知之日起 30 日内，按照合同约定退还保险单的现金价值。

《保险法》第 49 条规定：保险标的转让的，保险标的的受让人承继被保险人的权利和义务。保险标的转让的，被保险人或者受让人应当及时通知保险人，但货物运输保险合同和另有约定的合同除外。因保险标的转让导致危险程度显著增加的，保险人自收到前款规定的通知之日起 30 日内，可以按照合同约定增加保险费或者解除合同。保险人解除合同的，应当将已收取的保险费，按照合同约定扣除自保险责任开始之日起至合同解除之日止应收的部分后，退还投保人。被保险人、受让人未履行本条第 2 款规定的通知义务的，因转让导致保险标的危险程度显著增加而发生的保险事故，保险人不承担赔偿保险金的责任。

本章法考与考研练习题

一、名词解释

1. 索赔
2. 理赔
3. 弃权
4. 宽限期
5. 索赔时效

二、简答题

1. 简述违反危险增加通知义务的后果。
2. 简述被保险人的出险施救义务。
3. 简述保险索赔时应当提供的文件。
4. 简述人寿保险的索赔时效。
5. 简述人身保险中的自杀条款。

三、案例分析

甲于 2003 年 5 月 20 日经其婆婆乙同意后为乙购买了一份简易人身保险，指定受益人为乙之孙、甲之子丙，丙当时 10 岁。保险费从甲的工资中扣交。交费 2 年后，甲与乙之子丁离婚，法院判决丁享有对丙的抚养权。离婚后甲仍按照合同约定履行交纳保险费的义务。2005 年 12 月 10 日乙病故，2006 年 1 月甲得知后向保险公司申请给付保险金。甲主张：自己是投保人，一直交纳保险费，而且是受益人丙的母亲，其有权领取保险金；丁提出：被保险人是自己的母亲，本保险合同的受益人是丙，自己作为丙的监护人，这笔保险金应由他领取；保险公司则以甲因离婚而对乙无保险利益为由拒绝给付保险金。

请问：1. 甲的要求是否合理？为什么？

2. 丁请求给付保险金是否合法？为什么？
3. 保险公司拒付的理由是否成立？为什么？
4. 本案应当如何处理？为什么？
5. 假设甲在离婚后提出解除保险合同，保险公司应如何处理？

本章法考与考研练习题参考答案

第七章 人身保险合同概论

【导 语】

人身保险合同以人的生命或身体为保险标的，具有保险金额的定额给付性、保险期限的长期性和保险责任准备金的储蓄性，主要包括人寿保险合同、健康保险合同和意外伤害保险合同三种。人身保险合同的当事人有投保人和保险人，关系人有被保险人和受益人。因人身保险标的不可估价，人身保险合同不存在重复保险、超额保险或不足额保险问题，不适用补偿原则，不存在保险代位求偿权。对于人寿保险的投保人分期支付保险费的，保险人无法通过诉讼方式强制要求投保人支付。投保人交纳保险费满一定年限的，人身保险单存有保险现金价值，投保人可以保险单质押贷款等方式予以实现。人身保险合同具有不可抗辩条款、不丧失价值条款、宽限期条款、复效条款、年龄误告条款、自杀条款等不同于财产保险合同的特殊保险条款。

第一节 人身保险合同的内涵与外延

一、人身保险合同的特性

人身保险合同是以自然人的生命或者身体为保险标的，在被保险人疾病、伤残、死亡或者生存达到合同约定的年龄、期限时，保险人向被保险人或受益人支付赔偿金或者保险金来承担给付保险金责任的保险合同。人身保险合同的被保险人限定于自然人，胎儿、死者和法人组织不能作为被保险人。

人身保险合同具有不同于财产保险合同的特性：

1. 保险金额的定额性

由于人身保险的保险标的是人的寿命和身体，具有不可估价性，不能也无法完全用金钱价值或保险价值予以准确衡量。就保险原理而言，人身保险的投保人、被保险人或受益人均不能通过保险而获得额外利益，所以，人身保险合同的保险金额，不能以保险标的的价值为依据，而由保险人和投保人在订立合同时通过协商确定一个数额，作为保险人给付保险金的最高限额。人身保险合同保险金额的确定，通常根据投保人支付保险费的能力、被保险人风险的评估和保险人承保能力等协商确定，原则上没有下限和上限，不存在实际损失低于或高于保险金额问题。在保险事故发生时，保险人不必考虑保险事故是否给被保险人造成经济损失以及损失数额，只需按照合同约定的定额固定地给付保险金。正因如此，人身保险合同不存在超额保险、足额保险和不足额保险之说，也不存在重复保险之说，保险事故发生时不像财产保险那样存在实际损失计算的问题，也不存在财产保险所采用的比例赔偿方式或第一危险赔偿方式。同时，基于人生无价和人身损害赔偿请求权具有专属性，人身保险合同不存在保险代位求偿权问题，被保险人因第三者的行为而发生疾病、伤残或死亡等保险事故的，保险人向被保险人或者受益人给付保险金后，不享有向第三者追偿的权利，但被保险人或者受益人仍有权向第三者请求赔偿[①]，不存在保险人给付的保险金和第三者承担的损害赔偿金超过被保险人因人身保险事故而遭受的实际经济损失问题。

2．保险期限的长期性

由于人身存在的寿命风险和身体风险在人的一生中长期存在，因此，人身保险的保险期限较长。一般而言，人寿保险合同都在 10 年以上，有的为终身保险，但简易人寿保险和健康保险的保险期限较短。就此，人身保险具备保险扶养功能，在发生人身保险事故后，保险人支付的保险金为被保险人或被保险人所抚养、赡养、扶养的近亲属（受益人）提供保险保障。

3．保险金的储蓄性

人身保险合同将投保人多次交纳的保险费集中起来，构成人身保险责任准备金，最终由保险人以保险金或保险现金价值的形式返还给被保险人、受益人或投保人，保险人实质充当着保险费资金管理人的角色，投保人或被保险人享有人身保险责任准备金储蓄方面的权利，如保单质押贷款权、保险现金价值返还请求权等。

4．人寿保险费支付的不可诉性

在人身保险合同项下，投保人支付保险费，可以按照保险合同的约定一次性支付，也可以分次支付。但对于人寿保险合同，因保险期间长，且具有投资储蓄性，在漫长的人寿保险期间，投保人的收入水平、支付能力、经济状况会发生变化，投保人在交纳首期保险费后，没有按照合同的约定继续交纳保险费的，若保险人采取诉讼方式请求投保人支付保险费，便违背了人寿保险安定生活的宗旨。因此，我国《保险法》第 38 条明确规定，保险人对人寿保险的保险费，不得以诉讼方式要求投保人支付。但对于健康保险和意外伤害保险，保险人可以诉讼方式要求投保人支付保险费。[②]《保险法》第 36 条规定了宽限期条款用以解决保险费交纳问题，即人寿保险合同约定分期支付保险费，投保人支付首期保险费后，除合同另有约定外，投保人自保险人催告之日起 30 日未支付当期保险费或者超过约定的期限 60 日未支付当期保险费的，合同效力中止，或者由保险人按照合同约定的条件减少保险金额。

---

① 关于人身保险的医疗费用能否向第三者追偿的问题，我国《保险法》没有明确的规定。理论界对此存在两种观点：一种认为医疗费用具有损失补偿性质，可以适用保险代位求偿权制度。另一种认为应视医疗费用的不同性质而区别对待：定额给付的医疗费用，不适用保险代位求偿权制度；而以被保险人实际支出的医疗费用为给付方式的，具有费用损失性质，可以适用保险代位求偿权制度。详见李玉泉：《保险法》，法律出版社 2003 年版，第 237—238 页。

② 周玉华编著：《最新保险法释义与适用》，法律出版社 2009 年版，第 68 页。

二、人身保险合同的分类

根据不同的标准，可对人身保险合同作出不同的分类。我国保险法根据承保风险的不同，把人身保险合同分为人寿保险合同、健康保险合同和意外伤害保险合同。

人寿保险合同以被保险人的寿命为保险标的，以被保险人生存至约定的期限或被保险人死亡作为支付保险金的条件。由于人生无价，投保人可以本人为被保险人投保多种人寿保险合同，并按照合同约定同时获得各人寿保险合同项下的保险金。年金保险合同是人寿保险合同的特殊形式，保险人按照保险合同约定一次或分次给付保险金。同时，根据承保范围的不同，人寿保险合同可以进一步划分为死亡保险合同、生存保险合同和生死两全保险合同。

健康保险合同是以被保险人的身体健康为保险标的的人身保险合同，以被保险人在保险期间因患病、分娩导致医疗费用支出或工作能力丧失、收入减少或因疾病、生育而致残、死亡为保险事故。健康保险合同通常又分为疾病保险合同、医疗保险合同、失能收入损失保险合同、护理保险合同等。其中，疾病保险合同以发生保险合同约定的疾病为给付保险金条件；医疗保险合同以发生保险合同约定的医疗行为为给付保险金条件；失能收入损失保险合同以保险合同约定的疾病导致工作能力丧失或收入减少为给付保险金条件；护理保险合同则以保险合同约定的被保险人护理需要为给付保险金条件。健康保险既可以作为一种综合保险，也可以作为人寿保险的附加险。

意外伤害保险合同是以被保险人意外伤害或死亡为保险事故的人身保险合同。意外伤害保险通常是人寿保险的附加险。根据被保险人的人数，意外伤害保险合同又可分为单个自然人的普通伤害保险合同和多个被保险人的特定团体伤害保险合同。我国在公路、铁路的旅客运输中推行签订旅客意外伤害保险合同，以被保险人在旅行期间遭受的意外伤害作为保险事故。被保险人因履行职业行为而遭受身体伤残，或者暂时或永久地丧失劳动能力的，还可以签订职业伤害保险合同。因此，意外伤害保险合同又可分为普通伤害保险合同、团体伤害保险合同、旅客意外伤害保险合同和职业伤害保险合同等。

三、人身保险合同的主体

人身保险合同是投保人与保险人约定保险权利义务关系的合同，合同的当事人是投保人和保险人。人身保险合同的保险人主要是人寿保险公司。为防止将人寿保险资金用于补偿财产保险的风险，我国《保险法》第 95 条对经营人身保险业务的保险人作出特殊的规定，即同一保险人不得同时兼营财产保险业务和人身保险业务。但是，经营财产保险业务的保险人经国务院保险监督管理机构批准，可以经营短期健康保险业务和意外伤害保险业务。可见，短期健康保险和意外伤害保险虽属人身保险范畴，但其医疗费用的支出可以满足被保险人获得物质上的帮助从而恢复身体健康，在某种程度上与财产保险一样具有补偿性，保险精算原理亦类似，因此，允许财产保险公司经营短期健康保险和意外伤害保险。

人身保险的投保人是与保险人订立保险合同，并按照保险合同负有支付保险费义务的人，而被保险人是在人身保险合同中以其生命或身体为保险标的的人。投保人是人身保险合同的当事人，享有保险合同当事人的权利，承担保险合同当事人的义务，而被保险人是人身保险合同的关系人，不具有保险合同当事人的法律地位。在人身保险合同中，被保险人与投保人可以为同一人，也可以为两个不同的人。投保人与被保险人为同一人的，投保人对自己的生命或身体具有保险利益；投保人与被保险人不是同一人的，我国保险法采用利益主义与同意主义相结合的原则，规定人身保险的投保人在保险合同订立时，对被保险人应当具有保险利益。根据《保险法》第 31 条的规定，投保人对下列人员具有保险利益：本人、配偶、子女、父母；与投保人有抚养、赡养和扶养关系的家庭其他成员、近亲属；与投保人有劳动关系的劳动者。除此规定外，被保险人同意投保人为其订立合同的，视为投保人对被保险人具有保险利益。在订立人身保险合同时，投保人对被保险人不具有保险利益的，保险合同无效。

受益人是人身保险合同中由被保险人或者投保人指定的享有保险金请求权的人。投保人、被保险人可以为受益人。受益人的产生，主要基于投保人或被保险人的指定。但投保人无论在人身保险合同订立时指定受益人还是在人身保险合同成立后指定或追加受益人，均须经被保险人同意。因为被保险人作为保险标的之归属者或权利人，在保险事故发生时，其寿命或身体将遭受损害，为防范对被保险人身体或生命的道德风险的发生，应赋予被保险人同意权。被保险人为无民事行为能力人或者限制民事行为能力人的，可由其监护人指定受益人。《保险法司法解释三》第 9 条明确规定，投保人指定受益人未经被保险人同意的，人民法院应认定指定行为无效。

我国《保险法》对受益人的资格没有作出限制性规定，是否具有完全民事行为能力在所不问，亦不要求被指定的受益人对被保险人具有保险利益，且自然人、法人、非法人组织均可作为受益人。受益人可以是一人或数人。受益人为数人的，被保险人或者投保人可以确定受益顺序或受益份额；未确定受益份额的，按照我国《保险法》第 40 条的规定，受益人按照相等份额享有受益权。受益人被指定后，投保人或被保险人可以变更受益人。投保人变更受益人时须经被保险人同意，未经被保险人同意的，变更行为无效；而被保险人有权独立变更受益人，无须经过其他人的同意。被保险人或者投保人变更受益人的，应书面通知保险人。受益人的指定、变更或撤销，未通知保险人的，不能对抗保险人，保险人在保险事故发生时仍向保险单或保险凭证上载明的受益人履行给付保险金的义务。但投保人和被保险人变更受益人应在保险事故发生前，在保险事故发生后变更受益人的，变更后的受益人请求保险人给付保险金的，人民法院不予支持。当事人对保险合同约定的受益人存在争议的，根据《保险法司法解释三》第 9 条规定，除投保人、被保险人在保险合同之外另有约定外，按照以下情形分别处理：（1）受益人约定为“法定”或者“法定继承人”的，以民法典规定的法定继承人为受益人。（2）受益人仅约定为身份关系，投保人与被保险人为同一主体时，根据保险事故发生时与被保险人的身份关系确定受益人；投保人与被保险人为不同主体的，根据保险合同成立时与被保险人的身份关系确定受益人。（3）约定的受益人包括姓名和身份关系，保险事故发生时身份关系发生变化的，认定为未指定受益人。

受益人的权利为受益权，是按照人身保险合同的约定所享有的保险金请求权，除保险合同另有约定外，受益权一般限于保险金请求权。受益权基于投保人或被保险人的指定而产生，是原始取得的权利。[①] 在保险事故发生前，受益权是一种期待权，投保人或被保险人可以变更受益人并书面通知保险人，变更后，原受益人的受益权归于消灭。受益人先于被保险人死亡的，或受益人故意造成被保险人死亡、伤残、疾病的，或者故意杀害被保险人未遂的，该受益人丧失受益权。但受益人作为人身保险合同的关系人，受益权依法丧失的，并不动摇保险合同的基础，保险人不得拒绝承担给付保险金责任，被保险人的继承人有权按照《民法典》的规定受领保险金。

◎ 典型案例

陈某诉中国平安人寿保险股份有限公司乐山中心支公司人身保险合同纠纷案[②]

陈某之父陈某康，因右肺腺癌于2010年8月10日入院治疗，至2010年8月24日病情平稳后出院。2010年8月25日，陈某为陈某康在被告中国平安人寿保险股份有限公司乐山中心支公司（简称“被告”）处投保了8万元的身故险和附加重大疾病险。陈某和陈某康均在“询问事项”栏就病史、住院检查和治疗经历等项目勾选为“否”。两人均签字确认其在投保书中的健康、财务及其他告知内容的真实性，并确认被告及其代理人已提供保险条款，对免除保险人责任条款、合同解除条款进行了明确说明。双方确认保险合同自2010年9月2日起生效。该保险合同第7.1条及第7.2条就保险人的明确说明义务、投保人的如实告知义务以及保险人的合同解除权进行了约定。

2010年9月6日至2012年6月6日，陈某康因右肺腺癌先后9次入院治疗。2012年9月11日，陈某康以2012年3月28日的住院病历为依据向被告申请赔付重大疾病保险金。被告经调查发现，陈某康于2010年3月10日入院治疗，被确认为“肝炎、肝硬化、原发性肝癌不排除”，便于2012年9月17日以陈某康投保前存在影响该公司决定承保的健康情况，而在投保时未书面告知为由，向原告送达解除保险合同并拒赔的通知。2014年3月11日至3月14日，陈某康再次因右肺腺癌入院治疗，其出院诊断为：右肺腺癌伴全身多次转移（Ⅳ期，含骨转移）。2014年3月24日，陈某康因病死亡。原告陈某遂诉至法院，请求被告给付陈某康身故保险金8万元。

一审法院审理后，作出四川省乐山市市中区人民法院(2014)乐民初字第1286号民事判决书。该判决认为：投保人陈某在陈某康因右肺腺癌住院治疗好转后，于出院次日即向被告投保，在投保时故意隐瞒被保险人陈某康患有右肺腺癌的情况，违反了如实告知义务，依据《保险法》第16条第2款的规定，保险人依法享有合

① 郑玉波:《保险法论》，三民书局1998年版，第177页。

② 参见四川省乐山市中级人民法院(2014)乐民终字第1079号民事判决书，该案入选最高人民法院2015年12月4日发布的典型案例。

同解除权。因上述解除事由在保险合同订立时已发生，且陈某康在2010年9月6日至2012年6月6日期间，即合同成立后两年内因右肺腺癌先后9次入院治疗，却在合同成立两年后才以2012年3月28日的住院病历为据向被告申请赔付重大疾病保险金，又在陈某康因右肺腺癌死亡之后要求被告赔付身故保险金8万元，其主观恶意明显，该情形不属于《保险法》第16条第3款的适用范围，原告不得援引该条款提出抗辩。被告自原告向其申请理赔的2012年9月11日起始知道该解除事由，即于2012年9月17日向原告送达拒付并解除合同的书面通知。对此，原告未在3个月异议期内提出异议。根据《合同法》第96条第1款的规定，双方合同已于2012年9月17日解除。原告以2014年3月24日陈某康因病死亡为由诉请被告支付保险金8万元没有法律依据，判决驳回原告陈某的诉请。

投保人陈某不服上述判决，向四川省乐山市中级人民法院提起上诉。乐山市中级人民法院作出(2014)乐民终字第1079号民事判决书。该判决书认为:《保险法》第16条第3款规定，自合同成立之日起超过2年的，保险人不得解除合同。因此，保险人不得解除合同的前提是自合同成立之日起2年后新发生保险事故。而在本案中，保险合同成立时保险事故已发生，不属于前述条款的适用情形，保险人仍享有合同解除权。被保险人、受益人以《保险法》第16条第3款进行的抗辩，系对该条文的断章取义，对此不予支持。另外，被告已于2012年9月17日发出解除通知，而原告在3个月内未提出异议，双方合同已于2012年9月17日解除，陈某于2014年3月起诉，其诉请不应支持。因此，判决驳回上诉，维持原判。

本节理论与实务研讨

财产保险合同是否存在受益人?

受益人是基于投保人或被保险人的指定而享有保险金请求权的人。从我国《保险法》有关受益人的规定分析，受益人只存在于人身保险合同中。投保人、被保险人可以成为受益人。受益人也可以是投保人或被保险人指定的第三人，第三人虽然没有参与人身保险合同的订立，不负有交付保险费的义务，但享有人身保险合同项下的利益，是保险合同的关系人。在财产保险合同中，从禁止得利和填补损失角度而言，享有保险合同利益的人一般是被保险人，被保险人之外的第三人是否可以成为财产保险合同的受益人?对此，理论界存在不同的观点。

肯定说认为:（1）投保人以他人为受益人订立财产保险合同，是为第三人设定权利的行为，应予以认可。[①] 我国《保险法》在保险合同一般性规定中存在有关受益人的条款（如第21条、第22条、第23条、第26条、第27条等），说明法律不仅允许人身保险合同存在受益人，也并不禁止财产保险合同中存在受益人。（2）承认财产保险合同中受益人的

① 郑玉波:《保险法论》，三民书局2001年版，第19—20页。

地位，符合私法意思自治原则，受益权可以理解为被保险人对其保险金请求权的让渡。财产保险合同的保险金请求权属于财产权，具有可转让性，被保险人有权对自有权利进行自由处分。在财产保险合同中，被保险人以自己的财产设立保险，并指定第三人行使具有财产价值的保险金请求权，就是以指定受益人的方式让渡其保险金请求权。我国台湾地区学者认为，在财产保险中，受益人须于保险事故发生时受有损害，无损害者或未受有损害者，不得请求赔偿。财产保险单通常未载有"受益人"专栏，多以被保险人为受益人。若保单上曾附载批单，就受益人为指定或声明者，以该经指定或声明之人为受益人。[①] 有些国家立法亦承认财产保险合同中存在受益人，如 1996 年《俄罗斯联邦民法典》第 930 条第 1 款规定，依据法律、其他法律文件或者合同，对投保财产享有利益的人（投保人或受益人），按照保险合同可对该财产投保。（3）目前我国各保险公司开设的财产保险险种中存在受益人的实例。尽管我国《保险法》仅在人身保险合同中明确界定受益人，但在保险实务中，受益人已适用于财产保险合同，如个人抵押贷款房屋保险、购房贷款偿还保障保险等均存在受益人条款，允许以自己的财产投保而指定其债权人为受益人。（4）财产保险设立受益人制度符合责任保险的发展需要。责任保险是被保险人分散和转移其赔偿责任的一种方式，以被保险人对受害人（第三人）承担的民事赔偿责任为保险标的，是为第三人的利益订立的保险合同，允许财产保险合同中存在受益人，将为受害人（第三人）取得实际赔偿创造条件。

否定说认为：（1）财产保险适用受益人，违反财产保险填补损害和禁止得利的原则。财产保险中享有保险金请求权的主体只能是被保险人，被保险人是于保险事故发生时，受此损害而需填补损失的人，其他主体不得因财产保险而得利，因此，除被保险人之外，别无所谓受益人。财产保险的被保险人即受益人，受益人即被保险人。（2）财产保险中受领保险金的人通常是被保险人，受益人在财产保险中不具有特别重要的意义。[②] 财产保险受益人概念，混淆了保险受益人与保险金受领人。保险金受领人是在保险事故发生后领取保险金之人。在财产保险合同中，被保险人指定第三人为"受益人"，意在赋予第三人保险金请求权，该第三人是保险金受领人，而非保险受益人。[③] 因此，财产保险合同中的"受益人"概念在本质上并非人身保险合同中的"受益人"概念，是被保险人将其在保险合同中所享有的保险金请求权这一债权转让给所谓指定的第三人即"受益人"，是合同法上的债权让与，而非真正的受益人。（3）财产保险适用受益人，使得被保险人与受益人同享有受益权，二者的权利无法区分。针对同一债务有两个债权人，不仅破坏合同法的基础理论，而且在被保险人先行行使保险金请求权的情形下，"受益人"将丧失保险金请求权，导致"受益人"的指定形同虚设。

综合肯定说和否定说，在财产保险中设立受益人制度，存在以下问题：

1. 缺乏原始动因

在以被保险人死亡为给付保险金条件的人身保险合同中，被保险人死亡的，存在因保险金受领主体缺位而无人受领保险金的问题。为解决这一问题，就必须让被保险人以外的

---

① 施文森：《保险法总论》，1990 年自版，第 25 页。

② 梁宇贤：《保险法》，瑞兴图书股份有限公司 1985 年版，第 47 页。

③ 李娟：《"财产保险合同有受益人概念适用"质疑》，《浙江金融》2009 年第 8 期。

第三人即受益人享有保险金请求权，以保证在被保险人死亡后有主体受领保险金，使人身保险合同得以顺利实施。但财产保险合同是典型的补偿性保险合同，被保险人是因保险事故发生而遭受财产损害进而享有保险金请求权的人，不存在人身保险中被保险人死亡导致无被保险人受领保险金问题，因此，只能由被保险人享有赔偿或给付保险金的请求权。

2. 财产保险金受领人和人身保险受益人是两个独立的概念

人身保险受益人享有的保险金请求权源于被保险人享有的保险金请求权，是被保险人让与的权利。财产保险合同的“受益人”实质上仅是财产保险金受领人，并非保险法意义上的受益人，因为保险金受领人是在保险事故发生后领取保险金的人，而受益人是指从他人的行为中受益的人。在财产保险合同中，被保险人享有保险合同约定的保险金，是对被保险人在保险事故发生时所遭受的经济损失的弥补，不存在受益问题。相应地，被保险人在财产保险合同中所指定的“受益人”，因其与保险标的存在经济上的利益关系，所以，其领取的保险金是对其经济损失的弥补，不存在受益问题。如在抵押贷款合同中，银行贷款给借款人（投保人），借款人将保险标的（房屋或汽车）抵押给银行，同时指定银行为“受益人”。因银行是抵押权人，与借款抵押的标的即房屋或汽车存在经济上的利益关系，受领保险金具有正当性，并不是纯受益行为。

即使财产保险的“受益人”与保险标的之间没有经济上的利益关系，其所领取的保险金也是在财产保险事故发生后，被保险人的保险金请求权已成就并可现实受领保险金的情形下，被保险人将该权利让与“受益人”的结果，实质上是保险金的现实转让。而人身保险合同的受益人并不要求对保险标的存在保险利益，是保险金请求权的纯粹受益者，其权利来源于被保险人对自己权益的无偿转让，表现为被保险人的指定或同意。除非受益人与被保险人或投保人的身份重合，人身保险合同的受益人既不会在保险事故中受到任何的人身或财产损害，也不需要承担交纳保险费的义务。因此，人身保险合同的受益人享有的保险金请求权，是基于保险合同的约定和投保人、被保险人的指定，属于为第三人利益而设定的权利。

3. 受益人是人身保险合同项下的特殊主体

人身保险受益人制度是合同相对性原则的例外，受益人不是保险合同的当事人，受益人的保险金请求权基于投保人或被保险人的指定，是被保险人让与其保险金请求权的结果。受益人无偿享有保险利益，不承担交纳保险费的义务，处于纯粹获益的地位。保险法并不考虑受益人是否支付对价的问题，只要投保人交纳保险费，保险人提供保险保障，保险合同的对价即为平衡，受益人基于投保人的对价给付获得保险保障。因此，在被保险人死亡前，保险法在赋予受益人受益权的同时，并未赋予受益人任何保护或促成其受益权实现的其他权利。

受益人缺失时保险金与遗产的关系

在投保人、被保险人与受益人不是同一人的情形下，存在受益人的人身保险合同是为第三人利益的合同，第三人的权利来源于投保人和被保险人的指定。为第三人利益的合同，事先无须取得第三人的同意或通知第三人。受益人作为第三人的请求权是独立的、直接的请求权，在被保险人死亡的保险事故发生后，受益人可以独立地向保险人主张保险金请求权，受益人领取的保险金归受益人享有，不能作为被保险人的遗产处理。

但是，当受益人缺失时，如何理解此时的保险金的归属？《中华人民共和国最高人民法院公报》1988 年第 1 期就明确指出：“根据我国保险法规有关条文的精神，人身保险金能否列入被保险人的遗产取决于被保险人是否指定了受益人。指定了受益人的，被保险人死亡后，其人身保险金应付给受益人，未指定受益人的，被保险人死亡后，其人身保险金应作为遗产处理，可以用来清偿债务赔偿。”我国《保险法》第 42 条规定，没有指定受益人或者受益人指定不明无法确定的，保险金作为被保险人的遗产，由保险人依照《民法典》“继承编”的规定履行给付保险金的义务。对此，本书认为，受益人缺失时将保险金作为被保险人的遗产的规定是不合理的。

首先，遗产是公民死亡时遗留的个人合法财产，是由被继承人生前的合法财产转化来的，而保险金在被保险人死亡前只是期待权，并非被保险人生前合法取得、死亡时遗留的财产，唯一的解释是被保险人基于保险标的之财产权人或人格权人的身份而为当然之受益人。[①] 在没有受益人存在的情形下，可将被保险人拟制为保险合同受益人，而现被保险人既已死亡，如何又能转化为或拟制为保险合同受益人？

其次，受益人不同于继承人。受益人缺失时，《保险法》第 42 条规定保险人按照《民法典》“继承编”的规定履行给付保险金的义务。文义解释该条款，此时的被保险人的继承人（包括法定继承人和遗嘱继承人）并不因此成为被保险人的受益人，只是受益人缺失导致保险金在被保险人死亡后作为被保险人的遗产，由被保险人的继承人取得。但是，从被保险人的继承人受领保险金角度来看，被保险人死亡后，保险事故发生，被保险人的继承人以受益人的身份行使受益权，所受领的是保险金而不是遗产，无须承担被保险人生前的债务。同时，从保险人角度而言，保险金采取遗产化，就意味着被保险人死亡后，保险人成为被保险人遗产管理人，其应向被保险人的继承人交付遗产，而并非《保险法》第 42 条所规定的“履行给付保险金的义务”，此规定的前后表述自相矛盾。

再次，受益权也不同于继承权。在人身保险合同下，受益权是根据法律规定或投保人、被保险人的指定直接产生的财产权，与其他财产权利不具有关联性。受益权的产生一般基于投保人或被保险人在人身保险合同中的指定，特殊情况下基于法律规定直接产生。基于指定而取得的受益权，是原始取得还是继受取得？本书认为是原始取得。因为受益权是被保险人根据为第三人利益合同为第三人设定的权利，是权利的第一次产生，因此，受益权本于契约而产生，是固有的而非继受的。[②] 受益人请求保险人给付保险金的权利，直接根据契约而产生，于保险事故发生时现实地转为财产权，并非基于继承而取得遗产的权利。故基于受益权取得的保险金并非被保险人的遗产，被保险人的债权人不能基于被保险人生前所欠的债务而申请对保险金强制执行。[③]

最后，将无受益人的人身保险金遗产化，是以被保险人的继承人补足受益人的空缺，但遗产归遗产，保险金归保险金，保险的价值和功能与继承是不同的。人身保险的价值和功能不仅在于转移人身风险，还在于在被保险人死亡后一定程度上弥补受益人因被保险人死亡所承受的损失和生活困境，受益人受领的保险金是受益人的财产，不需要交纳遗产

---

① 尹中安、赵心泽：《保险金遗产化或非遗产化之立法选择》，《保险研究》2010 年第 8 期。

② 覃有土、樊启荣：《保险法学》，高等教育出版社 2003 年版，第 354 页。

③ 傅廷中：《保险法论》，清华大学出版社 2011 年版，第 115—116 页。

税，不需要承担被保险人生前所欠的债务，以实现保险保障受益人生活的功能。

据此，受益人缺失时，保险金的归属在不同的国家或地区尽管存在不同的规定，但保险金一般都不作为被保险人的遗产。《澳门商法典》第1034条第5款规定，如投保人未指定受益人，则推定其保留随时指定受益人之权能；如于被保险人死亡日仍未指定受益人且确定受益人之客观准则，则保险额转为投保人之财产。第1054条规定，保险人应向投保人或受益人支付之金额，不得查封或作为保全措施之标的，亦不得扣押为破产财产。但是，如果未指定受益人，债权人或破产管理人得行使赎回权。因此，受益人缺失时，保险金归属投保人，是投保人基于支付保险费而获得的。

有学者提出引入法定受益人概念，即“当被保险人身故后合同中因各种法定事由的存在而不具备任何合法受益人时，由被保险人的合法继承人充当受益人，领取保险金”。[①] 法定受益人制度基于受益权将保险金进行非遗产化处理，使法定受益人作为受益人的一种，既可解决无受益人时保险金处理中的争议，又能与保险法既有制度相衔接，直接适用《保险法》有关保险理赔程序以及保险金给付请求权诉讼时效的规定。[②] 因此，受益人缺失的，被保险人的法定继承人作为法定受益人，其保险金请求权属于固有权。与遗产继承制度相比，受益人优先保护原则，更能体现和尊重当事人的意思自治，受益人获得的保险金不是被保险人的遗产，无须清偿被保险人生前所欠的税款和债务。

受益权的特别保护问题

受益权是被保险人保险金请求权的让与，是一种财产权利，而非人身权利。受益权的主要内容是保险金给付请求权，包括请求给付保险金的权利、受领保险金的权利，以及受益人的保险金给付请求权遭到侵害时，受益人以独立的身份请求法律予以保护的权利。但基于保险合同产生的其他权利，如保险费返还请求权、保险现金价值返还请求权、红利分配请求权等，除保险合同另有约定外，原则上应由投保人享有，与受益人无关。多数学者基于保险合同的射幸性，就受益权进行阶段性分析：受益权在保险事故发生或条件成就前，具有期待权的特征；[③] 在保险事故发生或条件成就时，则为既得权。同时，受益权具有人身专属性，是受益人固有的权利，不得继承或转让。

当保险事故发生或保险合同约定的保险期间届满时，受益人尚生存且未放弃受益权的，受益人可行使保险受益权。但受益人必须在法律规定的时效内向保险人请求保险赔偿或者给付保险金。我国《保险法》第26条规定：“人寿保险以外的其他保险的被保险人或者受益人，向保险人请求赔偿或者给付保险金的诉讼时效期间为二年，自其知道或者应当

---

① 熊海帆：《人身保险的受益人可以遗嘱指定——兼与〈受益人不能在遗嘱中指定〉一文的作者商榷》，《保险研究》2001年第8期。

② 王影：《无受益人之人身保险的保险金给付问题研究——以〈保险法〉第42条为中心》，《黑龙江政法管理干部学院学报》2013年第5期。

③ 也有学者认为，在保险事故发生前，受益权是一种期待地位而非期待权。期待地位是因具备权利部分要件而生的地位；而期待权不仅具备权利的部分要件，还受法律保护并可成为自由交易的客体。详见王泽鉴：《民法学说与判例研究》（第1册），中国政法大学出版社1998年版，第145页。因为投保人或被保险人在指定受益人时保留处分权，可以随时变更受益人，受益人的地位处于不稳定状态，此时的受益人权利并不受法律上的保护，因此，在保险事故发生前，受益权仅是一种期待地位而不是期待权。

知道保险事故发生之日起计算。人寿保险的被保险人或者受益人向保险人请求给付保险金的诉讼时效期间为五年，自其知道或者应当知道保险事故发生之日起计算。”因此，保险索赔时效是一种权利消灭时效，受益人知道保险事故发生后，应在相应期间内提出索赔请求，否则保险金给付请求权随即消灭。

但受益权行使的必要条件是被保险人死亡，被保险人宣告死亡的，亦属于保险事故，将产生与自然死亡相同的法律效果，保险人负有给付保险金的义务。但若被保险人重新出现，则适用宣告死亡制度的一般规则，保险人可请求受益人返还保险金。

人身保险合同载明的受益人，无不源于投保人或被保险人的指定。各国或地区指定受益人的模式有：一是由投保人指定受益人，以美国、日本为代表；二是由被保险人指定受益人，以英国为代表。我国《保险法》第 39 条规定，人身保险的受益人由被保险人或者投保人指定。投保人指定受益人时须经被保险人同意。可见，受益人指定的最终决定权归被保险人。法律之所以授予被保险人同意权，主要是为了保护被保险人的利益。人身保险是以被保险人的身体或生命作为保险标的，出于人身安全的考虑，如果仅由投保人指定受益人，容易出现投保人从自身利益出发任意指定受益人的情况，对被保险人的人身安全构成威胁。因此，法律赋予被保险人同意权防止道德风险的发生。但是，当投保人的指定权与被保险人的同意权发生矛盾时，如何处理？我国保险法虽然规定投保人可以指定受益人，但此权利的行使应得到被保险人的同意，这无异于最终剥夺了投保人的指定权，受益人的最终指定权实质在被保险人，被保险人只要履行书面通知保险人的手续，就可变更受益人。若投保人对被保险人所变更的受益人不同意，只能行使保险合同解除权，而这样处理，将使得最初的保险合同目的落空。日本保险法则认为，投保人因保险费之交付而成为保险契约利益之第一受益人，受益人受益权基于投保人转让受益权之意思表示而取得。因此，受益人之指定权与变更权当属投保人专有。[①] 我国台湾地区“保险法”第 110 条规定：“要保人得通知保险人，以保险金额之全部或一部分，给付其所指定之受益人一人或数人。”因此，当投保人的指定受益人权利与被保险人同意权发生冲突或矛盾时，应赋予投保人最终的指定权。因为：（1）从保险合同的理论分析，受益权的理论基础系为第三人利益订立的合同，合同的当事人是投保人，被保险人和受益人均为保险合同的关系人而非当事人，有权赋予合同外第三人权利的主体应是作为保险合同当事人的投保人，而非被保险人。（2）投保人作为保险合同的当事人，承担着交纳保险费的义务，是受益人获得保险金的对价的承担者。从保险经济学角度分析，投保人订立保险合同存在自身的经济利益，如果其在订立保险合同时所希望的人无法受益，其订立合同的目的将落空，就必然失去继续履行合同和交纳保险费的积极性，此显然不利于保险业的发展。（3）被保险人的同意权应在保险合同订立时行使，与其实质上剥夺投保人对受益人的指定权，不如限制投保人范围，将被保险人不同意的人排除在享有保险利益的投保人范畴之外，对投保人的投保动机进行理性判断，从而决定是否同意，作为防范道德风险发生的第一道屏障，这样既可鼓励投保人积极投保又可防止道德风险的发生。

同时，受益人作为保险合同的关系人，其受益权与被保险人债权人的权益之间容易产生冲突。应保障受益人的合法权益不受侵犯，合理地保护被保险人的债权人利益，防止

---

① 沙银华：《日本经典保险判例评释》，法律出版社 2002 年版，第 39 页。

投保人或被保险人为逃避债权而借保险合同之名将财产转移至第三人。但对受益权的保护与限制是博弈问题：对受益权过度的保护可能影响债权人债权的实现；对受益权过多的限制，可能影响受益人的权益。平衡并协调债权人与受益人之间的利益关系是极有必要的。我国台湾地区针对受益权的保护，作出这样的规定①：（1）投保人破产时，如投保人自己是被保险人且没有指定他人为受益人，破产管理人可以终止保险合同，收回未交清的保险费，同时列入破产财产。如果投保人在这期间死亡，保险人所赔付的保险金也列入破产财产。（2）如果保险合同中明确指定第三方为受益人，则保险金的给付请求权归受益人所有，债权人不得对此提出要求，也不能要求强制执行保险金。但如果投保人或被保险人指定受益人时是无偿的，并且侵害了债权人的利益，或者虽然指定是有偿的，但指定受益人时明知会侵害债权人利益，债权人或破产管理人可以申请法院撤销受益人享有的受益权，将投保人或被保险人的财产收回，纳入偿债或破产范围。（3）如果投保人或被保险人没有指定受益人，被保险人生前对于保单的现金价值的权利，应纳入偿债范围，被保险人破产时纳入破产财产范围。因此，人身保险受益人是保险合同的关系人，其受益权是固有权利，必须保护受益人的利益。但受益权的行使应遵循禁止权利滥用原则，既不得违反公共利益，也不得损害第三人合法利益。当投保人或被保险人为逃避自身债务，将自己的财产借保险受益机制"转赠"给受益人，从而制造自身失去清偿债务能力的假象，造成投保人或被保险人债权人的合法利益受到侵害时，受益人的受益权应受到限制。除非第三人补交保险费，否则债权人可以请求法院撤销该人身保险合同，以保单的现金价值实现其债权，防止受益权成为恶意损害债权人利益的工具。

在保险实务中，还存在受益人与保险合同其他方利益冲突的情形，影响受益权的实现。如投保人无力支付后续保险费导致保险合同效力中止与受益权的冲突、投保人请求解除保险合同与受益权的冲突、投保人的继承人请求解除保险合同与受益权的冲突。在这些情形下，必然会产生投保人固有的合同权利与受益人享有的保险合同保障之间的矛盾。《保险法司法解释三》第17条给出了一定的解决路径：投保人解除保险合同，当事人以其解除合同未经被保险人或者受益人同意为由主张解除行为无效的，人民法院不予支持，但被保险人或者受益人已向投保人支付相当于保险单现金价值的款项并通知保险人的除外。因此，赋予受益人保险合同效力维持权实质上是对保险合同各权利人的利益平衡，从而维护社会的实质正义。②既然受益权是被保险人保险请求权的让与，那么，应明确受益人的法律地位，允许受益人垫付保险费而维持保险合同效力，进而直接成为保险合同的当事人，以保护受益人的正当权益乃至人身保险合同存续的稳定性。

第二节 人身保险合同的特殊规定

人身保险合同一般包含投保人、被保险人以及受益人的姓名和住所，保险责任，除外

① 朱铭来：《寿险合同受益权的保护和限制——对一例巨额寿险索赔案的分析及思考》，《保险研究》1998年第6期。

② 赵志军：《论受益人保险合同效力维持权》，《保险研究》2010年第12期。

责任，保险金额，保险期间，保险费的交纳，以及保险金的给付等基本事项，具有不同于财产保险合同的保险条款和特殊规定。

一、不可抗辩条款

在订立人身保险合同时，对于被保险人的年龄、身体状况以及其他影响保险人决定是否承保和保险费率的有关情况，投保人都应据实告知，不得有任何隐瞒或欺骗。如果投保人故意隐匿或因过失遗漏或作不实的告知，足以变更或减少保险人对危险的估计的，保险人有权解除保险合同或不承担保险赔偿责任。但保险人对投保人是否履行如实告知义务的异议是受时间限制的。由于人身保险合同具有长期性、风险变动性、主体多样性等特征，时间过久，不易查清当时的告知是否属实，而且被保险人死亡后，受益人亦不一定能够了解当初投保时的告知情况，因此，为了确保投保人、被保险人和受益人的利益不因时间的推移、各种原始数据的消失、目击证人的死亡等原因而受到侵害，人身保险合同设立了不可抗辩条款。①

为了更好地保护投保方的利益，不少国家或地区规定，保险人只能在一定的期限内对于投保人的告知进行抗辩，期限届满，保险人便不得以投保人在申请保单时隐瞒或者遗漏相关情况，对保险合同的有效性进行抗辩或主张解除保险合同，进而拒绝保险赔偿或者给付保险金。我国《保险法》第 16 条第 2、3 款规定："投保人故意或者因重大过失未履行前款规定的如实告知义务，足以影响保险人决定是否同意承保或者提高保险费率的，保险人有权解除合同。前款规定的合同解除权，自保险人知道有解除事由之日起，超过三十日不行使而消灭。自合同成立之日起超过二年的，保险人不得解除合同；发生保险事故的，保险人应当承担赔偿或者给付保险金的责任。"此规定被称为不可抗辩条款。

不可抗辩条款通常也可称为不可争条款、不可抗争条款、无争议条款等，英美国家用语为 incontestability clause 或 incontestable clause，最早起源于英美法系，后被大陆法系引入保险法，现已为发达国家和地区保险立法所普遍采用。从历史上分析，不可抗辩条款是在保险出现"诚信危机"时，为重塑保险公司的诚信形象而产生的。从 18 世纪末到 19 世纪上叶，英国寿险市场普遍实行严格的保证制度，只要保险人发现投保人存在不如实告知的行为，即使该行为对于承保风险没有实质性的影响，保险人也可以此为由解除合同，进而拒绝承担保险责任。这种现象直接导致了保险公司的信任危机，威胁保险业的生存与发展。1848 年英国伦敦寿险公司在推出的服务项目中首次应用不可抗辩条款，而后发展到健康保险合同。在健康保险中，允许保险人对被保险人的欺诈行为进行抗辩，只有在被保险人非欺诈性不实告知的情况下，不可抗辩条款才能发挥作用。② 因意外伤害保险多为短期保险合同，一般不适用不可抗辩条款。我国《保险法》在保险合同的一般性规定中规定了不可抗辩条款，因此可以理解为不可抗辩条款适用于所有的人身保险合同。虽然各个国

① [美] 埃米特 • J. 沃恩、特丽莎 • M. 沃恩：《危险原理与保险》，张洪涛等译，中国人民大学出版社 2002 年版，第 271 页。

② Jeffrey W. Stempel , *Interpretation of Insurance Contracts: Law and Strategy for Insurers and Policyholders*, Little, Brown and Company ,1994,p.159.

家或地区的制度背景不同，但基本原理相同[①]，即人身保险合同生效满一定时期之后，就成为无可争议的文件，保险人不能再以投保人在投保时违反最大诚信原则、没有履行告知义务等为由主张保险合同无效或解除保险合同。[②]

不可抗辩条款为了阻止保险人在投保人违反如实告知义务时滥用合同解除权而设立，有助于保护被保险人或受益人所享有的人身保险单上的合理期待或信赖利益，具有很强的伦理价值。1995 年我国制定《保险法》时，受当时国内保险公司对危险管理和评估水平的限制，没有对不可抗辩条款加以规定。而 2002 年修改该法时，仅在第 54 条第 1 款规定不可抗辩适用范围限于“年龄不真实”的情况，导致不可抗辩条款应有的功能未能充分发挥。2009 年《保险法》全面引入了不可抗辩条款：（1）适用的合同种类扩大，将不可抗辩条款从“人身保险合同”一章提升到保险合同的“一般规定”部分，而“一般规定”中所包含的条款对于其后的保险合同均具有法律效力，因此，从立法的技术上而言，不可抗辩条款不仅适用于人身保险合同，而且适用于财产保险合同；[③]（2）适用的不实告知范围扩大，即从 2002 年《保险法》规定的“年龄不真实”扩大至 2009 年《保险法》规定的“有关情况”；（3）增加抗辩权的短期消灭时效，即保险人的合同解除权自保险人知道有解除事由之日起，超过 30 日不行使而消灭。

不可抗辩条款把保险人因投保人不实陈述、不告知、隐瞒、欺诈或违反某些要件而使合同无效或解除合同的权利限制在一定的期限内，超过该期限，保险人就不能再对保险合同的效力提出异议或行使合同解除权。[④]不可抗辩条款内在地包含了法律推定的性质。随着期限的经过，不可抗辩条款将未履行告知义务的可能性视为已告知的确定性。

---

① 日本《商法典》第 678 条规定，投保人于契约订立之际，因恶意或重大过失，不告知重要事实或就重要事实作不实告知时，保险人可以解除契约。但是，保险人已知其事实或因过失不知时，不在此限。第 644 条第 2 款及第 645 条的规定，准用于前款情形。德国《保险契约法》第 163 条规定，保险人在契约订立后经过 10 年，即使发现要保人在缔约时有违反其应尽的告知义务，也不可以解除契约。但要保人恶意违反者，不在此限。我国台湾地区“保险法”第 64 条规定，订立契约时，要保人对于投保人之书面询问，应据实说明。要保人故意隐瞒，或因过失遗漏，或为不实说明，足以变更或减少保险人对于危险之估计者，保险人解除契约，其危险发生后亦同。但要保人证明危险之发生基于其说明或未说明之事实时，不在此限。前项解除权，自保险人知道有解除原因后，经过 1 个月不行使而消灭；或契约订立后经过两年，即使有可以解除之原因，亦不得解除契约。

② 尹田主编：《中国保险市场的法律调控》，社会科学文献出版社 2000 年版，第 283 页。

③ 关于不可抗辩条款可否适用于财产保险合同，存在不同的观点。有的认为：（1）法无明文禁止即合法。我国《保险法》并没有规定不可抗辩条款仅适用于人身保险合同，而将不可抗辩条款置于保险合同的总则部分，因此其既适用于财产保险合同，又适用于人身保险合同。（2）不可抗辩条款首先适用于人寿保险合同，与人寿保险合同为长期合同的特征相适应，而其他保险合同特别是财产保险合同的期限较短，适用不可抗辩条款的机会很少。（3）不可抗辩条款的目的在于保护人的生存价值，使得被保险人之亲属在被保险人死亡之后，生活不至于无着落。而财产保险不涉及人的生存价值保障，在维护保险合同的稳定性和效力的确定性方面意义不大。同时，不可抗辩条款有利于对整个社会的公共利益进行保障，可以有效减轻社会对已故被保险人家属进行扶助的负担。而财产保险合同的投保对象是财产和财产利益，并不考虑人的生存价值保障和社会负担。因此，不可抗辩条款适用于财产保险合同，有违其设立的本意。但也有观点认为，不可抗辩条款的目的在于保护投保人、被保险人和受益人的信赖利益，规范保险公司核保程序，适用于财产保险合同同样存在此意义，符合不可抗辩条款的精神实质，尤其对于 2 年或 2 年以上的长期财产保险合同，不可抗辩条款就存在适用的余地。

④ 陈欣：《保险法》，北京大学出版社 2000 年版，第 67 页。

不可抗辩条款有助于平衡保险合同当事人的权利义务和维护社会公正；有利于约束保险人的行为，防止合同解除权的滥用，防止保险人的道德风险；有助于有效遏制保险业的销售误导，督促保险人及时履行核保调查义务；一定程度上有助于解决“理赔难”问题，通过尽可能地维系保险关系的存在，最大限度地发挥保险的社会保障功能，保护相对弱势一方的利益；从宏观而言，有利于促使保险公司加强保险业务管理，避免恶性竞争，促进保险行业的健康发展，是保护保险消费者合法权益、促进保险业诚信经营和发展的有效手段。

二、不丧失价值条款

人身保险合同是长期性保险合同，投保人交纳保险费达到一定期间后，人身保险单便可保留相当的保险现金价值并逐年递增，该现金价值是带有储蓄性的人身保险单所具有的价值，不因投保人退保而丧失，不受保险事故发生与否的影响，不受保险合同效力变化的影响，即使投保人或被保险人违反保险合同规定的某些义务，致使保险合同被解除，人身保险单的现金价值亦不会丧失，故称为不丧失价值条款。不丧失价值条款的确立，在于保护投保人对人身保险单现金价值的使用权，投保人可根据需要选择最佳方式处理保险单的现金价值。

根据不丧失价值条款，投保人可以选择以下处理方法：

（一）以保单质押向保险人借款

投保人有权将其所持有的人身保险单质押给保险人，按照保险现金价值的一定比例获得借款，这是人身保险单的一种融资方式。借款期限届满，投保人不能偿还的，借款本金及利息从保险单的现金价值中扣除；当借款本金和利息达到保险现金价值的数额时，人身保险单的效力终止，被保险人失去保险保障。但在借款期间，保险合同仍处于有效状态，在此期间发生保险事故的，保险人应承担给付保险金责任；投保人退保的，保险人扣除借款本金和利息后退还保险现金价值。

（二）以保险现金价值抵交保险费，但相应减低保险金额或缩短保险期限

人身保险单存有保险现金价值后，投保人可以采取有利的方式抵交保险费：一种是将人身保险单已经产生的保险现金价值转换为一次性交付的保险费，在此基础上计算出相应的保险金额，但保险期限和承保范围不变，保险金额比原保险合同减少，保险保障程度降低；另一种是保险金额不减少，但将原来的终身保险改为定期保险，缩短保险期限，保险期限根据保险单的现金价值进行推算。这两种方式都不影响投保人最终采取退保的方式要求返还保险现金价值。

（三）投保人退保，保险人返还保险现金价值

我国《保险法》赋予投保人任意解除权。除法律另有规定或保险合同另有约定外，保险合同成立后，投保人可以解除保险合同，保险人不得解除合同。因此，在保险期间，投保人选择申请退保的，保险人应将保险单的现金价值返还给投保人。我国《保险法》第47条规定，投保人解除保险合同的，保险人应自收到解除合同通知之日起30日内，按照

合同约定退还保险单的现金价值。

保险现金价值的返还，一般以投保人交纳保险费满 2 年为前提。从目前保险业的经营状况看，保险合同成立 2 年内，投保人所交纳的保险费，扣除管理费、保险营销员佣金和责任保费后，便所剩无几[①]。因此，《保险法》第 43 条第 1 款规定，投保人、受益人故意制造保险事故导致保险人不承担保险责任，投保人已交足 2 年以上保险费的，保险人应当按照合同约定向其他权利人退还保险单的现金价值。值得注意的是，保险单的现金价值亦不因被保险人故意犯罪而丧失。根据我国《保险法》第 45 条规定，被保险人故意犯罪或者抗拒依法采取的刑事强制措施导致其伤残或者死亡的，保险人不承担给付保险金的责任。但投保人已交足 2 年保险费的，保险人应当按照保险合同约定退还保险单的现金价值。

但是，人身保险单的不丧失价值条款，并不限于投保人解除保险合同的情形。《保险法》规定，在以下情形，无论投保人是否交足 2 年保险费，保险人均应退还保险现金价值：（1）因投保人误告年龄导致保险人解除合同的（第 32 条第 1 款）；（2）保险人因被保险人自杀不承担保险责任的（第 44 条第 2 款）；（3）因投保人未按照合同约定交纳保险费导致合同效力中止且在 2 年内未复效的（第 37 条第 2 款）。

三、宽限期条款

人身保险合同的保险期限较长，投保人因各种原因延误交纳保险费的，为给投保人提供一定的保险保障，法律允许保险人和投保人在保险合同中约定，投保人延误交付保险费没有超出宽限期的，保险合同继续有效，对到期没有交纳保险费的投保人给予一定的时间优惠。此即宽限期条款。宽限期条款，又称交纳保险费宽限期条款，是指在人身保险合同中，允许投保人在一定期限内和一定条件下缓交保险费而保险单继续有效的条款。宽限期条款的设定是为了使保险合同不轻易失效，巩固保险人已有的业务。

我国《保险法》第 36 条、第 37 条规定，保险合同约定分期支付保险费，投保人支付首期保险费后，除合同另有约定外，投保人自保险人催告之日起超过 30 日未支付当期保险费，或者超过约定的期限 60 日未支付当期保险费的，合同效力中止，或者由保险人按照合同约定的条件减少保险金额。被保险人在前款规定期限内发生保险事故的，保险人应当按照合同约定给付保险金，但可以扣减欠交的保险费。保险合同效力中止的，经保险人与投保人协商并达成协议，在投保人补交保险费后，合同效力恢复。但是，自合同效力中止之日起满 2 年双方未达成协议的，保险人有权解除合同。因此，我国《保险法》规定交纳保险费宽限期间为自保险合同约定交纳保险费的日期起算 60 日或自保险人催缴之日起算 30 日。在 60 日的宽限期内，保险合同有效，保险公司应当承担保险责任，但扣减欠交的保险费；从 60 日的宽限期到保险合同成立 2 年内，保险合同效力中止，发生保险事故的，保险人应当按照合同约定的条件减少保险金额；2 年以上，保险合同当事人未就复效达成一致协议的，保险人有权解除合同，但应退还保险现金价值。可见，宽限期的产生方式有两种：一是人身保险合同明确约定的宽限期；二是《保险法》第 36 条规定的“催告之日起超过三十日”和“超过约定的期限六十日”。人身保险合同约定宽限期条款的，优

---

① 周玉华:《最新保险法释义与适用》，法律出版社 2009 年版，第 80 页。

先适用合同约定；没有约定的，适用《保险法》第 36 条的宽限期。但“催告之日起超过三十日”和“超过约定的期限六十日”两者日期不一致的，从保护投保人利益的角度出发，应当采取对投保人有利的日期，取最迟的日期作为保险合同效力中止的起始日期。

四、复效条款

复效条款是指投保人因不能如期交纳保险费导致保险合同效力中止后，投保人可以请求重新恢复保险合同效力的条款。人身保险合同中投保人交付首期保险费后，宽限期届满仍未续交已到期保险费的，保险合同效力即告中止。保险合同的复效，是指保险合同的效力中止后，在符合一定的条件时，合同重新恢复效力。依据《保险法》第 38 条的规定，保险人对人寿保险的保险费，不得用诉讼方式要求投保人支付。因此，复效条款可以平衡保险双方当事人利益：一方面，投保人未按照合同约定交纳保险费的，保险合同效力中止，以催促投保人及时交纳保险费，复效后保险人继续承担保险责任，以保护投保方利益；另一方面，避免保险人既承担保险责任又不能按期收取保险费的尴尬后果，使得保险人不因保险合同效力中止而最终失去该笔保险业务。[①]

我国《保险法》第 37 条规定了复效条款，人身保险合同的复效应满足一定的条件：

第一，投保人提出复效申请，且复效的申请不能超过法定的保留期限。我国《保险法》规定，投保人的复效申请只能在保险合同效力中止之日起 2 年内提出。投保人不提出复效申请的，保险合同的效力不能自动恢复。

第二，根据保险合同约定到期未交纳保险费，且投保人尚未解除保险合同和返还保险单现金价值，保险合同效力处于中止状态。对于保险合同效力已经终止的，投保人不能请求复效。

第三，经保险人与投保人协商并达成协议。即投保人提出复效的申请后，应经保险人审核同意。保险人认为被保险人在投保人申请复效时因不符合投保条件而不同意复效的，有权解除保险合同，返还保险单的现金价值。但在保险实务中，保险人可以拒绝协商或拒绝达成协议，使复效制度丧失应有的功能。为使保险人拒绝恢复合同效力的意思表示受到限制，《保险法司法解释三》第 8 条规定，保险合同效力依照《保险法》第 36 条规定中止，投保人提出恢复效力申请并同意补交保险费的，除被保险人的危险程度在中止期间显著增加外，保险人拒绝恢复效力的，人民法院不予支持。保险人在收到恢复效力申请后，30 日内未明确拒绝的，应认定为同意恢复效力。

第四，投保人应按照协议的约定补交保险合同效力中止期间的保险费。一般而言，因投保人欠交保险费导致保险合同效力中止，投保人申请复效的，应一次性交清中止期间的保险费。《保险法司法解释三》第 8 条还规定，保险人要求投保人补交保险合同中止期间相应利息的，人民法院应予支持。

第五，保险合同自投保人补交保险费之日恢复效力。保险合同恢复到效力中止前的状态，是指原保险合同的效力恢复，保险人依约应承担的保险责任，与保险合同的效力未中止时一样。

---

① 黎建飞、王卫国：《保险法教程》，北京大学出版社 2009 年版，第 166 页。

五、自杀条款

人身保险合同一般约定，投保人、被保险人、受益人故意制造事故所遭受的损失属于除外责任。各国保险法原则上将被保险人故意结束自己生命的自杀行为列入除外责任范围，主要是为了避免被保险人蓄意自杀，通过保险为受益人图谋保险金，从而滋长道德风险，损害保险人的权益。但并非所有的被保险人自杀行为都是故意制造事故图谋保险金的道德风险行为，有的被保险人自杀是不得已而为之，有的被保险人自杀的目的并非为受益人图谋保险金，且被保险人自杀后，不仅给被保险人的家属造成精神上的痛苦，还会产生一定的经济问题，特别是对于依靠被保险人生前扶养的人而言。因此，各国保险法从人身保险对被保险人及其受益人提供经济保障的宗旨出发，在以死亡为给付条件的保险合同中，对将被保险人自杀列为保险除外责任予以一定时间的限制。

我国《保险法》第 44 条规定，以被保险人死亡为给付保险金条件的合同，自合同成立或者合同效力恢复之日起 2 年内，被保险人自杀的，保险人不承担给付保险金的责任，但被保险人自杀时为无民事行为能力人的除外。保险人依照前款规定不承担给付保险金责任的，应当按照合同约定退还保险单的现金价值。该规定对自杀事故的保险除外责任规定一定的时间限制，以保障受益人或被保险人遗属的利益。从该条款的解释出发：（1）该规定仅适用于以死亡为给付保险金条件的保险合同，对于意外伤害保险合同，被保险人自杀的，无论是否在 2 年内，保险人均不承担保险赔偿或给付保险金责任。（2）保险合同成立或复效 2 年内被保险人自杀的，保险人不给付保险金，但应退还保险单现金价值。（3）被保险人是无民事行为能力人的，因无民事行为能力人不能识别其行为后果，无法为自己的行为负责，不符合“故意”的条件，故不适用 2 年的时间限制。即被保险人自杀时为无民事行为能力人的，无论是否在保险合同成立或复效 2 年内，保险人均应依法、依约承担给付保险金责任。最高人民法院在《关于如何理解〈中华人民共和国保险法〉第六十五条“自杀”含义的请示的答复》中认为，本案被保险人在投保两年内因患精神病，在不能控制自己行为的情况下溺水身亡，不属于主动剥夺自己生命的行为，也不具有骗取保险金的目的，故保险人应按合同约定承担保险责任。（4）保险合同成立或复效 2 年以上被保险人自杀的，保险人可以给付保险金。但并不是必须支付保险金，受益人仍然应综合当时的具体环境和状况对死亡事故的偶然性承担举证责任，如自杀是否为了给受益人带来保险金？是否属于制造保险事故而骗取保险金？是在神志清楚还是神志不清的情况下自杀？等等。[①]

六、年龄误报条款

投保人申报被保险人的年龄属于保险法诚信原则下的告知义务范畴，被保险人的年龄是保险人决定是否承保和保险费率的重要依据，也是测量危险程度和估计风险的重要因素。一般来说，年龄越大，人身风险也越大。但是在订立人身保险合同时，保险人要逐个验明被保险人的实际年龄存在一定的困难，因此，保险人往往在发生人身保险事故或在开始发放保险年金时，才核实年龄。各国保险法一般不把年龄误报归于不可抗辩条款适用范

① 沙银华：《日本经典保险判例评释》，法律出版社 2002 年版，第 180—182 页。

畴，而通常规定，当被保险人死亡时，如发现被保险人年龄有误报，保险金额按真实年龄调整，即根据实际已交的保险费按真实年龄进行推算，得出调整后的保险金额。如果误报年龄大于真实年龄致使多交纳保险费时，可返还溢交部分的保险费；如果误报年龄小于真实年龄，应补交少交的差额。在真实年龄超过保险人规定的最高承保年龄时，保险合同无效，保险人将保险单的现金价值返还给投保人。

我国《保险法》第32条规定：（1）投保人申报的被保险人年龄不真实，且真实年龄超过法定最高承保年龄（如70岁）或真实年龄未达法定最低承保年龄（如16岁）的，保险人可以解除合同，并按照保险合同的约定退还保险单现金价值。但保险人自知道解除事由之日起30天内不行使或者自保险合同成立之日起满2年的，适用不可抗辩条款，保险人不得解除保险合同，发生保险事故的，应承担保险赔偿或给付保险金的责任。（2）年龄不真实而影响保险费及保险金额的，若投保人申报的被保险人年龄不真实，致使投保人支付的保险费少于应付保险费，保险人有权更正并要求投保人补交保险费，或者在给付保险金时按照实付保险费与应付保险费的比例支付；若投保人申报的被保险人年龄不真实，致使投保人支付的保险费多于应付保险费，保险人应当将多收的保险费退还投保人。

◎ 典型案例

卢某齐、程某玲等与中国人民健康保险股份有限公司天津分公司健康保险合同纠纷案[①]

2016年，李某菊参加了天津市城乡居民基本医疗保险，并交纳了相应保费。2016年11月23日，李某菊在家中自杀身亡。2016年11月24日，其近亲属到当地派出所办理李某菊户口注销证明，确认李某菊系自杀死亡的事实。天津市公安局蓟州区分局于2016年11月25日作出法医鉴定，确认李某菊系失血性休克死亡。

李某菊病历手册记载了李某菊分别于2016年4月6日、2016年7月7日、2016年9月28日、2016年11月2日等多次到北京安定医院门诊治疗，医疗机构初步诊断记载：妄想状态、抑郁状态、焦虑状态。原告卢某齐、程某玲等人认为李某菊患严重抑郁症，属于无民事行为能力人，故其自杀并非正常人真实的意思表示，不属于通常的自杀，而是抑郁症患者病理情绪导致的直接结果。

法院经审理认为，李某菊虽患有妄想、抑郁、焦虑等精神疾病，但原告提交的证据不足以证明其系无民事行为能力人，李某菊自杀身亡，不属《保险法》第44条规定的除外情形。本案诉争的保险险种为意外伤害保险，根据天津市《关于完善我市基本医疗保险制度的若干意见》以及《天津市基本医疗保险意外伤害附加险暂行规定》的相关规定，意外伤害是指因突发的、外来的、非本人意愿的意外事故和自然灾害造成非疾病伤害、伤残或者死亡的情形。本案被保险人李某菊身患妄想、抑郁、焦虑等精神疾病，即便其自杀确实是所患精神疾病的病理情绪导致的，也应

① 参见天津市蓟县人民法院（2017）津0119民初2874号民事判决书。

认定为疾病所致的自杀身故，不属于外来的、突发的、非疾病的意外事故，故李某菊自杀身亡不属涉案保险责任范围。

关于原告提出的被告中国人民健康保险股份有限公司天津分公司（简称“保险公司”）承保时明知李某菊患有抑郁症仍然承保，涉案险种属于社会福利保险，全民投保，涉及面广，且投保条件比较宽松而理赔条件却比较严格，违背了设立此险种的本意和目的，故请求法院依据公平原则、公序良俗原则支持原告诉求的主张，法院认为，从费用来源、保障程度来看，涉案意外伤害附加险具有较低的筹资标准以及显著的非营利性等特点；从运营模式来看，承保该险的被告保险公司通过与天津市人社局签订团体意外伤害保险合同，将本年度参加城镇职工和城乡居民基本医疗保险的人员作为被保险人，并以政府发布文件的方式将该保险的相关规定予以公布。该承保过程足以说明被告保险公司不可能在承保时明知被保险人患抑郁症，故对原告的上述主张不予支持。另外，法院认为，虽然涉案保险的社会保障性特点明显，但不应该随意突破意外伤害保险的责任范围。本案中李某菊自杀身亡，不属意外伤害事故范围，不应由被告保险公司承担保险责任。

本节理论与实务研讨

我国不可抗辩条款存在的问题及其完善

不可抗辩条款原是人寿保险的标准条款之一，最初是人寿保险公司为吸收公众投保而自愿提出的任意约定的合同条款，发展到现在已为各国保险法所吸收，并上升为法律规范。不可抗辩条款显示出很强的伦理评价功能和社会保障功能。

我国2009年《保险法》第16条改变2002年《保险法》将不可抗辩条款适用范围限定为“投保人申报的被保险人年龄不真实”的局限性，全面确立不可抗辩条款，限制保险人的合同解除权，削弱了保险人随时争议合同有效性的强势地位，为被保险人高度信任保险单所能带来的期待利益提供了保障。[①] 多数学者认为，这是商事法律维护交易公平原则在保险法领域的体现，是对保险人和投保人之间利益失衡的制度性矫正，实现了保险人与投保人间的实质公平，对于维护保险业信誉、重塑保险业形象、促进保险市场的拓展、保障保险交易的安定性具有积极意义。但是，在利益平衡和价值选择上，不可抗辩条款基于保险人滥用合同解除权的可能，阻却了保险人本身合法拥有的抗辩权利，是为了保护一项私权而否定另一项私权。同时，该条款使得投保人的意思表示瑕疵在经过一定的抗辩期间后转变成不可抗辩的事由，实质上也违背了合同法基本原理——欺诈使合同无效，使得恶意骗取保险金的欺诈行为借两年不可抗辩期间的规定得以逃脱责任，突显了法律对不合理的宽容，为潜在的保险欺诈突破法律的围追堵截提供方便。在法理层面认为不可抗辩条款缺

① 常敏：《保险合同可争议制度研究》，《环球法律评论》2012年第2期。

乏合理解释的同时，《保险法》第16条还会导致不可抗辩条款的适用常与被保险人欺诈等问题纠缠不清，主要问题是：

一、未规定2年内死亡的情形

如果按文义理解，“自合同成立之日起超过2年的，保险人不得解除合同”，表达的含义是：合同成立经过2年时间后，无论被保险人在两年期限内是否死亡，保险人都不能解除合同。如果被保险人在保险合同成立2年内死亡，但是拖延到2年后报案并申请理赔的，即使保险人调查后发现其存在故意的重大不告知情形，也无法解除合同。因此，《保险法》第16条的规定未明确2年内发生保险事故但2年后理赔的情形。投保人投保时告知不实，但在保险合同成立后2年内出险却不通知保险人，等满2年后再申请理赔，将使保险人丧失抗辩的机会和权利，无疑给少数骗保者以可乘之机。滥用不可抗辩条款导致保险人的赔付风险增加，对于多数合法经营的保险人造成新的不公平。

二、未规定适用不可抗辩条款的例外情形

其他国家或地区，对于不可抗辩条款的适用，一般规定有四个方面的例外：（1）承保范围之争不适用不可抗辩条款；（2）保险合同不成立或无效的保险合同，如投保人对保险标的不具有保险利益、在订立保险合同之前保险事故已发生或保险标的已灭失、投保人为无民事行为能力的人订立以死亡为给付保险金的人身保险合同、投保人为了获得非法利益而恶意投保人身保险合同等情形，不适用不可抗辩条款；（3）保险欺诈，如投保人恶意或故意不告知或虚构保险标的，不适用不可抗辩条款；（4）未满足保险人提出的某些条件，例如未足额交纳保险费的，不适用不可抗辩条款。在我国，关于不可抗辩条款的规定，《保险法》不区分故意或者重大过失，均可适用不可抗辩条款，这在一定程度上会助长保险欺诈之风。保险人本来只对承保范围承担保险责任，如果保险人无须承担保险责任，当然不适用不可抗辩条款。而按照《保险法》第16条的文义理解，只要保险合同成立经过2年，不管这期间发生了什么，保险人都不再享有合同解除权，合同自此成为效力确定的文件，投保方无条件地受到保护。即便在保险合同成立两年内被保险人自杀，或两年内死亡的被保险人投保时隐瞒了重大事实，以及投保人以欺诈手段订立了原本无效的合同，保险人都不能解除合同，反而因投保方的拖延报案成为效力确定的合同，这显然有违公平原则。同时，保险利益是不得抛弃的强制性要件，没有保险利益将导致保险合同无效，对保险利益的争辩不能在不可抗辩条款的调整范围之内。[①]

三、不可抗辩期限从保险合同成立之日起算不科学

不可抗辩条款是对投保人未履行如实告知义务而产生的合同解除权的一种限制，保险人解除合同的前提是保险合同已经成立。如果保险人主张保险合同未成立，则不受不可抗辩条款的限制。根据《保险法》第13条规定，投保人提出保险要求，经保险人同意承保，保险合同成立。但在人身保险合同复效中，不可抗辩条款适用涉及两个问题：（1）初次签订保险同时存在不实告知；（2）投保人申请复效时存在不实告知。若投保人申请复效时，保险人明确要求投保人履行如实告知义务的，则不可抗辩条款应该从复效时起算；但保险人没有要求投保人履行如实告知义务的，投保人复效时只要交纳了保险费，保险合同效力便自然恢复，应以初次签订保险合同的时间为起算点。

① 樊启荣：《保险契约告知义务制度论》，中国政法大学出版社2004年版，第281页。

四、短期消灭时效的规定似过于严苛

该规定敦促保险人及时采取措施解除合同，以避免投保方期待利益的损失。但是现实中，保险人了解到实情后，并不一定希望解除合同，而是默然接受，或希望根据真实的情况与投保人重新进行协商，适当增加保费并继续维持合同的效力，这也是投保人愿意接受的结果。但保险合同双方当事人重新协商需要的时间往往不止《保险法》第 16 条所规定的“三十日”，所以现行的规定在一定程度上剥夺了保险人的这种选择机会。

在我国信用体制尚未完全建立、人们诚信意识不强、不可抗辩条款的广泛适用将导致“保险欺诈”这一隐患的情况下，不应让不可抗辩条款成为投保人恶意欺诈的保护伞，应结合我国的国情，恰当吸纳不可抗辩条款适用的限制制度，以调整保险当事人间的利益平衡，实现这种制度的本土化。

一、延长可抗辩期间

我国《保险法》将可抗辩期间规定为两年过短。作为大陆法系代表的德国在其国民诚信度较高的情况下还规定了较长的可抗辩期间。德国《保险契约法》第 163 条规定：“保险人在契约订立后经过 10 年，即使发现投保人在缔约时有违反其应尽的告知义务，也不可以解除契约。但投保人恶意违反者，不在此限。”该条规定可抗辩期间为保险合同订立后 10 年内，且恶意违反告知义务的，不受不可抗辩条款的制约。因此，我国《保险法》应适当延长保险人可抗辩期间，3 年较为合理。同时，应允许保险人与投保人重新进行协商，协商期间不计入 30 日的短期消灭时效期间。

二、规定该条款的适用条件

各国或地区保险法均对不可抗辩条款的适用予以严格的限制。如美国明确规定“不可抗辩条款”适用的两个前提条件：一是投保人必须按时交付保费，使寿险合同至两年抗辩期间届满时一直保持有效；二是两年抗辩期间届满时被保险人必须存活。只有符合这两个条件，不可抗辩条款才生效，否则保险公司有权对寿险合同的有效性提出抗辩。[①] 我国香港特别行政区也明确规定，如果投保人出于欺诈的目的不如实告知，则不受“不可抗辩条款”的约束。显然，“不可抗辩条款”的适用是有前提条件的，其将恶意的欺诈行为排除在外。综合各国或地区的保险立法可见，不可抗辩条款的适用存在例外，如承保范围、保险合同不成立、严重的欺诈、未满足保险人提出的某些条件等都不适用不可抗辩条款。[②] 同时应规定抗辩期间内发生保险事故的，不适用不可抗辩条款，并区别故意和重大过失，规定不同的抗辩期间。

三、起算点为保险合同生效之日

我国《保险法》规定不可抗辩条款的目的在于防止保险人滥用解约权，使得保险人因投保人未履行如实告知义务而解除合同的权利受到限制。但是，解除合同建立在保险合同成立并生效的基础之上，若保险人在人身保险合同中约定，保险合同的生效以投保人交纳首期保险费为条件，那么，尽管保险合同经投保人要约和保险人承诺而得以成立，但因投保人未交纳保险费，保险合同尚未生效，此时不存在保险人解除合同的前提，更无从言及保险人抗辩期间的界定问题。因此，保险人以投保人未履行如实告知义务为由主张解除合

① ［美］缪里尔·L. 克劳福特：《人寿与健康保险》，周伏平等译，经济科学出版社 2000 年版，第 371—372 页。

② 梁鹏：《保险人抗辩限制研究》，中国人民公安大学出版社 2008 年版，第 320—328 页。

同的可抗辩期间，应从保险合同生效之日起算。

当然，随着保险业的发展，不可抗辩条款的法律功能已经有新的突破和发展，已从单纯地限制保险人抗辩权利行使的时间表，向控制保险单除外责任条款的内容发展。

第三节 人身保险合同保险金的给付

一、保险人承担保险金给付义务

按照人身保险合同的约定，被保险人在保险期间因保险事故伤残、死亡或被保险人生存至特定年龄或保险期满，保险人负有给付全部或部分保险金的责任。保险金的给付数额、时间、地点、方式等按照人身保险合同的约定履行。

（一）给付数额

保险人应按照人身保险合同约定的保险金额给付保险金：（1）被保险人在保险期间因保险事故伤残的，应提供有效的伤残程度证明，保险人按照人身保险合同约定及伤残程度给付全部或部分保险金。（2）被保险人在保险期间因保险事故死亡，被保险人指定受益人的，保险人按照人身保险合同的约定给付全部保险金给受益人；被保险人没有指定受益人或受益人先于被保险人死亡或受益人依法丧失受益权的，保险人向被保险人的继承人按照《继承法》的规定给付保险金。（3）被保险人在保险期间因意外事故或疾病支出医疗费用的，保险人按照保险合同的约定在保险金额内依据被保险人的实际损失予以补偿。

（二）给付期限

人身保险合同明确约定保险金给付期限的，保险人应在合同约定的期限内向被保险人或受益人履行给付义务；没有约定保险金给付期限的，根据我国《保险法》第23条的规定，保险人收到被保险人或者受益人给付保险金的请求后，应当及时作出核定；情形复杂的，应当在30日内作出核定。属于保险责任的，在与被保险人或受益人达成给付保险金协议10日内，保险人履行给付保险金义务。保险人未及时履行给付保险金义务的，应承担违约责任，除给付保险金外，还应当赔偿被保险人或受益人因此受到的损失。

（三）给付方式

人身保险合同保险金的给付方式主要有：（1）一次性给付，是指保险人将保险金一次性以现金或支票方式支付给被保险人或受益人。（2）定期收入方式，是指保险人按照保险合同的约定，在约定的给付期间内，以预定的利率，以年金结算的方式，计算出每期给付的金额，按照年（或月、季）给付保险金。保险实务中，保险合同约定的给付期不超过30年，且每期实际给付的保险金数额有所不同。保险人通过投资实得的收益超过预定利率的，保险人应另行给付超过的利息。[①]（3）终身收入方式，是指保险人按照保险合同的

① 李玉泉主编：《保险法学案例教程》，知识产权出版社2005年版，第260页。

约定，以每次计算出的保险金数额给付保险金，直至被保险人死亡。（4）定额收入方式，是指被保险人根据保险人所提供的每隔若干周期的固定金额选择给付周期和数额，直至保险金本金利息全部给付完毕。

（四）先予给付

在保险实务中，保险人通常在人身保险合同约定的给付期限内依据确定的保险金数额一次性给付保险金，但为保障被保险人或受益人的生活秩序，我国《保险法》确立了先予给付制度，保险人自收到被保险人和受益人给付保险金的请求和有关证明、资料之日起60日内，对其给付保险金的数额不能确定的，应当根据已有证明和资料确定的数额先予支付；保险人最终确定给付保险金的数额后，应当支付相应的差额。

（五）给付保险金义务的免除

按照《保险法》的规定，保险人在下列情形，免除给付保险金的义务：

（1）人身保险合同无效。订立人身保险合同时，投保人对被保险人不具有保险利益的，保险合同无效，保险人不承担给付保险金的责任。以死亡为给付保险金条件的人身保险合同，未经被保险人同意并认可保险金额的，合同无效，保险人亦不承担给付保险金的责任。

（2）以死亡为给付保险金条件的人寿保险合同，自合同成立或合同效力恢复之日起2年内，被保险人自杀的，保险人不承担给付保险金的责任，但被保险人自杀时为无民事行为能力人的除外。

（3）因被保险人故意犯罪或者抗拒依法采取的刑事强制措施导致其自身伤残或者死亡的，保险人不承担给付保险金的责任。

（4）投保人故意造成被保险人死亡、伤残或者疾病的，保险人不承担给付保险金的责任。

（5）受益人故意造成被保险人死亡、伤残、疾病，或者故意杀害被保险人未遂的，该受益人丧失受益权。在以死亡为给付保险金条件的人寿保险合同中，被保险人因该受益人加害而死亡的，保险金作为被保险人的遗产按照《继承法》的规定予以处理。加害受益人是被保险人唯一继承人时，保险人是否免除给付保险金责任？我国《保险法》对此没有明确规定，但基于该受益人造成被保险人死亡，保险人有权免除给付保险金的义务。

二、返还保险单现金价值

人身保险合同在投保人交纳保险费一定期间后都存有一定的保险现金价值。人身保险单的现金价值主要来源是：（1）在均衡保费制下，投保人早期超交的保险费；（2）累积所生的利息；（3）生存者利益（在保险期间被保险人死亡，其所享有的保险费及其利益）。[①]人身保险单的现金价值原则上属于投保人所有，且不因保险合同效力的变动而丧失。

依照我国《保险法》的规定，在下列情形下，保险人依法不承担给付保险金义务，仍应向投保人或受益人返还保险单现金价值：

① 温世扬主编：《保险法》，法律出版社2003年版，第365页。

（1）投保人申报的被保险人年龄不真实，并且其真实年龄不符合保险合同约定的年龄限制，保险人行使合同解除权的，应按照合同约定退还保险单的现金价值。

（2）投保人没有按照保险合同的约定交纳保险费导致保险合同效力中止，且自合同效力中止之日起满 2 年保险双方当事人未达成协议，保险人行使合同解除权的，应当按照合同约定退还保险单的现金价值。

（3）投保人、受益人故意造成被保险人死亡、伤残或者疾病的，保险人不承担给付保险金的责任，但投保人已交足 2 年以上保险费的，保险人应当按照合同的约定向其他权利人退还保险单的现金价值。

（4）以被保险人死亡为给付保险金条件的合同，自合同成立或合同效力恢复之日起 2 年内，被保险人自杀的，保险人不承担给付保险金责任，但应按照合同约定退还保险单的现金价值。

（5）因被保险人故意犯罪或者抵抗而依法对其采取刑事强制措施，导致其伤残或者死亡的，保险人不承担给付保险金责任，但投保人已交足 2 年以上保险费的，保险人应当按照合同约定退还保险单的现金价值。

（6）投保人解除保险合同的，无论投保人交足保险费 1 年以上还是 2 年以上，保险人均应当自收到解除合同通知之日起 30 日内，按照合同约定退还保险单的现金价值。

三、保险单的质押

人身保险单的现金价值是投保人溢交保险费累积而来的，我国《保险法》肯定人身保险单的现金价值。《保险法》第 47 条规定投保人可以随时解除保险合同，取回保单的现金价值，因此，人身保险单的现金价值请求权具有确定性和可转让性。《担保法》虽然没有将保单质押纳入权利质押的具体类型，但原则性地承认保单的可质押性。保单质押是指投保人在不影响投保权益的情况下，将具有一定现金价值并且未到给付期的保单作为质押，向保险公司或银行申请贷款获得短期资金的一种融资方式。保单质押使得投保人利用保单现金价值获得短期贷款以解决资金短缺问题，且不影响保险合同的效力；保险人也可以通过质押贷款业务给人寿保险产品赋予新的流动性功能，也是银行开拓信贷市场的新渠道。

（一）保单质押的对象

根据承保范围，保单分为人身保单和财产保单。财产保单以财产及其有关利益为保险标的，保险事故的发生具有不确定性，因此财产保单的保险金请求权处于不确定状态，且因不具有储蓄性质而不能成为保单质押的对象。《最高人民法院关于财产保险单能否用于抵押的复函》明确规定："财产保险单是保险人与被保险人订立保险合同的书面证明，并不是有价证券，也不是可以折价或者变卖的财产。因此，财产保险单不能用于抵押。"

人身保单分为人寿保单、意外伤害保单、健康保单。终身保险的人寿保单带有储蓄性，保险人向被保险人或受益人给付保险金的义务最终一定会发生，具有确定性，因此可以作为质押对象。对于定期保单，保险人提供一个确定的保险期间，而在保险期间内被保险人死亡有不确定性，无法为质权提供有效而可靠的担保，因此不能作为质押对象。对于生存保单，被保险人死亡后，保险人就不再负有给付保险金的义务，而被保险人是否发生死亡的保险事故也具有不确定性，因而亦不能成为质押对象。意外伤害保单是被保险人在保险期间因意外事故伤残或死亡，其意外事故的发生具有不确定性，不能作为质押对象。健康保单的保险金给付义务取决于被保险人的身体健康状况，传统的健康保单因被保险人健康状况的不确定性而不能成为质押对象。但随着保险业的发展，投保人和保险人约定交足 2 年以上的保险费便具有较确定性的保险现金价值的健康保单，可以作为保单质押对象。

（二）保单质押的主体

人身保单质押体现的是保险现金价值的请求权，因此保单质押只能以投保人所拥有的保单现金价值请求权作为质押标的。保险单现金价值是通过投保人交纳保险费累积而来，所以投保人是保单质押的出质人。但为防范投保人杀害被保险人的道德风险，《保险法》第 34 条规定，以死亡为给付条件的保险单，未经被保险人同意，不得质押。因此，在被保险人和投保人为同一人时，投保人可以自主决定以保单进行质押；在投保人与被保险人不是同一人时，投保人以保单质押时，应提供被保险人签字同意质押的书面证明。

受益人是人身保险合同的关系人，基于投保人、被保险人的指定而产生，在保险事故发生前，投保人和被保险人可以变更受益人，受益人的法律地位处于不确定状态，对保单的保险金请求权不具有明确性，不能提供可靠稳定的质押担保，因此，受益人不能成为保单质押的主体。投保人对保单进行质押时，也无须经受益人同意。《保险法司法解释三》第 16 条第 1 款明确规定，保险合同解除时，投保人与被保险人、受益人为不同主体，被保险人或者受益人要求退还保险单的现金价值的，人民法院不予支持，但保险合同另有约定的除外。一般认为，该司法解释已明确保单现金价值归属于投保人。

但是，值得注意的是，在某些特殊情形下，投保人并非保险单现金价值请求权的唯一主体。在投保人、被保险人与受益人的身份分离的情形下，虽然投保人对保单现金价值享有处分权，但保险金请求权由被保险人或受益人享有，一旦在被担保的债权未至清偿期时发生保险事故或者被担保债权的清偿期后于出质的保险债权，将触发保险金请求权，此时投保人将保单质押的，将导致越权处置被保险人或受益人的保险金请求权问题。① 同时，按照《保险法》第 16 条第 4 款的规定，投保人故意不履行如实告知义务的，保险人可以解除保险合同，且不承担给付保险金的责任或退还保险现金价值。这时的保单现金价值属于保险人。并且，根据《保险法》第 43 条的规定，投保人故意造成被保险人死亡、伤残或疾病的，如投保人已交足 2 年以上保险费，保险人应当按照合同约定向其他权利人退还保单现金价值，而此时的其他权利人被认为是保单现金价值请求权的主体。② 因为被保险人或受益人对保单现金价值具有利害关系，只有在投保人对人身保单具有可实现的保险现金价值且不损害被保险人或受益人的合法权益时，才能质押保单。

我国《保险法》没有明确规定保单质押质权人的资格，但实务中通常是提供贷款的保险公司或银行。

---

① 贾林青：《论保单质押的适用与风险防范——兼论我国〈保险法〉的修改完善》，王保树主编：《中国商法年刊（2008 年）：金融法制的现代化》，北京大学出版社 2009 年版。

② 张力毅：《论我国银行保单质押面临的理论困境与实践难题——兼议银行法律风险的防范》，《上海金融》2015 年第 5 期。

（三）保单质押的实现

保险公司是人身保险合同的当事人，当投保人以保险单进行质押时，保险人可以在保险单的现金价值范围内予以贷款。投保人质押保单但无法偿还到期的贷款本息时，保险公司可以利用保险合同当事人的便利条件解除保险合同，并对保单的现金价值优先受偿。投保人就质押保单贷款到期不还的本息达到保险责任准备金数额的，保险合同效力终止。

在保单质押中，银行不是保险合同的当事人。因此，投保人无法偿还保单质押贷款本息时，银行无法解除保险合同，只能通过银保合作，按照质押贷款协议进行保单质押的变现。

本节理论与实务研讨

保单现金价值能否强制执行？

人身保单的财产属性，主要体现在其现金价值。保单现金价值应归属于投保人所有，故一旦投保人负债无法清偿，又无其他可供执行之财产，必然涉及对保单现金价值强制执行的问题。然而，保单现金价值能否强制执行？如何强制执行？对此存在诸多争议。

否定论的主要观点是：（1）人身保险合同是投保人为自己或者他人设定保险保障的合同，不能与有价证券或物权凭证完全相提并论。人身保险不具有流通性，不能简单地归类到财产的范畴。（2）保险现金价值的强制执行建立在解除保险合同的基础上，而强制退保违反《保险法》第15条“除本法另有规定或者保险合同另有约定外，保险合同成立后，投保人可以解除保险合同”的规定。可见，在《保险法》没有相关规定或保险合同另有约定时，保险人原则上没有人身保险合同的解除权。作为强制执行机构的人民法院不具有解除人身保险合同的权利，因此，保险单的现金价值无法被强制执行。（3）强制退保违反人身权的基本原理，人身保险合同是被保险人基于身体和生命产生的利益保障，这一利益是无法用金钱计算的，具有很强的人身依附性。人身权具有不得转让、放弃或被剥夺性，因此强制执行人身保险单的现金价值实际上是在剥夺投保人的人身权。（4）人身保险合同项下的现金价值，在未退保的情况下均属于保险人的资产，不能视为投保人的财产。投保人向保险人交纳保险费，便不再享有处置该款项的权利。人身保险合同履行中形成的保险单现金价值也是保险人的资产，只有在投保人退保后，现金价值才与保险人的资产相分离。强制执行未退保的人身保险单现金价值是对资产性质和执行对象认定错误导致的。（5）强制退保严重损害投保人或被保险人的利益。投保人或者被保险人基于人身保险合同，享有对未来风险的一定保障。法院的强制执行将导致预期利益落空，而且退保的保险单现金价值远远少于所交纳的保险费，如果想恢复原人身保险合同所确定的保障条件，需要交纳的保险费远远超出退回的保险单的现金价值。①因此，未经投保人同意或授权，任何第三人包括法院不得强制作出退保的行为。

在司法实践中，投保人或保险公司则多数主张法院无权强制（代位）解除保险合同。②

---

① 林刚：《人民法院强制退保以执行投保人债务之我见》，《上海保险》2009年第1期。

② 参见河北省高级人民法院（2017）冀执复57号执行裁定书。

法院强制解除未到期保险合同，强力干预并驳回投保人和保险公司之异议申请，属于执行行为错误。[①]人寿保险对被保险人具有保险保障作用，若投保人未主动解除保险合同，执行法院强制解除，将损害被保险人获得保险金之权益。[②]否认保单现金价值强制执行的法院也认为：（1）投保人交纳保险费后，保费应归属保险公司所有；[③]（2）保单现金价值并非到期债权，投保人取得保单现金价值以解除保险合同为前提，在保险合同解除之前，保险公司并不负有向投保人支付保单现金价值的义务；[④]（3）投保人实现其保单上的财产性权益附有期限或条件，在期限未届满且条件未成就的情况下，投保人不享有该财产性权益；[⑤]（4）保险公司无权单方面解除保险合同，否则投保人仅能领取保单现金价值，不再享有保险合同的相关权益，故强行解除保险合同，保险公司必将承担违约责任；[⑥]（5）人寿保险具有人身依附性和专属性，不宜成为强制执行标的。[⑦]

肯定论的主要观点是：（1）人身保险单现金价值具有财产属性，不属于人身权范畴。投保人交纳保险费达一定年限后，保险单有相应的现金价值。保险人不愿意继续投保而要求退保的，保险单具有的现金价值不因此丧失，所以，保险单的现金价值因财产属性而具备可执行的前提条件。（2）保险单的现金价值是一种债权性财产，投保人交纳两年以上的保险费，保险公司应向投保人支付与合同约定的现金价值等额的金钱，投保人虽然不能直接占有和支配，但在解除保险合同时有请求保险公司根据合同约定支付现金价值的权利。虽然在保险合同解除前，投保人对保险单现金价值只享有期待权，但当条件具备时，这种期待权就转为既得权。（3）保险单现金价值的归属具有确定性，不归属于被保险人或受益人，投保人对该项财产享有抵押、转让等处分权能。因此，保险单现金价值的所有人确定、身份明确，是投保人的投资性权益，为保险单现金价值的查询、查封、冻结提供可操作的有利条件。（4）人身保单的现金价值不属于《最高人民法院关于人民法院民事执行中查封、扣押、冻结财产的规定》第5条所规定的不得查封、扣押、冻结财产的范围，也不是被执行人及其所扶养家属必需的生活物品和生活费用，具有可执行性。且与保险事故发生后保险公司应当支付的保险金不同，保单现金价值不具有人身依附的专属性。[⑧]即使是分红型的人寿保单现金价值，也不是被执行人为维持基本生活所必需（除非年金保险合同的年金返还数额为当地家庭最低生活保障标准且为今后家庭唯一收入来源）。（5）符合

---

① 参见山东省高级人民法院（2015）鲁执复字第107号执行裁定书。

② 参见山东省高级人民法院（2016）鲁执复字第119号执行裁定书。

③ 如山东省高级人民法院（2015）鲁执复字第107号执行裁定书、河北省唐山市玉田县人民法院（2017）冀0229执异23号执行裁定书。

④ 如河北省高级人民法院（2017）冀执复57号执行裁定书、江苏省宿迁市中级人民法院（2017）苏13执复19号执行裁定书。

⑤ 如山东省滨州市中级人民法院（2015）滨中执异议字第7号执行裁定书、江苏省宿迁市宿豫区人民法院（2017）苏1311执异11号执行裁定书。

⑥ 如山东省济宁市中级人民法院（2015）济执复字第47号执行裁定书、山东省济南市中级人民法院（2015）济执复字第2号执行裁定书。

⑦ 如安徽省马鞍山市中级人民法院（2017）皖05执复20号执行裁定书、山西省阳泉市中级人民法院（2018）晋03执异3号执行裁定书。

⑧ “邓某、兴铁一号产业投资基金合伙企业财产份额转让纠纷执行案”，最高人民法院（2020）最高法执复71号。

《保险法》第15条的立法宗旨。该条对保险人解除保险合同作出严格限制，其立法本意在于避免保险人滥用合同解除权，从而保护投保人的合法权益，此并非对人民法院强制保单现金价值的排斥性规定。① 退还投保人保险现金价值属于保险合同解除后将合同双方权利义务关系恢复到合同未订立时的状态的一种措施，因此，在保险合同生效期间，投保人的现金价值请求权作为投保人的债权，应当可以作为强制执行的对象。

在司法实践中，支持保单现金价值具有可执行性的法院则大多认为，保单现金价值基于投保人所交纳保险费而形成，属于投保人依法享有的财产权益，构成投保人的责任财产，且该财产权益既不具有人身依附性和专属性，亦非被执行人及其所扶养家属所必需的生活物品和生活费用，不属于《最高人民法院关于人民法院民事执行中查封、扣押、冻结财产的规定》所规定的不得执行的财产。②

如果肯定保单现金价值的可执行性，那么，法院如何通过强制（代位）解除保险合同后直接扣划的方式实现对保单现金价值的强制执行？投保人和保险公司多数认为保单现金价值并非投保人到期收入，法院不应直接适用提取程序；投保人与保险公司之间属于保险合同关系而非储蓄合同关系，投保人所交纳保费不同于银行存款，故不能像银行存款一样执行。③ 司法实务中，法院大多采取直接从保险人账户扣划现金价值的方式实现对保单现金价值的变价清偿。部分地方法院关于强制执行的规范性文件也规定，法院可以向保险公司发出执行裁定书、协助执行通知书，要求协助扣划保险产品退保后可得财产利益，保险公司负有协助义务。如在规范性文件中规定了“人民法院可以要求投保人签署退保申请书……”“投保人下落不明或者拒绝签署退保申请书的，人民法院可以直接向保险公司发出执行裁定书、协助执行通知书，要求保险公司解除保险合同……”等相应程序。④

保险现金价值的强制执行关涉投保人、被保险人、受益人及债权人之利益，保险合同是投保人和保险人双方当事人的真实意思表示，非经法定程序，任何单位和个人不能否认合同的法律效力，也无权强行终止合同的履行，除非投保人自愿配合法院退保，法院才可对返还的现金价值予以强制执行。保单现金价值返还请求权不属于附条件债权，法院或债权人无权代位行使合同解除权。保单现金价值存在多元变现方式，如保单质押贷款权、投资账户价值部分提取权、红利请求权等，通过行使这些权利均可以将保单现金价值转化为货币金钱，这些多元变现权利可以作为保单现金价值强制执行标的，解决保单现金价值返还请求权执行说所陷入的困局，并回归强制执行的“变现”本质，以保单现金价值多元的变现方式为基础，复原保单现金价值合法、合理的强制执行路径。⑤

---

① 陈禹彦：《执行与保险之交错——浅论人寿保险中保单现金价值的强制执行》，《上海保险》2018年第12期。

② 如山东省高级人民法院（2015）鲁执复字第108号执行裁定书、马鞍山市中级人民法院（2017）皖05执复20号执行裁定书、曲阳县人民法院（2018）冀0634执异2号执行裁定书、连云港市海州区人民法院（2017）苏0706执异127号执行裁定书等。

③ 参见河北省高级人民法院（2017）冀执复57号执行裁定书。

④ 参见浙江省高级人民法院2015年《关于加强和规范对被执行人拥有的人身保险产品财产利益执行的通知》、江苏省高级人民法院2018年《关于加强和规范被执行人所有的人身保险产品财产性权益执行的通知》。

⑤ 何丽新、梁嘉诚：《保单现金价值强制执行的反思与重构》，《保险研究》2019年第1期。

本章法考与考研练习题

一、单项选择题

1. 老王给老婆投保了金额为 20 万元的人身保险，受益人是 20 岁的儿子小王，保险期限 5 年。后来老王做生意需要钱，遂准备将此保险合同退保，老婆和儿子都不同意。下列说法正确的是（ ）。

A. 老王有权解除该保险合同

B. 因老婆不同意退保，老王不能解除此保险合同

C. 因儿子不同意退保，老王不能解除此保险合同

D. 如果老婆向老王支付了相当于保单现金价值的款项，并通知了保险公司，此合同不能解除

2. 甲为妻子乙投保了以其死亡为给付保险金条件的人身保险，并指定其子小甲为受益人。甲投保时并未征得乙同意，但在后来保险公司回访时，乙称对于保险合同的内容已知情且对保险金额予以认可。2017 年甲与乙离婚，小甲由乙抚养。2017 年 12 月，在一次交通事故中，乙与小甲死亡，且不能确定死亡先后顺序。对此，下列说法正确的是（ ）。

A. 保险合同有效，保险金归甲所有

B. 保险合同有效，保险金归小甲的继承人所有

C. 保险合同有效，保险金归乙的继承人所有

D. 因投保时未征得乙同意，故该保险合同无效，保险公司无须赔偿

3. 张老汉和妻子李某居住在单位公租房内，后妻子李某因病去世。张老汉与家中保姆何某相爱。婚后，张老汉用 10 万元养老保险金购买了该公租房并登记在自己名下。关于养老保险金和房屋的归属，下列说法正确的是（ ）。

A. 10 万元养老保险金属于张老汉的个人财产

B. 房屋属于张老汉和前妻李某共有

C. 房屋属于张老汉所有

D. 房屋属于张老汉和保姆何某共有

4. 甲为自己投保一份以死亡为给付保险金的人身保险合同，在体检时发现自己患有不能承保的慢性疾病，保险公司业务员乙知情后仍然想办法为甲办理了该保险并收取了保费，受益人栏目中注明“法定”，未约定受益的顺序和份额。一年后，甲发病身亡。下列说法正确的是（ ）。

A. 受益人约定为“法定”，该受益人的指定无效

B. 保险赔偿金由甲的妻子和儿子平均分配

C. 甲未履行如实告知的义务，保险公司可以解除合同

D. 保险公司无须给付保险赔偿金

二、简答题

1. 简述人身保险合同的特性。

2. 人身保险的投保人何时有保险利益？

3. 人身保险的保单现金价值可否强制执行？

4. 简述人身保险中不存在保险代位求偿权的原因。

三、案例分析

2008 年 8 月 21 日，原告徐再英在被告大众保险股份有限公司嘉兴中心支公司投保了“个人人身意外伤害综合保险”，保险期限为 2008 年 8 月 21 日至 2009 年 8 月 20 日。2009 年 4 月 19 日，原告驾驶摩托车与案外人苏海英驾驶的轿车发生交通事故，原告共支出医疗费 8 230.24 元。交通事故发生后，原告从中国平安财产保险股份有限公司海盐支公司及苏海英处获得交通事故赔偿款共计 54 161.88 元（其中包括医疗费 8 230.24 元）。之后，原告到被告处办理个人人身意外伤害医疗保险理赔时遭到拒绝，故原告诉至法院，请求判令被告支付其人身意外伤害医疗保险金 2 000 元。被告答辩称，原告所主张的医疗费已经从第三者处获得赔付，根据损害补偿原则，被告不予重复赔偿。

问题：人身保险合同是否适用损害补偿原则？

本章法考与考研练习题参考答案

第八章　人身保险合同各论

【导　语】

人身保险合同主要分为人寿保险合同、健康保险合同和意外伤害保险合同。人寿保险合同是以被保险人的寿命为保险标的，被保险人在合同规定的年限内死亡或达到合同约定的年限仍然生存的，由保险人按照约定向被保险人或者受益人给付保险金的合同。人寿保险不存在超额保险和重复保险，不存在保险代位求偿权。以被保险人死亡为给付保险金条件的人寿保险，应经被保险人同意。在投保人未如期交纳保险费导致保险合同效力中止的情况下，投保人可以申请恢复保险合同的效力。年金保险合同是以被保险人生存为给付保险金条件的一种人寿保险合同，有关人寿保险合同的规定，适用于年金保险合同。健康保险合同是在被保险人疾病、分娩以及由此导致支出、残疾或死亡时，保险人负有给付保险金义务的人身保险合同。健康保险合同不具有典型的储蓄性或投资性，带有损害补偿因素，被称为"第三领域保险"。意外伤害保险合同是以意外事故导致被保险人伤残或死亡为保险金给付条件的人身保险合同。此处的"意外事故"以"外来的、突发的、非本意的、非疾病的"进行界定。

第一节　人寿保险合同

一、人寿保险合同的界定

人寿保险合同是指以被保险人的寿命为保险标的，由投保人和保险人约定，被保险人在合同约定的年限内死亡或仍然生存的，由保险人按照合同约定向被保险人或者受益人给付保险金的人身保险合同。狭义上的人身保险合同通常是指人寿保险合同，保险人在被保险人死亡或者生存达到特定年龄或时期（如婚嫁、受教育等）承担给付保险金义务。

以保险金的给付条件为标准，人寿保险合同可以分为生存保险合同、死亡保险合同和生存死亡两全保险合同。生存保险合同中，被保险人生存达到约定的保险期间的，保险人承担给付保险金责任。若被保险人在保险期间内死亡，将无法获得保险保障，保险人不承担给付保险金责任，也不退还保险费。生存保险合同的目的在于保障被保险人因年老体弱而无法工作或收入减少时，贴补所养育子女的教育费用、被保险人自身的养老金等。由于生存保险以被保险人达到一定年龄或在保险期间届满时仍然生存作为保险事故，而被保险人在保险期间届满时是否仍然生存并不确定，因此保险人是否必须承担给付保险金的义务也不确定，因此生存保险不属于资本性保险。死亡保险合同是以被保险人死亡为给付保险金条件的人寿保险合同。在死亡保险合同中，由于被保险人死亡的保险事故一定会发生，受益人一定会获得保险金的给付，因此具有投资或储蓄性质。依据所约定的保险期间，死亡保险合同又可分为定期保险合同和终身保险合同。定期保险合同是保险期间为固定年限的死亡保险合同，而终身保险合同是保险期间为终身的死亡保险合同。在定期保险合同中，被保险人在保险期间内死亡，保险人给付保险金给受益人；但被保险人在保险期间届满仍然生存的，保险人不承担给付保险金责任。定期保险合同对被保险人在特定期间内的死亡风险提供保险保障，适合于在特定时期内从事危险工作的年轻人。终身保险合同是指以被保险人的生存期间作为保险期间，以被保险人死亡作为保险事故的人寿保险合同。终身保险合同因被保险人迟早会死亡，因此保险事故必然会发生，此种保险合同提供终身保障，因而具有较强的储蓄和投资性质。终身保险的保单具有现金价值，投保人在保险期间退保的，发生保单现金价值的返还问题，投保人也可以在保单的现金价值限额内进行保单质押贷款。生存死亡两全保险合同，又称混合保险合同，是指在保险期间内被保险人死亡，保险人给付保险金给受益人，或保险期间届满，被保险人仍然生存，保险人给付保险金给被保险人的人寿保险合同。因被保险人生存或死亡均是保险事故发生，因此，不论被保险人在保险期间生存与否，被保险人或受益人均可获得相应的保险保障，可谓在保险期间内保险事故必然发生。生存死亡两全保险，既可以保障被保险人的晚年生活，又能解决因被保险人死亡而造成的家庭生活困难。

以被保险人的人数为标准，人寿保险合同可以分为单独保险合同、联合保险合同和团体保险合同。单独保险合同是指被保险人为一个自然人的保险合同。联合保险合同是指被保险人为具有一定利害关系的两个或两个以上的自然人的保险合同，如夫妻、个体工商户、农村承包经营户等，其中一人死亡或达到保险合同约定年龄仍然生存的，即构成给付条件。在保险期限届满时被保险人均生存的，保险人给付的保险金由联合被保险人分享。团体保险合同是指以企事业单位、社会团体、机关团体等为投保人，以该团体的成员为被保险人，以被保险人各自指定的人为受益人的人寿保险合同。团体保险合同的保险人只需向投保团体签发一张总保险单，每一个被保险人持有一个保险凭证作为保险关系的依据。

以保险期间的长短为标准，人寿保险合同可以分为短期人寿保险合同、长期人寿保险合同和终身人寿保险合同。短期人寿保险合同是指保险期间不满 1 年的人寿保险合同。长期人寿保险合同是指保险期间在 1 年以上但不以被保险人的终身为保险期间的人寿保险合同。终身人寿保险合同是指以被保险人的终身为保险期间的人寿保险合同。短期人寿保险合同的保险费率较高，一般不发生保险单现金价值的返还问题。长期人寿保险合同的保险费率较低，交纳保险费 2 年以上的人寿保险单存在现金价值。终身人寿保险合同提供被保险人终身的保险保障，本质具有储蓄保险性质。因此，在长期人寿保险合同和终身人寿保险合同中，投保人退保的，保险单的现金价值可以返还。

以投保人与受益人是否同一人为标准，人寿保险合同可以分为利己性人寿保险合同和利他性人寿保险合同。利己性人寿保险合同是指投保人为自己的利益而签订的投保人与受益人为同一人的人寿保险合同。利他性人寿保险合同是指投保人为他人的利益而签订的投保人与受益人不为同一人的人寿保险合同。在利他性人寿保险合同中，投保人以外的其他人享有保险金给付请求权，主要包括投保人以自己为被保险人、以他人为受益人的保险合同，以及投保人以他人为被保险人、另行指定第三人为受益人的保险合同等。

以自己是否为被保险人为标准，人寿保险合同可以分为自己人寿保险合同和他人人寿保险合同。自己人寿保险是投保人以自己为被保险人订立的人寿保险合同。他人人寿保险合同是以他人为被保险人订立的人寿保险合同。在订立他人人寿保险合同时，投保人应对被保险人具有保险利益。以死亡为给付保险金条件的合同，还应经过被保险人的同意。未经被保险人同意并认可保险金额的死亡保险合同无效，但父母为未成年子女投保的死亡保险合同除外。

人寿保险合同具有人身保险合同典型特点：

（1）人寿保险合同以人的寿命为保险标的，因此被保险人只限于具有生命而独立存在的自然人，法人、胎儿以及死者不能成为人寿保险合同的被保险人，但不强制要求被保险人必须具有完全民事行为能力。

（2）人寿保险合同不存在超额保险和重复保险。人的生命价值是不可量化的，以人的生命投保生存保险、死亡保险或生存死亡两全保险，保险利益是被保险人的人格利益，不能用金钱价值予以准确衡量，不论其保险金额多寡，不存在超额保险的道德风险问题，不存在投保人、被保险人或受益人通过与保险人订立保险合同而获得额外利益的问题。因此，人寿保险合同一般是定额给付保险合同，其保险金额是投保人和被保险人在保险合同中约定的保险人承担保险责任或给付保险金的限额，被保险人或受益人在每一种人寿保险合同中均可以按照合同约定取得保险金额。同时，不论投保人投保多少种人寿保险，亦不受重复保险的限制，被保险人或受益人可以同时依据各种人寿保险合同得到约定的保险金额，不存在不当得利问题。

（3）人寿保险合同不存在保险代位求偿权。我国《保险法》第 46 条规定："被保险人因第三者的行为而发生死亡、伤残或者疾病等保险事故的，保险人向被保险人或者受益人给付保险金后，不享有向第三者追偿的权利，但被保险人或者受益人仍有权向第三者请求赔偿。"因此，人寿保险合同不存在保险代位问题，人寿保险合同约定保险代位条款的，其约定无效。[①] 同时，人寿保险合同所承保的生存或死亡的保险责任均是对被保险人人格权的伤害，而人格权具有专属性，亦不适用保险代位求偿权的相关规定。

（4）人寿保险单具有保单现金价值。保险单现金价值源于人寿保险特有的交费机制，因投保人以趸交或均衡的方式交纳保险费，投保前期所预交高于自然保费的部分将由保险人提存为保险责任准备金，扣除手续费后的差额称为保单现金价值。通说认为，保单现金价值应归投保人所有。我国《保险法》承认保险单的现金价值，投保人已交足 2 年以上保险费的，在保险期间投保人解除保险合同或由于某种原因导致保险合同终止的，保险人应按照保险合同的约定退还保单现金价值。

---

① 温世扬主编：《保险法》，法律出版社 2003 年版，第 371 页。

二、人寿保险合同的订立

（一）人寿保险合同的当事人

人寿保险合同的当事人是保险人和投保人。我国《保险法》第 95 条规定，保险人不得兼营人身保险业务和财产保险业务。但是，经营财产保险业务的保险公司经国务院保险监督管理机构批准，可以经营短期健康保险业务和意外伤害保险业务。因此，经营人寿保险业务的保险人只能是人寿保险公司。

人寿保险合同的投保人是对保险标的具有保险利益的自然人、法人和非法人组织。投保人对自己的身体或寿命具有无限的利益，存在当然的保险利益；投保人对他人的身体或寿命，我国《保险法》依利益和同意兼顾原则确定人身保险利益；投保人是法人和非法人组织的，投保人对与其存在劳动关系的劳动者存在人身保险利益，但投保人为与其有劳动关系的劳动者投保人身保险，不得指定被保险人及其近亲属以外的人为受益人。在人寿保险合同订立时，人身保险利益必须存在，但在保险事故发生时，并非必然存在。根据《保险法司法解释二》第 2 条规定，虽然无保险利益的人身保险合同无效，但投保人仍然有权主张退还扣除相应手续费之后的保险费。

（二）人寿保险合同的关系人

在人寿保险合同中，投保人为自己利益投保的，投保人、被保险人和受益人是同一人；投保人为他人利益投保人，投保人、被保险人和受益人不是同一人。在人寿保险合同中，保险标的是被保险人的寿命，被保险人是合同的关系人而非合同的当事人。但被保险人享有保险金请求权，保险利益、死亡给付保险和受益人的指定等均应经过被保险人的同意。被保险人的同意可以采取书面形式、口头形式或其他形式。

因人寿保险合同以被保险人的生命为保险标的，所以在订立人寿保险合同时，被保险人必须是生存的自然人，已经死亡的自然人或无生存死亡问题的法人不得成为人寿保险合同的被保险人。同时，我国《保险法》第 33 条规定，投保人不得为无民事行为能力人投保以死亡为给付保险金条件的人身保险，保险人也不得承保。因此，在以死亡为给付保险金条件的人寿保险中，无民事行为能力人不得为被保险人。但父母为未成年子女投保的人身保险，不受此限。由于被保险人的年龄对于保险人是否同意承保以及确定保险费率具有重要的意义，投保人申报被保险人年龄不真实影响保险人是否同意承保的，保险人可以解除合同；投保人申报被保险人年龄不真实导致保险人少收保险费的，保险人有权要求投保人补交保险费；投保人申报被保险人年龄不真实导致投保人多交保险费的，保险人应将多收的保险费退还投保人。

人寿保险合同的受益人也是合同的关系人，是指投保人指定的，经被保险人同意在保险事故发生时享有保险金请求权的人。但受益人是自然人还是法人和非法人组织，是完全民事行为能力人还是限制民事行为能力人抑或是无民事行为能力人，则在所不问。在订立人寿保险合同时，投保人或被保险人可以指定受益人；在人寿保险合同成立之后，也可以根据具体情况指定或变更受益人，但应通知保险人。在投保人或被保险人未指定受益人或指定的受益人因发生某些特殊情形而丧失受益权时，保险人依照法律规定确定保险金的给付。我国《保险法》第42条规定了无受益人时保险金的给付：（1）没有指定受益人，或者受益人指定不明、无法确定的；（2）受益人先于被保险人死亡，没有其他受益人的；（3）受益人依法丧失受益权或者放弃受益权，没有其他受益人的。在上述情形下，被保险人死亡后，保险金作为被保险人的遗产，由保险人按照《民法典》“继承编”的规定履行给付保险金的义务。

（三）人寿保险合同的签订

保险合同的成立、生效与保险责任的开始是三个关联但不相同的概念。保险合同的成立是指投保人和保险人就保险合同的主要条款达成合意的状态；保险合同的生效是指已经成立的保险合同，因符合法律规定的生效要件，从而产生法律约束力。保险合同的成立是事实判断问题，保险合同的生效是价值判断问题。而保险责任的开始是指保险合同生效后保险人承担保险责任。这三个概念存在递进关系：只有保险合同成立，才能谈得上保险合同生效；只有保险合同生效，才能谈得上是否承担保险责任。成立的合同未必一定生效，附生效期限或附生效条件的合同，须至所附期限届满或所附条件成就时才能生效。保险责任开始时间与保险合同生效时间可以一致，也可以不一致，但保险责任的开始时间一般应迟于保险合同的生效时间。

投保人在订立人寿保险合同时应如实告知被保险人的年龄、健康等状况。被保险人的寿命是人寿保险合同的承保风险，不同人在不同年龄阶段死亡率是不同的，此决定着人寿保险合同的保险费率。因此，人寿保险合同被保险人的身体状况将影响保险人是否接受投保和保险费率的情况。人寿保险合同的订立一般经过投保人提出申请、身体检查、核保审查和签发保险单等程序，而简易人寿保险合同和团体人寿保险合同，一般不需要体检。《保险法司法解释三》第5条规定：“保险人在合同订立时指定医疗机构对被保险人体检，当事人主张投保人如实告知义务免除的，人民法院不予支持。保险人知道被保险人的体检结果，仍以投保人未就相关情况履行如实告知义务为由要求解除合同的，人民法院不予支持。”如实告知是投保人缔约的法定义务，体检是保险人防范承保风险的辅助措施，保险公司指定的体检机构的体检结论已经明确的内容视为保险公司已知内容，可以免除投保人的告知义务。通过细化投保人告知义务，可以防止保险人滥用投保人违反告知义务而解除合同或拒绝承担保险责任。

人寿保险合同的签订是指投保人提出投保申请，保险人对投保人的投保申请予以承诺的行为。但保险实务中，经常出现保险代理人或保险业务员代投保人签名的情况。根据《保险法司法解释二》规定，投保人或者投保人的代理人订立保险合同时没有亲自签字或者盖章，而由保险人或者保险人的代理人代为签字或者盖章的，对投保人不生效。但投保人已经交纳保险费的，视为其对代签字或者盖章行为的追认。保险人或者保险人的代理人代为填写保险单证后经投保人签字或者盖章确认的，代为填写的内容视为投保人的真实意思表示，但有证据证明保险人或者保险人的代理人存在《保险法》第116条、第131条规定情形的除外。

（四）人寿保险合同是诺成合同

人寿保险合同是投保人和保险人达成保险合意而成立的合同，投保人提出保险要求，经保险人同意承保，保险合同成立。人寿保险合同是诺成合同，不以保险人签发保险单和投保人交纳保险费为前提。依法成立的人寿保险合同，自成立时生效，即人寿保险合同的订立时间通常是保险合同开始生效的时间，但保险合同可以约定以保险费的交纳作为保险合同的生效时间，这是投保人和保险人对人寿保险合同的效力所附的条件或期限。可见，交付保险费不是保险合同成立的必要条件，如保险合同无特别约定，保险费的交纳仅为保险合同履行的内容，而非保险合同成立的要件。对于人寿保险合同保险费的支付方式，可以约定一次付清，也可以分期付款。但根据我国《保险法》第 38 条的规定，保险人对人寿保险的保险费，不得用诉讼方式要求投保人支付，因此，在保险实务中，人寿保险合同通常约定在交纳第一期保险费后生效。这时的人寿保险合同是附生效条件的保险合同，其生效条件是投保人交纳第一期保险费。

保险单证的签发亦不是保险合同成立的特殊要件，而是保险合同成立后保险人应尽的义务。尽管保险单因载有保险合同的约定而成为保险合同的重要组成部分和保险合同成立的证据之一，但保险单不能等同于保险合同，保险单的签发只能证明合同成立和合同的内容。我国《保险法》第 13 条要求保险人及时向投保人签发保险单或者其他保险凭证，并在其中载明当事人双方约定的合同内容。该规定表明保险人在保险合同成立后应出具保险单或其他保险凭证，说明这是保险人在合同订立后的基本义务，而不是保险合同订立的前提条件。可见，保险单的签发与否并不当然影响保险合同的成立与生效。我国《保险法》没有规定保险合同的成立需要承诺送达，故保险单的签发不属于承诺通知，保险人出具保险单或其他保险凭证是履行保险合同义务的行为。保险合同的成立，并非系于保险单签发之时，保险人同意承保并在投保单或其他保险凭证上签字盖章之时即保险承诺生效之时。在保险人没有签发保险单以证明保险合同成立的情形下，根据《保险法司法解释二》第 4 条的规定，保险人接受投保人提交的投保单并收取了保险费，尚未作出是否承保的意思表示的，发生保险事故时，被保险人或者受益人请求保险人按照保险合同承担赔偿或者给付保险金责任，符合承保条件的，人民法院应予支持；不符合承保条件的，保险人不承担保险责任，但应当退还已经收取的保险费。保险人主张不符合承保条件的，应承担举证责任。

（五）人寿保险合同的证明形式

具有长期性和储蓄性的人寿保险合同通常以书面形式记载其成立和生效。人寿保险合同的书面形式主要是保险单、保险凭证、投保单和保险批单等。保险单是保险人和投保人之间订立人寿保险合同的正式的书面文件，记载着人寿保险合同的所有内容。保险凭证又称为小保单，是保险人向投保人签发的简易保险单。在团体人寿保险合同中，保险人向投保人签发一张保险单，为每一被保险人（或团体每一成员）签发一份保险凭证，以证明人寿保险合同的存在。投保单是人寿保险合同的重要组成部分，记载着人寿保险合同的主要条款，是投保人向保险人提出的保险要约，因此，投保单与保险单不一致的，以保险单记载的内容为准。保险批单是保险人就保险单内容进行修改或变更的证明文件，保单批单一经签发，便成为人寿保险合同的组成部分，被视为对人寿保险合同的变更，因此保险批单与保险单不一致的，以保险批单内容为准。

（六）订立死亡保险合同的限制

以被保险人死亡为给付保险金条件的保险合同应经被保险人同意。被保险人同意并认可保险金额是死亡保险合同的效力性要件。即使赠送的以死亡为给付保险金条件的保险单，也须经过被保险人同意并认可保险金额。[①]以死亡为给付条件的保险合同的保险单，在转让或质押时，也必须经过被保险人的书面同意。[②]《保险法司法解释三》第1条规定，当事人订立以死亡为给付保险金条件的合同，根据《保险法》第34条的规定，“被保险人同意并认可保险金额”时，可以采取书面形式、口头形式或者其他形式；可以在合同订立时作出，也可以在合同订立后追认。该司法解释还规定，有下列情形之一的，应认定为被保险人同意投保人为其订立保险合同并认可保险金额：（1）被保险人明知他人代其签名而未表示异议的；（2）被保险人同意投保人指定的受益人的；（3）有证据足以认定被保险人同意投保人为其投保的其他情形。

我国《保险法》第33条规定，投保人不得为无民事行为能力人投保以死亡为给付保险金条件的人身保险，保险人也不得承保。但是，父母为未成年子女投保人身保险时不受此种限制，但死亡给付的保险金额，不得超过国家保险监督管理机构规定的限额。依据2015年《中国保险监督管理委员会关于父母为其未成年子女投保以死亡为给付保险金条件人身保险有关问题的通知》的规定[③]，从2016年1月1日起，对于父母为其未成年子女投保的人身保险，在被保险人成年之前，被保险人不满10周岁的（《民法典》规定为8周岁），各保险合同约定的被保险人死亡给付的保险金额总和、被保险人死亡时各保险公司实际给付的保险金总和不得超过人民币20万元；被保险人已满10周岁（《民法典》规定为8周岁）但未满18周岁的，不得超过人民币50万元。据此，通过对保险金额总和的限制，有效防控未成年人父母可能产生的道德风险。

三、人寿保险合同的效力

（一）保险费的交付

保险费是保险人承担保险合同的对价，依照人寿保险合同的约定，投保人负有一次性或分期交纳保险费的义务。但是，根据《保险法》第38条规定，保险人对人寿保险的保险费，不得用诉讼方式要求投保人支付。因此，投保人不按期交纳保险费的，将产生一定的法律后果：（1）保险合同效力中止。人寿保险合同约定分期支付保险费的，投保人支付首期保险费后，未能按照合同约定的时间且未在交费宽限期内支付保险费的，保险合同效力中止。在保险合同中止期间，发生保险事故的，保险人按照合同约定给付保险金，但可以扣减欠交的保险费。（2）按照保险合同约定的条件减少保险金额。投保人少交保险费的，在保险事故发生时，按照实交保险费和应交保险费的比例相应地减少保险金额。（3）保险人具有解除保险合同的权利。投保人未按照合同约定交纳保险费导致保险合同效

① 参见《中国保监会关于规范人身保险公司赠送保险有关行为的通知》第4条。

② 傅廷中：《保险法学》，清华大学出版社2015年版，第102页。

③ 中国保险监督管理委员在《保险法》生效后，先后发布《关于父母为其未成年人子女投保死亡人身保险限额的通知》《关于在北京等试点城市放宽未成年人死亡保险金额通知》《关于父母为其未成年子女投保以死亡为给付保险金条件人身保险有关问题的通知》，对上述保险金额总和分别予以5万元、10万元、10万元的限定。

力中止的，自合同效力中止之日起满 2 年，保险人和投保人未能达成复效协议的，保险人有权解除保险合同，但应按照合同约定退还保险单的现金价值。

（二）保险金的给付

按照人寿保险合同的约定，被保险人在保险期间内发生保险事故或被保险人生存至保险期间届满，保险人负有给付全部或部分保险金的义务。在保险责任明确的情况下，保险人拒不承担赔偿责任、拒不给付保险金或无故拖延的，即构成违约，应承担违约责任。[①]

（三）退还保单现金价值

人寿保险单在投保人交纳保险费一定时间后，存有保单现金价值。按照《保险法》的规定和人寿保险合同的约定，即使保险人不承担保险赔偿责任和给付保险金责任，保险人也应返还保险单的现金价值：（1）投保人解除合同的，保险人应当自收到解除合同通知之日起 30 日内，按照合同约定退还保险单的现金价值。（2）投保人故意造成被保险人死亡、伤残或者疾病的，保险人不承担给付保险金的责任。投保人已交足 2 年以上保险费的，保险人应当按照合同约定向其他权利人退还保险单的现金价值。（3）以死亡为给付保险金条件的合同，自合同成立或合同效力恢复之日起 2 年内，被保险人自杀的，保险人不承担给付保险金的责任，但应当按照合同约定退还保险单的现金价值。（4）因被保险人故意犯罪或者抗拒依法采取的刑事强制措施导致其伤残或者死亡的，保险人不承担给付保险金的责任。投保人已交足 2 年以上保险费的，保险人应当按照合同约定退还保险单的现金价值。

（四）恢复保险合同的效力

人寿保险合同具有长期性和连续性的特点，我国《保险法》规定，在一定条件下，投保人可以请求恢复人寿保险合同的效力。即在投保人未如期交纳保险费而导致保险合同效力中止的情况下，依据一定的程序，被中止的保险合同效力得以恢复。人寿保险合同的复效一般是投保人向保险人提出合同复效的请求，并补交在保险合同效力中止前未交的保险费以及中止期间内应当交付的保险费。但根据《保险法》第 37 条的规定，保险人有权和投保人就复效条件进行协商，只有双方达成协议后才能复效。投保人的复效应满足一定的条件，复效申请在一定的期限内提出，不得超过合同中止之日起 2 年，且未办理退保手续。人寿保险合同能否复效，不仅取决于上述条件，还应得到保险人的同意。复效在于恢复保险合同的效力，并非订立新合同。在人寿保险合同赖以成立的条件没有发生重大变化的情况下，着眼于复效协商过程中的利益平衡，《保险法司法解释三》第 8 条规定，保险合同效力依照《保险法》第 36 条规定中止，投保人提出恢复效力申请并同意补交保险费，除被保险人的危险程度在中止期间显著增加外，保险人拒绝恢复效力的，人民法院不予支持。保险人在收到恢复效力申请后 30 日内未明确拒绝的，应认定为同意恢复效力。该司

① 傅廷中：《保险法学》，清华大学出版社 2015 年版，第 39 页。

法解释否定投保人和保险人的复效协商机制，不以协议为法定复效形式，保险人拒绝复效的权利受限缩，明确了一定条件下人寿保险合同的当然复效效力。

（五）投保人的任意解除合同的权利及限制

我国《保险法》第15条规定，除本法另有规定或者保险合同另有约定外，保险合同成立后，投保人可以解除合同，保险人不得解除合同。因此，保险责任尚未开始的，投保人有保险合同的任意解除权，其内涵包括三部分：（1）有权行使保险合同解除权的主体是投保人，而不包括被保险人；（2）除《保险法》另有规定或合同另有约定外，投保人行使合同解除权不受限制，即以投保人任意行使解除权为原则，不得行使解除权为例外；（3）保险人的解除权仅在特定条件下得以行使。

人寿保险合同是人身保险合同的典型形式，投保人也存在保险合同的任意解除权：（1）行使条件的任意性。除合同另有约定外，投保人行使合同解除权不需任何理由。（2）行使方式的任意性。投保人仅须通知保险人即可实现其解除保险合同之目的，无须取得被保险人的同意。（3）行使期限的任意性。投保人任意解除权的行使起点为"保险合同成立后"，而《保险法》未明确规定解除权行使的截止时间，理论上乃至保险事故发生后，投保人都可选择解除合同。但为平衡保险法律关系各方的利益，《保险法司法解释三》第17条规定，投保人解除保险合同，当事人以其解除合同未经被保险人或者受益人同意为由主张解除行为无效的，人民法院不予支持。但被保险人或者受益人已向投保人支付相当于保险单现金价值的款项并通知保险人的除外。这是对投保人任意解除权的限制。同时，《保险法》第50条对投保人的合同解除权也予以限制，除货物运输保险合同和运输工具航程保险合同外，在保险责任开始后，保险合同当事人不得解除合同。因此，在人寿保险合同的保险金给付义务开始后，投保人不得行使保险合同的任意解除权。

（六）保险人的保险合同解除权

保险合同解除权包括法定解除权和约定解除权。虽然人寿保险合同成立后，保险人不像投保人那样享有保险合同的任意解除权，但保险人依照《保险法》的规定，在一定的情形下有权解除保险合同：（1）投保人故意或重大过失未履行如实告知义务，足以影响保险人决定是否同意承保或提高保险费率的，保险人有权解除保险合同。（2）投保人申报的被保险人年龄不真实，并且其真实年龄不符合合同约定的年龄限制的，保险人有权解除保险合同。（3）被保险人或受益人在未发生保险事故的情况下，谎称发生了保险事故，向保险人提出赔偿或给付保险金请求的，保险人有权解除合同，并不退还保险费。（4）投保人、被保险人故意制造保险事故的，保险人有权解除保险合同，不承担赔偿或给付保险金的责任。（5）在保险合同有效期内，保险标的危险程度显著增加的，保险人可以按照合同约定增加保险费或解除保险合同。（6）自人身保险合同效力中止之日起满2年，投保人和保险人未达成复效协议的，保险人有权解除保险合同。

但是，人寿保险合同的保险人解除保险合同的，除保险法另有规定或保险合同另有约定外，保险人应退还保险现金价值。

◎ 典型案例

武某芬、聂某诉中国人寿保险股份有限公司重庆分公司人寿保险合同纠纷案[1]

2011年4月8日，武某芬与中国人寿保险股份有限公司重庆市分公司（简称“中国人寿保险重庆分公司”）签订了保险合同。保险单载明：投保人为武某芬，被保险人为聂某（武某芬之子，1981年生），合同成立日期为2011年4月8日、生效日期为2011年4月9日，交费方式为年交，交费日期为每年的4月9日，投保的主险为国寿福禄金尊两全保险（分红型），主险保险金额为890 947.97元，保险期间为终身，交费期满日为2016年4月8日，标准保费为100万元。保险合同中的国寿福禄金尊两全保险（分红型）利益条款约定，保险人的保险责任包括：(1) 生存保险金，祝寿金领取日前，按基本保险金额的15%三年一付。祝寿金领取日起，按基本保险金额的6%每年一付。(2) 祝寿金，被保险人生存至祝寿金领取日，按所交保险费（不计利息）给付祝寿金。(3) 身故保险金，合同生效起1年内身故，按所交保险费（不计利息）给付身故保险金，合同终止；祝寿金领取日前身故，按基本保险金额的200%与所交保险费（不计利息）之和给付身故保险金，合同终止。祝寿金领取日前身故，按下列两者的较大值给付身故保险金：①基本保险金额的100%；②保险合同的现金价值。(4) 意外伤害身故保险金，自意外伤害发生之日起180日内在祝寿金领取日前身故，按基本保险金额的500%给付意外伤害身故保险金，合同终止。2011年3月29日，武某芬在投保单中投保人签名处签名，并声明“本人已阅读保险条款、产品说明书和投保提示书，了解本险的特点和保单利益的不确定性”。同时，武某芬还指定自己为保险合同中身故保险金的唯一受益人，该投保单载明祝寿金领取年龄为60周岁。保险费付款账户为武某芬账户。2011年至2013年，武某芬向保险人共计交纳300万元保险费。一审法院委托重庆市弘正司法鉴定所作出渝弘正〔2015〕文鉴字第52号《文书鉴定意见书》认定：送检的投保单上的“聂某”签名字迹，与样本中“聂某”签名字迹，不是同一人书写。

2014年，武某芬以中国人寿保险重庆分公司为被告向重庆市第一中级人民法院起诉，请求：确认武某芬与中国人寿保险重庆分公司签订的保险合同无效；中国人寿保险重庆分公司向武某芬返还已交纳的保险费300万元，并从武某芬交费的次日起至实际返还之日止以银行一年期贷款利率的标准支付资金占用损失费等。

重庆市第一中级人民法院一审支持了武某芬的主要诉讼请求，法院根据《保险法》第34条规定，认为武某芬与中国人寿保险重庆分公司签订的保险合同涉及以死亡为给付保险金条件的保险责任，笔迹司法鉴定结果表明被保险人聂某并未在投保单上签字；中国人寿保险重庆分公司举示的证据，包括保险人向武某芬送达的体

[1] 参见重庆市第一中级人民法院（2014）渝一中法民初字第00744号民事判决书，重庆市高级人民法院（2016）渝民终547号民事判决书。

检通知书、补充资料通知书，武某芬向保险人提供的证明、健康检查表（形成于2011年2月28日，因聂某在投保前3个月内进行过体检，无须体检，只向保险人提交相关体检资料即可）等也不能充分证明聂某曾同意前述保险合同内容并认可保险金额，因证据不足，法院对中国人寿保险重庆分公司关于聂某知情保险合同情况的主张不予支持。另外，一审法院认为，本案保险合同应认定为无效，该保险合同险种以被保险人聂某在保险期间死亡或满期生存为条件，是一种两全保险，死亡和满期生存保险责任不可分，以死亡为给付条件的部分无效，导致本案保险合同全部无效。因本案保险合同为无效合同，中国人寿保险重庆分公司作为保险人，应当返还武某芬已交纳的保险费。武某芬、中国人寿保险重庆分公司对本案保险合同无效都具有过错，根据《合同法》第58条规定，应当各自承担相应的责任，对武某芬诉请中国人寿保险重庆分公司支付资金占用损失费的主张不予支持。据此，重庆市第一中级人民法院作出一审判决，判定本案保险合同无效，中国人寿保险重庆分公司返还武某芬保险费300万元。

中国人寿保险重庆分公司不服一审判决，上诉至重庆市高级人民法院。二审法院认为，本案具有投资属性的分红型人寿保险合同涉及以被保险人死亡为给付保险金条件的保险责任，未经被保险人同意并认可保险金额，应认定保险合同无效。一审法院委托鉴定机构对案涉保险合同的投保单签名进行鉴定，鉴定程序合法，该鉴定结论证明投保单上的签名并非被保险人亲笔书写，一审法院对鉴定结论予以采信并无不当。本案中也无充分证据证明存在保险法司法解释规定的应认定被保险人聂某同意投保人武某芬为其订立保险合同并认可保险金额的情形。案涉保险合同属于定期死亡保险和生存保险结合的两全保险，具有整体性，保险合同项下的保险费金额、交费期间、保险期间、保险责任均以被保险人生存状态为依据，相互之间具有关联性，生存保险责任与死亡保险责任之间不具有实质独立性；身故保险金是两全保险中受益人获取保障的主要途径，如果死亡险部分被确认无效，受益人将无法获得身故保险金，将严重违背投保人的投保初衷。基于此，二审法院认定一审判决认定事实清楚，处理结果正确，维持了一审判决。

本节理论与实务研讨

未成年人死亡给付保险的限制[①]

未成年人因其认知能力和行为能力欠缺，在以死亡为给付条件的保险中，我国《保险法》从投保主体、被保险人同意权、保险金额等方面加以限制。《保险法司法解释三》缓

① 参见何丽新、李金招：《论未成年人死亡给付保险的限制——评〈保险法司法解释三〉第6条》，《保险研究》2018年第5期。

和此限制性规定，将投保主体从“父母”扩张到“其他履行监护职责的人”，同时修正被保险人同意权的行使方式，但仍面临投保主体标准不清、保险利益来源不明、未成年人父母同意的行使陷入困境等问题。我国应正视未成年人死亡给付保险的客观需求，厘清亲子关系稳定性、道德风险之防范、被保险人人格权之维护三者的关系，明确未成年人死亡给付保险的投保人限于亲属监护人，对未成年人的投保以死亡年龄进行效力限制，实行投保人与同意权人分离机制，对学校等社会团体作出变通规定，使未成年人死亡给付保险功到实处。

对未成年人死亡给付保险，我国《保险法》从以下三方面予以规制：（1）被保险人民事行为能力的区分。我国《保险法》第33条对死亡给付保险的被保险人资格依据民事行为能力的不同进行区分限制。对于无民事行为能力人，只允许父母对其进行投保；除此之外，可允许他人投保。（2）保险金额总和的限定。我国《保险法》第33条第2款以保险金额高限的方式进行限制，规定因被保险人死亡给付的保险金总和不得超过国务院保险监督管理机构规定的限额。（3）被保险人同意权的豁免。分析我国《保险法》第34条可知，父母为未成年子女投保死亡给付保险，无须经被保险人同意。非父母为8周岁以上的未成年人投保的，仍应经过未成年人的同意。

《保险法司法解释三》第6条规定对此作了缓和性规定：“未成年人父母之外的其他履行监护职责的人为未成年人订立以死亡为给付保险金条件的合同，当事人主张参照保险法第三十三条第二款、第三十四条第三款的规定认定该合同有效的，人民法院不予支持，但经未成年人父母同意的除外。”该解释在一定程度上完善了未成年死亡给付保险的相关规定：（1）扩张了投保人主体范围。规定除父母外，在父母同意下的“其他履行监护职责的人”也可以为未成年人投保死亡给付保险。（2）该解释修正了被保险人同意权的行使方式，允许被保险人以多种方式作出，而不拘泥于书面形式。

但是，该司法解释对未成年人死亡给付保险所作出的缓和性规定，仍存在诸多问题：

第一，投保主体标准不清。（1）《保险法司法解释三》第6条对“履行监护职责”的判断标准缺乏明确的规定。从法律依据分析，“履行监护职责的人”不同于“监护人”，该司法解释规定的是监护责任的转移，并非监护人的变更，由此将带来监护责任转移的认定标准难题以及“履行监护职责的人”的主体界定问题。（2）《保险法司法解释三》第6条无法解决现实中投保人存在主体资格却因不具有监护能力或不具备监护权委托转移条件而无法适用的问题。

第二，保险利益来源不明。理论上，保险利益来源于“被保险人本人同意”而非被保险人父母同意。《保险法司法解释三》第6条规定的“其他履行监护职责的人”因未成年父母同意而获得的保险利益存在争议：（1）未成年人难以作出有效的权利让渡，未成年人父母的同意无法取代未成年人本人的同意。（2）“其他履行监护职责的人”和未成年人难以构建法律上承认的经济利益。（3）未成年人父母的同意取代未成年人本人的同意，将导致父母的亲权过大，无法制约。

第三，未成年人父母的同意陷入困境。《保险法司法解释三》第6条对未成年人父母同意权规定不明，如该解释未明确未成年父母同意权的行使方式、未规定同意权无法行使时的救济渠道、未设置父母同意的具体时间节点等。

第四，被保险人同意权的行使发生争议。《保险法司法解释三》第6条规定由未成年人父母行使被保险人同意权。一方面，未成年人父母可任意为未成年人投保；另一方面，又能以法定代理人名义直接代被保险人行使“书面同意”。未成年人父母既当“运动员”又为“裁判者”，未充分尊重被保险人人格权，将使被保险人同意权的意旨落空，无法防范道德风险之发生。

死亡给付保险具有人身属性。对于死亡保险，未成年人因意思能力缺陷无法行使被保险人同意权。《保险法》及相关司法解释一定程度上以牺牲被保险人人格权为代价来规制未成年人死亡给付保险。对此，有必要探源未成年人死亡保险的限制理念。

道德风险之防范是未成年人死亡保险须考虑的第一要旨。立法者通过考量亲子关系的稳定性，对未成年人死亡保险作出或宽松或严格的立法限制。我国《保险法》及其司法解释规定父母无须经过被保险人同意，甚至“履行监护职责”的主体在父母同意下，便可为未成年子女投保，此乃“父母本位”的亲子法理念在保险立法上的体现。但各国亲子法自20世纪已从“父母本位”逐渐演变为“子女本位”，否认父母对子女人格的当然支配权，并严格限制未成年人死亡给付保险。同时，立法者应考量死亡给付保险金额之高限。考虑到未成年人的死亡将使其近亲属遭受巨大的精神损失，设置了死亡保险金以弥补其父母受到的精神伤害，且为避免道德风险，多数国家以保险金额的高限予以规制。因此，有必要重塑我国未成年人死亡给付保险的限制路径。

第一，充分肯定未成年人对死亡给付保险的客观需求。人身保险合同是投保人用以转嫁被保险人的寿命风险和身体风险的一种法律手段，在帮助成年人防范风险和救济损失的同时，理应给予未成年人平等的风险保障机会。未成年子女虽然通常尚无赚钱能力，其家属亦不依赖其收入生存，但子女的存在对于父母及其近亲属的精神意义巨大。死亡保险尊重被保险人的人格权，未成年人的人格权应受到同等维护。因此，未成年人对死亡给付保险存在客观需求。

第二，以未成年人的亲属监护人为投保人。我国《保险法》可以直接明确规定未成年人的亲属监护人作为死亡保险的投保人。此做法有利于解决投保人主体标准不明、“未成年人的父母同意”的实践困境等问题。

第三，以被保险人的死亡年龄进行效力限制。我国《保险法》可以16周岁为界限。在未成年人满16周岁之前，未成年人的父母或亲属监护人可以投保未成年人死亡给付保险，但保险金额限于丧葬费用，且无须经过被保险人同意。在未成年人届满16周岁之后，通过被保险人同意权的行使，超过丧葬费用的保险通过“被保险人同意权”的追认转为有效合同。与此同时，该“特定年龄”可视情形而变化。

第四，以丧葬费用作为保险金额。将保险金额限制在丧葬费用内，投保人或受益人将无利可图，不容易引发道德风险。但对于丧葬费用的认定标准，须谨慎处理。

第五，建立投保人与同意权人相分离的机制。父母之间或父母与其他亲属之间应相互制衡，一方投保，另一方行使同意权。若多名监护人间因行使同意权发生争议，可提请法院裁定。

第六，鼓励社会团体为未成年人社会活动投保的变通规定。可参照我国台湾地区的相关规定，允许学校等社会团体为未成年人投保死亡给付保险，充分发挥保险在促进未成年人积极投身社会活动、促进其身心健康成长方面的保障功能。

第二节 年金保险合同

一、年金保险合同的界定

年金保险合同是指被保险人届满一定年龄或在特定期间内仍然生存的，保险人按照合同约定一次性或分次给付保险金的一种人身保险合同。年金保险以被保险人生存为给付保险金的条件，属于人寿保险中生存保险的一种。年金保险的目的在于保障被保险人晚年生存期间的生活费用。但年金保险可以附加死亡保险，此时的年金保险以被保险人死亡为保险事故，属于生存死亡两全保险。在这种年金保险合同的保险期间内，被保险人生存至合同约定的期间或年龄时，保险人承担给付保险金的义务，但保险人所承担的给付保险金的义务终于被保险人死亡，保险人在保险金额的限度内给付死亡保险金给受益人，此时的年金保险目的主要在于保障被保险人的子女或其他家庭成员的生活或教育需要。因此，年金保险有利于个人养老、安排子女教育以及企业配合员工退休等，是维持个人生活稳定的最佳方式，可起到保障社会安定的作用。①

年金保险合同是在被保险人生存期间，保险人按照保险合同的约定金额在约定的期间内定期向被保险人给付保险金的人身保险合同。因此，年金保险合同的性质与人寿保险合同相同，有关人寿保险合同的规定，可以适用于年金保险合同。但从本质上分析，人寿保险与年金保险所提供死亡风险保障的目的有所不同。人寿保险的目的在于预防被保险人过早死亡导致收入丧失，失去经济保障；而年金保险设置的目的在于预防被保险人因寿命过长而不能依靠自己的收入维持生活②，因为年金保险特别是终身保险是保险人按照保险合同约定定期给付保险金，年金受领者死亡，保险人将终止支付保险金。

以保险金的给付方式和保险期间的存续时间为标准，年金保险合同可以分为终身年金保险合同和定期年金保险合同。终身年金保险合同是指保险人按照保险合同约定给付保险金的义务，直至被保险人死亡时为止。定期年金保险合同是指保险人按照保险合同的约定在特定期间内分期给付保险金给生存的被保险人。

以保险金给付金额是否固定为标准，年金保险合同可以分为定额年金保险合同和变额年金保险合同。定额年金保险合同是指在订立保险合同时已明确每期给付保险金的金额，保险人在保险期间按照此给付金额维持不变的年金保险合同。变额年金保险合同是指在保险期间内，保险人根据通货膨胀等计算标准确定每期保险金的给付金额，此类年金保险合同有利于年金受领人避免受货币贬值等影响而维持既有的生活水平。

以保险金给付的起点时间为标准，年金保险合同可以分为即期年金保险合同和延期年金保险合同。即期年金保险合同是指自保险合同成立后的年度起开始给付保险金，一般在每期（6 个月或 1 年）之末给付保险金。延期年金保险合同是指保险合同成立并经过一定的时间后，保险人才开始按照保险合同的约定给付保险金的年金保险合同。延期年金保险

① 温世扬主编：《保险法》，法律出版社 2003 年版，第 389 页。

② 张晓永编著：《人身保险法》，中国人民公安大学出版社 2004 年版，第 177 页。

合同多是至被保险人退休时分期给付保险金。

依据其他的标准，年金保险合同还存在养老年金保险合同、联合年金保险合同、团体年金保险合同、企业年金保险合同等多种类型。

二、年金保险合同的订立

（一）年金保险合同的当事人

年金保险合同的当事人是保险人和投保人。年金保险合同属于人身保险，因此经营年金保险业务的保险人以经营人寿保险业务为限，不得兼营财产保险业务。对年金保险的投保人没有资格方面的特别规定，但投保人在订立年金保险合同时应对被保险人具有保险利益。

（二）年金保险合同的关系人

被保险人是年金保险合同的关系人，必须是符合年金保险合同约定的投保年龄限制（最低和最高年龄限制）的生存的自然人。为保障被保险人晚年生活费用的年金保险合同，以被保险人为受益人，即年金受领者是被保险人生存期间的被保险人本人。为保障被保险人死亡后的配偶、子女、父母等家庭成员生活稳定和生活需求的年金保险合同，以被保险人以外的第三人为受益人，在被保险人死亡后，保险金给付给受益人。此时，受益人所领取的保险金是受益人的固有财产，无须偿还被保险人生前所欠的债务。被保险人没有指定受益人或受益人先于被保险人死亡的，按照我国《保险法》第 42 条的规定，保险金作为被保险人的遗产，由被保险人的法定继承人按照《民法典》“继承编”的规定受领保险金，该保险金作为继承财产。在年金保险合同期间，被保险人有权变更受益人，但应通知保险人，否则不能对抗保险人。

（三）年金保险合同的主要内容

我国《保险法》没有明确规定年金保险合同必须记载的内容。我国台湾地区“保险法”第 135 条规定，年金保险契约，除记载第 55 条规定事项外，还应载明下列事项：（1）被保险人之姓名、性别、年龄及住所。（2）年金金额或确定年金金额之方法；（3）受益人之姓名及与被保险人之关系。（4）请求年金之期间、日期及给付方法。（5）依第 118 条之规定，有减少年金之条件者，其条件。因此，年金保险合同一般应记载的主要内容包含被保险人的姓名、性别、年龄和住所，年金金额或确定年金金额的方法，受益人的名称，受益人与被保险人的关系，请求年金的给付期间、给付方式或给付办法，以及减免年金给付的条件等内容。

三、年金保险合同的效力

（一）年金保险合同对投保人的效力

在年金保险合同中，投保人有依照保险合同的约定交纳保险费的义务。因年金保险合同是人寿保险合同的一种，因此，保险人对于保险费的支付，不得以诉讼的方式为之。投保人无法按照保险合同的约定支付保险费的，年金保险合同效力中止。《保险法》第 36 条规定，保险合同约定分期支付保险费，投保人支付首期保险费后，除合同另有约定外，投保人自保险人催告之日起超过 30 日未支付当期保险费，或超过约定的期限 60 日未支付当期保险费的，合同效力中止。在保险合同中止期间，投保人可以通过补交保险费恢复合同效力。但自合同效力中止之日起满 2 年，投保人和保险人未能就合同恢复效力达到协议的，保险人有权解除合同，但应依照保险合同的约定退还保险单现金价值。投保人未能按照保险合同的约定支付保险费的，保险人可以按照合同约定的条件减少保险合同约定的年金数额。

在年金保险合同中，投保人交纳保险费 2 年以上的，保险单附有保险现金价值。当投保人无力继续支付保险费时，可以保险单向保险人质押予以借款，或者以所交纳的保险费相应地减少年金金额的给付。

（二）年金保险合同对保险人的效力

在年金保险合同存续期间，保险人应按照保险合同的约定在被保险人生存至特定年龄，一次或分次支付年金。在终身年金保险合同中，被保险人死亡时，保险人按照保险合同的约定给付保险金给被保险人指定的受益人。被保险人没有指定受益人、受益人先于被保险人死亡或受益人依法丧失受益权、放弃受益权的，其保险金作为被保险人的遗产，由被保险人的继承人按照《继承法》的规定继承。投保人故意造成被保险人死亡的，保险人不承担给付保险金责任。但投保人交足 2 年以上保险费的，保险人应当按照合同约定向其他权利人退还保险单的现金价值。受益人故意造成被保险人死亡的，该受益人丧失受益权，保险金作为被保险人的遗产按照法定继承进行继承；受益人故意杀害被保险人未遂的，该受益人丧失受益权，被保险人可以另行指定受益人，但应通知保险人；被保险人死亡的，保险金给付给其指定的受益人。

人寿保险合同的有关规定适用于年金保险合同，因此，年金保险合同不适用保险代位求偿权。

◎ 典型案例

闫某梅诉中美联泰大都会人寿保险有限公司
年金保险合同纠纷案[①]

2009 年 8 月，闫某梅在花旗银行徐家汇支行存款时，该行工作人员向其推荐由银行代理销售的中美联泰大都会人寿保险有限公司（简称“大都会人保公司”）寿险产品，闫某梅便签订了保险合同，该合同的被保险人系丁某文（闫某梅女儿，合同签订时为 18 周岁），保险期间为终身，交费期间 20 年，月交保费人民币 50 000

① 参见上海市黄浦区人民法院（2014）黄浦民五（商）初字第 8796 号民事判决书、上海市第二中级人民法院（2015）沪二中民六（商）终字第 332 号民事判决书、上海市高级人民法院（2016）沪民申 189 号民事裁定书。

元（以下币种同），基本保险金额712 424.25元。合同约定，在合同有效期内，若被保险人生存至所选择的开始领取年金日，大都会人保公司将依约给付年金；若被保险人身故，大都会人保公司将按约给付身故保险金。若被保险人在开始领取年金日之前身故，将按照以下两项中的金额较大者给付身故保险金，合同终止：（1）被保险人身故时累计已交本合同保险费总额的110%；（2）被保险人身故时本合同的现金价值。若被保险人在开始领取年金日之后身故，如果年金给付受益人已领取的年金金额少于保险单所载明的基本保险金额的20倍，将按照保险单所载明的基本保险金额的20倍扣除已领取年金金额之后的金额给付身故保险金，本合同终止。如果年金给付受益人已领取的年金金额多于保险单所载明的基本保险金额的20倍，不给付身故保险金，合同终止。系争保险合同约定的被保险人领取年金日为被保险人年满（含）50周岁。在该保险合同履行期间，闫某梅已经交纳保险费1 900 000元。

2014年，闫某梅向上海市黄浦区人民法院提起诉讼，请求判令保险合同无效；判令大都会人保公司返还闫某梅保险费1 900 000元。司法鉴定科学技术研究所司法鉴定中心接受黄浦区人民法院委托，出具司法鉴定书，说明涉案投保单上被保险人“丁某文”的签字系投保人闫某梅所为。

黄浦区人民法院支持了闫某梅的诉讼请求，认为根据《保险法》第34条第1款的规定，以死亡为给付保险金条件的合同，未经被保险人丁某文同意并认可保险金额的，保险合同无效。本案保险合同涉及以死亡为给付保险金条件的内容，依法须经被保险人同意并认可保险金额。但投保单上被保险人的签字非丁某文本人所为，也没有证据表明被保险人丁某文对本案保单知情，且被保险人丁某文又明确表示不予追认，因此，闫某梅主张本案合同无效，要求被告返还保险费1 900 000元的诉请于法有据，应予支持。据此，上海市黄浦区人民法院作出判决：判定闫某梅与被告大都会人保公司签订的保险合同无效；判令被告大都会人保公司返还原告闫某梅保险费人民币1 900 000元。

大都会人保公司不服一审判决，认为系争保险合同为分红型终身年金保险合同，不属于以死亡为给付条件的人身保险合同，遂上诉至上海市第二中级人民法院。

二审法院认为，本案系争保险合同是年金保险，属于以生存为给付条件的保险合同，合同虽也约定了身故保险金条款，但内容上仅是对被保险人死亡后保单价值的退还，不应按照法律规定的“以死亡为给付条件的人身保险合同”处理，该合同是否经过被保险人同意并认可保险金额，不影响保险合同的效力。基于此，二审法院撤销一审民事判决，并驳回被上诉人闫某梅原审中的全部诉讼请求。

闫某梅不服二审判决，向上海市高级人民法院申请再审。上海市高级人民法院认为，涉案保险合同名称为终身年金保险（分红型）合同，保险人的主要给付义务是在被保险人年满50周岁后每年给付年金，直至被保险人身故。不论该保险合同的名称还是保险合同约定的主要义务，均符合年金保险的特征。虽然涉案保险合同还约定被保险人在50周岁前身故，保险人按累计已交保费总额的110%或现金价值给付保险金，但上述给付金额与以生命表为保费计算依据的死亡保险相差甚远，最终裁定驳回闫某梅的再审申请。

第三节　健康保险合同

一、健康保险合同的界定

健康保险合同是指在被保险人疾病、分娩以及由此导致的支出、残疾或死亡时，保险人负有给付保险金义务的人身保险合同。健康保险合同承保的疾病是来自身体内部或虽来自身体外部但逐渐形成的反生理或反心理的状态。健康保险承保的疾病必须是后天形成的，先天性的疾病如聋哑等不在承保范围，外来原因、先天性原因和长期存在原因引发的疾病也不在承保范围内。健康保险的分娩是指胎儿脱离母体的状态，胎儿无论是活体还是死胎，均属于健康保险的承保范围。健康保险下分娩的被保险人是女性，男性不能以配偶分娩为由请求给付保险金。初生婴儿出院后再到医院就诊的费用亦不属于分娩的健康保险合同承保范围。

健康保险的目的通常在于被保险人身患疾病未致残或致死时，填补医疗费用的支出；在被保险人因身体患病致残时，填补医疗费用支出及生活收入减少所致的损失；在被保险人因疾病而死亡时，填补丧葬费用与遗属生活费用的支出。因此，被保险人因疾病而产生的费用支出和因此造成的生活困难可通过健康保险合同获得一定程度的填补。

健康保险合同又可分为疾病保险合同、医疗保险合同、失能收入损失保险合同、护理保险合同。疾病保险合同是以保险合同约定的疾病发生为给付保险金条件的健康保险合同，如重大疾病保险合同、癌症保险合同等。相对而言，该种健康保险合同保险期间较长，使得投保人“一次投保，终身受益”，用于填补被保险人患癌症等重大疾病时的费用支出。医疗保险合同是以保险合同约定的医疗行为为给付保险金条件的健康保险合同，主要针对的是医疗费用的保障。医疗保险合同根据保险金的给付性质，又可分为费用补偿型医疗保险合同和定额给付型医疗保险合同。费用补偿型医疗保险合同是根据被保险人实际发生的医疗费用支出确定保险金数额，保险人给付的保险金不得超过被保险人实际发生的医疗费用。定额给付型医疗保险合同是按照保险合同约定的数额给付保险金，无须考虑被保险人的实际医疗费用支出。失能收入损失保险合同是以保险合同约定的疾病导致工作能力丧失、收入中断或减少为给付保险金条件的健康保险合同。护理保险合同是以保险合同约定的日常生活能力障碍所产生的护理需要为给付保险金条件的健康保险合同。

根据投保人的人数，健康保险合同可分为团体健康保险合同和个人健康保险合同。团体健康保险合同是指以社会团体为投保人，以其所属员工为被保险人的健康保险合同；个人健康保险合同是指单一自然人同时作为投保人和被保险人的健康保险合同。

健康保险合同是人身保险合同的一种，具有以下特点：

（1）健康保险合同承保的风险主要是被保险人身体患病或被保险人分娩。投保人可以为自己的健康投保，也可以为他人的健康投保，但为他人健康投保的，投保人应对被保险人存在保险利益。因健康保险合同以被保险人患病为保险事故，在保险期间内，不一定发生保险事故，保险人并非一定负有给付保险金的义务，被保险人或受益人并非一定可以受领保险金，因此，通常认为，健康保险没有人寿保险的储蓄性或投资性。

（2）具有损害补偿因素。健康保险合同多补偿被保险人因患病或身体健康发生变化而支出的医疗费用，在保险金额范围内以实际损失金额进行补偿，具有损害保险的性质。《中国人民财产保险股份有限公司团体补充医疗保险条款（2009 年版）》规定："本保险合同适用补偿原则。被保险人通过任何途径所获得的医疗费用补偿金额总和以其实际支出的医疗费用金额为限。被保险人已经从社会基本医疗保险或任何第三方（包括任何商业医疗保险）获得相关医疗费用补偿的，保险人仅对扣除已获得补偿后的剩余医疗费用，按照合同约定承担给付保险金责任。"因此，有学者认为，健康保险承保的保险事故，无论在构成要件上还是表现形式上都有别于人寿保险，具有明显的身体损害保险性质。①

但是，《保险法司法解释三》第 18 条规定："保险人给付费用补偿型的医疗费用保险金时，主张扣减被保险人从公费医疗或者社会医疗保险取得的赔偿金额的，应当证明该保险产品在厘定医疗费用保险费率时已经将公费医疗或者社会医疗保险部分相应扣除，并按照扣减后的标准收取保险费。"可见，只有在保险人厘定保险费时已将公费医疗或社会医疗保险部分扣除的，保险人才可拒赔被保险人所取得的医疗费用补偿金额，这就意味着补偿型医疗保险的被保险人可能会获得公费医疗或社会医疗保险和商业保险的双重赔偿。该司法解释第 19 条又规定："保险合同约定按照基本医疗保险的标准核定医疗费用，保险人以被保险人的医疗支出超出基本医疗保险范围为由拒绝给付保险金的，人民法院不予支持；保险人有证据证明被保险人支出的费用超过基本医疗保险同类医疗费用标准，要求对超出部分拒绝给付保险金的，人民法院应予支持。"因此，为了平衡保险人利益，防止发生被保险人过度医疗等问题，允许保险人在能够举证证明超过基本医疗保险同类医疗费用标准的情况下，对超出部分予以拒赔。

（3）健康保险可以作为独立险，也可以作为附加险。

（4）健康保险合同的保险期间一般较短。因人的身体健康状况变化较大，健康保险合同通常是 1 年或 1 年以下且不含有保证续保条款。所谓保证续保条款，是指在前一个保险期间届满后，投保人提出续保申请，保险人必须按照约定的保险费率和原保险合同条款承保的保险条款。而每年的医疗成本持续增长以及疾病发生率波动较大，保险人很难通过精算制定适用于长期的保险费率，所以短期健康保险合同较为常见。② 即使存在长期健康保险合同，一般也在合同中列明合同犹豫期，犹豫期一般不少于 10 天。

二、健康保险合同的订立

（一）健康保险合同的当事人和关系人

健康保险合同的当事人是投保人和保险人。投保人和被保险人不是同一人的，投保人在订立健康保险合同时应对被保险人存在保险利益。健康保险因具有损害补偿性质，经营人寿保险和财产保险的保险人均可经营健康保险业务。

针对健康保险的被保险人，我国保险法没有作出限制性的规定，完全民事行为能力

① 温世扬主编：《保险法》，法律出版社 2003 年版，第 412 页。

② 黎建飞：《保险法新论》，北京大学出版社 2014 年版，第 237 页。

人、限制民事行为能力人和无民事行为能力人均可成为健康保险的被保险人。但投保人与被保险人不是同一人时，因健康保险合同多以疾病导致死亡为给付保险金的条件，因此投保人在订立健康保险合同时，应经过被保险人的同意，否则保险合同无效。

（二）投保人应如实告知被保险人的身体状况

健康保险合同承保被保险人的身体健康，承保风险的主观性较强，投保人在订立健康保险合同时，应就被保险人身体状况履行如实告知义务。当投保人与被保险人不是同一人时，由于被保险人对自己的身体情况最了解，因此投保人和被保险人均应履行如实告知义务。但是，我国《保险法》第 16 条仅规定投保人应履行如实告知义务，因此对于被保险人知悉的重要事项可以推定为投保人应知事项，若未告知则构成投保人重大过失的告知不实。根据《保险法司法解释二》第 6 条规定，投保人的告知义务限于保险人询问的范围和内容。当事人对询问范围及内容有争议的，保险人负举证责任。保险人以投保人违反了对投保单询问表中所列概括性条款的如实告知义务为由请求解除合同的，人民法院不予支持。但该概括性条款有具体内容的除外。

（三）健康保险合同中的体检

保险人在订立健康保险合同时，就被保险人的身体情况向投保人询问的，投保人应如实告知。但保险人一般还要求被保险人须经保险人指定的医院体检合格才能承保，体检合格原则上成为健康保险合同的生效要件。《保险法司法解释三》第 5 条规定："保险人在合同订立时指定医疗机构对被保险人体检，当事人主张投保人如实告知义务免除的，人民法院不予支持。保险人知道被保险人的体检结果，仍以投保人未就相关情况履行如实告知义务为由要求解除合同的，人民法院不予支持。"因此，体检不能完全取代投保人在订立健康保险合同时所应履行的如实告知义务。

（四）健康保险合同的承保条件

健康保险合同的成立包括要约和承诺两个阶段，健康保险合同是诺成合同和非要式合同，不以交纳保险费和签发保险单为保险合同的成立条件。在保险实务中，健康保险合同一般是附加险，即人寿保险合同附加健康保险，因此在健康保险合同中，通常约定投保人支付第一期保险费作为健康保险合同的生效要件。同时，根据《保险法司法解释二》第 4 条规定，保险人接受了投保人提交的投保单并收取了保险费，尚未作出是否承保的意思表示，发生保险事故，被保险人或者受益人请求保险人按照保险合同承担赔偿或者给付保险金责任，符合承保条件的，人民法院应予支持；不符合承保条件的，保险人不承担保险责任，但应当退还已经收取的保险费。保险人主张不符合承保条件的，应承担举证责任。

（五）健康保险合同的代签

订立健康保险合同，一般先由投保人向保险人提出投保请求，保险人同意承保后，健康保险合同成立。在保险实务中经常出现由保险人的代理人代投保人签字的情形，根据《保险法司法解释二》第 3 条的规定，投保人或者投保人的代理人订立保险合同时没有亲自签字或者盖章，而由保险人或者保险人的代理人代为签字或者盖章的，对投保人不生效。但投保人已经交纳保险费的，视为其对代签字或者盖章行为的追认。但是，保险人或者保险人的代理人代为填写保险单证后经投保人签字或者盖章确认的，代为填写的内容视为投保人的真实意思表示。但有证据证明保险人或者保险人的代理人存在《保险法》第116条、第131条相关规定情形的除外。

三、健康保险合同的效力

（一）健康保险合同对保险人的效力

健康保险合同成立并生效后，保险人应按照保险合同的约定给付保险金。对于因疾病而产生的医疗费用支出，包括住院费、诊疗费、手术费、护理费、药品费等，保险人按照健康保险合同的约定在保险金额的限度内予以补偿。对于以疾病、分娩引起的残疾或死亡为给付条件的健康保险合同，保险人按照保险合同的约定给付保险金。

健康保险合同尤其是医疗费用的支出尽管存在损害填补因素，但并不是纯粹的对经济损失的填补，根据我国《保险法》第46条的规定，人身保险中，被保险人因第三者的行为而发生死亡、伤残或者疾病等保险事故的，保险人向被保险人或受益人给付保险金后，不享有向第三者追偿的权利。所以，健康保险合同的保险人给付保险金（包括医疗费用）后，不享有向第三者追偿的权利，被保险人或受益人仍有权向第三者请求赔偿。

（二）健康保险合同对投保人的效力

投保人依照健康保险合同的约定，按照约定的交费日期、金额和方式交纳保险费。但投保人交纳保险费的义务并非专属义务，《保险法司法解释三》第7条规定，当事人以被保险人、受益人或者他人已经代为支付保险费为由，主张投保人相应的交费义务已经履行的，人民法院应予支持。

（三）健康保险合同的保险责任和免责事由

健康保险合同中，对于被保险人自身的非先天性原因引起的疾病或女性分娩和因疾病、分娩而引发的伤残或死亡，保险人根据合同约定承担保险责任。

健康保险合同还约定承保范围的除外责任。在除外责任的情形下，保险人不承担保险责任。例如，投保人或被保险人故意制造保险事故或故意促使保险事故发生，诱发道德风险的，保险人不承担保险责任，包括：投保人患传染性疾病并故意使被保险人受到传染的；被保险人擅自使用违禁药品导致患病、残疾或死亡的；美容手术；外科整形等。但被保险人故意堕胎或人工流产，仍属于健康保险合同的承保范围，保险人仍应承担给付保险金责任。被保险人在健康保险合同成立之前已经患有疾病，因疾病存在发展过程，在健康保险合同成立后因疾病导致残疾，保险人是否应承担保险责任？对此，《保险法》没有作出规定，保险人可以依照健康保险合同的约定决定是否给付保险金。保险合同没有约定的，根据《保险法司法解释三》第25条规定，被保险人的损失系由承保事故或者非承保事故、免责事由造成难以确定，当事人请求保险人给付保险金的，人民法院可以按照相应比例予以支持。

第四节　意外伤害保险合同

一、意外伤害保险合同的界定

意外伤害保险合同是因不可抗力、意外事件或第三者的行为，导致对被保险人的身体或生命产生侵害而由保险人给予赔付的人身保险合同。就性质而言，意外伤害保险合同并非填补损害的合同，因人的生命无价，不论损害有多大，赔付的保险金有多少，都属于给付性保险合同而非补偿性保险合同，不具有投资储蓄性质，保险人按照保险合同的约定给付保险金，以补偿被保险人或受益人因意外事故遭受的经济困难，维护其日常生活稳定。因此，意外伤害保险是一种定额保险。但是，当意外伤害保险合同的保险责任是补偿被保险人因意外事故而支出的医疗费用时，又具有一定的填补损失的性质。

我国《保险法》对意外伤害保险没有明确的界定。《人身保险公司保险条款和保险费率管理办法》第 12 条规定，意外伤害保险是指以被保险人因意外事故而导致身故、残疾或者发生保险合同约定的其他事故为给付保险金条件的人身保险。这里的“意外”主要指意外事故。中国人民银行颁布的《关于航空旅客人身意外伤害保险有关问题的通知》附一《航空旅客人身意外伤害保险条款》第 12 条第 1 项规定，意外伤害是指遭受外来的、突发的、非本意的、非疾病的使身体受到伤害的客观事件。这里的“意外”界定为“外来的、突发的、非本意的、非疾病的”。

认定意外伤害事故，关键是认定该事故是否具有意外性。意外伤害的“意外”是外来的、突发的、不可预见的。其中，“外来的”是指意外来源于被保险人的身体外部，致害原因发生在被保险人身体之外，事故的发生排除身体内部疾病的影响①，以区别于健康保险合同。当然，外来性并不局限于自然灾害，也包括第三人故意或过失导致的意外伤害。“突发的”是指时间的紧迫性。一种观点认为以致害原因为对象，事故快速发生，但伤害结果在事故发生后一段时间出现的，也具有突发性；另一种观点认为，以伤害结果为对象，事故的原因与结果之间时间短暂。②中暑、高原反应虽有外来性，但通常认为因不具有突发性而不属于意外伤害保险的承保范畴。“不可预见的”即具有偶然性，为当事人无法预知、非所意图、非期望的。因故意或过失所导致的损害，如被保险人的自杀或自伤行为，不属于意外伤害保险的承保范围。从某种程度而言，意外伤害保险的伤害具有急激性。意外伤害的“伤害”是指生理上的伤害，而不是对被保险人的精神伤害（如抑郁症），也不是被保险人权利被侵犯或受到伤害（如名誉、隐私、姓名等）。人体的非天然部分，如安装于被保险人身体之上的假肢、假牙等，不能成为意外伤害保险合同的保险标的，而应纳入财产保险合同的范围。

---

① 韩长印、韩永强编著：《保险法新论》，中国政法大学出版社 2010 年版，第 191 页。

② 张静竹：《意外伤害保险之“意外”认定研究》，《保险研究》2017 年第 12 期。

意外伤害保险合同具有以下特点：

（1）意外伤害保险可以是独立投保的人身保险，也可以是附加于人寿保险的附加保险，或与疾病保险一并投保，如大学生、中小学生的学生平安险，既承保学生疾病，也承保学生的意外事故。

（2）意外伤害保险合同保险费率的厘定主要取决于被保险人的职业和其所从事的活动涉及的危险程度，较少考虑被保险人的年龄、性别等因素。因此，意外伤害保险合同的保险期限较短，一般不超过 1 年。被保险人职业发生重大变动导致危险程度显著增加的，应通知保险人。

（3）由于被保险人的身体利益无法以金钱进行衡量，意外伤害保险合同一般采用在保险合同中约定的保险金额限度内定额给付方式。在意外伤害未致残疾或死亡的情形下，保险人支付被保险人实际支出的医疗费用，但以保险金额为最高限额；但在意外伤害导致残疾或死亡的情况下，除了给付医疗费用外，保险人还应在保险金额的限度内给付死亡保险金或伤残保险金。

（4）意外伤害保险合同一般是短期保险，以 1 年或约定的特定期间（如旅游过程、乘坐交通工具期间）为限。被保险人遭受的意外伤害必须发生在保险期间，在投保之前受到意外伤害，在保险期间死亡或残疾的，不属于意外伤害保险合同的承保范围。被保险人在保险期间内死亡或残疾是构成意外伤害保险责任的必要条件，即被保险人死亡或残疾的结果必须发生在保险责任期间内。如果保险责任期间届满但因意外伤害的治疗仍未结束的，按照责任期限届满当日的身体情况进行残疾鉴定，并据此给付残疾保险金。但被保险人在保险责任期限届满之后残疾程度有所加重甚至死亡的，保险人不补充给付对应的保险金。①

以承保范围为标准，意外伤害保险合同可以分为普通意外伤害保险合同和特种意外伤害保险合同。普通意外伤害保险合同是指被保险人为单个自然人，因意外事故遭受身体伤害或死亡时，保险人给付保险金的人身保险合同。特种意外伤害保险合同是以某种特殊原因造成的意外伤害为承保范围的人身保险合同，如交通事故意外伤害保险合同、旅客意外伤害保险合同、电梯乘客意外伤害保险合同等。

以旅客乘坐的交通工具为标准，意外伤害保险合同可以分为公路旅客意外伤害保险合同、铁路旅客意外伤害保险合同、轮船旅客意外伤害保险合同、航空旅客意外伤害保险合同。

以被保险人的人数为标准，意外伤害保险合同可以分为单人自然人意外伤害保险合同和团体意外伤害保险合同。以社会团体为投保人，以该团体组织内的在职人员为被保险人，以被保险人因意外伤害事故而遭受的人身伤害、残疾、死亡为承保范围的人身保险合同为团体意外伤害保险合同。在团体意外伤害保险合同期间，投保单位因人员变动需要加保或退保的，应填写变动通知单，送交保险人签发批改单。如果被保险人中途离职，不论是否办理批改手续，均自离职之日起丧失保险效力，保险人应退还保险单的现金价值。②其中较为常见的是学生意外伤害保险合同，又称学生团体平安保险合同，是以各类学生为

---

① 黎建飞：《保险法新论》，北京大学出版社 2014 年版，第 218 页。

② 温世扬主编：《保险法》，法律出版社 2003 年版，第 398 页。

被保险人，在学生因意外伤害而残疾或死亡时，由保险人给付保险金的人身保险合同。

以承保方式为标准，意外伤害保险合同可以分为不可保意外伤害保险合同和特约保意外伤害保险合同。不可保意外伤害保险合同是指明确约定，对于被保险人在犯罪活动中所受的人身意外伤害，如被保险人在寻衅斗殴中所受的意外伤害或因酒醉、吸食毒品、自杀等行为所致的人身意外伤害，保险人不承担保险责任的意外伤害保险合同。特约保意外伤害保险合同是保险人在保险单上签注特别约定或出具批单，对于战争使被保险人遭受的意外伤害，登山、跳伞、滑雪、赛车、拳击等剧烈的体育活动或比赛中所受的意外伤害，核辐射造成的意外伤害，或医疗事故造成的意外伤害，保险人承担保险责任的意外伤害保险合同。

二、意外伤害保险合同的订立

（一）意外伤害保险合同的主体

意外伤害保险合同的主体是保险人和投保人。经营意外伤害保险的保险人，可以是人寿保险公司，也可以是财产保险公司。意外伤害保险与健康保险一样属于短期保险，其医疗费用具有财产保险的补偿性，被称为“第三领域”的保险。意外伤害保险合同的投保人可以是自然人，也可以是法人或非法人组织。在团体意外伤害保险中，投保人一般是法人或非法人组织。

意外伤害保险合同的被保险人必须是自然人，无论是限制民事行为能力人、无民事行为能力人还是完全民事行为能力人，均可作为意外伤害保险合同的被保险人。被保险人可以是投保人或投保人以外的第三人，即投保人可以自己的利益投保意外伤害保险，这时的被保险人与投保人为同一人；也可为他人的利益投保意外伤害保险，这时的被保险人与投保人是不同的人，但投保人在订立保险合同时应对被保险人存在保险利益。

意外伤害保险的受益人可以是投保人、被保险人或其他第三人。确定自然人是否具有受益人资格时，只考虑其民事权利能力，不考虑其民事行为能力。即使无民事行为能力人和限制民事行为能力人也可作为意外伤害保险的受益人。意外伤害保险受益人享有的保险金请求权来源于被保险人保险金请求权的转让，因此，被保险人有权指定受益人。投保人经被保险人同意，有权指定受益人。被保险人是无民事行为能力人或限制民事行为能力人的，可以由被保险人的监护人指定受益人。在意外伤害保险事故发生前，被保险人可以变更受益人，但应通知保险人，未通知保险人的，不能对抗保险人，保险人仍有权按照原保险合同承担保险责任。

（二）意外伤害保险合同的保险费和保险金

投保人可以按照意外伤害保险合同的约定一次性或分次支付保险费，但意外伤害保险合同的保险费，保险人不得以诉讼方式要求投保人支付。因意外伤害保险合同期限一般为1年，支出的医疗费用具有一定的损失补偿性质，且意外保险的承保范围与被保险人的年龄等因素关系不大，因此，保险费原则上不会随着年龄的增长而进行明显的调整，意外伤害保险合同中的保险费多采用一次性支付的方式，保险人和投保人还可以特别约定在保险费交清之前，保险人不承担保险责任。

意外伤害保险合同原则上是定额给付保险合同，投保人和保险人在意外伤害保险合同中约定保险金额，该保险金额是保险人给付保险金的最高限额。被保险人在保险期间发生意外伤害事故死亡的，投保人或被保险人所指定的受益人按照保险合同的约定，有权请求保险人给付保险金；被保险人在保险期间发生意外事故致残的，不论发生一次还是数次保险事故，保险人均在保险金额内给付保险金，但所给付保险金的累计额以保险合同约定的保险金额为限，一旦超过保险金额，意外伤害保险合同的效力即行终止。对于被保险人因意外伤害保险事故所支出的医疗费用，保险人按照被保险人实际支出的医疗费用支付保险金。

（三）意外伤害保险不实行保险代位制度

因被保险人的身体无法以金钱价值进行衡量，因此，意外伤害保险不适用保险代位制度，意外伤害保险合同的保险人不得代位行使被保险人因保险事故的发生而享有的对第三人的损害赔偿请求权。意外伤害保险合同的被保险人、受益人或继承人按照保险合同的约定获得保险金后，仍可以向对被保险人的人身伤亡负有赔偿责任的第三人请求损害赔偿。

三、意外伤害保险合同的效力

（一）意外伤害保险合同对投保人的效力

意外伤害保险合同订立后，投保人或被保险人应积极履行保险合同的约定，按照保险合同的约定交纳保险费。因为意外伤害保险的保险费率取决于被保险人的职业和其所从事的活动的危险程度，被保险人变更职业或工种时，应在规定的期限内以书面形式通知保险人。未履行通知义务，所变更的职业或工种不在承保范围内的，或导致危险程度显著增加的，保险人不承担给付保险金责任，但应按照保险合同的约定返还保险现金价值。

发生意外保险事故后，投保人、被保险人或受益人应及时通知保险人，并说明事故发生的原因、经过和损失情况。被保险人应积极采取措施避免和减少损失的进一步扩大。意外伤害保险伤害的鉴定，一般按照保险合同的约定或当事人合意确定的专家进行检验，有关检验费用由保险人承担。

（二）意外伤害保险合同对保险人的效力

在意外保险合同中，被保险人在保险期间内遭受意外伤害事故的，保险人应按照约定承担给付保险金的责任。保险人给付保险金的方式有两种形式：一是保险人按照保险合同的约定，根据被保险人在意外伤害事故中所遭受的实际损失，在保险金额范围内承担给付保险金责任；二是被保险人因意外伤害事故导致残疾或死亡的，保险人按照保险合同约定的数额给付保险金。意外伤害事故是被保险人死亡或残疾的直接原因的，保险人应按照保险合同约定承担给付保险金责任；意外伤害事故只是被保险人死亡或残疾的诱因，而非直接原因的，保险人并不按照保险合同约定的保险金额给付保险金，而是根据意外伤害事故在被保险人死亡或残疾中的作用所占比例给付保险金。

◎ 典型案例

江西新余农村合作银行诉中国平安财产保险股份有限公司江西分公司等保险合同纠纷案[①]

2009年1月22日，肖某兵向江西新余农村合作银行（简称“合作银行”）借款200万元。次日，肖某兵向中国平安财产保险股份有限公司江西分公司（简称“江西分公司”）投保借款人意外伤害保险，约定肖某兵为被保险人，保险期间为1年，出险时身故保险金若在借款余额内，则受益人为合作银行；若超出借款余额，超出部分的受益人为被保险人的法定继承人。

2009年2月16日凌晨，肖某兵呼吸困难，经急救无效猝死。次日，肖某兵亲属约中国平安财产保险股份有限公司新余中心支公司（简称“新余支公司”）工作人员到新余市公安局刑科所法医室，要求对肖某兵尸体进行解剖以查明死亡原因，新余支公司以该所的法医鉴定不一定有效为由，称应先请示省公司。当晚，江西分公司人员来到新余，但并未对尸体鉴定的相关工作作出安排，导致尸体解剖未果。2月19日，肖某兵被土葬。2月27日，合作银行向江西分公司索赔，江西分公司以肖某兵的死亡不属于意外伤害为由拒赔。合作银行遂起诉。江西省新余市渝水区人民法院一审判决支持合作银行诉讼请求。一审法院认为，肖某兵和江西分公司之间的保险合同依法成立并生效。肖某兵的死亡虽经医院认定为猝死，但猝死仅是一种死亡的表现形式，而非真正的死亡原因。为查明死亡原因，肖某兵家属曾在肖某兵死亡后及时通知江西分公司，该公司虽到医院对肖某兵的死亡经过进行了初步调查，但是未明确答复是否同意法医鉴定，也未告知当事人应当进行鉴定及法律后果，因此，江西分公司存在过错，最终导致肖某兵死亡原因没有被查明。江西分公司在无证据证实肖某兵并非意外伤害死亡的情况下，应当对肖某兵的猝死承担理赔责任。本案经江西省新余市中级人民法院二审，驳回上诉，维持原判。

本节理论与实务研讨

特殊情形下意外伤害保险的界定

意外伤害保险对于“意外”的界定，主要存在“原因意外说”“结果意外说”“意外就是意外说”等理论。原因意外说产生于英国意外伤害保险发展的初期。该说认为如果伤害是由预料之外的或非事先计划的原因或非恶意原因引起的，该伤害应被认定为意外伤害，保险人应当按照保险合同的约定承担保险金给付责任。在此理论下，只有来源于自然界的意外事故造成的意外伤害，才能获得保险赔付。结果意外说认为，由于以外来性界定意外

① 参见江西省新余市中级人民法院（2010）余民二终字第00034号民事判决书。

伤害对被保险人不利，将抑制大众对意外伤害保险的需求，阻碍意外伤害保险的发展故只要伤害的结果是非预料的或非事先计划的，就可以认定为意外伤害，而不论是什么原因造成的伤害。意外就是意外说认为，无论原因为何，结果是否意外，意外就是意外，只要死亡或残疾发生在被保险人意料之外，就是意外伤害保险的承保范围。

中国人寿保险股份有限公司在相关的保险条款中对意外伤害作出释义：意外伤害是指遭受外来的、突发的、非本意的、非疾病的客观事件直接致使身体受到的伤害。有的保险公司则进一步明确意外伤害保险金请求权的行使要件应为外来的、突发的、非本意的、非疾病的客观事件作为直接且单独的原因致使身体受到的伤害。[①] 德国《保险契约法》第 178 条规定，意外伤害是指突发外部事件对被保险人身体产生外部冲击并导致其并非自愿健康受损的事实。除非有相反证明，否则上述事实应被推定为非自愿。因此，通说认为，意外伤害保险应满足：（1）意外性，即主观意愿之外。该主观状态是相对被保险人而言的，不是一般善良人的标准，而以事故的发生是否出自或含有被保险人本意为标准。（2）外来性，即被保险人自身以外的原因造成的伤害，而不是被保险人身体内部形成的。（3）突发性，即意外伤害的直接原因是突然出现的，事故的发生在时间上是短暂的，是瞬间发生的伤害。（4）结果性，即意外伤害保险不能将意外伤害等同于意外事故，将意外伤害作为意外伤害保险中的承保危险来界定，而是将意外事故分解为“意外”和“事故”，“意外伤害”包括“意外”和“伤害”两个构成条件，仅有主观上的意外而无伤害的客观事实，或仅有伤害的客观事实而无主观上的意外均不构成意外伤害。

在意外伤害保险合同中，还应厘清意外伤害事故与民法的不可抗力、意外事件的关系。我国《民法典》第 180 条规定，民法上的不可抗力是指不能预见、不能避免且不能克服的客观情况。不可抗力是人所不可抗拒的力量，包括自然现象（如地震、海啸、台风）和特殊的社会现象（如战争）等。至于政府行为是否构成不可抗力，存在不同的观点。[②] 但部分政府行为可以通过媒体公布而预见，部分政府行为可以通过行政复议或行政诉讼而予以克服，因此，政府行为应不属于不可抗力范围。同时，不可抗力是独立于人的行为之外的事件，不包括单个人的行为，因此，第三人的行为不能作为民法上的不可抗力对待。民法上的意外事件是指非因当事人的故意或过失而偶然发生的事故，意外事件在狭义上使用即指不可抗力。民法上的不可抗力、意外事件具备外来性、突然性和不可预料性三个要件，当然属于保险法上的意外伤害事故的范畴，但意外伤害事故的意外伤害的范围比民法上不可抗力、意外事件的范围要大得多，它不仅包括民法上的不可抗力、意外事件，还包括来自第三者的行为，虽然第三者的故意行为或过失行为，对行为人来说，是可以预见或应当预见的，但相对于被保险人的主观状态来说，是“非本意的、外来的、突然的”，符合意外伤害事故的构成要件。

一、猝死是否属于意外伤害保险的承保范围？

猝死是指一个平素身体健康或貌似健康，由于患有潜在的疾病或机能障碍，发生的突然的、意外的非暴力死亡。在医学上，猝死是身体内部机能导致的，所以是非外因所致的

① 岳卫：《意外伤害保险中“外来性”的因果关系判断与举证责任分配》，《法律适用》2017 年第 18 期。

② 中国审判理论研究会民商事专业委员会编著：《〈民法总则〉条文理解与司法适用》，法律出版社 2017 年版，第 329 页。

突然死亡，是潜伏在身体内部的疾病或机能障碍，虽然具有突然性和非本意性，但不是外来原因，原则上不属于意外伤害保险的承保范围。但有观点认为，猝死仅是死亡的一种临床表现形式，不是一种疾病，不应将猝死排除在意外伤害保险的承保范围之外，应当对猝死的原因进行鉴定或分析，最终确定是否属于意外伤害保险的赔偿范围。因此，判断猝死是否构成意外伤害保险承保范围，关键在于猝死的“外来性”要件是否成立?

若外来事件先行发生，而后发生疾病，最终导致被保险人死亡，此时的疾病是外来事件导致的，属于因意外致死或致疾，或因意外在一定期间内致死或致疾，均具有外来性，应属于意外伤害保险承保范围；若身体疾病发作先行发生，引发了外来事件的发生，最终导致被保险人死亡，如正常驾车途中突发心脏病，导致车辆失控跌入悬崖造成被保险人死亡，不属于意外伤害保险的承保范围；若疾病与外来事件同时发生且相互影响导致被保险人死亡的，按照《保险法司法解释三》第 25 条“被保险人的损失系由承保事故或者非承保事故、免责事由造成难以确定，当事人请求保险人给付保险金的，人民法院可以按照相应比例予以支持”的规定，属于疾病与外来事件的竞合，根据对因果关系的判断按比例赔付。

二、医疗事故是否属于意外伤害保险的承保范围?

医疗事故分为积极的医疗事故和消极的医疗事故。积极的医疗事故是医务人员实施积极的行为导致的，医务人员的积极行为是医疗事故的近因，是被保险人非本意产生的，属于意外伤害保险的意外事故范畴。消极的医疗事故是医务人员的懈怠导致病人原有疾病恶化而发生的医疗事故，疾病是医疗事故的近因，不是外来原因导致的，不属于意外伤害保险的意外事故范畴。但在现实生活中，保险公司常以患者同意书作为抗辩理由，认为医疗事故不是患者的预见范围而不构成意外保险。

三、被保险人的某些被迫行为是否属于意外伤害保险的承保范围？

危险情势下被保险人迫于求生而作出的伤害自己的行为，如楼房着火，为了生存而跳楼，或在危险情势下被保险人的自我牺牲行为，虽然是被保险人可预见后果的行为，但从保险的伦理出发，被保险人的生存权应值得法律承认。或者，被保险人为了保全公共利益或他人的生命财产安全而自愿伤害自己的行为，如刹车失灵的情况下为避免碰撞他人而故意选择撞树，虽然是被保险人的主观故意造成的，但属于为了公共利益和第三人利益而作出的自我牺牲，值得法律鼓励，应属于意外伤害保险的承保范围。

本章法考与考研练习题

一、不定项选择题

1. 杨某为全家人投保了人身保险，同时也为全部家庭财产投保了财产保险。在两份保险合同存续期间，保险公司在下列（　　）情况下不享有解除保险合同的权利。

A. 杨某全家的人身保险合同都约定采用分期交纳保险费的方式，但是杨某在支付首期保险费后已超过合同约定的期限两年半未交纳第二期的保险费

B. 杨某的房屋在保险合同成立后，由于周边环境的改变，出现危险程度显著增加的情形

C. 财产保险中保险事故发生后杨某不积极进行施救

D. 人身保险中杨某为其母亲申报的年龄不真实，合同成立3个月后保险公司发现被保险人杨某母亲的真实年龄不符合合同约定的年龄限制

2. 2016年3月，张某向甲保险公司投保重大疾病险，但投保时隐瞒了其患有乙肝的事实。在保险合同订立前，甲保险公司曾要求张某到安康医院体检，并提交体检报告。因安康医院工作人员的失误，未能诊断出张某患有乙肝。2017年4月，张某因乙肝住院治疗，花去医疗费等6.3万元。2017年9月，甲保险公司得知张某隐瞒病情投保的事实。对此，下列说法正确的是（　　）。

A. 若张某投保时，体检报告明确显示其患有乙肝，则甲保险公司不能拒赔

B. 甲保险公司发现隐瞒事实1个月后无权解除保险合同

C. 甲保险公司可以在不解除保险合同的情况下，拒绝赔付

D. 若甲保险公司解除保险合同，应当向张某退还保费

3. 李某于2000年为自己投保，约定如其意外身故则由妻子王某获得保险金20万元，保险期间为10年。2009年9月1日起李某下落不明，2014年4月法院宣告李某死亡。王某起诉保险公司主张该保险金。关于本案，下列选项正确的是（　　）。

A. 保险合同应无效

B. 王某有权主张保险金

C. 李某死亡日期已超保险期间，故保险公司不承担保险责任

D. 如李某确系2009年9月1日下落不明，则保险公司应承担保险责任

4. 杨某为其妻王某购买了某款人身保险，该保险除可获得分红外，还约定若王某意外死亡，则保险公司应当支付保险金20万元。关于该保险合同，下列说法是正确的是（　　）。

A. 若合同成立2年后王某自杀，则保险公司不支付保险金

B. 王某可让杨某代其在被保险人同意处签字

C. 经王某口头同意，杨某即可将该保险单质押

D. 若王某现为无民事行为能力人，则无须经其同意该保险合同即有效

5. 甲以自己为被保险人向某保险公司投保健康险，指定其子乙为受益人，保险公司承保并出具保单。两个月后，甲突发心脏病死亡。保险公司经调查发现，甲两年前曾做过心脏搭桥手术，但在填写投保单以及回答保险公司相关询问时，甲均未如实告知。对此，下列表述正确的是（　　）。

A. 因甲违反如实告知义务，故保险公司对甲可主张违约责任

B. 保险公司有权解除保险合同

C. 保险公司即使不解除保险合同，仍有权拒绝乙的保险金请求

D. 保险公司虽可不必支付保险金，但须退还保险费

二、简答题

1. 简述意外伤害保险事故的特性。

2. 简述人身保险合同的主要分类。

三、案例分析

在两原告郭某与刘某夫妻关系存续期间，刘某未经郭某同意，向被告某人寿保险上海公司投保以郭某为被保险人的“财富人生B款终身年金保险（分红型）”人寿保险。被告

同意承保后签发保险单。保险单载明，保险期间为终身，交费期间为10年，交费方式为年交，期交保险费5万元，身故保险金受益人以及红利领取人均为刘某，合同成立日为2012年2月24日，生效日为2012年2月25日，保险金额为78 750元。此外，根据保险单，本合同的保险责任包括：（1）持续保险金，即在约定的本合同的交费期间内，被保险人在每一个本合同的生效对应日生存，保险人按保险单上载明的本合同的保险费的2%向生存保险金受益人给付持续保险金，如保险人选择一次性交纳保险费，保险人将不向生存保险金受益人给付持续保险金；（2）特别保险金，即在投保人每交满5年保险费后的首个本合同的年生效对应日被保险人生存，保险人按保险单上载明的本合同的保险费的50%向生存保险金受益人给付特别保险金，如保险人选择一次性交纳保险费，保险人将不向生存保险金受益人给付特别保险金；（3）生存保险金，自本合同生效之日起至被保险人年满60周岁后的首个本合同的年生效对应日（不含该日）前，被保险人在每一个本合同的年生效对应日生存，保险人按保险金额的10%向生存保险金受益人给付生存保险金；（4）身故保险金，被保险人在年满18周岁（含该日）至年满60周岁后的首个本合同的年生效对应日（不含该日）之间身故，身故保险金的数额等于投保人已交纳的累计保险费数额的110%。该保险合同条款中还载明，除另有指定外，生存保险金受益人为被保险人本人；本合同为分红保险合同，在每一个保单年度，如果本合同有效，保险人将根据分红保险业务的实际经营状况决定是否向投保人进行红利分配。如果有红利分配，保险人将在保单红利派发日（本合同生效日在每年的对应日，如果当月无对应的同一日，则以该月最后一日作为对应日）根据保险监管机关的规定确定向投保人分配的红利金额；选择现金领取方式的，可以在保单红利派发日领取红利，如果投保人未能在保单红利派发日领取，红利留存在保险公司期间不产生利息。截至两原告起诉时，刘某已向被告交纳两期保险费共计10万元，但未曾领取过系争合同约定的红利，郭某亦未曾向被告领取持续保险金、生存保险金等生存类保险金。经鉴定，个人寿险投保单上的“郭某”签名不是郭某所写。

两原告认为，系争合同是以被保险人死亡为给付保险金条件的保险合同，合同签订以及保险金额均未经过被保险人郭某的同意和认可，且投保单上被保险人的签名是被告业务员冒签的，遂诉至上海市静安区人民法院，请求法院判令：（1）确认原告刘某与被告签订的保险单号码为06197671的“财富人生B款终身年金保险（分红型）”保险合同无效；（2）被告向原告刘某返还两期保险费人民币10万元，并支付以5万元为本金、以每次交付保险费之日为起算日按照中国人民银行同期借款利率计算至返还完毕之日止的利息（至起诉时暂定为1万元）；（3）诉讼费由被告承担。

问题：案涉保险合同是否无效？若无效，是全面无效还是部分无效？为什么？

本章法考与考研练习题参考答案

第九章　财产保险合同概论

【导　语】

本章主要介绍财产保险合同的一般概念、特殊规定以及保险金给付等内容。重点是财产保险合同中的保险利益、重复保险以及保险代位等相关规定；难点是掌握、理解财产保险合同的法律特征，并将其与财产保险合同的具体制度相联系，从而更好地学习财产保险合同相关法律制度。

第一节　财产保险合同的内涵与外延

一、财产保险及财产保险合同的概念

财产保险可分为狭义的财产保险和广义的财产保险。[①] 狭义的财产保险，也称“财产损失保险”，以有形财产为保险标的，典型者如海上保险；广义的财产保险则不仅以有形财产为保险标的，也包含无形财产，例如信用保险、责任保险等。财产保险源自海上保险，投保人在发生事故后获得以损失为基础的保险赔偿。[②] 但是随着时代的发展，保险范围和具体规则都有了很大的变化。

财产保险合同，顾名思义，指的是以财产及与财产有关的利益为保险标的的保险合同。[③] 其目的在于填补损害。[④]

二、财产保险合同的法律特征

财产保险合同的法律特征是相对于人身保险合同而言的，基本包括以下五个方面：

---

① 温世扬主编：《保险法》，法律出版社 2016 年版，第 224 页。

② 邹海林：《保险法》，社会科学文献出版社 2017 年版，第 315 页。

③ 《保险法》第 12 条第 4 款：“财产保险是以财产及其有关利益为保险标的的保险。”

④ 邹海林：《保险法学的新发展》，中国社会科学出版社 2015 年版，第 36 页。

（一）财产保险合同的保险标的是财产及与财产有关的利益[①]

所谓财产，指的是有形财产，在我国一般包括动产和不动产；“与财产有关的利益”指的是与有形财产相关的现有利益（包括占有利益、用益利益、担保利益等）、基于财产和现有利益产生的期待利益（如企业盈利等）以及以合同责任、侵权责任等责任为依据的消极利益。

（二）财产保险合同是典型的补偿性合同

由于财产保险合同的保险标的是财产及与财产有关的利益，在保险事故发生后，保险标的因此而遭受损失，保险赔偿的数额以该损失为标准。换言之，财产保险和侵权责任类似，皆以损害填补为基本原则，保险赔偿金以实际损失为限。任何人都不能通过财产保险获得额外利益。

（三）财产保险责任为限定最高赔偿责任

由于财产保险以补偿为原则，因此其实际上限定了最高赔偿数额，即财产保险责任属于限定最高赔偿责任。最高赔偿额度即保险标的的财产价值，其高低取决于保险价值的确定。保险价值可以由当事人约定；当事人没有约定保险价值的，保险金额不得超过保险价值，超过保险价值的，超过部分无效。[②]

（四）财产保险合同一般是短期性保险合同

基于财产保险的标的因交易而流动的可能性较大，财产保险合同的期限一般较短，通常保险期间为 1 年。[③] 当事人在合同到期后可协议续保。

（五）代位求偿和委付是财产保险特有的理赔环节

财产保险的理赔有代位求偿和委付等特殊制度。代位求偿指的是保险事故因可归责于第三人的原因而发生，保险人承担保险责任后，被保险人对第三人的损害赔偿请求权由保险人享有，保险人代位行使权利。[④] 委付是指保险标的物发生推定全损后，被保险人将标的物和物上所有权利义务移转给保险人。[⑤] 这样安排的理由是，如果被保险人在获得保险赔偿后能够向第三人请求赔偿或者继续保有标的物，将获得超过实际损失的利益，从而违

---

① 《保险法》第 12 条第 3 款：“人身保险是以人的寿命和身体为保险标的的保险。”

② 《保险法》第 55 条第 3 款：“保险金额不得超过保险价值。超过保险价值的，超过部分无效，保险人应当退还相应的保险费。”

③ 中国人寿保险官网关于财产保险的保期皆为 1 年，具体参见中国人寿保险官网。

④ 《保险法》第 60 条第 1 款：“因第三者对保险标的的损害而造成保险事故的，保险人自向被保险人赔偿保险金之日起，在赔偿金额范围内代位行使被保险人对第三者请求赔偿的权利。”

⑤ 《保险法》第 59 条：“保险事故发生后，保险人已支付了全部保险金额，并且保险金额等于保险价值的，受损保险标的的全部权利归于保险人；保险金额低于保险价值的，保险人按照保险金额与保险价值的比例取得受损保险标的的部分权利。”

背财产保险补偿性的特征，成为被保险人的牟利手段。

三、财产保险合同的分类

（一）在保险立法上的分类

在我国保险法、相关司法解释和其他规范性文件中，依据保险标的的不同，财产保险合同可分为损失保险合同、责任保险合同、信用保险合同、保证保险合同；根据是否约定保险价值，财产保险合同可分为定值保险合同和不定值保险合同；根据保险金额与保险价值的关系，财产保险合同可分为足额保险合同、不足额保险合同和超额保险合同。

（二）按照保险合同标的分类

1. 财产损失保险合同

财产损失保险合同指的是以有形财产为保险标的的保险合同。其中，标的包括动产和不动产。但是对于农作物能否成为财产损失保险合同标的，学界存在争议。有学者认为可以是财产损失保险合同的标的[①]，有学者对此持否定意见。[②]根据实践中标的财产种类的不同，财产损失保险合同又可细分为家庭财产保险、企业财产保险、运输类保险、特殊财产（如机动车）保险等。

2. 责任保险合同

根据《保险法》第 65 条第 4 款的规定，责任保险合同指的是以被保险人对第三人所应承担的损害赔偿责任为标的的保险合同，也被称为第三者责任保险合同。在我国，责任保险合同可进一步细分为机动车交通事故保险合同、公众责任保险合同、产品责任保险合同、职业责任（如律师责任、会计师责任等）保险合同、雇主责任保险合同、工程责任保险合同、环境责任保险合同等。

3. 信用保险合同及保证保险合同

信用保险合同指的是以被保险人的付款能力或信用风险为保险标的的保险合同，主要包括出口信用保险合同和商业信用保险合同。2003 年《关于审理保险纠纷案件若干问题的解释（征求意见稿）》[③]曾对商业信用保险合同作出规定，但正式稿中又被删除。而对于出口信用保险合同，随着我国 2001 年成立中国出口信用保险公司，相关业务也在中国开展起来。

保证保险合同是为保证合同债务的履行而缔结的保险合同。对于其法律性质，一直存在争议。[④]本书认为，虽然保证保险合同外观上是保证行为，但其实质是保险合同，保险合同的效力并不当然依附于主债权债务合同的效力。保证保险合同在实践中以房屋贷款保

---

① 邹海林：《保险法》，社会科学文献出版社 2017 年版，第 317 页。

② 参见范健、王建文、张莉莉：《保险法》，法律出版社 2017 年版，第 252 页。

③《关于审理保险纠纷案件若干问题的解释（征求意见稿）》第 33 条规定："商业信用保险合同是由保险人承保权利人因债务人破产、解散、政府行为等引起的非正常商业信用风险的保险。商业信用保险合同的投保人为被保险人。商业信用保险的保险人赔偿被保险人的商业信用损失后，有权依照合同向债务人追偿。"

④ 范健、王建文、张莉莉：《保险法》，法律出版社 2017 年版，第 292 页。

证保险、汽车消费贷款保证保险为常见情况。

保证保险合同与信用保险合同虽然极为相似，但亦有区别：（1）信用保险合同的投保人是债权人，保证保险合同的投保人则是债务人；①（2）信用保险合同一般通过填写保险单而成立，保证保险合同则借助保证书；②（3）信用保险合同的实质是债权人移转清偿风险，保证保险合同则不存在此风险的转移。③

（三）按投保人订立财产保险合同的意愿分类

自愿财产保险合同是指投保人和保险人基于意思自治通过自由协商缔结的财产保险合同。保险合同的内容、缔结与否、与何人缔结等事项取决于当事人意愿。《保险法》第 11 条第 1 款规定："订立保险合同，应当协商一致，遵循公平原则确定各方的权利和义务。"

强制财产保险合同是法律、行政法规规定特定范围的人员必须投保的财产保险合同。根据《保险法》第 11 条第 2 款规定，财产保险合同以自愿为原则，强制保险须由法律、行政法规规定。一般而言，我国强制财产保险合同多存在于交通运输领域，例如铁路乘客意外伤害强制保险合同、机动车第三者责任强制保险合同等。

（四）以保险金额与保险价值为标准分类

1．足额财产保险合同

足额财产保险合同指的是保险金额与约定的保险价值相等，若无约定则与保险事故发生时保险标的的实际价值相等的财产保险合同。

因为保险金额与约定的保险价值或实际保险价值相等，当事人之间达到了理想的平衡状态。但是由于保险期间存在保险价值变化的可能性，所以足额财产保险合同仍会变为不足额或超额财产保险合同，此时的赔偿应相应发生变化。④

2．不足额财产保险合同

不足额财产保险合同是指保险金额低于约定的保险价值或实际的保险价值的财产保险合同。不足额财产保险合同一般不会在定值财产保险中出现，因为定值财产保险合同的保险金额约定会考虑到缔结合同时的市价，且通常在合同中约定以赔偿之时的实际价值为准。⑤

根据《保险法》第 55 条第 4 款的规定，不足额财产保险的赔偿计算方式是：保险金额 ÷ 保险价值 × 实际损失 = 赔偿金额。由于不足额财产保险出现的原因是保险标的的价值的提高或者被保险人节省保险费，所以保险人按照比例承担赔偿责任是合理的。

3．超额财产保险合同

超额财产保险合同是指保险金额超过保险标的保险价值的财产保险合同。由于人身不能直接以金钱评价，即具有无价性，因此超额保险不可能在人身保险中出现。不过也有学

---

① 温世扬主编：《保险法》，法律出版社 2016 年版，第 225 页。

② 范健、王建文、张莉莉：《保险法》，法律出版社 2017 年版，第 287 页。

③ 郑功成、许飞琼主编：《财产保险》，中国金融出版社 2010 年版，第 370—371 页。

④ 江朝国：《保险法基础理论》，瑞兴图书股份有限公司 1999 年版，第 392 页。

⑤ 例如中国人寿保险官网上关于家庭财产保险条款，具体参见中国人寿保险官网。

者对此概念表示反对。[①]

由于财产保险的目的是填补损害，所以如果保险金额超过保险价值，则可能出现道德风险，使投保人利用保险获得利益，而这是世界各国或地区都不希望发生的事情。因此，世界主要国家或地区都对超额财产保险进行规制，我国对此也通过立法禁止。[②]不过，我国并没有区分善意、恶意情形。我国台湾地区“保险法”第 76 条根据当事人一方的善意、恶意分别规定了不同的权利义务。[③]我国大陆也有学者认为，投保人恶意的，整个保险合同无效；投保人善意的，超过保险价值的部分无效。[④]本书认为，无论是否区分善意、恶意，都不应课以相应的不利后果或惩罚，而且基于现行法律，主观状态的认定在保险法上无关紧要，当事人可基于其他法律获得救济。

（五）以是否实现确定保险价值为标准分类

1. 定值财产保险合同

定值财产保险合同是指赔偿金额以约定的保险价值为计算标准的财产保险合同。换言之，如果发生保险事故，则应根据约定的保险金额或者计算方式进行赔偿，实际损失在所不问。定值财产保险合同是填补损害原则的例外。因为定值财产保险合同的标的一般是古玩、字画、货物等[⑤]，难以确定价值或价值变化较大，因此可通过采用定值财产保险合同减少争议、简化程序。

在保险事故致使保险标的全部损失的情况下，保险人无须重新根据市价调整保险金额，直接赔偿约定的全部保险金额即可；如果保险事故仅导致标的部分损失，则应根据损失所占比例赔偿相应比例的保险金额。

当然，定值财产保险合同如果存在欺诈或者重大误解的情形，应当允许当事人撤销合同或者变更保险价值。否则，若约定时发生的不合理情况一直延续到赔付，将严重损害当事人的利益。

2. 不定值财产保险合同

根据《保险法》第 55 条第 2 款的规定，不定值财产保险合同是指当事人双方未约定保险价值，而以保险事故发生时的保险标的实际价值为标准的财产保险合同。实际价值一般是事故发生地的市价，但是赔偿金额不得超过合同约定的保险金额。

不定值财产保险合同中，由于保险价值不确定，只有事故发生后确定保险价值时，方能与保险金额相比较，以确定其属于足额、不足额或超额财产保险合同，再分别进行相应的保险理赔。

---

① 何睿、孙宏涛：《超额保险的法律规制》，《金陵科技学院学报（社会科学版）》2006 年第 2 期。

② 《保险法》第 55 条第 3 款：“保险金额不得超过保险价值。超过保险价值的，超过部分无效，保险人应当退还相应的保险费。”

③ 我国台湾地区“保险法”第 76 条：“保险金额超过保险标的价值之契约，系由当事人一方之诈欺而订立者，他方得解除契约。如有损失，并得请求赔偿。无诈欺情事者，除定值保险外，其契约仅于保险标的价值之限度内为有效。无诈欺情事之保险契约，经当事人一方将超过价值之事实通知他方后，保险金额及保险费，均应按照保险标的之价值比例减少。”

④ 李玉泉：《保险法》，法律出版社 2003 年版，第 198 页。

⑤ 邹海林：《保险法》，社会科学文献出版社 2017 年版，第 335 页。

四、财产保险合同的主要内容

（一）财产保险合同的标的

1. 财产保险合同标的的含义与构成要件

财产保险合同标的，也称财产保险客体，是指财产保险合同的保险对象，根据《保险法》第 12 条第 4 款的规定，即财产及其有关利益。

构成财产保险合同标的财产及其有关利益须符合以下要求：

（1）财产及其有关利益应该具有一定的经济价值。换言之，财产保险合同标的应能以金钱进行衡量，否则无法确定赔偿金额。

（2）财产及其有关利益应被法律所认可。违法或违反社会公共利益的财产及其有关利益不能作为财产保险合同标的，如盗赃物、违法建筑等。[①] 财产保险合同标的一般包括属于保险人所有或被保险人与他人共有、经营管理或保管以及其他法律认可与被保险人有经济利害关系的财产及其相关利益。

（3）被保险人对财产及其有关利益具有保险利益。根据《保险法》第 48 条规定，被保险人应对财产保险合同标的具有保险利益，判断节点是保险事故发生之时。否则，保险人无赔偿义务。

2. 财产保险合同标的的范围

通常而言，财产保险合同标的范围根据标的形式可分为：（1）物质财产，例如运输工具、建筑物等；（2）非物质财产，如债权等权利、民事赔偿责任、信用等。

根据保险人承保范围，财产保险合同标的可分为可保财产、特约可保财产和不保财产。由于财产损失保险合同在实践中种类多样，不同的险种承保和不保的范围也不同。例如在平安家庭财产保险条款中，特约可保财产指的是被保险人的房屋主体、房屋装修、室内财产以及其他家庭财产；不保财产指的是贵重金属及其饰品、票据、古玩、文件、用于生产经营的财产、违章建筑、危险建筑、非法占有的财产等。

3. 财产保险合同标的损失的分类

财产保险合同标的损失一般可以分为全部损失和部分损失。分述如下：

（1）全部损失。财产保险合同标的在事故中全部灭失、毁损或因严重损坏而失去价值或彻底丧失的，就是全部损失。全部损失又可细分为实际全损和推定全损。

顾名思义，实际全损是被保险人已经不再拥有财产保险合同标的的任何经济价值。包括：财产保险合同标的已灭失；财产保险合同标的受到严重损坏，物理形态发生彻底变化，全部价值丧失；丧失标的且不可挽回；等等。[②] 除此之外，《海商法》第 248 条规定，

---

① 常敏：《保险法学》，法律出版社 2012 年版，第 51 页。

② 《海商法》第 245 条："保险标的发生保险事故后灭失，或者受到严重损坏完全失去原有形体、效用，或者不能再归被保险人所拥有的，为实际全损。"

船舶失踪一定期限的，应视为实际全损。[①]

推定全损则是事故发生后，实际全损虽未发生，但已不可避免，或无法挽救。包括：保险标的实际全损的情况已经无法阻止；为避免发生实际全损而花费的费用过巨。[②] 区分推定全损与实际全损的意义在于委付制度适用于推定全损的情况。

（2）部分损失。法律对于部分损失的定义，采用反面推定，即不属于全部损失的损失就是部分损失。对于部分损失，保险人根据实际损失的金额进行赔偿。

（二）财产保险合同的保险价值

1．保险价值的定义与存在形式

保险价值指的是保险标的所具有的价值，一般是经济价值，是保险人保险责任的基础。有的教材认为约定保险价值为客观价值[③]，此种观点误解了客观和主观的划分标准。从合同约定本身而言，其属于双方当事人的主观价值，与客观价值相对应。也有学者认为，保险价值仅是财产损失保险的特有概念，责任保险中不应存在。[④] 对此，本书认为，既然责任保险的标的是责任，在订立保险合同时无法预知，也就不存在所谓财产价值的问题。

财产保险合同的标的是财产及其有关利益，可以直接以金钱进行评价，因此保险价值的表现就是价格或货币评价。需要强调的是，保险价值是对保险利益的货币评价，而非标的物的价格。[⑤]

2．保险价值的确定方法

根据《保险法》第 55 条第 1、2 款的规定，保险价值可以以约定保险价值和实际价值为确定方法。

（1）约定保险价值。投保人和保险人可以在订立保险合同时约定保险标的的保险价值。保险价值的确定方法，可以是直接约定一定的价值数额，也可以约定价值的计算方法。发生保险事故，且导致标的全部损失时，保险人应该按照约定的保险价值或者计算方法确定所赔付的保险金额；标的部分损失时，则应根据实际损失所占全部标的的比例再乘以保险价值或者计算方法确定保险金额。不过，问题在于，如果当事人约定了保险价值，又约定保险合同是非定值保险合同的，应如何处理？对此，有学者认为，此时应根据实际损失赔付，但不得超过约定的保险价值数额。[⑥]

（2）实际价值。财产保险合同双方当事人没有约定保险价值的，如果发生保险事故，则应根据保险事故发生时的实际价值进行赔付。判断时间点为保险事故发生之时，实际价值指的是保险发生地的市价。

---

① 《海商法》第 248 条："船舶在合理时间内未从被获知最后消息的地点抵达目的地，除合同另有约定外，满两个月后仍没有获知其消息的，为船舶失踪。船舶失踪视为实际全损。"

② 《海商法》第 246 条："船舶发生保险事故后，认为实际全损已经不可避免，或者为避免发生实际全损所需支付的费用超过保险价值的，为推定全损。货物发生保险事故后，认为实际全损已经不可避免，或者为避免发生实际全损所需支付的费用与继续将货物运抵目的地的费用之和超过保险价值的，为推定全损。"

③ 邹海林：《保险法》，社会科学文献出版社 2017 年版，第 330 页。

④ 樊启荣：《保险法诸问题与新展望》，北京大学出版社 2015 年版，第 189 页。

⑤ 江朝国：《保险法基础理论》，中国政法大学出版社 2002 年版，第 81 页。

⑥ 邹海林：《保险法》，社会科学文献出版社 2017 年版，第 331 页。

在海商法中，确定船舶、货物、运费以及其他保险标的的保险价值的时间点不同于一般财产保险合同，为保险责任开始之时。[①] 两者的共同点在于最后赔付的保险金额皆不得超过保险价值。

（三）财产保险合同的保险金额

1．保险金额的含义与功能

保险金额是保险合同所约定的保险人应当赔偿的金钱数额。在财产保险合同中，保险金额的功能在于限定保险人保险责任的最高额，即赔偿额或保险金不得超过保险金额。保险金额则不得超过保险价值。

2．保险金额的确定方法

实践中，保险金额的确定方法一般有四种：

（1）定值确定。投保人和保险人在订立财产保险合同时，不仅能够约定保险价值，也能约定保险金额，保险金额以约定的保险价值为基础。如果发生保险事故，则根据损失占保险价值的比例计算赔偿额或保险金。

（2）不定值确定。投保人和保险人在订立财产保险合同时，仅约定保险金额，未约定保险价值的，先要确定保险标的的实际价值，然后才能确定损失比例，计算赔偿额或保险金，但不得超过保险金额。

（3）重置价值确定。重置价值指的是重新购置保险标的的价值，包括成本和费用。此种方式考虑到了通货膨胀的可能性，能够使被保险人获得充分保护。如果保险标的发生全部损失，则直接按照保险金额赔付；保险金额超过重置价值时，赔偿额以重置价值为限；如果仅发生部分损失，则根据实际损失计算赔偿额。

（4）原值或原值加成确定。原值或原值加成指的是按照保险标的投保时的价值，或者增加一定数额或倍数来确定保险金额。全部损失的赔付情况与重置价值确定方式相同；部分损失的情况则相对复杂。如果原值的保险金额低于重置价值，则应按照损失比例或修复费用与重置价值的比例计算赔偿额；如果保险金额等于或高于重置价值，或保险金额根据原值加成确认，则按照实际损失计算。

3．保险金额与保险价值的关系

保险金额与保险价值既有联系也有区别。联系在于，不论约定的保险价值还是实际价值都直接影响保险金额的大小，即保险金额应以保险价值为限。

不同之处在于：首先，保险价值仅存在于人身保险中；而保险金额在人身保险和财产保险中都存在，且都是保险人赔付的最高限额。其次，保险价值是保险人给付责任的法定最高限额；而保险金额是保险人给付的约定最高限额。[②]

---

① 《海商法》第 219 条第 2 款："保险人与被保险人未约定保险价值的，保险价值依照下列规定计算：(一) 船舶的保险价值，是保险责任开始时船舶的价值，包括船壳、机器、设备的价值，以及船上燃料、物料、索具、给养、淡水的价值和保险费的总和；(二) 货物的保险价值，是保险责任开始时货物在起运地的发票价格或者非贸易商品在起运地的实际价值以及运费和保险费的总和；(三) 运费的保险价值，是保险责任开始时承运人应收运费总额和保险费的总和；(四) 其他保险标的的保险价值，是保险责任开始时保险标的的实际价值和保险费的总和。"

② 樊启荣：《保险法诸问题与新展望》，北京大学出版社 2015 年版，第 197 页。

（四）财产保险合同的保险责任

保险责任是指保险人在发生合同约定或法定的保险事故时所承担的赔偿责任。

1. 保险事故范围

保险事故一般可根据保险标的、风险的自然属性、保险人是否承担保险责任进行划分，大致包括以下几类：（1）自然灾害，如火灾、雷击、爆炸等；（2）意外事故，即被保险人不可预见或不可抗拒的事故，如飞行物坠落、停电、停水等；（3）履行止损义务的费用支出，即在保险事故发生后为防止或减少保险标的继续损失而应该支付的必要费用；（4）损失，即发生保险事故时，为抢救保险标的而采取必要措施后，仍对保险标的造成的损失；等等。

2. 除外责任

除外责任，也称为“责任免除条款”，是指保险人在特定情况下不承担保险责任。① 除外责任可分为法定除外责任和约定除外责任。除外责任的情形较多，大致包括：（1）基于财产特性而发生的自然损耗；②（2）被保险人、投保人及其代表的故意或重大过失行为；（3）战争、敌对行为、罢工、暴动、政变等重大国家、社会事变；（4）不属于保险责任范围的损失和费用；（5）已经发生的保险事故；③（6）被保险人不履行止损义务造成的损失；④ 等等。

除外责任的作用在于明确保险责任范围，避免保险人承担不应承担的风险，也有利于管理风险。

对于除外责任与责任免除条款的关系，有学者认为责任免除条款不仅包括除外责任条款，还包括其他免除和限制保险人保险责任的条款。⑤ 基于保险合同的特点，在说明义务视角下讨论责任免除条款无济于事，目前也不会达成共识，但《保险法》中的“责任免除”不限于除外责任当无异议。

第二节 财产保险合同的特殊规定

一、保险利益

（一）概念

保险利益（insurable interest），又称“可保利益”，是指投保人或被保险人对保险标的

---

① 邹海林：《保险法学的新发展》，中国社会科学出版社 2015 年版，第 181 页。

② 《海商法》第 243 条：“除合同另有约定外，因下列原因之一造成货物损失的，保险人不负赔偿责任：……（二）货物的自然损耗、本身的缺陷和自然特性；……”第 244 条第 1 款：“除合同另有约定外，因下列原因之一造成保险船舶损失的，保险人不负赔偿责任：……（二）船舶自然磨损或者锈蚀；……”

③ 《海商法》第 224 条：“订立合同时，被保险人已经知道或者应当知道保险标的已经因发生保险事故而遭受损失的，保险人不负赔偿责任，但是有权收取保险费；……”

④ 《海商法》第 236 条第 2 款：“对于被保险人违反前款规定所造成的扩大的损失，保险人不负赔偿责任。”

⑤ 梁鹏：《新〈保险法〉下说明义务之履行》，《保险研究》2009 年第 7 期；邹海林：《保险法教程》，首都经济贸易大学出版社 2002 年版，第 49 页。

享有的法律上承认之利益。

保险利益的概念来源于英国。英国在18世纪为避免海上保险人的海事欺诈行为，在《1745年海上保险法》(Marine Insurance Act 1745)中明确提出可保利益，后《1774年人寿保险法》《1788年海上保险法》《1906年海上保险法》多次重申被保险人或投保人必须具有保险利益。世界主要国家或地区都明文规定了保险利益，我国在《保险法》第12、31、48条也规定了保险合同应当具有保险利益。

（二）具体认定

关于投保人或被保险人所享有的何种利益属于保险利益的问题，目前存在三种学说，即"合法利益理论"[①]"经济利益理论"[②]及"利害关系理论"[③]。三种理论各有优缺点，国内学者对三种观点进行批判吸收，提出合法关系上的实际利益理论，即保险利益必须具有合法性和实际利益性(经济利益的预期)。该观点被大多数学者支持[④]，我国在立法上也接受了该理论。

保险利益的认定标准有以下几项：

1. 保险利益为合法利益

根据《保险法》第12条规定，保险利益应是被法律所认可之利益。法律认可意味着该利益由法律明确规定，或虽无明确规定但未被法律否认。违反法律的强制性规定或违背公序良俗的利益不是保险利益，如犯罪所得、违法收入等。

2. 保险利益为经济利益

保险利益必须是具有经济价值且能够以金钱货币予以评价的利益。换言之，财产保险利益应当可以计算，如物权、债权、知识产权等，非经济上的损失不得成为保险利益，如精神上的痛苦。

3. 保险利益须确定或可确定

投保人或被保险人所享有的利益，必须已经确定或将来可以确定。已确定的利益即为现有利益，如有形财产；可确定的利益为期待利益。

人身保险利益与财产保险利益有显著不同：(1)人身保险利益不能以金钱直接评价；(2)人身保险利益存在与否的判断节点是订立保险合同之时，保险事故发生时可不具有人身保险利益；(3)人身保险以被保险人死亡为条件的，须经被保险人同意。

（三）保险利益的移转和消灭

财产保险利益的移转和消灭是财产保险合同特有的现象。因为人身保险合同中，只要订立合同时投保人对被保险人享有保险利益即可，之后的变化不影响保险合同。对于财产保险合同而言，保险利益的移转和消灭主要指继承、转让和灭失。

---

① 郑功成、许飞琼主编：《财产保险》，中国金融出版社2010年版，第31页。

② 王萍：《保险利益研究》，机械工业出版社2004年版，第3页。

③ 梁宇贤：《保险法新论》，瑞兴图书股份有限公司2007年版，第82—87页。

④ 孙宏涛：《保险合同法精解》，法律出版社2014年版，第16—17页。

1. 继承

我国《保险法》对财产保险合同中的被保险人死亡问题没有规定，但是学者一般认为，被保险人死亡，除另有约定外，继承人享有保险利益。问题在于，继承人是继承被保险人的保险利益，还是被保险人的保险利益已经丧失，继承人取得被保险人的地位而享有保险利益？①两个观点虽有不同，但都在试图解释继承的保险利益移转问题。《保险法司法解释四》第3条②明确规定，保险利益可由继承人主张，因此上述观点不再有区别。

2. 转让

《保险法》原来规定，除货物运输保险合同或另有约定以外，其他财产保险合同标的的转让并不会使保险利益移转。③原因在于，立法者认为随着保险合同标的的移转，保险合同标的的危险程度可能会增加，不利于保护保险人，因此一般财产保险合同标的不得转让。但是，有学者对此表示反对，④认为保险合同标的的转让一般不会导致危险程度的提高，原有规定过于保守，不利于保险合同标的的流转。因此，2009年《保险法》在第49条第1款⑤改变了原有立场，允许保险合同标的的转让。而且，根据《保险法司法解释四》第1条⑥的规定，保险标的只要交付即可。

3. 灭失

保险利益的灭失是指被保险人丧失对保险合同标的的保险利益。保险利益灭失后，保险合同将失去意义，被保险人无法从中获得保险金。

（四）无保险利益的法律后果

保险利益是保险合同效力的特殊构成要件，在人身保险中会对合同效力产生影响。但是，在财产保险合同中，被保险人在保险事故发生时丧失保险利益的，将丧失请求赔偿保险金的权利，而并非合同无效。

英美法判例中，最新的发展是法院认为不存在保险利益的保险合同为可撤销合同，法院并不主动判决合同无效。⑦我国也有学者认为保险利益既非保险合同成立要件，也非生效要件。⑧从财产保险合同的角度而言，由于保险利益的存在仅于保险事故发生时有意义，因此是否具有保险利益不再对合同的成立、生效产生影响。否则，不成立、无效将皆有溯及性，最终导致财产保险利益与人身保险利益同一命运，违反法律规定。

---

① 李玉泉：《保险法》，法律出版社2003年版，第86页；邹海林：《保险法学的新发展》，中国社会科学出版社2015年版，第164页。

② 《保险法司法解释四》第3条："被保险人死亡，继承保险标的的当事人主张承继被保险人的权利和义务的，人民法院应予支持。"

③ 《保险法》（2002年）第34条："保险标的的转让应当通知保险人，经保险人同意继续承保后，依法变更合同。但是，货物运输保险合同和另有约定的合同除外。"

④ 邹海林：《保险法学的新发展》，中国社会科学出版社2015年版，第164页。

⑤ 《保险法》第49条第1款："保险标的转让的，保险标的的受让人承继被保险人的权利和义务。"

⑥ 《保险法司法解释四》第1条："保险标的已交付受让人，但尚未依法办理所有权变更登记，承担保险标的毁损灭失风险的受让人，依照保险法第四十八条、第四十九条的规定主张行使被保险人权利的，人民法院应予支持。"

⑦ 梁宇贤等：《商事法精论》，今日书局2009年版，第615—616页。

⑧ 杨芳：《可保利益效力研究——兼论对我国相关立法的反思与重构》，法律出版社2007年版，第166页。

二、财产保险合同的变动

（一）财产保险合同的转让

财产保险合同的转让，是指保险合同当事人一方依法或依约定将全部或部分合同权利义务转让给第三人。此时，保险合同可能发生保险人的改变，也可能是投保人或被保险人发生变化。财产保险合同的转让一般可以分为当然转让和非当然转让。当然转让又称保险合同自动转让，当然转让发生后，保险人或投保人、被保险人一定会发生改变。非当然转让则表明保险合同并非自动转让，当事人可以约定排除。

1．转让给其他保险人

根据《公司法》第 174、176 条规定[①]，公司发生合并时，债权债务由新公司或存续的公司承继；分立前的债权债务由分立后的公司承担连带责任，约定除外。由于法律关于保险公司并无特殊规定，因此保险公司合并时，新设或存续的保险公司成为保险合同的法定受让人；分立时，除约定外，分立后的保险公司向被保险人承担连带责任。《保险公司保险业务转让管理暂行办法》对该规则进行了确认。

2．转让给新被保险人

根据《保险法》第 49 条第 1 款、《保险法司法解释四》第 1 条的规定，财产保险标的的转让总是法定性地导致合同权利义务的移转。问题在于当事人能否约定排除。有学者认为当事人可以另有约定。[②] 本书对此表示赞同，即第 49 条第 1 款并非强制性规范，而是补充规范。此时，转让虽然法定，但并非当然，仍需要“事后评估”。这不仅保护了被保险人的利益，也没有牺牲保险人的利益。根据《保险法》第 49 条第 3 款[③] 规定，保险人在危险程度显著增加的情况下享有解除权。《保险法司法解释四》第 4 条[④] 对“危险程度显著增加”也明确了判断标准。不过，该事后评估的前提是被保险人或受让人的通知。根据《保险法》第 49 条第 4 款[⑤]、《保险法司法解释四》第 5 条[⑥] 的规定，若未及时通知，保

---

① 《公司法》第 174 条：“公司合并时，合并各方的债权、债务，应当由合并后存续的公司或者新设的公司承继。”第 176 条：“公司分立前的债务由分立后的公司承担连带责任。但是，公司在分立前与债权人就债务清偿达成的书面协议另有约定的除外。”

② 常敏：《保险法学》，法律出版社 2012 年版，第 154 页。

③ 《保险法》第 49 条第 3 款前句：“因保险标的的转让导致危险程度显著增加的，保险人自收到前款规定的通知之日起三十日内，可以按照合同约定增加保险费或者解除合同。”

④ 《保险法司法解释四》第 4 条：“人民法院认定保险标的是否构成保险法第四十九条、第五十二条规定的‘危险程度显著增加’时，应当综合考虑以下因素：（一）保险标的用途的改变；（二）保险标的使用范围的改变；（三）保险标的所处环境的变化；（四）保险标的因改装等原因引起的变化；（五）保险标的使用人或者管理人的改变；（六）危险程度增加持续的时间；（七）其他可能导致危险程度显著增加的因素。保险标的危险程度虽然增加，但增加的危险属于保险合同订立时保险人预见或者应当预见的保险合同承保范围的，不构成危险程度显著增加。”

⑤ 《保险法》第 49 条第 4 款：“被保险人、受让人未履行本条第二款规定的通知义务的，因转让导致保险标的的危险程度显著增加而发生的保险事故，保险人不承担赔偿保险金的责任。”

⑥ 《保险法司法解释四》第 5 条：“被保险人、受让人依法及时向保险人发出保险标的转让通知后，保险人作出答复前，发生保险事故，被保险人或者受让人主张保险人按照保险合同承担赔偿保险金的责任的，人民法院应予支持。”

险人不承担保险金赔偿责任。但是如果及时通知，则保险人应承担保险责任。应该注意的是，我国保险法并未根据保险合同标的转让的不同原因而区分财产保险合同的转让。

根据《保险法司法解释四》第 3 条的规定，被保险人死亡的，继承人直接成为保险合同当事人，保险合同继续有效。

关于被保险人破产时的转让问题，我国保险法及其相关司法解释都没有规定。我国台湾地区“保险法”规定[①]破产债权人成为被保险人。

3．货物运输保险特别规定

根据《保险法》第 49 条第 2 款规定，在货物运输保险的转让中，被保险人或受让人不负通知义务。因为运输中的货物处于承运人的掌控之下，转让不会导致标的风险程度的增加或减少，被保险人或受让人自然没必要通知。

（二）财产保险合同标的危险程度的变化

财产保险合同标的一般在订立之时都存在着一定程度的风险，其对价也以此为基础予以确定。如果在此之后风险发生了正常的变化，双方都应该承担相应的风险，其衡量标准是合同订立之时的风险状况。

关于财产保险合同标的危险程度的变化影响合同效力的原因，有学者认为是合同法的“情势变更”原则。[②]也有学者认为，保险合同基于保险的机会性和对价平衡原理可能会产生效力上的变化。[③]但是无论如何，如果对价不平衡，对保险合同进行变更或解除是合理的。从基本原理而言，危险程度变化本身就是合同情势变更，但由于我国合同法上的情势变更构成要件过于严格，应遵循特殊法优先规则，适用保险法上危险程度变化规则。

1．危险程度变化水平

财产保险标的危险程度的一般变化，显然属于保险合同双方应当承担的风险，不会使合同效力发生变化。2002 年《保险法》并未对危险程度增加进行任何限制，而现行我国《保险法》对于危险增加采用“显著”一词加以限定，对于危险减少则采用“明显”一词。

2．危险程度显著增加

所谓危险程度显著增加，主要有三个判断标准：（1）变化的不可预见性，即保险人订立保险合同之时，依当时之事实无法估计和判断风险。根据《保险法司法解释四》第 4 条第 2 款的规定，保险人预见或应当预见的风险不属于显著变化[④]。（2）变化的持续性，即危险程度不是暂时的增加，而是在一段时间内不断增加。（3）变化的重大性，即危险程度的显著增加影响了对价的平衡，有损于保险人的利益。

根据《保险法司法解释四》第 4 条第 1 款，显著增加的判断标准有：（1）保险标的用途和使用范围改变；（2）保险标的所处环境发生变化；（3）保险标的因改装等原因发生变

---

① 我国台湾地区“保险法”第 28 条：“要保人破产时，保险契约仍为破产债权人之利益而存在，但破产管理人或保险人得于破产宣告三个月内终止契约。其终止后之保险费已交付者，应返还之。”

② 江朝国：《保险法基础理论》，中国政法大学出版社 2002 年版，第 239 页。

③ 邹海林：《保险法》，社会科学文献出版社 2017 年版，第 341 页。

④ 《保险法司法解释四》第 4 条第 2 款：“保险标的危险程度虽然增加，但增加的危险属于保险合同订立时保险人预见或者应当预见的保险合同承保范围的，不构成危险程度显著增加。”

化；（4）保险标的使用人或者管理人发生改变；（5）危险程度增加持续的时间；（6）其他可能导致危险程度显著增加的因素。

（1）被保险人及时通知义务。2002年《保险法》第37条规定，危险程度增加，被保险人仅在合同有约定情况下负有通知义务。[①] 现行《保险法》第49条第3款、第52条则规定，被保险人在保险标的危险程度显著增加时有法定通知义务，且应及时通知。

（2）法律后果。根据《保险法》第49条第4款规定，如果保险标的转让但未通知，且保险标的危险程度因转让而显著增加，则保险人不承担保险金的赔偿责任。

根据《保险法》第49条第3款和第52条的规定，其他情形下保险标的危险程度显著增加的，保险人拥有合同变更权或解除权，且该权利不以被保险人及时通知为条件。合同解除的，保险人应返还部分保险费。

本书认为，该规定未区分危险程度显著增加的原因，导致保险人权利过大。如果可归因于被保险人或投保人，则赋予保险人变更权或解除权甚为合理；但不可归因于被保险人或投保人时，对被保险人利益的保护恰好是订立保险合同的目的，此时赋予保险人变更权或解除权，过于优待保险人。

3. 危险程度明显减少

根据《保险法》第53条的规定，保险合同标的危险程度明显减少，且该危险程度构成确定保险费率依据的，保险人应当降低保险费。但是问题在于，此处的“明显”一词与“显著”是否有程度上的区别？本书认为，“明显”的判断标准和因素与危险程度的“显著”增加无任何区分的必要，二者仅是立法用词传统的延续，程度上不应有所区别，否则将违反保险对价平衡的原则。

三、重复保险

（一）概念

重复保险，又称复保险、主观的保险竞合，是指投保人就同一保险标的、同一保险利益、同一保险危险，在同一期间内，与数保险人分别订立数个保险合同，而其保险金额之总和超过保险价值的保险。我国《保险法》第56条第4款对此进行了规定。[②]

重复保险有广义和狭义之分，二者的区分标准在于所有保险合同的保险金额总和是否超出了保险标的的保险价值。广义的重复保险对此不作区分，狭义的重复保险则要求超过保险价值。我国2002年《保险法》第41条第3款规定了广义的重复保险，[③]2009年《保险法》进行了修改，采用了狭义的重复保险定义，并延续至今。但是有学者认为同一保险利益的要件没有必要，因为同一保险标的上可能存在不同的保险利益，因此保险利益不影

---

① 2002年《保险法》第37条第1款：“在合同有效期内，保险标的危险程度增加的，被保险人按照合同约定应当及时通知保险人，保险人有权要求增加保险费或者解除合同。”

② 《保险法》第56条第4款：“重复保险是指投保人对同一保险标的、同一保险利益、同一保险事故分别与两个以上保险人订立保险合同，且保险金额总和超过保险价值的保险。”

③ 2002年《保险法》第41条第3款：“重复保险是指投保人对同一保险标的、同一保险利益、同一保险事故分别向二个以上保险人订立保险合同的保险。”

响重复保险。[①]

与重复保险相似的概念还有共同保险，指的是两个或两个以上保险人约定对同一保险标的、同一保险利益、同一保险事故承担保险责任。二者的区别在于，共同保险仅存在一个保险合同，当事人一方由多个保险人组成，而重复保险则存在多个保险合同；共同保险中的保险金额当然不应超过保险价值，而重复保险则相反。

（二）构成要件

虽然保险法对于重复保险的定义有明确规定，但学者对此仍有不同意见。[②] 本书认为，重复保险的构成要件主要包括：

1．同一投保人。重复保险由同一投保人投保，或者是同一被保险人，只要投保人与被保险人不是同一人即可。如果数个投保人就同一保险标的投保，则可能构成联合保险。[③]

2．同一保险标的、保险利益。重复保险中的投保人应对同一保险标的具有同一保险利益。投保人就不同保险标的或不同投保人就同一保险标的的不同保险利益投保的，均非重复保险。

3．同一风险。投保人应对保险标的的同一风险投保，如果对不同风险投保，则非重复保险。

4．多份保险合同、数个保险人。同一投保人与数个保险人订立多份保险合同。如果投保人与多个保险人订立同一份保险合同，则属于共同保险。

5．保险金额总和超过保险价值。多份保险合同的保险金额总和应大于保险价值。因为重复保险制度的目的在于制止投保人以此牟利，违反财产保险合同填补损害的原则，因此如果保险金额等于或小于保险价值，则不会发生超额的问题，不予规制当属合理。

6．保险期间重合。虽然保险法对于保险期间进行了规定，但是如果多份保险合同的保险期间不重合，也不会发生投保人获利的情形。

（三）损失分摊原则

关于重复保险的保险责任承担，世界上主要有三种方式：（1）优先主义，即如果各个保险合同的成立时间不同，则先成立的合同保险人优先承担责任，依次赔偿；[④] 如果同时成立，则按照比例承担。[⑤]（2）连带责任主义，即各保险人按照合同约定承担连带赔偿责任，之后保险人内部根据比例分担。[⑥]（3）比例分摊主义，即保险人根据各自的约定保险金额与保险金额总和的比例分担保险责任。

---

① 常敏：《保险法学》，法律出版社 2012 年版，第 208—209 页；邹海林：《保险法》，社会科学文献出版社 2017 年版，第 352 页。

② 邹海林：《保险法学的新发展》，中国社会科学出版社 2015 年版，第 397—399 页。

③ 梁宇贤：《保险法新论》，瑞兴图书股份有限公司 2007 年版，第 221 页。

④ 樊启荣：《保险法诸问题与新展望》，北京大学出版社 2015 年版，第 307 页。

⑤ 邹海林：《保险法》，社会科学文献出版社 2017 年版，第 359 页。

⑥ 江朝国：《保险法逐条释义》（第 1 卷：总则），元照出版公司 2012 年版，第 928 页。

根据我国《保险法》第 56 条第 2 款的规定[①]，我国采取比例分摊主义。即保险人根据其合同保险金额占全部保险金额总和的比例承担责任，而不问合同成立的先后。当然，学者对于比例责任的性质存在争议，有学者认为分摊责任仅在保险人之间有效，不得对抗被保险人。[②]本书认为，损失比例分摊主义应区分内部和外部，对外不得以比例责任对抗被保险人，而须在保险合同范围内承担连带责任；就内部而言，各保险人承担与其保险费相当的保险责任，保险人可以向其他保险人请求超过比例的赔偿。不过，合同另有约定的除外。

（四）保险人保费返还义务

由于保险人最终并非对全部保险金额承担保险责任，而仅仅根据比例分摊主义承担责任，根据对价平衡原则，保险人所承担的责任与投保人的保费不成比例，因此，保险人应当按照《保险法》第 56 条第 3 款[③]返还其未承担责任的那部分保险金额的保费。

（五）投保人通知义务

根据《保险法》第 56 条第 1 款的规定[④]，重复保险的投保人承担法定通知义务。该通知义务的目的在于使保险人了解投保人重复保险的事实，避免投保人恶意牟利。

首先，通知义务人：通常是投保人，但也有学者认为被保险人也应该被包含在内，尤其在其知情时。[⑤]

其次，通知内容：我国法律和司法解释并未规定，一般是其他保险人名称、住所、保险标的、保险金额、保险期间和保险责任范围等。

再次，通知时间：投保人在订立保险合同之时应该将重复保险的事实通知各个保险人。

最后，违反通知义务的后果：对此，我国法律和司法解释并未规定。比较法上，有的规定投保人恶意时合同无效[⑥]，也有的规定怠于通知导致各保险人不承担保险金赔偿责任[⑦]。因此有学者认为我国应该区分善意、恶意，恶意投保人使合同无效。[⑧]本书认为，目前难以得出合同无效或者保险人不承担保险责任的结论，善意、恶意的区分也仅在学理上有讨论的空间。从各保险人承担的责任情况看，也无此必要，其后果有待司法解释或立法进一步细化。

---

① 《保险法》第 56 条第 2 款："重复保险的各保险人赔偿保险金的总和不得超过保险价值。除合同另有约定外，各保险人按照其保险金额与保险金额总和的比例承担赔偿保险金的责任。"

② 邹海林：《保险法》，社会科学文献出版社 2017 年版，第 361 页。

③ 《保险法》第 56 条第 3 款："重复保险的投保人可以就保险金额总和超过保险价值的部分，请求各保险人按比例返还保险费。"

④ 《保险法》第 56 条第 1 款："重复保险的投保人应当将重复保险的有关情况通知各保险人。"

⑤ 吴庆宝主编：《保险诉讼原理与判例》，人民法院出版社 2005 年版，第 535 页。

⑥ 我国台湾地区"保险法"第 37 条："投保人故意不履行通知义务的，保险契约无效。"

⑦ 《意大利民法典》第 1910 条第 2 款："被保险人对发出通知有故意懈怠的，诸保险人不承担支付保险金的责任。"

⑧ 史卫进：《保险法原理与实务研究》，科学出版社 2009 年版，第 175 页。

四、保险代位

广义的保险代位，不仅包括主流保险法教科书中的保险代位求偿权，还包括物上代位权。

（一）保险代位求偿权

1. 保险代位求偿权的定义

根据《保险法》第 60 条第 1 款的规定[①]，保险代位求偿权，又称保险代位权，是指保险人在向被保险人支付保险金后，取得被保险人对负有赔偿责任的第三人的损害赔偿请求权。

代位求偿权源自英国 1748 年的判例，后《1906 年海上保险法》进行了成文规定。我国也接受了该制度，其适用范围仅限于财产保险合同，学界对此虽有异议[②]，但通说认为代位求偿权不适用于人身保险合同。代位求偿权的作用在于实现财产保险损害填补原则和避免第三人逃脱责任。

关于其法律基础，目前有不当得利说[③]、减轻投保人负担说[④]、避免第三人脱责说[⑤]、法定债权转移说[⑥]、赔偿请求权说[⑦]等。保险代位求偿权的基础在于保险合同的损害填补原则当无疑问，其根本特征在于保险人“代位”行使被保险人对第三人的请求权，而非行使自身之权利。在目前《保险法》的规定之下，法定代位求偿权无可争议。

2. 保险代位求偿权的取得

保险人取得代位求偿权应满足以下几个要件：（1）保险合同成立。保险人与被保险人之间的保险合同应成立且有效，否则保险人的赔偿是非债清偿，保险人能否取得代位权只能依据其他情况而判断。（2）被保险人对第三人享有赔偿请求权。根据《保险法司法解释四》第 7 条的规定[⑧]，被保险人的请求权可以基于侵权之债，也可以基于合同之债，抑或基于其他。（3）保险人已向被保险人承担保险责任。保险人应根据保险合同向被保险人支付保险金，否则除非当事人之间有特别约定，保险人自愿赔付不能拥有代位求偿权。（4）赔偿请求权标的与保险标的须同一。同一保险财产上可能会同时存在不同的利益，例如房屋所有权上另有租赁权，但保险人代位求偿的标的与保险标的必须一致。[⑨]

---

① 《保险法》第 60 条第 1 款：“因第三者对保险标的的损害而造成保险事故的，保险人自向被保险人赔偿保险金之日起，在赔偿金额范围内代位行使被保险人对第三者请求赔偿的权利。”

② 樊启荣：《保险法诸问题与新展望》，北京大学出版社 2015 年版，第 303 页。

③ 张广兴：《债法总论》，法律出版社 1997 年版，第 91—95 页。

④ 邹海林：《保险法学的新发展》，中国社会科学出版社 2015 年版，第 356 页。

⑤ 刘宗荣：《新保险法：保险契约法的理论与实务》，中国人民大学出版社 2009 年版，第 246—247 页。

⑥ 上海市高级人民法院课题组：《保险代位求偿权纠纷案件的法律适用问题研究》，《法律适用》2011 年第 5 期。

⑦ 邹海林：《保险法教程》，首都经济贸易大学出版社 2002 年版，第 120 页。

⑧ 《保险法司法解释四》第 7 条：“保险人依照保险法第六十条的规定，主张代位行使被保险人因第三者侵权或者违约等享有的请求赔偿的权利的，人民法院应予支持。”

⑨ 江朝国：《保险法基础理论》，瑞兴图书股份有限公司 1999 年版，第 477 页。

只有满足上述要件，保险人才有取得代位求偿权之可能，缺一不可。

3. 保险代位求偿权的行使

（1）行使方式。对于当事人行使代位求偿权的名义，我国学者一直存在争议。有学者认为保险人须以被保险人的名义行使，该观点从英美法出发，认为既然是代位，则并非自己行使自己的权利。[①] 但是根据《保险法司法解释二》第16条第1款[②]、《保险法司法解释四》第13条[③] 的规定，保险人应以自己的名义行使。如果被保险人已经提起诉讼，则可以合并审理或变更当事人或作为共同原告。

保险人行使代位求偿权不以诉讼方式为限，可以直接请求第三人承担赔偿责任。

（2）适用范围及限制。保险人行使代位求偿权的范围是保险赔偿金额限度。如果赔偿金额小于第三人所应承担的赔偿数额，则保险人仅在自己保险赔偿范围内代位求偿，第三人对剩余部分仍应向被保险人赔偿。而且，根据《保险法》第64条[④]，保险人、被保险人为查明和确定事故所支出的必要、合理费用，由保险人自行承担，不包括在上述赔偿金额内。

代位求偿权的行使同时受到第三人抗辩权的限制。第三人抗辩权源自第三人对被保险人的抗辩和被保险人对保险人的抗辩。第三人对被保险人的抗辩包括：法律规定的责任减轻或免除事由（例如不可抗力、正当防卫、紧急避险等）；合同订立前被保险人减免第三人责任（《保险法司法解释四》第9条第1款[⑤]）；保险人赔偿前被保险人减免第三人责任（《保险法》第61条第1款）；被保险人对第三人的损害赔偿请求权罹于诉讼时效；第三人已经向保险人承担责任（《保险法司法解释四》第10条第1款[⑥]）；保险人的代位求偿权诉讼时效经过（《保险法司法解释四》第16条第2款[⑦]）等。被保险人对保险人的抗辩包括：保险人同意被保险人减免第三人责任（《保险法》第61条第2款）；双方约定排除或限制代位求偿权；保险人明知被保险人在订立保险合同时已经减免了第三人责任（《保险

---

① 孙积禄：《保险代位权研究》，《法律科学（西北政法学院学报）》2003年第3期。

② 《保险法司法解释二》第16条第1款："保险人应以自己的名义行使保险代位求偿权。"

③ 《保险法司法解释四》第13条："保险人提起代位求偿权之诉时，被保险人已经向第三者提起诉讼的，人民法院可以依法合并审理。保险人行使代位求偿权时，被保险人已经向第三者提起诉讼，保险人向受理该案的人民法院申请变更当事人，代位行使被保险人对第三者请求赔偿的权利，被保险人同意的，人民法院应予准许；被保险人不同意的，保险人可以作为共同原告参加诉讼。"

④ 《保险法》第64条："保险人、被保险人为查明和确定保险事故的性质、原因和保险标的的损失程度所支付的必要的、合理的费用，由保险人承担。"

⑤ 《保险法司法解释四》第9条第1款："在保险人以第三者为被告提起的代位求偿权之诉中，第三者以被保险人在保险合同订立前已放弃对其请求赔偿的权利为由进行抗辩，人民法院认定上述放弃行为合法有效，保险人就相应部分主张行使代位求偿权的，人民法院不予支持。"

⑥ 《保险法司法解释四》第10条第1款："因第三者对保险标的的损害而造成保险事故，保险人获得代位请求赔偿的权利的情况未通知第三者或者通知到达第三者前，第三者在被保险人已经从保险人处获赔的范围内又向被保险人作出赔偿，保险人主张代位行使被保险人对第三者请求赔偿的权利的，人民法院不予支持。保险人就相应保险金主张被保险人返还的，人民法院应予支持。"

⑦ 《保险法司法解释二》第16条第2款："根据保险法第六十条第一款的规定，保险人代位求偿权的诉讼时效期间应自其取得代位求偿权之日起算。"

法司法解释四》第 9 条第 2 款[①]）；等等。

（3）追偿对象及限制。保险人代位求偿权的对象是第三人，不包括被保险人。投保人和被保险人不是同一人的，保险人可以向投保人代位求偿，但法律另有规定或当事人另有约定的除外（《保险法司法解释四》第 8 条[②]）。

根据《保险法》第 62 条的规定[③]，代位求偿权的对象不包括被保险人的家庭成员或其组成人员，但上述人员故意造成保险事故的除外。这是因为，通常上述人员和被保险人拥有一致的利益，向其求偿可能使保险没有存在意义。[④]当然，对于家庭成员或其组成人员的解释应该慎重。家庭成员指的是与被保险人共同生活或具有一致经济利益的人，即使是近亲属，如果长期未共同居住，亦非此处所指的家庭成员。组成人员一般包括为被保险人工作或提供劳务的人。

4. 被保险人的义务

被保险人对保险人行使代位求偿权有协助义务，根据《保险法》的规定，该义务包括积极和消极两个方面。

根据《保险法》第 63 条[⑤]、《保险法司法解释四》第 9 条第 2 款规定，被保险人的积极义务在于通知、告知保险人并提供必要资料，否则，保险人不承担相应保险责任或有权请求返还保险金。而且，被保险人在保险人赔偿保险金之前应主动向第三人主张权利，通知保险人尽快赔付以及向第三人行使代位求偿权，以避免损害赔偿请求权的诉讼时效经过。

根据《保险法》第 61 条[⑥]的规定，被保险人的消极义务体现在不得随意放弃对第三人的请求权或达成和解。否则，如果保险人还未赔偿保险金，则有权拒绝赔偿；如果已经赔偿，则有权请求返还保险金或认定该放弃、和解行为无效。我国虽然未规定一般和解情形，仅在司法解释中确定了责任保险的和解规则，但从规范意旨来看，应该将和解与放弃行为同等看待。

---

① 《保险法司法解释四》第 9 条第 2 款："保险合同订立时，保险人就是否存在上述放弃情形提出询问，投保人未如实告知，导致保险人不能代位行使请求赔偿的权利，保险人请求返还相应保险金的，人民法院应予支持，但保险人知道或者应当知道上述情形仍同意承保的除外。"

② 《保险法司法解释四》第 8 条："投保人和被保险人为不同主体，因投保人对保险标的的损害而造成保险事故，保险人依法主张代位行使被保险人对投保人请求赔偿的权利的，人民法院应予支持，但法律另有规定或者保险合同另有约定的除外。"

③ 《保险法》第 62 条："除被保险人的家庭成员或者其组成人员故意造成本法第六十条第一款规定的保险事故外，保险人不得对被保险人的家庭成员或者其组成人员行使代位请求赔偿的权利。"

④ 李玉泉主编：《保险法学——理论与实务》，高等教育出版社 2007 年版，第 254 页。

⑤ 《保险法》第 63 条："保险人向第三者行使代位请求赔偿的权利时，被保险人应当向保险人提供必要的文件和所知道的有关情况。"

⑥ 《保险法》第 61 条："保险事故发生后，保险人未赔偿保险金之前，被保险人放弃对第三者请求赔偿的权利的，保险人不承担赔偿保险金的责任。保险人向被保险人赔偿保险金后，被保险人未经保险人同意放弃对第三者请求赔偿的权利的，该行为无效。被保险人故意或者因重大过失致使保险人不能行使代位请求赔偿的权利的，保险人可以扣减或者要求返还相应的保险金。"

（二）物上代位权

财产保险中的物上代位权，指的是保险人在承担全部保险责任后，若保险标的仍有残余价值，则全部归于保险人。物上代位权一般发生在推定全损的情况下，主要用于海商法，如《保险法》第 59 条、《海商法》第 249 条第 1 款第 1 句[①]。

第三节 财产保险合同保险金的给付和委付

一、保险金给付

保险金给付，是指保险人向被保险人履行支付保险金的义务。从被保险人的角度而言，也称索赔。

（一）给付保险金的条件

保险人给付保险金，有约定的，应该按照约定的条件、数额、时间、方式和地点进行；没有约定的，应该符合法定条件。根据《保险法》第 21 条、第 22 条、第 23 条第 1 款规定[②]，给付保险金的法定条件包括：（1）通知损失。被保险人应向保险人通知保险事故的发生和保险标的受损失的情况。如果没有通知，保险人对不能确定的部分不承担保险金给付义务。（2）提供保险人赔付所需的相关证明材料，这不仅有利于防止欺诈情形的发生，也能够尽快确认保险金是否给付以及给付数额。（3）保险金给付属于合同约定给付的情形，不存在除外责任。（4）保险人核定保险金给付。对于核定义务的期限，有约定的，从其约定；没有约定的，一般应及时作出核定，特殊情况下应在 30 日内核定。

（二）给付数额

给付可分为基本给付和附加给付。基本给付指的是保险人根据保险合同所承担的在保险金额内的保险金给付义务。在财产保险合同中，基本给付即根据损失情况向保险人支付全部或部分保险金额。

---

① 《海商法》第 249 条第 1 款第 1 句："保险标的发生推定全损，被保险人要求保险人按照全部损失赔偿的，应当向保险人委付保险标的。"

② 《保险法》第 21 条："投保人、被保险人或者受益人知道保险事故发生后，应当及时通知保险人。故意或者因重大过失未及时通知，致使保险事故的性质、原因、损失程度等难以确定的，保险人对无法确定的部分，不承担赔偿或者给付保险金的责任，但保险人通过其他途径已经及时知道或者应当及时知道保险事故发生的除外。"第 22 条："保险事故发生后，按照保险合同请求保险人赔偿或者给付保险金时，投保人、被保险人或者受益人应当向保险人提供其所能提供的与确认保险事故的性质、原因、损失程度等有关的证明和资料。保险人按照合同的约定，认为有关的证明和资料不完整的，应当及时一次性通知投保人、被保险人或者受益人补充提供。"第 23 条第 1 款："保险人收到被保险人或者受益人的赔偿或者给付保险金的请求后，应当及时作出核定；情形复杂的，应当在三十日内作出核定，但合同另有约定的除外。保险人应当将核定结果通知被保险人或者受益人；对属于保险责任的，在与被保险人或者受益人达成赔偿或者给付保险金的协议后十日内，履行赔偿或者给付保险金义务。保险合同对赔偿或者给付保险金的期限有约定的，保险人应当按照约定履行赔偿或者给付保险金义务。"

附加给付是基本给付以外保险人根据合同约定或法律规定承担的保险金给付义务。法定的附加给付包括减损费用给付、查明和确定保险事故所必要的合理费用给付和责任保险中的诉讼费用给付等。

（三）给付期限

关于保险金的给付期限，根据保险法规定，有约定的，按照约定期限给付；没有约定或约定不明的，保险人应在与被保险人达成给付保险金协议后 10 日内给付。

（四）保险金的先予给付

根据《保险法》第 25 条规定[①]，保险金的先予给付，又称预付赔款，是指保险人根据被保险人的请求和相关材料证明，暂时无法确定给付金额的，预先给付其可确定的保险金额。目的在于避免冗长的索赔程序影响被保险人的正常生产生活。

保险金先予给付的条件包括：（1）确定保险事故属合同赔付情形；（2）保险人在收到请求和证明材料 60 日内无法确定保险金数额；（3）预付金额是可确定的给付数额。

先予给付的保险金数额属于最终确定的保险金数额的一部分，待保险金额最终确定后，保险人依据多退少补规则判断仍需给付一定金额的保险金或请求被保险人返还多给付的保险金数额。

（五）给付方式

保险给付以金钱给付为原则，以替代给付为例外。保险合同另有约定的，按照约定处理。替代给付包括恢复原状、更换等。

（六）给付迟延的后果

根据《保险法》第 23 条第 2 款的规定[②]，保险人迟延给付保险金的，不仅要继续给付保险金，被保险人因此受到损失的，保险人还应对此进行赔偿。

二、财产保险合同中的委付制度

（一）委付的概念和适用范围

保险委付，是指保险标的物发生推定全损后，被保险人将标的物和物上所有权利义务移转给保险人。原来的委付制度通常仅适用于海上保险。但是根据我国《保险法》第 59 条、《海商法》第 249 条的规定，委付制度也可以适用于其他补偿性保险合同。换言之，其几乎适用于所有财产保险合同。

---

① 《保险法》第 25 条："保险人自收到赔偿或者给付保险金的请求和有关证明、资料之日起六十日内，对其赔偿或者给付保险金的数额不能确定的，应当根据已有证明和资料可以确定的数额先予支付；保险人最终确定赔偿或者给付保险金的数额后，应当支付相应的差额。"

② 《保险法》第 23 条第 2 款："保险人未及时履行前款规定义务的，除支付保险金外，应当赔偿被保险人或者受益人因此受到的损失。"

（二）委付的构成要件

根据《保险法》《海商法》和相关司法解释的规定，委付的构成要件主要有：

1．以保险标的推定全损为条件

保险标的的委付仅发生于保险标的推定全损的情形。因为在实际全损下，保险标的已经丧失全部价值，无委付的必要。在推定全损中，保险标的有剩余价值的可能性，为避免被保险人获利，自然应该将剩余标的物及其权利移转给保险人。但是从《保险法》第59条的规定来看，除海上保险之外的其他财产保险的委付不以全损为限。

2．必须适用于整个保险标的

此即委付的不可分性。[①] 因为此种做法有助于防止保险人和被保险人的关系复杂化，也可有效避免被保险人选择性地委付保险标的。但是在海上保险之外，根据《保险法》第59条的规定，如果保险标的可分，也可委付部分保险标的。

3．被保险人在期限内提出书面申请

被保险人应在法定或约定的期限内向保险人作出放弃财产、将其交给保险人的申请通知。实践中，委付申请一般以书面通知形式作出，因为委付关系重大，口头形式难以确定当事人双方的权利义务关系。如果被保险人未及时提出申请，则除实际全损外，只能向保险人请求部分损失的赔偿。

4．被保险人将保险标的权利转移给保险人，且不得附条件

委付制度的目的在于快速、简便地解决保险合同当事人之间的法律关系。因此，若允许委付附条件，事后将给被保险人返还保险金和保险人返还保险标的徒增烦恼。因此，委付生效后，保险标的权利移转给保险人。《海商法》第249条明确规定，委付不得附条件。

5．须经保险人承诺接受

委付虽然是单方行为，但并非发出即生效，而必须经保险人同意。换言之，保险人有自主决定权。但是保险人必须在合理期限内作出答复，且一旦接受便不能撤回。

（三）委付的法律效力

1．被保险人移转保险标的的权利义务

保险人一旦同意被保险人的委付请求，保险标的的相应权利义务便移转给保险人，且时间溯及发生委付原因之时。[②]

2．保险人应支付相应保险金额

根据《保险法》第59条和《海商法》第256条[③]的规定，保险事故发生后，保险人应支付全部保险金额。

---

① 郑功成、许飞琼主编：《财产保险》，中国金融出版社2010年版，第43页。

② 林群弼：《保险法论》，三民书局2003年版，第445页。

③ 《海商法》第256条："除本法第二百五十五条的规定外，保险标的发生全损，保险人支付全部保险金额的，取得对保险标的的全部权利；但是，在不足额保险的情况下，保险人按照保险金额与保险价值的比例取得对保险标的的部分权利。"

本章法考与考研练习题

一、不定项选择题

1. 甲公司将其财产向乙保险公司投保。因甲公司要向银行申请贷款，乙公司依甲公司指示将保险单直接交给银行。下列哪一表述是正确的？（　　）（2013年司法考试卷三第34题）

A. 因保险单未送达甲公司，保险合同不成立

B. 如保险单与投保单内容不一致，则应以投保单为准

C. 乙公司同意承保时，保险合同成立

D. 如甲公司未交纳保险费，则保险合同不成立

2. 姜某的私家车投保商业车险，年保险费为3000元。姜某发现当网约司机收入不错，便使用手机软件接单载客，后辞职专门跑网约车。某晚，姜某载客途中与他人相撞，造成车损10万元。姜某向保险公司索赔，保险公司调查后拒赔。关于本案，下列哪一选项是正确的？（　　）（2017年司法考试卷三第24题）

A. 保险合同无效

B. 姜某有权主张约定的保险金

C. 保险公司不承担赔偿保险金的责任

D. 保险公司有权解除保险合同并不退还保险费

3. 甲公司投保财产损失险的厂房被烧毁，甲公司伪造证明，夸大此次火灾的损失，向保险公司索赔100万元。保险公司为查清此事，花费了5万元。关于保险公司的权责，下列哪些选项是正确的？（　　）（2016年司法考试卷三第76题）

A. 应当向甲公司给付约定的保险金

B. 有权向甲公司主张5万元花费损失

C. 有权拒绝向甲公司给付保险金

D. 有权解除与甲公司的保险合同

4. 甲参加乙旅行社组织的沙漠一日游，乙旅行社为此向红星保险公司购买旅行社责任保险。丙客运公司受乙旅行社之托，将甲运送至沙漠，丙客运公司为此向白云保险公司购买了承运人责任保险。丙客运公司在运送过程中发生交通事故，致甲死亡，丙客运公司负事故全责。甲的继承人为丁。在通常情形下，下列哪些表述是正确的？（　　）（2012年司法考试卷三第75题）

A. 乙旅行社有权要求红星保险公司直接对丁支付保险金

B. 丙客运公司有权要求白云保险公司直接对丁支付保险金

C. 丁有权直接要求红星保险公司支付保险金

D. 丁有权直接要求白云保险公司支付保险金

5. 潘某请好友刘某观赏自己收藏的一件古玩，不料刘某一时大意致其落地摔毁。后得知，潘某已在甲保险公司就该古玩投保了不足额财产险。关于本案，下列哪些表述是正确的？（　　）（2015年司法考试卷三第76题）

A. 潘某可请求甲保险公司赔偿全部损失

B．若刘某已对潘某进行全部赔偿，则甲保险公司可拒绝向潘某支付保险赔偿金

C．甲保险公司对潘某赔偿保险金后，在向刘某行使保险代位求偿权时，既可以自己的名义，也可以潘某的名义

D．若甲保险公司支付的保险金不足以弥补潘某的全部损失，则就未取得赔偿的部分，潘某对刘某仍有赔偿请求权

6．张三向保险公司投保汽车损失险。某日，张三的汽车被李四撞坏，花去修理费5000元。张三向李四索赔，双方达成以下书面协议：张三免除李四修理费1000元，李四将为张三提供3次免费咨询服务，剩余的4000元由张三向保险公司索赔。后张三请求保险公司按保险合同约定支付保险金5000元。下列哪一说法是正确的？（　　）（2011年司法考试卷三第34题）

A．保险公司应当按保险合同约定全额支付保险金5000元，且不得向李四求偿

B．保险公司仅应当承担4000元保险金的赔付责任，且有权向李四求偿

C．因张三免除了李四1000元的债务，保险公司不再承担保险金给付责任

D．保险公司应当全额支付5000元保险金，再向李四求偿

二、案例分析

1．信用卡在现代社会的运用越来越广泛。设甲为信用卡的持卡人，乙为发出信用卡的银行，丙为接受银行信用卡消费的百货公司。甲可以凭信用卡到丙处持卡消费，但应于下个月的15日前将其消费的款项支付给乙；丙应当接受甲的持卡消费，并于每月的20日请求乙支付甲消费的款项，丙不得请求甲支付其消费的款项。2012年3月，甲消费了5万元，无力向乙还款。甲与乙达成协议，约定3个月内还款，甲将其1间铺面房抵押给乙，并作了抵押登记。应乙的要求，甲为抵押的铺面房向丁保险公司投了火灾险，并将其对保险公司的保险赔偿请求权转让给了己。2012年7月，因甲与邻居戊有矛盾，戊放火烧毁了甲的铺面房。在保险公司理赔期间，己的债权人庚向法院申请冻结了保险赔偿请求权。（2012年司法考试卷四第3题）

问题：

（1）甲的抵押铺面房被烧毁之后，届期无力还款，乙可以主张什么权利？

（2）甲将保险赔偿请求权转让给己，己的债权人庚向法院申请冻结该保险赔偿请求权，对乙的抵押权有什么影响？为什么？

2．2018年11月11日下午，钱某与孙某分别驾驶的汽车发生碰撞，致使骑车的赵某骨折。经查，钱某为饮酒后驾车，且钱某所驾驶车辆的实际所有人是周某，周某虽明知钱某没有驾驶资格，但碍于情面仍将该车借给钱某。该车已投保交强险和商业车险。同时，周某的汽车系从他人处购得，在事故发生前周某就已及时向保险公司发出车辆交付转让的通知，但截至事故发生时，保险公司仍未作出答复。交通事故责任书认定，钱某和孙某对本次交通事故负同等责任，赵某无责。

问题：

（1）钱某驾驶的汽车实际所有人周某应否承担赔偿责任？在存在交强险的情况下，钱某应当如何承担赔偿责任？为什么？

（2）周某能否就车辆毁损向保险公司请求商业保险的赔付？为什么？

3. 2017年，赵甲、赵乙、赵丙三人与孙某签订运输合同，约定由孙某将150箱蜜蜂运送至H地。由于孙某当日身体不适，无法亲自驾车运送至约定交付地点，遂雇李某作为驾驶员。在运输过程中，因蜂箱未被密封，致使几只蜜蜂飞出将车中的李某蜇伤。李某感到身体不适，被立即送往医院抢救治疗。由于李某是过敏性体质，半个月后，李某身亡。在住院期间，李某与天地律师事务所签订了一份《非诉讼委托代理协议》，后天地律师事务所由于过失仅指派一名律师至医院对遗嘱进行见证，遗嘱记载由大儿子李甲继承房产。法院认为代书遗嘱因不符合法定形式要件而无效，李甲不能单独取得房产。

问题：若天地律师事务所对其律师在执业过程中可能承担的责任与泰山保险公司投保了律师执业责任险（承保范围包括侵权责任），天地律师事务所与李甲私自达成赔偿协议。后李甲以泰山保险公司为被告起诉到人民法院，请求其支付保险金。泰山保险公司在诉讼中主张：李甲并非保险合同当事人，天地律师事务所亦未对其提出索赔请求，故而请求法院驳回李甲诉讼请求，泰山保险公司的主张是否成立。

本章法考与考研练习题参考答案

第十章　财产保险合同各论

【导　语】

财产保险是保险公司的两大业务类别之一，包括财产损失保险、责任保险、信用保险、保证保险等。财产保险以各种财产及其相关利益为保险标的，保险人对被保险人因保险标的意外受损而遭受的经济损失承担赔偿责任，故财产保险对于保障民众财产安全和心境安宁具有重要价值与作用。

本章主要讲述了各类财产保险合同的概念、特征、功能和分类，以及保险合同相关主体之间的权利义务关系等基本内容。本章学习的重点是财产损失保险合同的特征、责任保险的性质、责任保险合同中的特殊权利义务、责任保险的保险责任及其承担，以及信用保险合同和保证保险合同的区别。本章学习的难点则是责任保险合同中的特殊权利义务、责任保险的保险责任及其承担。

第一节　财产损失保险合同

一、财产损失保险合同的概念

财产损失保险合同，又称狭义的财产保险合同，是指以有形财产（动产和不动产）及其相关利益为保险标的，保险人按照合同约定，就承保财产因保险事故的发生而遭受的损失承担保险赔付责任的一种保险合同。财产损失保险与责任保险、信用保险、保证保险、海上保险等共同构成广义的财产保险。我国《保险法》规定的财产保险属于广义的财产保险。

财产损失保险合同的保险标的物范围广泛，包括生产生活资料、运输中的货物、运输工具、工程项目、农业产品等一切具体的、有形的财产。这些财产所包含之货币价值的部分或全部损失，即保险人需要承担的责任。在我国保险实务中，投保人与保险人会通过约定的方式确定相关财产是否属于保险标的物。以此为标准，一般可将财产分为以下三类：（1）可保财产，指保险人通常在保险单条款中事先规定的可以承保的财产。（2）特保财产，指保险人与投保人双方在保险合同中特别约定的保险人同意承保的财产。在无约定的情况下，该类财产一般不在保险责任范围内。（3）不保财产，指因价值难以确定或存在违法事项等原因，保险人不予承保的财产，如技术资料、文件、违章建筑等。

二、财产损失保险合同的分类

财产损失保险以有形财产为保险标的，通常以保险标的的不同特性为标准进行分类。

（一）企业财产保险合同与家庭财产保险合同

企业财产保险合同与家庭财产保险合同源于火灾保险合同，开始是以火灾为承保危险的财产损失保险合同。随着不断的发展，火灾保险合同承保的危险范围已扩展到各种不可抗力或意外事故。现代的火灾保险合同主要是指以存放在固定地点并处于相对静止状态的不动产或动产为标的的财产保险合同，主要包括企业财产保险合同、家庭财产保险合同等。

企业财产保险合同，又称团体火灾保险合同，其适用范围很广，一切独立核算的法人单位均可投保。它具体是指以企业、事业单位、国家机关、社会团体的固定资产、流动资产以及与企业经济利益相关的财产为保险标的物，由保险人对由火灾及其他相关自然灾害、意外事故造成的损失承担保险赔付责任的财产损失保险合同。

家庭财产保险合同，简称家财险合同，是以城乡居民的家庭财产为保险标的物的财产损失保险合同。家庭财产保险的保险标的物为被保险人所有的、坐落或存放于保险单中载明地址的自有居住房屋、室内装潢和附属设施，以及室内家庭财产等。我国家庭财产保险合同的险种主要包括普通家庭财产保险、储金型家庭财产保险、附加盗窃险、附加家用电器用电安全险等。

（二）货物运输保险合同

货物运输保险合同，又称运输货物保险合同，是指以各种运输中的货物为保险标的物，保险人对运输过程中因自然灾害和意外事故导致的货物损失承担保险赔偿责任的财产损失保险合同。根据货物运输方式的不同，货物运输保险合同可分为公路货物运输保险合同、铁路货物运输保险合同、水路货物运输保险合同、航空货物运输保险合同等。

货物运输保险合同主要具有以下特征：

一是保险标的物的移动性。保险标的物为运输中的货物，被从一地运送到另一地，通常处于移动状态中。

二是保险标的物转让的自由性。保险标的物转让较为自由，在经过被保险人背书或采用其他习惯方式后，货物运输保险单即可随着保险标的物转让。根据我国《保险法》第49条第2款的规定，货物运输保险合同的保险标的物转让的，被保险人或者受让人无须及时通知保险人。

三是保险期间的确定性。货物运输保险合同是运程保险合同，其保险期间以约定的运输路程为准，按照“仓至仓”条款来确定，即从起始地仓库到达目的地仓库的运输期间。

四是保险价值的定值性。由于运输中的货物在不同地点可能出现较大的价格浮动，因此货物运输保险合同通常使用定值保险，即直接在保险合同中约定货物的保险价值，在发生保险事故后，保险人直接根据保单中约定的保险价值承担保险赔付责任。

五是投保人解除权的受限制性。对于普通财产保险合同，根据我国《保险法》第15

条的规定，投保人可以解除合同。而对于货物运输保险合同，我国《保险法》第 50 条规定，保险责任开始后，合同当事人不得解除合同。

（三）运输工具保险合同

运输工具保险合同，是以各种载人、载物或从事某种交通作业的机动运输工具为保险标的，承保运输工具在运行过程中遭受的不同自然灾害与意外事故风险的财产损失保险合同。通常将运输工具保险合同划分为机动车辆保险合同、铁路车辆保险合同、飞机保险合同和船舶保险合同等。

运输工具保险主要具有以下特征：

一是保险标的物的特定性。运输工具保险合同的保险标的物为特定的运输工具，包括机动车辆、铁路车辆、飞机、船舶等。

二是被保险人的多样性。运输工具保险合同的被保险人并不局限于运输工具所有权人，由于运输工具的驾驶人或承租人等均可能因运输工具遭受自然灾害或意外事故而受有损失，这些主体均可投保运输工具保险。

三是保险责任的广泛性。运输工具保险合同中，保险人除了对自然灾害或意外事故给运输工具造成的损失承担责任外，还需要对被保险人给他人或他物造成的损害承担保险赔付责任。

四是赔偿方式的特殊性。对于普通财产保险合同而言，赔偿方式一般采取货币赔偿；而运输工具保险合同大多采取实际修复方式，即由保险人自身或委托他人对运输工具进行修复使其恢复原状。

（四）工程保险合同

工程保险合同，是以各种工程项目为保险标的物，承保自然灾害、意外事故以及施工过程中的工程事故所造成之损失的财产保险合同。根据不同的工程项目，通常将工程保险合同划分为建筑工程保险合同、安装工程保险合同、科技工程保险合同等。

工程保险合同主要具有以下特征：

一是被保险人的多样性。通常一个工程项目会涉及各种不同利益的关系方，如工程设计方、材料采购方、工程施工方等，因此与工程项目利益相关的各方均可被列为被保险人。

二是承保风险的特殊性。工程保险除了可能遭受一般的自然灾害或意外事故之外，还容易受到施工过程中发生的工程事故的影响。工程事故的原因包括施工人员的经验、技术不足，以及施工方式有误等，因此工程保险合同承保的风险以技术风险为主。

三是保险期间的确定性。不同于普通财产保险合同可每年续保，工程保险的保险期间是确定的工程期，工程完工后工程保险合同即终止。

（五）农业保险合同

根据《农业保险条例》第 2 条规定，我国的农业保险是以农业生产活动中的农业产品为保险标的物，对农业生产者在生产过程中遭受自然灾害、意外事故、疾病或疫病等事故所造成的损失进行赔付的财产保险合同。农业保险合同通常可以划分为种植业保险合同与养殖业保险合同。

农业保险合同主要具有以下特征：

一是保险标的物的生命性与保险价值的变动性。农业保险合同的保险标的物为种植物或养殖物，具有生命力。鉴于保险标的物会不断生长，其保险价值处于变化之中，仅当其成熟或完全成长后保险价值才能确定。因此，在其不同的生长阶段发生事故，保险人需要赔付的保险金额均有所不同。

二是保险种类的多样性。农业保险合同的保险标的物有各自不同的特性，与标的物相关的保险事故以及标的物容易遭受的风险等也各有不同，因此实践中存在着多种多样的农业保险合同。

三是行业的专业性。农业保险合同承保的风险通常更易发生，且一旦发生事故，造成的损失较大、覆盖面广，保险公司可能要承担巨额赔付。基于其特殊性，我国设立了专业的农业保险公司及农业互助保险等组织。同时，在法律适用方面，《保险法》第 184 条第 1 款规定："国家支持发展为农业生产服务的保险事业。农业保险由法律、行政法规另行规定。"因此，国务院于 2012 年就通过了《农业保险条例》来专门规范农业保险活动，保护农业保险中当事人的合法权益。

三、财产损失保险合同的特征

（一）保险标的物可转让

财产损失保险合同的保险标的物为各种有形财产，而有形财产是可以进行转让的。保险标的物的转让，是指保险标的物所有权由被保险人移转至受让人。根据我国《保险法》第 49 条的规定，作为保险标的物的有形财产发生转让后，会产生以下法律效果：

1．被保险人地位由受让人承继

保险标的物转让后，被保险人对保险标的物失去保险利益，也失去了请求保险人赔付保险金的权利。而保险标的物的受让人则因转让取得了保险标的物的所有权及其保险利益，自动承继了被保险人的权利和义务，从而获得了对保险人的保险赔付请求权。对于被保险人地位移转给受让人这一法律效果，还有以下两个问题需要说明：

（1）我国《保险法》规定的保险利益随保险标的物的转让而移转至受让人的原则是否具有强制性效力？《保险法》第 49 条规定的是保险标的物转让的一般法律后果，该规定旨在使保险合同的效力不受保险标的物转让的影响，一定程度上避免保险空白期，以保护受让人，发挥财产保险的保障功能。但规定本身并不禁止当事人之间的约定，基于意思自治原则，当事人也可以对保险标的物转让后保险合同的效力状况作出其他约定。

（2）保险标的物转让后，对于在被保险人或受让人已向保险人履行通知义务，保险人作出答复之前这段时间内发生的保险事故，受让人是否享有保险赔付请求权？保险人应否承担保险责任？根据《保险法司法解释四》第 5 条的规定，在上述情况下，被保险人或者受让人依照保险合同向保险公司提出索赔的，均可以得到支持。

2．被保险人或受让人负有及时通知义务

保险标的物转让的，被保险人或者受让人应当及时通知保险人，这是保险标的物转让后，被保险人或受让人负有的法定义务，该项义务的履行不以保险标的物转让行为导致保险标的物危险程度显著增加为要件。对于此处之“及时”的具体期限，法律未作明确规定，应根据不同财产保险合同的实际情形来判断。合同中有约定的，从其约定；无约定的，被保险人或受让人应在合同转让之日起的合理期限内履行通知义务。

此外，货物运输保险合同因其特殊性，在经过被保险人背书或采用其他习惯方式后，货物运输保险单即可直接转让，而无须通知保险人。其他财产损失保险合同另有约定的，也可依据约定免除被保险人或受让人的及时通知义务。

3．保险人被赋予选择权

保险标的物转让后导致危险程度显著增加的，保险人享有自收到被保险人或者受让人通知之日起 30 日内，按照合同约定增加保险费或解除保险合同的权利。保险人获得该选择权，应当满足两项基本条件：

（1）保险标的物危险程度显著增加，并且危险程度增加系由保险标的物转让所造成。根据《保险法司法解释四》第 4 条的规定，认定“危险程度显著增加”，应当综合考虑如下因素：保险标的用途的改变、保险标的使用范围的改变、保险标的所处环境的变化、保险标的因改装等原因引起的变化、保险标的使用人或者管理人的改变、危险程度增加持续的时间，以及其他可能导致危险程度显著增加的因素。保险合同遵循对价平衡原则，若保险标的物转让使其危险程度显著增加，合同当事人之间的权利义务关系就会受到严重影响，因此应赋予保险人选择权。

（2）保险人应在法定的 30 日之内行使选择权。超过该期限未解除保险合同或增加保险费的，保险人将丧失该权利。此后如果发生保险事故，保险人应当依照合同约定承担责任。若保险人选择解除合同，保险合同自解除通知到达对方当事人之日起丧失效力，保险人应当将已收取的保险费，扣除保险责任开始之日起至合同解除之日止应收的部分后，将剩余部分退还给投保人。

4．保险人被赋予抗辩权

保险标的物转让后，若被保险人或者受让人怠于履行及时通知义务，对于因保险标的物转让导致危险程度显著增加而发生的保险事故，保险人享有抗辩权，可拒绝承担保险赔付责任。

◎ 典型案例

李建刚、杨凯、开远市恒通瑞兴汽车运输服务有限公司诉中国人民财产保险股份有限公司红河州分公司财产损失保险合同纠纷案[①]

杨凯系云 G××482 号车主，于被告中国人民财产保险股份有限公司红河州分公司（以下简称“保险公司”）处投保了车辆保险，保险期限自 2017 年 3 月 18 日 0 时起至 2018 年 3 月 17 日 24 时止，车辆使用性质为非营业货车。2017 年 6 月，杨凯将车卖予李建刚，车辆挂靠于开远市恒通瑞兴汽车运输服务有限公司（以下简称“恒通瑞兴公司”），车牌号变更为云 G××726 号，机动车行驶证记载的使用性质为货运。

① 参见开远铁路运输法院（2018）云 7102 民初 14 号民事判决书。

2017年8月14日，李建刚驾驶该车，因车辆侧翻造成事故，导致车辆受损。2017年9月27日，李建刚驾驶该车于开远市内发生事故，造成一定损失。两次事故发生后，李建刚均向保险公司报险，保险公司也对其进行了定损。但原告向被告申请对两次事故损失作出理赔时，却糟被告拒赔，故诉至法院。被告答辩称，云G××482号车向被告投保了车辆保险是事实，但该保险合同投保人系杨凯，李建刚、恒通瑞兴公司不具有诉讼主体资格，且该车辆转卖后改变车辆使用性质，原告未通知保险人。

法院认为，杨凯作为投保人与被告签订的机动车保险合同，系双方真实意思表示，保险合同合法有效。保险标的物转让后，原告李建刚承继被保险人的权利和义务，有权向保险人请求赔偿保险金。关于第一次事故损失，该车辆转让后车辆性质改为货运，并且原告未及时通知保险人，因危险程度显著增加而发生的保险事故，属于法定免责事项，法院对保险公司的主张予以认可。关于第二次事故损失，原告李建刚在第一次事故发生后报了保险事故，告知了保险车辆的相关信息，实际已将车辆转让及性质变更情况通知了保险公司，保险公司知悉后未作出增加保险费或解除合同的决定，反而前往事故现场进行定损，法院认定被告已默认了此危险程度增加的风险，故被告主张的对第二次事故免责的观点，法院不予认可。

（二）实行保险价值限定制度

财产损失保险合同需遵循损失填补原则，因此被保险人不能因保险合同而获取额外的利益，即保险人与投保人在合同中约定的保险金额应当以保险价值为限，不得超过保险标的的保险价值，从而禁止被保险人不当得利。保险人在保险事故发生后承担的保险赔付责任以保险合同中载明的保险金额为限，对于超过部分，保险人承担给付义务。根据约定的保险金额与保险价值之间的差额，可将财产损失保险合同划分为足额保险合同、不足额保险合同与超额保险合同。

1. 保险价值与保险金额

保险价值，又称可保价值，是指财产损失保险的保险标的在客观上可以用货币进行估算的价值，是确定保险金额进而在发生保险事故时确定保险人保险责任的基础。但当事人在保险合同中并非必须约定保险价值。而保险金额，则是合同中约定的被保险人对保险标的物的实际投保金额，是投保人支付保险费的依据，也是保险人承担赔偿责任的最高限额，具有限制保险人实际赔偿额度的作用。

依照我国《保险法》第55条第1款的规定，投保人和保险人可以事先约定保险价值并于合同中载明。此即关于定值保险合同的规定。保险价值的确定方式，主要有两种：（1）根据订立财产损失保险合同时，保险标的的市场价格估算保险价值；（2）在订立财产损失保险合同时约定保险标的的估价方法，在保险事故发生后，以该方法确定保险价值。

定值保险合同成立后，如果发生保险事故造成全部损失，那么无论保险标的物实际损失多少，保险人均按照约定的金额履行给付义务；如果造成部分损失，那么保险人应以约定的保险金额为基础并按照保险标的物发生损失的比例赔付，不必计算保险标的实际损失。可见，定值保险合同具有理赔程序较为简便、便于确定赔偿金额的特点。

投保人和保险人若未事先约定保险标的的价值，则构成不定值保险合同。在成立不定值保险合同的情况下，当事人双方在保险事故发生以后再对保险标的物的价值进行估算、确定实际损失，并与合同中约定的保险金额相对比来确定保险人的保险赔付义务。关于保险标的物实际价值的计算，根据计算的节点不同，可分为保险事故发生时的实际价值与保险责任开始时的实际价值。

（1）保险事故发生时的实际价值。投保人和保险人未事先约定保险标的物保险价值的，一般依据《保险法》第55条第2款的规定，以保险事故发生时保险标的物的实际价值为赔偿计算标准。若此时的保险价值高于合同约定的保险金额，则保险人以约定的保险金额为限进行赔偿；若此时的保险价值低于合同约定的保险金额，则保险人以保险价值为限进行赔偿。

（2）保险责任开始时的实际价值。对于保险期间保险价值存在较大浮动的保险标的，计算其实际价值存在特别方式，即以保险责任开始时的实际价值为赔偿标准。这种方式通常适用于海上保险，具体可参见我国《海商法》第219条的规定。

2. 足额保险合同、不足额保险合同与超额保险合同

对于足额保险合同、不足额保险合同与超额保险合同，保险人在履行保险赔付义务时，均应贯彻保险价值限定原则。

（1）足额保险合同，又称全额保险合同，是指保险金额与保险标的物的保险价值相等的财产损失保险合同。足额保险合同中，发生保险事故导致全损的，保险人以保险价值进行赔偿；导致部分损失的，保险人以保险标的物的实际损失向被保险人给付保险赔偿金。依据《保险法》第59条，足额保险合同中，保险人在支付了全部保险金额后可获得受损保险标的物的全部权利。

（2）不足额保险合同，是指约定的保险金额低于保险价值的财产损失保险合同。根据《保险法》第55条第4款，不足额保险合同中，发生保险事故的，除合同另有约定外，保险人按照保险金额与保险价值的比例进行赔偿。除了适用比例赔偿方式外，保险实务中通常还会约定采用第一危险赔偿方式，即保险人以保险金额为限，按被保险人的实际损失来进行赔偿。根据《保险法》第59条的规定，在不足额保险合同中，保险人支付了全部保险金额后，可按照保险金额与保险价值的比例取得受损保险标的物的部分权利。

（3）超额保险合同，是指约定的保险金额高于保险价值的财产损失保险合同。根据我国《保险法》第55条第3款的规定，保险金额超过保险价值的，超过部分无效。但超过部分的无效，并不影响保险合同的效力。超额保险产生的原因主要是保险标的的价值在合同订立后大幅下降，或投保人恶意虚报保险价值等。不论基于何种原因，被保险人都不得因保险赔偿而获得额外的经济利益。我国法律对超额保险合同的规定正是贯彻了保险价值限定原则，同时也落实了损失填补原则。当然，由于在超额保险合同中，对价平衡原则首先对损失填补原则作出了让步，因此，为了维持保险合同的对价平衡，保险人应当向投保人退还相应的保险费。

第二节　责任保险合同

一、责任保险合同概述

（一）责任保险合同的概念

责任保险合同，又称第三人保险合同，是指以被保险人对第三人依法应负的赔偿责任为保险标的的财产保险合同。在责任保险合同法律关系中，投保人按照约定向保险人支付保费，当保险事故发生，即被保险人应向第三人承担赔偿责任时，由保险人按照法律规定或合同约定在责任限额范围内向被保险人或第三人赔偿保险金。通过责任保险合同，被保险人将其可能面临的对第三人承担赔偿责任的风险转移至保险人，受害第三人也因此获得了更充足、可靠的赔偿来源。

责任保险合同承保的风险为被保险人可能对第三人承担的民事赔偿责任。对于此处的“民事赔偿责任”应作如下理解：（1）责任保险合同仅承保民事责任。作为刑事责任的罚金和行政责任的罚款等非民事责任，即使导致被保险人经济上的损失，也不属于责任保险合同的承保范围。（2）责任保险合同仅承保赔偿责任。非赔偿责任，如赔礼道歉、停止侵害、消除危险等不属于责任保险合同的承保范围。通说认为，我国《保险法》未对赔偿责任作出限制，侵权损害赔偿责任和违约损害赔偿责任均可以成为责任保险合同的标的。

（二）责任保险合同的性质

1．责任保险合同是财产保险合同

责任保险合同属于财产保险合同，但其与一般的财产保险（财产损失保险）合同相比，二者有如下区别：

（1）保险标的和保险利益不同。责任保险合同以被保险人对第三人应承担的民事赔偿责任为保险标的，其承保的风险是被保险人整体财产的减损，因而其保险利益属于消极保险利益。一般的财产保险合同以被保险人的特定财产为保险标的，其保险利益可能为消极利益或积极利益。

（2）有无保险价值不同。责任保险合同不存在保险价值的问题，保险人以合同约定的保险金额为限承担保险责任。一般的财产保险合同要受保险价值的限制，保险合同约定的保险金额不得超过保险标的的保险价值。因此，一般财产保险合同中存在超额保险、不足额保险及重复保险等规则的约束。

（3）保险事故成就时间不同。责任保险合同中，被保险人对第三人应承担的赔偿责任确定时，保险事故成就，其成就不以被保险人因实际赔偿第三人而致财产减损为必要。一般的财产保险以合同约定的保险事故发生致特定财产遭受损失时为保险事故的成就时间。

2．责任保险合同是为第三人保险合同

责任保险合同具有保护第三人利益的性质。责任保险合同虽然可以填补被保险人总体财产的减损，但是该损失必须基于被保险人向第三人承担赔偿责任而产生，被保险人自身的人身或财产因意外事故而遭受的损失，不属于责任保险的赔偿范围。换言之，若无第三人存在，则责任保险合同无适用的余地。

3．责任保险合同的赔付具有替代性

责任保险合同是被保险人转移其赔偿责任的方式。被保险人承担赔偿责任后，由保险人根据合同约定向被保险人给付保险金。满足一定条件时，保险人也可以直接向第三人给付保险金。但是，第三人不能因责任保险合同而双重受偿。第三人已经获得被保险人充分赔偿的，不得再向保险人请求给付保险金。保险人已经向第三人给付保险金的，无须再向被保险人给付保险金。

（三）责任保险合同的作用与发展趋势

1．责任保险合同的作用

（1）转移和分散风险。现代社会是风险社会。随着技术的进步和经济的发展，人民在生活水平得到极大提高的同时，面临的风险也成倍增加，因过失造成他人损害而承担赔偿责任变得日益频繁。此外，伴随无过失责任的出现和扩张，行为人的赔偿责任也进一步加剧。经由责任保险，行为人可将此种风险转嫁于保险公司，实现风险转移的目的。保险公司通过收取保险费，将该风险分散于购买同种责任保险的投保人中，实现分散风险的目的。

（2）保障受害第三人。责任保险合同为受害第三人提供了另一种可靠且高效的赔偿来源。保险公司往往资金较为充裕，且具有规范、高效的索赔程序，当被保险人怠于承担赔偿责任，或其财产不足以承担赔偿责任时，受害第三人仍可从保险公司处获得赔偿，从而提高了其实现权益救济的可能性。

2．责任保险的发展趋势

（1）从填补被保险人损失到兼顾对第三人利益的保护。责任保险诞生伊始，仅以填补被保险人因向第三人承担赔偿责任所受之财产减损为目的，但经过长期的发展，第三人的利益也逐渐成为其关注对象。通过赋予第三人直接请求权等制度，责任保险越来越强调对第三人利益的保护。

（2）从自愿保险到在部分领域推行强制保险。如前所述，现代责任保险在立法价值取向上重视对受害第三人利益的保护，但在某些情况下，自愿保险制度难以实现保护受害第三人利益的政策目标。例如投保人不投保，保险人拒绝承保，甚或保险人不提供特定的保险产品等。为了解决这一问题，越来越多的国家开始在特定领域实施强制责任保险制度。这些强制责任保险多见于高度危险行业或公共服务行业，如机动车责任保险、专家责任保险、海洋油污损害保险等。

（3）承保范围逐步扩张。责任保险最初仅承保过失侵权造成的损害赔偿责任。随着侵权法理论的发展，出现了诸多种类的无过错责任，与之相对应的责任保险也随之产生。一方面，应承担无过错责任的行为人存在分散责任风险的需求；另一方面，若缺少保险作为可靠的赔偿来源，受害人可能因无法获偿而致其利益受损。责任保险的承保范围因此扩张至无过错侵权责任领域。此外，就导致被保险人整体财产减损的效果而言，违约损害赔偿责任与侵权损害赔偿责任无实质差异。责任保险以赔偿责任风险的分散为目的，至于赔偿责任产生的原因，非属其关注之焦点。故责任保险将违约损害赔偿责任也逐步纳入了其承保范围。

（4）险种不断增多

责任保险于其发展的初期阶段，险种较为有限，仅有雇主责任保险、产品责任保险、汽车责任保险等。随着经济社会的发展和责任类型的扩张，新的责任保险也随之出现，如公众责任保险、环境污染责任保险、专家责任保险、航空责任保险等。

二、责任保险合同中的特殊权利义务

（一）第三人直接请求权

1．第三人直接请求权概说

责任保险的第三人，指被保险人的行为致其权益遭受侵害，而对被保险人享有损害赔偿请求权的人。第三人直接请求权，是指第三人根据法律规定或合同约定，直接以自己的名义请求责任保险的保险人向自己给付保险金的权利。

传统的责任保险理论认为，责任保险的功能系填补被保险人因向第三人承担损害赔偿责任而遭受的财产损失。责任保险的被保险人对保险人享有的请求权为金钱给付请求权。换言之，若被保险人未向第三人实际承担损害赔偿责任，则由于其一般财产并未减损，因而不得向保险人请求给付保险金。在这一理论下，第三人仅能自被保险人处获得赔偿，责任保险未发挥增加赔偿来源的作用，从而无法保护第三人的权益。随着责任保险理论的发展，保险的功能更加公益化，第三人权益的保护获得了更多的关注。新的学说认为，责任保险被保险人享有的请求权内容应当是：请求保险人向第三人给付保险金，以使被保险人从损害赔偿责任中解脱。根据这一理论，在被保险人未向第三人承担赔偿责任时，保险人也可以直接向第三人为保险金给付。以此为基础，更进一步发展出第三人直接请求权，即在符合法律规定或合同约定的情形下，第三人可以直接向保险人请求给付保险金。

第三人直接请求权是对债的相对性的突破。责任保险中存在两组法律关系，即被保险人与第三人之间的侵权或违约责任关系，以及保险人与被保险人之间的责任保险合同关系。责任保险合同中不包含第三人的意思表示，第三人并非责任保险合同当事人。若依债的相对性理论，第三人无权向保险人请求给付。但在这一情形下严守债的相对性，将导致责任保险合同保护第三人利益的目的落空。为此，部分国家的保险法选择突破债的相对性，赋予第三人直接向保险人请求保险金的权利。

2．我国现行法关于第三人直接请求权的规定

我国《保险法》规定了附条件的第三人直接请求权。根据《保险法》第 65 条第 1、2 款的规定，在满足以下条件时，第三人享有直接请求权：

（1）被保险人对第三人应负的赔偿责任确定。根据《保险法司法解释四》第 14 条规定，“被保险人对第三人应负的赔偿责任确定”包括以下情形：

第一，赔偿责任经法院生效裁判、仲裁裁决确认。即已经生效的判决书、调解书和仲裁裁决书对被保险人对第三人应负的赔偿责任作出终局判断。

第二，赔偿责任经被保险人与第三人协商一致。被保险人与第三人协商一致，即双方意思表示一致，此种情形可以认为被保险人与第三人间达成新的合同，用以确认被保险人应负的赔偿责任。但被保险人与第三人达成协议，只能理解为第三人行使直接请求权的程序性条件之一，保险人仍有权对真实的损害情况进行审查并决定是否赔偿。

第三，赔偿责任能够确定的其他情形。

（2）被保险人怠于请求保险人向第三人给付保险金。首先，“怠于请求”以被保险人对第三人应负的赔偿责任确定为前提。其次，被保险人“怠于请求”的内容，为要求保险人直接向第三人给付保险金。被保险人向保险人请求的方式不限于提起诉讼或申请仲裁，只要以合理方式请求即可。最后，若被保险人丧失请求的能力，或因不可抗力等介入因素而无法请求，仍可构成“怠于请求”。

关于“怠于请求”情形的判断，《保险法司法解释四》第 15 条规定，被保险人对第三人应负的赔偿责任确定后，被保险人不履行赔偿责任，且第三人以保险人为被告，或者以保险人与被保险人为共同被告提起诉讼时，被保险人尚未向保险人提出直接向第三人赔偿保险金的请求的，属于被保险人怠于请求。

“被保险人对第三人应负的赔偿责任确定”，以及“被保险人怠于请求保险人向第三人给付保险金”两个条件同时满足时，第三人即享有直接请求权。除此之外，对于第三人的直接请求权不能予以额外限制。例如在赔偿责任已经生效判决确认并已进入执行程序，但第三人尚未获得清偿或者未获得全部清偿的情形，其依法请求保险人赔偿保险金的，保险人不能以前述生效判决已进入执行程序为由拒绝给付。原因在于，生效判决进入执行程序不等于第三人实际获得全部赔偿，就其尚未实际受偿的部分，仍有权向保险人请求给付保险金。此外，因保险人承担的并非被保险人损害赔偿责任的补充责任，故第三人无须待法院裁定中止执行或终结执行即可向保险人请求。

除《保险法》外，我国一些特别法也规定了第三人直接请求权。如《民用航空法》第 168 条第 1 款规定，受害人在特定情况下可以直接对保险人提起诉讼。《海事诉讼特别程序法》第 97 条第 1 款规定，对于船舶造成的油污损害，受害人可以直接向承担船舶所有人油污损害责任的保险人请求赔偿。

（二）保险人的和解参与权

保险人的和解参与权，是指根据保险合同的约定，保险人参与被保险人与第三人就损害赔偿责任的确定所为之和解的权利。未经保险人参与或认可，和解协议对保险人不具有拘束力。

责任保险合同中，被保险人应向第三人承担的赔偿责任的范围和数额，直接影响保险人的利益。为防止被保险人与第三人通过和解协议串通谋取超过实际损害赔偿数额的保险金，应限制和解协议对保险人的效力。保险人未参与和解，或保险人虽参与和解但不同意和解方案的，和解协议对其不生拘束力。需要注意的是，被保险人与第三人达成的和解协议，即便经法院审查确定并出具调解书，仍然须经保险人认可，方可对保险人产生拘束力，因为其实际上仍旧仅仅是被保险人与第三人的意思表示。但是，和解协议对保险人无拘束力，不意味着保险责任的免除。保险人有权主张对保险责任的范围和赔偿数额重新核定。

（三）被保险人的法律保护请求权和保险人的抗辩义务

现代责任保险理论认为，被保险人对保险人享有的请求权并非保险金给付请求权，而是法律保护请求权，即请求保险人使其摆脱向第三人所负之赔偿责任的权利。法律保护请求权包括两方面的内容：一是请求保险人就已经成立的赔偿责任向第三人为保险金给付；二是请求保险人对尚未成立的赔偿请求进行防御，如应诉及提出抗辩等。法律保护请求权使被保险人完全从法律责任中解脱，既不用承担赔偿责任，也不用参与纠纷解决的过程。

与被保险人的法律保护请求权相对应的保险人义务除给付保险金义务外，还包括抗辩义务。保险人的抗辩义务，是指当被保险人给第三人造成损害，第三人请求其承担损害赔偿责任时，保险人负有的为被保险人的利益对第三人的损害赔偿请求进行抗辩并承担抗辩费用的义务。保险人的抗辩义务具有多种功能：一方面，它有利于保护被保险人的利益。保险人具有丰富的处理损害赔偿事件的经验，由其帮助被保险人进行抗辩，可以减轻被保险人的应诉压力，减少财产损失。另一方面，保险人的抗辩义务使保险人可以在相当程度上控制诉讼。责任保险合同中，因被保险人可以将损失转嫁于保险人，故实际上保险人对被保险人应承担的损害赔偿责任更为关切。合同中的抗辩义务条款，使保险人得以被保险人的名义为抗辩，被保险人的抗辩权利实质上让与了保险人。若保险人所为之抗辩未违反诚实信用原则，纵使其结果有损被保险人利益，被保险人也须受其约束。

目前我国《保险法》未规定被保险人的法律保护请求权及保险人的抗辩义务。二者对于平衡责任保险合同法律关系中各方当事人的利益，增强对被保险人及第三人权益的保护具有重要意义，能够更好地实现责任保险合同的目的和功能。我国在未来修改保险法或制定司法解释时应对此予以重点关注。

三、责任保险合同的保险责任及其承担

（一）责任保险合同的保险金给付对象及方式

1. 向被保险人给付

按照合同相对性原理，责任保险的一般赔付流程为：被保险人先向第三人赔偿损失，而后向责任保险人申请给付保险金，保险人经核定后向被保险人赔偿保险金。为防止被保险人取得保险金后不将其用于承担对第三人的赔偿责任，《保险法》第 65 条第 3 款规定，被保险人未向第三人赔偿的，保险人不得向被保险人赔偿保险金。如果保险人在被保险人向第三人赔偿之前向被保险人赔偿保险金，在满足第三人直接请求权的行使条件的情况下，第三人仍可向保险人请求给付保险金。保险人向第三人给付保险金后，可以请求被保险人返还相应的保险金。

2. 向第三人给付

根据《保险法》第 65 条第 1、2 款的规定，责任保险人在以下几种情形下可以直接向第三人给付保险金：

（1）依法直接向第三人给付保险金。法律明确规定责任保险人可以直接向第三人给付保险金的，责任保险人可以根据该规定直接向第三人给付保险金。

（2）依约直接向第三人给付保险金。责任保险合同可以约定在某些情况下，保险人可以不经被保险人请求，直接向第三人给付保险金。

（3）依请求直接向第三人给付保险金。具体又包括两种情形：一是依被保险人请求。被保险人对第三人应负的赔偿责任已经确定，被保险人请求保险人向第三人给付保险金的，保险人应当直接向第三人给付保险金。二是依第三人请求，即第三人直接请求

权的行使。被保险人对第三人应负的赔偿责任已经确定，被保险人既不向第三人实际赔偿损失，又怠于请求保险人向第三人给付保险金的，第三人可以直接向保险人请求给付保险金。

（二）责任保险合同的责任范围及其限额

1. 责任范围

责任保险合同中保险人应承担的保险责任的范围，在保险合同中确定。一般而言，保险责任的范围包括以下两类。

（1）被保险人的赔偿责任。即被保险人应当向第三人承担的损害赔偿责任，既包括对实际损害的赔偿，也包括对所失利益的赔偿。需要注意的是，被保险人与他人构成共同侵权而应承担连带赔偿责任时，保险人不得以该连带责任超出被保险人应当承担的责任份额为由拒绝赔付保险金。保险人承担保险责任后，可以就超出被保险人责任份额的部分向其他连带责任人追偿。原因在于，责任保险的标的为被保险人应向第三人承担的赔偿责任，而共同侵权中被保险人应向第三人承担的损害赔偿责任正是连带赔偿责任。

（2）仲裁、诉讼费用等必要合理费用。《保险法》第 66 条规定，在责任保险合同未作特别约定的情况下，被保险人因给第三者造成损害的保险事故而被提起仲裁或者诉讼的，被保险人支付的仲裁或者诉讼费用以及其他必要的、合理的费用由保险人承担。

2. 赔偿限额

责任保险合同中不存在“保险价值”的问题，责任保险人为控制风险，需要明确保险责任的范围，因此责任保险合同中会约定赔偿限额。一般而言，赔偿限额的形式主要有以下几种：保险期间内的总赔偿限额；单次事故的赔偿限额；单次事故中单个受害人的赔偿限额。

（三）责任保险金请求权的诉讼时效

根据《保险法》第 26 条第 1 款的规定，人寿保险以外的其他保险的被保险人或受益人，向保险人请求赔偿或给付保险金的诉讼时效期间为 2 年，自其知道或应当知道保险事故发生之日起算。责任保险属于人寿保险以外的其他保险，其被保险人之保险金请求权的诉讼时效自然适用该条的规定。因此，其诉讼时效自被保险人知道或应当知道保险事故发生之日起算。但问题在于，责任保险之保险事故的发生，究竟应当据何判断？学界对此多有争议。

目前的通说认为，责任保险之保险事故发生的时间为被保险人向第三人应负的赔偿责任确定之时。因为在赔偿责任确定前，被保险人的整体财产未真正处于不利状态。考虑到确定被保险人对第三人应负的赔偿责任需要经过和解、诉讼或仲裁等方式，在这一过程中被保险人对责任确定的时点在绝大多数情况下是知道或者应当知道的，故《保险法司法解释四》第 18 条并未将“知道或应当知道”的主观要件写入其中。根据该条的规定，商业责任保险的被保险人向保险人请求赔偿保险金的诉讼时效期间，自被保险人对第三人应负的赔偿责任确定之日起算。需要注意的是，若被保险人确实不知道或不应当知道其对第三人责任确定的时点，仍应当根据《保险法》第 26 条的规定，从被保险人知道或应当知道责任确定时起算诉讼时效期间。

四、机动车交通事故责任强制保险合同

（一）概述

机动车交通事故责任强制保险合同，简称“交强险合同”，指由保险公司对被保险机动车发生道路交通事故造成本车人员、被保险人以外的受害人的人身、财产损失，在责任限额内予以赔偿的强制性责任保险。其具有如下几个特征：

1．交强险合同是强制性的责任保险合同

机动车的所有人或管理人，负有投保及续保交强险的义务。具有从事交强险业务资质的保险公司，对于投保人的投保申请不得拒保或拖延承保，且保险合同不得强制投保人订立商业保险合同或附加其他条件。除此之外，相较于商业性的任意责任险，交强险合同的解除也受到更多的限制。

2．交强险合同具有公益性

交强险合同不以营利为目的，保险费率遵循“总体上不盈利不亏损”的原则。交强险合同的主要目的在于保护交通事故受害人的利益，使受害人能获得及时有效的救济，因此在具体规则上向受害人一方倾斜。

（二）保险责任

1．保险责任的范围

交强险合同保险责任的范围，为被保险机动车发生的交通事故引起的本车人员、被保险人以外的受害人人身伤亡及财产损失。需要注意以下两点：一是保险人仅赔偿本车人员及被保险人以外的受害人遭受的损害；二是损害的类别包括人身伤亡及财产损失。

2．保险责任的赔偿限额

交强险在全国范围内实行统一的责任限额。在被保险人有责时，死亡伤残赔偿限额为180 000元，医疗费用赔偿限额为18 000元，财产损失赔偿限额为2 000元。被保险人无责时，死亡伤残赔偿限额为18 000元，医疗费用赔偿限额为1 800元，财产损失赔偿限额为100元。

3．除外责任

除本车人员、被保险人的损失外，以下损失或费用，不属于交强险的赔偿范围：（1）受害人故意造成的交通事故的损失；（2）受害人的间接损失；（3）仲裁或诉讼费用以及其他相关费用；（4）以下四种情形下，发生交通事故造成受害人的财产损失：驾驶人未取得驾驶资格；驾驶人醉酒驾驶；被保险机动车被盗抢期间肇事；被保险人故意制造交通事故。

4．抢救费用的垫付及追偿

根据《机动车交通事故责任强制保险条例》第22条的规定，在以下情形下发生交通事故，造成受害人受伤需要抢救的，保险人应当在交强险责任限额范围内垫付抢救费用，垫付抢救费用后有权向致害人追偿：驾驶人未取得驾驶资格或者醉酒的；被保险机动车被盗抢期间肇事的；被保险人故意制造道路交通事故的。

本节理论与实务研讨

责任保险事故的发生时点

对于发生在保险期间内的保险事故，保险人应承担保险责任，因而责任保险事故发生时点的确定，直接关乎保险人、被保险人和第三人的利益。在责任保险中，从“损害事故发生”到“保险人实际承担保险责任”，需要经过复杂且漫长的过程，德国理论界称之为“延伸性之保险事故”。具体言之，这一过程包括：损害事故发生—受害人遭受损失—受害人向被保险人请求赔偿—损害赔偿责任于诉讼中或诉讼外确定—受害人向被保险人请求赔偿—被保险人实际履行赔偿责任—被保险人向保险人请求履行保险责任—保险人实际履行保险责任。在这一链条中，对于应截取哪一段作为保险事故的发生时点，理论界素有争议，其中较有影响力的学说有：（1）“损害事故说”，即第三人因被保险人之行为遭受损失之时；（2）“第三人请求说”，即第三人向被保险人请求损害赔偿之时；（3）“责任确定说”，即被保险人应向第三人承担的损害赔偿责任确定之时；（4）“实际履行说”，即被保险人实际向第三人履行赔偿责任之时。

“损害事故说”实际上不区分第三人遭受的损害与被保险人的整体财产损失，对推行“以私人保险取代侵权制度的国家”具有一定的意义，但理论上经不起推敲，因为若第三人遭受损害但并不向被保险人请求赔偿的，自无保险责任承担的问题。“第三人请求说”为保险人的抗辩义务提供了很好的解释，但对于保险金给付请求意义有限，因为赔偿责任之有无及具体数额，尚待进一步确定。“实际履行说”符合传统的责任保险理论，但是很多情况下被保险人并无履行能力，第三人此时便不能获偿，极不利于对第三人利益的保护，因而已为大多数国家所摒弃。“责任确定说”解决了“实际履行说”的问题，且使保险金给付义务可以得到切实履行，但其问题在于责任确定的过程可能需要耗费大量时间，责任确定之时保险期间可能已经经过，导致保险人可以不承担保险责任，显然不甚公平。

本书认为，“第三人请求说”符合现代责任保险的发展趋势。现代责任保险理论认为，被保险人对保险人享有的权利为法律保护请求权，即请求脱免于损害赔偿责任的权利。其包括两方面的内容：一是对于第三人已提出但尚未确定的损害赔偿责任，请求保险人向第三人为抗辩；二是对于已提出且已经确定的损害赔偿责任，请求保险人向第三人给付保险金。“第三人请求说”与该理论可以完美衔接。一方面，第三人向被保险人请求损害赔偿时，被保险人即可请求保险人为抗辩，保险人的抗辩义务为其保险给付义务之一部分，抗辩的合理费用也应由保险人承担。而在“责任确定说”的框架下，被保险人对第三人应承担的赔偿责任确定时，其整体财产才具有切实减损的危险，换言之，抗辩产生的费用并不属于责任保险保障的范围，而这与包括我国在内的多数国家均规定抗辩费用由保险人承担相悖。另一方面，关于保险金请求权，于第三人向被保险人请求损害赔偿时，被保险人尚不得向保险人请求给付保险金，唯当赔偿责任确定时，被保险人始能向保险人主张，但是保险事故的成就时间，应为第三人为请求之时，因此即使责任确定时保险期间已经经过，也不影响保险人承担给付保险金责任。

我国保险法目前未明确规定责任保险事故的发生时间，但多数学者认为，从《保险法》第 65 条第 3 款中不能得出我国采“实际履行说”的结论，该条目的仅在于防止被保险人于履行赔偿责任前获得保险金。《保险法》第 65 条第 2 款的规定似乎表明该法采纳了“责任确定说”，将《保险法》第 26 条第 1 款和《保险法司法解释四》第 18 条结合观之，则更加佐证了这一点。在以后的保险法修法或司法解释制定时，有必要规定被保险人的法律保护请求权和保险人的抗辩义务，并规定第三人向被保险人请求损害赔偿之时为保险事故的发生时点。

第三节 信用保险合同

一、信用保险合同概述

（一）信用保险合同的概念

信用保险合同，是指保险人对被保险人因其债务人无法清偿债务而遭受的损失承担赔偿责任的财产保险合同。信用保险合同中，投保人与被保险人是同一人，均为债权人。应当注意的是，债务人虽然不属于信用保险合同当事人，但与信用保险合同联系紧密，因为信用保险合同的保险标的为债务人的信用，即债务人的偿债能力。

（二）信用保险合同的制度价值

当代社会经济飞速发展，社会信用体系尚未健全，忽视信用风险往往会使企业遭受巨大损失。市场主体在进行交易时往往需要花费大量人力、物力和财力调查相对人的资信状况，以保障交易安全。借助信用保险制度，由拥有强大资源的专业保险人对交易相对人进行调查、风险预估和管理，同时在债务人违约时补偿信用损失，市场主体可以极大地节约其时间与经济成本。因此，无论对于维护交易安全还是促进交易效率，信用保险都发挥了巨大的作用。

（三）信用保险合同的特殊性

1．主体特殊

在信用保险合同中，投保人与被保险人均为债权人，债务人不得作为投保人。

2．承保风险特殊

信用保险合同承保的是信用风险。所谓信用风险，指债务人未能如期履行债务造成违约而给债权人带来的风险。这种债务不履行的原因既有可能是债务人自身出现财务问题，也可能是遭遇不可抗力。

3．经营方式特殊

信用保险实行额度管理制度。保险人根据债务人的资信状况和信用等级确定信用额度，然后据此设定责任限额。信用保险还要设立债务人信用状况资料库，随时更新资料内容并进行保密。此外，保险人还须建立黑名单制度，取消经常违约的债务人的信用额度。

4．风险承担方式特殊

由于投保人的交易相对人直接影响保险人最终是否承担保险赔偿责任，因此保险人为防止投保人滥用贷款或赊销制度，通常会要求采用共保或约定绝对免赔额的方式与信用保险的投保人共同承担风险。

5. 保险人身份特殊

由于信用保险人承保的不仅包括商业信用风险，还有政治风险，因此经营信用保险业务往往需要雄厚的资金，一般由政府专门机构或者受政府补贴的保险机构经营信用保险业务。

二、信用保险合同与保证保险合同的区别

根据我国《保险法》，信用保险和保证保险都属于财产保险的一种，都具有保障债权人的债权得以实现、避免因债务人违约造成债权人损失的功能。在保险事故发生后，保险人一旦承担赔偿责任，则取得对债务人的代位求偿权。但是，二者也有以下区别：

1. 投保人不同

信用保险合同中，投保人是债权人，债权人为了防止因债务人违约导致己方利益受损，而为自己投保信用保险。保证保险合同中，投保人是债务人，其为获得债权人的信任，主动或应债权人要求为债权人投保保证保险。

2. 承保方式不同

保险人承保信用保险的方式是由投保人填写保单。而保证保险合同中，保险人通过出具保证函的方式来承保。

3. 涉及的主体及其身份不同

信用保险合同涉及的主体包括保险人（保证人）、债权人（投保人、被保险人）、债务人（被保证人）。保证保险合同涉及的主体有保险人（保证人）、债权人（被保险人）、债务人（被保证人、投保人）、反担保人。

4. 风险是否实际移转不同

在信用保险合同中，尽管保险人通常要求与债权人共同承担信用风险，但是债务人违约的风险仍有一部分转移给保险人。相比之下，保证保险合同中通常存在风险监控制度以及反担保制度，保险人实际并未承担债务人违约的信用风险。

5. 保费的计算方式不同

信用保险合同中，保险人根据所掌握的债务人的资金状况等信息决定保费高低。保证保险合同保费的确定则需考虑服务成本以及合理利润，其实质是向债务人提供信用支持而收取的“服务费”。

6. 投保目的不同

信用保险合同的投保目的是债权人为保障交易安全，对合同的履行进行事前的保障。保证保险合同的投保目的在于为因债务人违约遭受损失的债权人提供事后的救济。

三、信用保险合同的分类

我国信用保险合同有三大类，分别是国内商业信用保险合同、出口信用保险合同以及投资信用保险合同。

（一）国内商业信用保险合同

1．概念

国内商业信用保险合同，又称国内贸易信用保险合同，是指出借款项或赊销商品的债权人向保险人支付保险费，在债务人违约时由保险人在保险金额范围内予以赔偿的信用保险合同。常见的国内商业信用保险合同包括贷款信用保险合同和消费信用保险合同两类。

2．当事人

国内商业信用保险合同的当事人包括出借款项或赊销商品的债权人和保险人。其中，债权人既是投保人也是被保险人，而承担还款或者付款义务的债务人仅是被保证人，其不属于国内商业信用保险合同的当事人。

保险人按照保险合同约定给付保险赔偿金之后，取得债权人对债务人的求偿权。对此，双方通常会在保险合同中约定。例如，中国平安财产保险股份有限公司的《平安国内贸易信用保险合同》第 25 条规定："赔偿支付以后，在赔偿金额范围内保险人对被保险人所拥有的、与被保险债款相关的本金、利息及抵押物（担保）的权利拥有代位求偿权。被保险人应为保险人获得和有效行使代位求偿权提供必要的文件及协助，及在必要的情况下将有关的文件、权证转让或转交给保险人。保险人获得代位求偿权后，并不因此免除被保险人采取必要措施依法追偿债款及依照保险人指示处理该债款相关事宜的义务。"

3．意义

国内商业信用保险合同可以支持国内贸易的发展。与市场经济更加发达的国家相比，信用销售相对滞后是中国消费需求不足的一个重要原因。制约信用销售发展的主要原因是社会信用环境较差，缺少风险防范机制。而国内商业信用保险不仅可以为企业防范和转移信用风险，而且有助于加快资金周转，完善融资途径。

4．保险责任的承担

保险人为了限定所要承担的保险赔偿责任，通常会在国内商业信用保险合同中约定累计赔偿限额条款和买方信用限额条款。累计赔偿限额是指在国内商业信用保险合同中，保险人在保险期间内累计承担的最高赔偿责任。买方信用限额是指在国内商业信用保险合同中，保险人对于被保险人与适保范围内特定买方的交易，可能承担的最高赔偿限额。具体赔偿额一般按照保险单约定的赔偿比例进行计算。

5．除外责任

订立国内商业信用保险合同的双方通常会对除外责任进行约定。一般情况下，对于以下原因造成的被保险人的损失，保险人不承担赔偿责任：（1）战争、暴动、罢工、叛乱、内战等异常政治风险；（2）被保险人故意违反其与债务人的约定或故意违反法律规定所造成的损失；（3）国内商业信用保险合同明确约定的其他损失风险。

具体的除外责任由国内商业信用保险合同双方具体约定。例如，中国平安财产保险股份有限公司的《平安国内贸易信用保险合同》第 5 条规定："保险人对被保险人的下列损失，也不负赔偿责任：（一）超过信用额度的损失。（二）被保险人未遵守本保险合同中信用额度的附属规定所导致的损失。（三）被保险人在保险人已拒绝或取消该买方的信用限额后，仍交付货物或提供服务所导致的损失。（四）被保险人在下列情形发生后交付货物或提供服务所导致的损失：1. 在该买方尚未清偿债款的情况下，被保险人已经或应该向保险人发出该买方的负面讯息或逾期债款通知；2. 被保险人已经或应当获悉买方已丧失清偿能力。（五）因被保险人或其代理人未遵守销售合同项下任何条款所导致的损失。（六）因被保险人及其代理人在没有取得必要的证照的情况下或违法违规的情况下交付货物或提供服务所导致的损失。（七）直接或间接由下列原因导致的损失：1. 任何原因导致的核爆炸或核污染；2. 法国、中华人民共和国、俄罗斯联邦、英国、美国中任何两国或多国之间的战争（无论是否宣战）。（八）因未能收到债款所产生的利息、违约金或其他惩罚性赔偿所导致的损失。”

（二）出口信用保险合同

1．概念

出口信用保险合同是指出口商（投保人）为防止债务人不清偿债务，向保险人支付保险费，由保险人在出口商不能按时收回出口产品外汇时，在保险金额范围内对出口商进行赔偿的信用保险合同。出口信用保险合同以出口信用为标的，以出口商以及保险人为当事人。出口商既是投保人也是被保险人，而与出口商订立买卖合同的买方或进口商是被保证人，其不属于出口信用保险合同的当事人。

2．保险责任的承担

在出口信用保险合同中，保险人通常会约定最高赔偿限额条款以及信用限额条款。所谓最高赔偿限额，即在合同约定的保险期间内，保险人对出口商符合保险单约定的信用风险承担赔偿责任的累计最高赔偿额。信用限额是指保险人对每一个单独的买方所设定的最高保险赔偿额度。出口商需要为每个海外买方单独申请信用限额。保险人对信用限额的批复包括对买方承担的最高保险责任、信用限额是否循环使用以及最长信用期限。

3．除外责任

出口信用保险合同的除外责任主要包括汇率变动造成的损失风险、出口商或其代理人违反合同约定或者法律规定造成的损失风险以及信用保险合同明确约定的其他损失风险。

具体的除外责任由出口信用保险合同当事人在合同中进行明确的约定。例如，中国人民财产保险股份有限公司《短期出口贸易信用保险条款》第 6 条规定：“除非本保险合同另有规定，保险人对下列损失不承担赔偿责任：（一）汇率变更引起的损失；（二）被保险人或其代理人的违约、欺诈或其他违法行为，或被保险人的代理人的破产引起的损失；（三）被保险人知道或应当知道本保险合同条款第五条项下任一风险已经发生，或由于买方根本违反销售合同或预期违反销售合同，被保险人仍继续向买方出口而遭受的损失；（四）非信用证支付方式下发生的下列损失：1. 可以及通常由货物运输保险或其他保险承保的损失；2. 买方的代理人破产、违约、欺诈或其他违法行为引起的损失；3. 银行擅自放单、运输代理人或承运人擅自放货造成的损失；4. 被保险人向其关联公司出口，由于商业风险引起的损失；5. 由于被保险人或买方未能及时获得各种必须许可证、批准书或授权，致使销售合同无法履行引起的损失。（五）信用证支付方式下发生的下列损失：1. 因单证不符或单单不符，开证行拒绝承兑或拒绝付款所造成的损失；2. 信用证项下的单据在递送或电讯传递过程中迟延或遗失或残缺不全或误邮而引起的损失；3. 虚假或无效的信用证造成的损失。（六）本保险合同保险责任以外的其他损失。”

4．法律适用

《最高人民法院关于审理出口信用保险合同纠纷案件适用相关法律问题的批复》对出

口信用保险合同的法律适用进行了规定："对出口信用保险合同的法律适用问题，保险法没有作出明确规定。鉴于出口信用保险的特殊性，人民法院审理出口信用保险合同纠纷案件，可以参照适用保险法的相关规定；出口信用保险合同另有约定的，从其约定。"

（三）投资信用保险合同

1．概念

投资信用保险合同，又称为政治风险保险合同，是指投资者为防范对外投资损失，按照保险合同约定向保险人支付保险费，保险人在保险金额范围内对政治原因造成的投资损失进行赔偿的信用保险合同。我国经营的投资保险主要是为保障在华投资的外国投资者因中国政治风险而遭受的投资损失。

2．保险事故

一般情况下，投资信用保险合同的保险事故主要包括：（1）国有化风险，是指东道国政府有关部门对投资者的资产进行征用或没收的风险。（2）汇兑风险，即外汇风险，指由于政府有关部门进行汇兑限制，被保险人不能按合同约定将应当属其所有并可汇出的汇款汇出的风险。（3）战争风险，包括战争、类似战争行为、叛乱、罢工及暴动使投资遭受损失的风险。

3．除外责任

同另外两种信用保险合同一样，投资信用保险合同的除外责任也是由合同双方约定的。对于投资者因约定原因遭受的投资损失，保险人不承担责任。一般情况下，除外责任包括：（1）原子弹、氢弹等核武器造成的损失。（2）被保险人因投资项目受损遭受的一切商业损失。（3）被保险人或者其代表违背或不履行投资合同项下的义务或故意违反法律规定，政府有关部门对其资产进行征用或没收所遭受的损失。（4）被保险人因没有在政府有关部门所规定的汇款期限内将款项汇出所遭受的损失。（5）投资合同范围之外的任何其他财产被征用、没收所造成的损失。

4．保险赔偿金的给付

保险人应当按照保险合同的约定，在损失发生后向被保险人支付保险金。然而，投资信用保险合同与一般保险合同的不同之处在于其通常会约定"滞后支付保险赔偿金"条款。例如，双方可以在保险合同中约定，若东道国政府有关部门对投资者的资产进行征用或没收，则保险人在征用或没收之日起 6 个月后支付保险赔偿金；若因为政府有关部门进行汇兑限制，被保险人不能按合同约定将应当属其所有并可汇出的汇款汇出，则保险人在投资人进行汇款申请 3 个月后，向其支付保险赔偿金；若东道国发生战争、类似战争行为、叛乱、罢工及暴动，投资人因此遭受损失，则保险人在被保险人提供损失证明或投资项目终止 5 个月后支付保险赔偿金。

◎ 典型案例

浙江嘉善汇佳乐装饰材料有限公司诉中国出口信用保险公司浙江分公司信保合同纠纷案

2015 年 7 月，浙江嘉善汇佳乐装饰材料有限公司（以下简称"汇佳乐"）与美国HM公司签订了货物买卖合同。为确保交易安全，汇佳乐与中国出口信用保险公司浙江分公司（以下简称“中国信保浙江分公司”）签订了短期出口信用保险合同，获得了中国信保浙江分公司100万美元承保，赔偿比例为80%。此后，汇佳乐依约交付货物，HM公司一直未履行付款义务，致使汇佳乐受到经济损失。

2016年1月，汇佳乐向中国信保浙江分公司提出索赔要求遭拒。中国信保浙江分公司理由之一即认为汇佳乐与HM公司之前存在贸易纠纷，按照保险条款约定，对存在贸易纠纷的案件，如被保险人既无法与买方达成和解协议，又不认同保险人的责任判定结果，则被保险人应先进行仲裁或在买方所在国家（地区）提起诉讼。在汇佳乐取得对限额买方生效的胜诉裁决/判决并申请执行前，中国信保浙江分公司有权不予定损核赔。

法院认为，出口信用保险合同中关于国际仲裁/诉讼前置的格式条款设定，不仅让出口商承担高额外海仲裁/诉讼费用及律师代理费，还要让出口商承担一笔不菲的中国信保利用其海外渠道的调查费用。而且出口商还需耗时费力，疲于应付本不太熟悉的海外法律程序。这无疑加重了出口商的交易成本和负担，不利于鼓励有能力的企业“走出去”出口创汇。因此，法院支持了汇佳乐的全部诉讼请求。

第四节 保证保险合同

一、保证保险合同概述

（一）保证保险合同的概念

我国现行《保险法》及相关法律文件均未对保证保险合同的概念进行明确界定。通说认为，保证保险合同是指由保险人为债务人的债务履行向债权人提供担保，若债务人不履行合同义务或因实施违法行为造成权利人财产损失，保险人须承担赔偿义务的一种保险合同。

（二）保证保险合同的性质

理论上关于保证保险合同的性质究竟为保险合同抑或是担保合同存在较大争议。根据我国《保险法》第95条第1款，在财产保险业务中，保险公司的业务范围包括财产损失保险、责任保险、信用保险、保证保险等保险业务。但有观点认为保证保险历来以无名合同运行于我国保险法中，其承担了担保债权人之债权得以实现的功能，且其约定内容与担保合同存在较大相似性，故而应将其视为担保合同中的保证合同对待。

本书认为该观点的合理性有待商榷。除《保险法》明确将保证保险纳入保险人的保险业务范围这一点外，通过对比保证保险合同与保证合同，亦可知二者在以下方面存在较大差异：

1. 当事人资质不同

保证合同中，无论法人还是自然人均可担任保证人，其资格范围原则上不存在限制；

但保证保险合同中，仅依法取得保险从业资质的保险业者可以担任保证人。

2. 债务人的地位不同

保证合同的双方当事人分别为债权人和保证人，债务人非为合同当事人，其仅担当被保证人的角色；而保证保险合同中的双方当事人则是债务人与保险人，债权人仅仅是作为保险合同关系人的被保险人。

3. 是否具有从属性不同

保证合同从属于主债权债务关系，主合同无效时其效力亦随之消灭；而保证保险合同则具有独立性，其效力取决于其是否满足自身的成立与生效条件。

4. 合同性质不同

保证合同属于单务、无偿合同，保证人不就其担保行为获得任何对价；保证保险合同则为双务、有偿合同，投保人负有支付保费的义务，保险人则负有承担危险并在发生保险事故时给付保险金的义务。

5. 功能不同

就表象而言，保证合同与保证保险合同均承载保障债权实现以及转移风险之功能，但具体的原理与侧重点有所不同。保证保险合同体现的是保险人利用风险社会化支撑其存续的运行宗旨，其侧重点在于风险的转移以及向社会的进一步分散；保证合同则是保证人个人对债务人的风险进行代替承担，风险转移仅发生于被保证人与保证人之间，其侧重点在于对债权最终实现的保障。

6. 追偿权性质不同

保证合同实际履行后，保证人获得向债务人的追偿权；保证保险合同实际履行后，保险人代被保险人即债权人之位获得向投保人即债务人的代位求偿权。两项权利的区别在于，前者是保证人依照保证合同代债务人向债权人履行债务后，对债务人享有的法定追偿权；而后者则是一种代位性质的追偿权，保险人向债务人求偿是基于法定的债权移转，保险人在向债权人进行保险赔偿后，债权人对债务人的债权即移转于保险人，保险人可代债权人之位向债务人追偿。

7. 法律适用不同

保证合同为担保合同的一种，受《担保法》调整；保证保险合同则为保险合同的一种，受《保险法》约束。

综上所述，本书认为保证保险合同与保证合同存在根本差异，不能将保证保险合同视为保证合同。

◎ 典型案例

中国人民保险公司葫芦岛分公司与建设银行葫芦岛分行保证保险纠纷案①

2002年11月19日，中国人民保险公司葫芦岛分公司（以下简称“保险公

① 参见最高人民法院民事审判第二庭编:《保险案件审判指导（增订版）》，法律出版社2018年版，第338页。

司”)、建设银行葫芦岛分行（以下简称“建设银行”）和葫芦岛融亿亚飞汽车销售公司（以下简称“汽车销售公司”）三方签订一份《机动车消费贷款保证保险业务合作协议》(以下简称《合作协议》)，约定保险公司为建设银行发放的机动车车辆消费贷款提供保证保险。保险公司接到汽车销售公司报送的贷款购车人推荐书和有关证明文件后，向建设银行、汽车销售公司出具是否承保意见书，保险公司对符合条件的贷款购车人出具保证保险单，投保人未能按贷款合同约定期限偿还贷款本金的，视为保险事故发生，事故发生3个月后投保人仍未履行约定还款义务的，由保险公司向建设银行履行90%的赔偿责任。后建设银行向闫海荣等投保人（贷款购车人）发放了车辆消费贷款。

贷款期限届满后，借款人逾期未还款，建设银行将保险公司起诉至法院，请求判令保险公司承担连带保证责任。被告保险公司抗辩理由为本案的保证保险法律关系应适用《保险法》相关规定，不应适用《担保法》的规定。

法院认为，汽车消费贷款保证保险是保险公司开办的一种保险业务。在该险种的具体实施中，由于合同约定的具体内容并不统一，在保险公司、银行和汽车销售代理商、购车人之间会形成多种法律关系，在当时的法律规定尚不明确的情况下，应依据当事人意思自治原则确定合同的性质，在本案相关协议以及合同中，保险人没有作出任何担保承诺的意思表示。因此，本案所涉保险单虽名为保证保险单，但性质上应属于保险合同，故法院判决驳回原告的诉讼请求。

（三）保证保险合同的法律特征

1．多重的法律关系

保证保险合同涉及三方主体，分别为投保人（债务人、被保证人）、保险人（保证人）、被保险人（债权人）。所涉及的多重法律关系分别为保险人与投保人之间的保险合同关系、保险人与被保险人之间的保证关系。

2．特殊的保险标的

保证保险合同的保险标的实为一种经济利益或称履约风险，其形成是基于债务人的信用风险。在此合同中，前述三方主体权利义务关系依据保险合同得以实现，是以债务人的债务不履行行为致使债权人发生经济损失为前提的。

3．特殊的信用风险

保证保险合同作为财产保险合同的一种，其所转嫁的是被保险人面临的投保人债务不履行的风险。该种风险的发生源自债务人的主观过错，即保险人可预测的债务人的客观履约能力并非导致保险事故发生的原因，被保证人的债务不履行应当是其投保后的主观故意或过失所致，保险人缔约审查义务的履行在此种情况下就尤为重要。其可查证的被保证人的履行能力，是其决定是否承保以及保险关系能否成立的关键。

4．连带的保险责任

根据前述可知，保证保险合同承保的是一种特殊的信用风险，其发生基于在合理履约能力下的债务人的主观过错。因此，保险人履行其赔偿义务的条件应当是投保人存在事实上的困难而无力履约，保险人承担的是一种补充连带责任。若投保人客观上具有履约能力而不履行，则视为保险事故未发生。

5. 服务性质的保费

由保证保险合同所分担的特殊风险的性质可知，保证保险事故的发生将赋予保险人完整的代位求偿权利，故而在该风险最终是否为保险人负担这一问题上，保证保险合同与其他类型的财产保险合同存在一定的不同。亦因此，其保费的收取并非依据保险事故发生的概率和赔偿责任的范围，而更类似于提供保证服务所收取的“服务费”。具体而言，保险人在审查债务人的履约能力后，对其履约能力向债权人进行明示确认和支持，并在此基础上向债权人提供保证服务。

二、保证保险合同的主体

如上文所述，保证保险合同因投保人与被保险人的分离而涉及三方主体与多重法律关系。保险合同当事人包括保险合同的投保人与保险人，而被保险人则仅仅是保险合同的关系人。

（一）当事人

保证保险合同的当事人为投保人和保险人。保险人即具有保险从业资格的保险业者，自无须多言。而在不同类型的保证保险合同中，投保人在原债权债务关系中的身份也会有所不同。在确实保证保险合同中，投保人通常为被保证人（债务人）；而在诚实保证保险合同中，作为被保证人的相对人的雇主（债权人）与作为被保证人的雇员（债务人）均可成为投保人。雇主为自身可能因其雇员的不诚实行为而遭受的损失进行投保，其可以是政府机关、企业、事业单位、社会团体以及各类法人及非法人团体。后文将对此两种保证保险合同进行详细介绍。

（二）关系人

保证保险合同中的法律关系具有多重性，其投保人与被保险人的身份发生分离，被保险人成为该保险合同中的关系人。根据保险法原理，被保险人是指其财产或者人身受保险合同保障，享有保险金请求权的人。保证保险合同保障的是债权人的财产免遭损失，故保证保险合同的被保险人仅可为被保证人的相对人，也即债权人。被保险人作为保险人决定是否承保的关键信息来源，负有对保险人的承保判断、控制危险以及承担责任等行为的协助义务。若其违反这些义务，将可能赋予保险人拒绝承担保险责任的抗辩事由。

三、保证保险合同的类型

保证保险合同因其所发挥的功能不同而存在不同构造，实务上常依其适用对象的不同将之分为确实保证保险合同与诚实保证保险合同。

（一）确实保证保险合同

确实保证保险合同是指作为投保人的被保证人（债务人）不履行合同义务造成被保险人财产损失时，保险人向被保险人支付保险赔偿金的一种保险合同。其性质为为第三人利益的保险合同。

1．保险期间

确实保证保险合同的保险期间系保险人对被保险人承担保险金给付责任这一时间段的持续。在保险实务中，保险人常与投保人约定 1 个月、6 个月、1 年等固定保险期间，或者与债务人债务履行期相同的保险期间。

2．保险事故

确实保证保险合同的保险事故为“债务的不履行”，但因债务不履行造成的损失并非全部落入保险人的赔偿范围之中，存在责任除外的情形。保险实务中常将“被保险人欺诈”“被保险人过错扩大损失范围”“合同订立程序错误”“原债权债务关系无效”“违反法律或者行政法规”以及“不可抗力”等作为除外责任的情形。

3．保险赔偿

《保险法司法解释二》第 19 条第 2 款规定：“财产保险事故发生后，被保险人就其所受损失从第三者取得赔偿后的不足部分提起诉讼，请求保险人赔偿的，人民法院应予依法受理。”因此，保险事故发生后，若被保险人未从被保证人处取得全部赔偿，保险人则须承担相应的补充连带责任。义务履行完毕后，保险人取得代被保险人之位对被保证人的求偿权。

4．主要种类

确实保证保险合同的应用主要集中于义务履行的担保，其主要包括以下几类：

（1）合同履行保证保险合同。合同履行保证保险合同是指保险人对被保险人因债务人不履行合同债务而遭受的损失，承担赔偿责任的保险合同。其主要存在于工程、投标、预付款以及维修等领域，作用在于保障建设工程投资人的投资利益不因工程实际履行人的未及时履行而受有损失。工程履行保证保险合同是在工程所有人因承包人未按时、保质、保量交付工程而遭受财产损失时，由保险人承担赔偿责任的保险合同。投标保证保险合同为中标人未能按时与工程所有人签订合同致使其遭受经济损失，该损失责任由保险人承担的保险合同。预付款保证保险合同是指在工程所有人向承包人支付工程预付款后，因承包人未能履行合同致使工程所有人遭受财产损失，该损失责任由保险人承担的保险合同。维修保证保险合同则为工程所有人因承包人不履行合同约定的维修任务而遭受财产损失，该损失责任由保险人承担的保险合同。这些类型的保证保险合同在我国实务中大量存在。

（2）贷款保证保险合同。贷款保证保险合同依贷款内容的不同，可分为个人消费贷款保证保险合同、机动车辆消费贷款保证保险合同、个人购房抵押贷款保证保险合同和企业贷款保证保险合同四类。个人消费贷款保证保险合同，是以自然人借款人作为投保人，若其不能按时归还贷款，则由保险人承担被保险人由此遭受的贷款损失的保险合同。机动车辆消费贷款保证保险合同，指以机动车辆消费借款人的不及时还款行为作为保险事故，因此给被保险人造成的财产损失由保险人承担的保险合同。个人购房抵押贷款保证保险合同，是指在个人借款人未及时偿还购房抵押贷款而给被保险人造成损失时，由保险人承担赔偿责任的保险合同。企业贷款保证保险合同，是指以作为借款主体的企业为投保人，在其因未依约向发放贷款的金融机构偿还贷款而造成金融机构财产损失时，由保险人承担赔偿责任的保险合同。贷款保证保险合同在我国实务中同样大量存在。

（3）司法行为保证保险合同。司法行为保证保险合同是指以法律程序的顺利进行为保险标的的保险合同。依其所保证的法律程序的不同，可分为诉讼保证保险合同和受托保证保险合同。诉讼保证保险合同是指当诉讼当事人一方欲为的行为可能对另一方的利益造成损失时，法院为保护另一方当事人而要求该方当事人提供保证的一种保险合同。在该保险合同中，被保险人不是利益可能受侵害的另一方当事人，而是法院。该险种所涉及的法律程序主要包括保释、上诉、扣押以及禁令等。其中，以保证被保释人在规定时间内出庭受审的保释保证保险合同，以及由保险人承担上诉失败时上诉人之诉讼费用的上诉保证保险合同，在实务中最为常见。受托保证保险合同则是以财产保管人、破产管理人、遗嘱执行人或遗产管理人的不忠实履行受托义务，导致的委托人财产损失为保险标的的保险合同。

（4）行政行为保证保险合同。行政行为保证保险合同是指以国家行政机关工作人员的失职或不忠实履行职务行为，所造成的他人财产损失为保险标的的保险合同。此类保证保险合同尚未在我国开展。

（5）特许保证保险合同。特许保证保险合同是指保险人对从事经营活动领取执照之人的不遵守法律规定行为造成的损失进行承保的保险合同。其保证的对象主要为被许可人的合法经营行为以及按法律规定缴纳税费的行为。

（6）质量保证保险合同。质量保证保险合同是指因被保险人制造或销售的产品存在质量缺陷而造成他人财产损失，由保险人对该损失承担赔偿义务的保险合同。在我国保险实务中，此类保证保险合同主要体现为住宅质量保证保险合同以及产品质量保证保险合同两类。

（二）诚实保证保险合同

诚实保证保险合同，也称雇员忠诚保证保险合同，是指以被保险人的雇员的不忠诚行为为保险标的，保险人对因该行为造成的被保险人损失承担赔偿责任的保险合同。

1. 保险赔偿

保险人的赔偿责任范围体现在两个方面。一方面，在理论上，所谓“保险人对因该行为造成的被保险人损失承担赔偿责任”中的“损失”，是指雇员的不忠诚行为给被保险人造成的直接经济损失。保险合同中另有约定，或被保险人诱使其雇员从事不忠诚行为，从而造成其财产损失的，不在保险责任范围内。另一方面，在实务上，实践中的保险合同往往载有“赔偿限额”或“免赔率”条款。“赔偿限额”条款分为每次事故赔偿限额和累计赔偿限额两类。前者由投保人与保险人协商明示载于保险合同中，是对单次事故的最高赔偿限额；后者则以前者为基础，结合被保险人的雇员人数，由投保人与保险人协商确定，数额至少不低于每次事故赔偿限额。“免赔率”条款，是当事人在合同订立时协商确定的每次事故的免赔额度或比率。

2. 保险期间

与确实保证保险合同类似，诚实保证保险合同可依双方合意约定或长或短的固定的保险期间。在实务中，投保人与保险人一般会另行合意确定一个期间，该期间是为了避免被保险人因未及时发现其雇员在保险期间内实施不忠诚行为，而失去对其财产损失请求保险人承担赔偿义务的资格。

3. 保险责任

诚实保证保险合同所担保的主要是雇员在职务行为中的不忠诚所导致的财产损失，该不忠诚行为多体现为雇员的“盗窃”“抢夺”“侵占”“欺诈”“贪污”“非法挪用”“隐匿”以及“伪造”等不法行为。故而从反面而言，其除外责任在实务中可主要概括为以下四类：雇员职务外行为或与职务无关行为导致的被保险人财产损失；雇员不具备从事相关职务的执业资质导致的被保险人财产损失；雇佣关系结束后的约定期间经过后才发现的雇员不忠诚行为导致的被保险人财产损失；保险期间届满后的约定期间经过后才发现的雇员不忠诚行为导致的被保险人财产损失等。

4. 主要种类

（1）指名保证保险合同。指名保证保险合同是指明示以特定个人或群体为被保证人的保证保险。其特点为被保证人为具体可确定的一个或多个个人。在实务中，多以被保险人在保险单中明示或列表登记其雇员的方式确定被保证人，若人员变动则由被保险人及时书面通知保险人。

（2）职位保证保险合同。职位保证保险合同是指以任何担任该特定职位的职员的不忠诚行为，致使被保险人财产损失的危险为保险标的的保险合同。其往往不指明被保证的雇员的姓名，而仅对被保证的雇员的职位进行限定和阐释。

（3）总括保证保险合同。总括保证保险合同以被保险人的全体雇员为被保证人，既无须指明被保证人姓名，亦无须指明特定职位。任一雇员实施不忠诚行为致使被保险人发生财产损失的，保险人即承担保险责任。保险期间内，被保险人雇员人数的增减与人员的变动均不对该保险合同产生影响。

（4）特别总括保证保险合同。特别总括保证保险合同与前述总括保证保险合同类似，仅将“全体雇员”的范围限定在“特定金融机构”中。

第五节 海上保险合同

一、海上保险合同概述

（一）概念及意义

海上保险合同，是指保险人按照约定，对被保险人遭受保险事故造成保险标的的损失和产生的责任负责赔偿，而由被保险人支付保险费的合同。在该合同项下，投保人依约支付保险费，在被保险人因保险事故遭受损害时，保险人按照合同约定承担相应的赔偿责任。因此，海上保险合同是一种补偿性合同，保险人需要补偿被保险人在保险事故中遭受的损失。根据我国《海商法》第 216 条第 2 款，保险事故是指保险人与被保险人约定的任何海上事故，包括与海上航行有关的发生于内河或者陆上的事故。传统意义上，海上保险事故本应局限于“海上风险”，即与海上航行相关的风险，如海上自然灾害、海盗、战争危险等。然而，随着海上贸易的发展，保险事故的范围也逐渐扩大到内河甚至是陆上，如船舶建造风险、货物装卸风险等。

从事海上贸易的企业面临的风险很难控制，一旦遭受损害，往往会给企业带来经营困境甚至破产危机，但巨大的经济利益又让人难以放弃。海上保险作为一种风险转嫁方式，能够很好地填补企业的经济损失，促进行业互助。此外，海上保险还能保障企业的预期利润，促进国际贸易的发展，因而是经济全球化中一种重要的保险类型。

（二）特征

从性质上看，海上保险合同是一种补偿性合同，实际上属于财产保险合同范畴，但与一般的财产保险合同相比，所涉业务本身的特殊性使得海上保险合同具有以下特征：

1. 承保风险的综合性

海上保险合同承保风险的综合性体现在三个方面：（1）根据海上保险合同的定义，保险人不仅可能涉及对被保险人财产损失的补偿，还可能代替被保险人承担相应的赔偿责任，可见海上保险合同的承保风险兼有财产损失风险与责任风险。（2）如前所述，海上保险合同的承保风险不仅包括因海上航行产生的各类风险，还涵盖了内河或者陆上的风险。（3）就风险的性质而言，海上保险合同的承保对象既有自然风险，也有政治风险、社会风险等。可见，海上保险合同的承保风险十分多样化，这也使海上保险合同具有与风险相对应的多种证明规则。

2. 承保标的的流动性

海上保险合同起源于海上贸易，其最初是为了减少海上货物运输面临的风险。因此，海上货物运输保险合同至今仍是海上保险合同中最基本和最重要的一种保险合同类型。而运输保险合同最大的特点便是承保标的具有流动性，承保标的包括运输工具本身以及运输中的货物两种。依据国际贸易术语中的规则，投保人往往在货交承运人时便会购买相应的海上货物运输保险，以转嫁货物在运输途中的部分风险，此时的承保标的是货物。此外，船舶等运输工具所有人或承租人也会对运输工具在运输途中可能遭遇的各类风险投保，此时的承保标的便是运输工具。在上述两种情形中，承保标的均处于流动状态，因此，海上保险合同的标的往往具有流动性的特点。

3. 被保险人的多变性

该特征主要体现在海上货物运输保险合同中。由于海上货物运输保险合同的承保标的固定，且保险人不能因被保险人或货物所有权人的变更而拒绝赔付，因此保险单可以通过背书的形式随意转让。当承保标的在运输过程中发生转让时，根据买卖合同的一般规则，货物的风险往往在合同签订时转移给新的买受人。承保标的原买受人作为卖方，需要将保险单背书转让给新的买受人，新的买受人便成为被保险人。这种情形在海上贸易中屡见不鲜，由此说明海上保险合同的被保险人也处于不断变化的过程中。

4. 保险种类的多样性

前已述及，海上保险合同的承保风险具有综合性，不仅涉及财产损失风险，还涉及责任风险，不仅有自然风险还有政治风险、社会风险等。与承保风险相对应，海上保险合同的险种也具有多样性的特点。例如，货运险的险别分为主险与附加险，主险包含水渍险、平安险和一切险，附加险也可分为三大类。此外，还有针对船舶风险、责任风险设置的各类险种与险别等。因此，海上保险合同与一般财产保险合同相比，种类繁多，形式也随着海上贸易的发展而不断变化。

5. 保险关系的国际性

现有的国际贸易运输几乎都会涉及海上保险，而且海上保险最初便起源于海上贸易，且多与国际贸易相关。因此，海上保险合同的当事人很可能具有不同的国籍，海上保险合同的承保标的也具有国际性。此外，海上保险合同的订立、履行、解除等，还需要遵守相应的国际惯例与国际法律规则。这些使得海上保险合同相较于一般财产保险合同呈现出国际性的特点。

6. 适用法律的多样性

从法律性质上看，海上保险合同首先属于一种海事合同，因此它应适用《海商法》的相关规定；其次，它也属于保险合同，应符合《保险法》的有关规定；再次，它还属于一种合同类型，应受《民法典》的调整；最后，由于海上保险合同还会涉及大量国际贸易关系，因此还可能适用国际私法、国际惯例等。总之，海上保险合同与一般财产保险合同相比，其领域跨度较大，涉及的法律种类也更多，在法律适用上也有特定的顺序及规则。

（三）起源与发展

前文已经提到，海上保险合同是伴随海上贸易产生的，现代社会中的各类保险合同均由海上保险合同发展而来。然而，关于海上保险合同的起源，却因年代久远而难以准确考证。目前，学界关于海上保险合同的起源有两种说法。一种认为其源于共同海损的分摊。即某船舶上的各货物所有人及船主共同约定，在货物运输过程中因遭遇海难为避免沉船而导致的货损，由大家共同分摊。另一种则认为其源于抵押借贷。即船主或货主为转嫁风险，会以船舶或货物为抵押物向资本商人借款，若此次航行顺利，则船主或货主需要归还借款，并支付较高额的利息；若航行途中遭遇货损，那么船主或货主便可免除部分或全部还款义务。在此种情形下，资本商人充当了保险人的角色，为船主或货主分摊相应的货损风险。

现代意义上的海上保险合同发端于意大利。1347 年 10 月 23 日，意大利热那亚的一名商人签发了第一张海上保险单，这是一份承保从热那亚到马乔卡的船舶保险合同。但由于该保险单未明确保险人的承保范围，因此并不能被称作现代意义上的保险单。直至 1384 年，佛罗伦萨才出现了第一张现代意义上的海上保险单，该保险单明确了保险人的责任范围。随着意大利商事贸易的发展，1424 年，热那亚成立了第一家专业的海上保险公司。保险业在此后飞速发展，出现了越来越多的保险纠纷，保险法令也相继推行。17 世纪，英国资本主义崛起，海上贸易频繁，加之意大利保险思想的传入及政府的重视，英国逐步建立起完善的海上保险制度。同时，劳合社也随着英国海上保险业的发展而逐渐壮大，并成为世界知名的保险交易市场。1906 年，英国颁布了《海上保险法》，将海上保险合同中的规则、惯例等均以法条的形式固定下来。该法令中规定的许多内容，如最大诚信原则、近因原则等，对世界各国的保险业发展都产生了深远影响。而且，影响不仅仅局限于海上保险领域，甚至还扩张到了整个现代保险制度。

二、海上货物运输保险合同

海上货物运输保险合同是指由被保险人支付保险费，保险人依约对被保险人遭受的海上运输过程中的承保货物损失进行赔偿的合同。

（一）承保范围

我国海上货物运输保险主要包括基本险、附加险与特种货物保险。首先，基本险又可分为平安险、水渍险和一切险。平安险项下的保险责任有8项，可概括为自然灾害、意外事故、自然灾害与意外事故的混合、装卸货物、施救费用、避难港费用、共同海损、船舶互碰责任。水渍险和一切险项下的保险责任范围则是在平安险责任范围的基础上有所增减。其次，附加险是投保人在基本险基础上添加的一种险别，分为普通附加险、特别附加险与特殊附加险。我国普通附加险共有11种，且已包含于一切险之中，而特别附加险与特殊附加险均在基本险之外，需另外投保且不能单独投保。最后，目前我国的特种货物保险仅两种，系专为特殊货物而设置。

（二）除外责任

根据《海商法》第242条和第243条的规定，海上货物运输保险合同的法定除外责任为：（1）被保险人故意造成的损失；（2）航行迟延、交货迟延或者行市变化造成的损失；（3）货物的自然损耗、本身的缺陷和自然特性造成的损失；（4）包装不当造成的损失。此外，保险合同当事人还可以在合同中对除外责任另行约定，称为约定除外责任。例如，《中国人民财产保险股份有限公司海洋运输货物保险条款（2009版）》中关于除外责任的规定为："本保险对下列损失不负赔偿责任：1. 被保险人的故意行为或过失所造成的损失；2. 属于发货人责任所引起的损失；3. 在保险责任开始前，被保险货物已存在的品质不良或数量短差所造成的损失；4. 被保险货物的自然损耗、本质缺陷、特性以及市价跌落、运输延迟所引起的损失或费用；5. 本公司海洋运输货物战争险条款和货物运输罢工险条款规定的其他责任范围和除外责任。"

（三）保险期间

海上货物运输保险合同的起讫期间通常采用"仓至仓"条款。例如，《中国人民财产保险股份有限公司海洋运输货物保险条款（2009版）》中关于保险期间的规定为："1. 本保险负'仓至仓'责任，自被保险货物运离保险单所载明的起运地仓库或储存处所开始运输时生效，包括正常运输过程中的海上、陆上、内河和驳船运输在内，直至该项货物到达保险单所载明目的地收货人的最后仓库或储存处所，或被保险人用作分配、分派或非正常运输的其他储存处所为止。如未抵达上述仓库或储存处所，则以被保险货物在最后卸载港全部卸离海轮后满六十天为止。如在上述六十天内，被保险货物需转运到非保险单所载明的目的地时，则以该项货物开始转运时为止。2. 由于被保险人无法控制的运输延迟、绕道、被迫卸货、重新装载、转载，或承运人运用运输契约赋予的权限所作的任何航海上的变更或终止运输契约，致使被保险货物运输到非保险单所载明的目的地时，在被保险人及时将获知的情况通知保险人，并在必要时加交保险费的情况下，本保险仍继续有效，保险责任按下列规定终止：（1）被保险货物如在非保险单所载明的目的地出售，保险责任至交货时为止，但不论任何情况，均以被保险货物在卸载港全部卸离海轮后满六十天为止；（2）被保险货物如在上述六十天期限内继续运往保险单所载原目的地或其他目的地时，保险责任仍按上述第1款的规定终止。"

◎ 典型案例

尤迪特包装私人有限公司等诉大众保险股份有限公司海上保险合同纠纷案[①]

2010 年 4 月，尤迪特包装私人有限公司（以下简称“尤迪特公司”）向上海耀科印刷机械有限公司（以下简称“耀科公司”）购买一台自动模切机，贸易条件为 CIF 印度那瓦什瓦港。耀科公司向大众保险股份有限公司（以下简称“大众公司”）投保，投保单显示被保险人为耀科公司，货物自中国上海港运至印度那瓦什瓦港，投保险别为一切险、海运战争险、罢工险、骚乱和民变险，从受益人仓库至申请人仓库。投保单还记载了货物的唛头、保险货物项目、保险金额等，投保人、发票号、发票金额、提单号、最终目的地等处空白。

后来，耀科公司在投保时未提供涉案货物的出口文件。大众公司向耀科公司出具保险单，主要内容与投保单相同，货物为定值足额保险。根据保险单背面条款三“责任起讫”的约定，该保险责任期间为“仓至仓”。货物自上海出运后，耀科公司将保险单背书转让给尤迪特公司。尤迪特公司将涉案集装箱从印度那瓦什瓦海鸟集装箱集散站提出，拟经陆路运往尤迪特公司在印度浦那的处所。集装箱装车时完好无损。次日，装有涉案集装箱的集卡在高速公路上发生翻车事故致涉案货物受损。后因理赔过程中各方就“仓至仓”条款下海上保险责任期间的认定存有争议，尤迪特公司与耀科公司遂请求法院确认该事故未超过保险合同的责任期间。

法院认为，涉案货物从目的港提离后，运往印度的浦那，而浦那和那瓦什瓦并非同一城市或地区，因此根据保险合同约定的“仓至仓”条款，被告的保险责任自货物提离目的港开始运输时终止。由此，涉案货物发生事故已超出被告保险责任期间，遂判决驳回两原告的诉讼请求。

三、船舶保险合同

船舶保险合同是指以船舶及其设施为保险标的的保险合同。保险标的包括船壳、救生艇、机器、设备仪器、索具、燃料和物料。

（一）承保范围

我国船舶保险分为全损险和一切险。全损险仅承保列明承保风险造成的船舶全损。例如，地震、火灾、搁浅等灾害，盗窃、抛弃货物等行为，以及某些意外事故等。而一切险除承保上述原因所造成的被保险船舶的全损和部分损失外，还承保碰撞责任、共同海损与救助，以及施救中的责任和费用。

① 参见上海海事法院（2011）沪海法商初字第 101 号民事判决书。

（二）除外责任

除了《海商法》第 242 条规定的被保险人故意造成的船舶损失外，根据《海商法》第 244 条，船舶保险的法定除外责任还包括以下两种情形造成的船舶损失：（1）船舶开航时不适航，但是在船舶定期保险中被保险人不知道的除外；（2）船舶自然磨损或者锈蚀。与货运保险一样，保险合同当事人仍可以在合同中另行约定除外责任。例如，《中国人民财产保险股份有限公司船舶保险条款（2009 版）》中关于除外责任的规定为："本保险不负责下列原因所致的损失、责任或费用：1. 不适航，包括人员配备不当、装备或装载不妥，但以被保险人在船舶开航时，知道或应该知道此种不适航为限；2. 被保险人及其代表的疏忽或故意行为；3. 被保险人恪尽职责应予发现的正常磨损、锈蚀、腐烂或保养不周，或材料缺陷包括不良状态部件的更换或修理；4. 该公司战争和罢工险条款承保和除外的责任范围。"

（三）保险期间

船舶保险包括定期险与航次险两种，保险期间也随之有所差别。定期保险的保险期间最长不超过 1 年，起止时间以保险单为准。航次保险则按保险单订明的航次为准，起止时间因船舶是否载货而不同：若为不载货船舶，则自起运港解缆或起锚时开始，至目的港抛锚或系缆完毕时终止；若为载货船舶，则自起运港装货时开始，至目的港卸货完毕时终止，但自船舶抵达目的港当日午夜零点起最多不得超过 30 天。

四、船舶责任保险合同

船舶风险包括自身风险、营运损失风险与营运产生的责任风险。但是在早期，除了一切险能够承保部分船舶碰撞产生的责任风险外，其他的责任风险均难获承保。因此，为转嫁此类风险，出现了船东保赔协会这类互保组织，例如我国的中国船东互保协会。随着保险业的发展，此后也出现了越来越多的商业保险公司对船舶责任风险进行承保。

（一）承保范围

我国船舶责任保险合同的承保范围广泛，以《中国人民财产保险股份有限公司船东保障和赔偿责任保险条款（2009 版）》第三节为例，其承保范围包含船员及船员以外的任何人的人身伤亡和疾病、被保险船舶船员的派遣、碰撞责任、财产损坏和灭失、污染、拖带责任、残骸清除责任等多种情形下的责任、损失和费用。此外，附录中还规定了相应的责任限额与免赔额。

（二）除外责任

我国法律并未对船舶责任保险合同的除外责任作出规定，实践中当事人可自行约定，各保险公司在其他海上保险合同除外责任的基础上制定了相应的条款。例如，《中国人民财产保险股份有限公司船东保障和赔偿责任保险条款（2009 版）》中规定了如下除外责任情形：被保险人的任何故意行为造成的损失；战争、内战、革命、叛乱、骚乱或由此引起的内乱或任何交战国之间的敌对行为造成的损失；水雷、鱼雷、炸弹、火箭、炮弹、爆炸品或其他类型武器造成的损失等。

（三）保险期间

船舶责任保险合同的保险期间一般为 1 年，起止时间则以各保险公司的规定为准。例如，《中国人民财产保险股份有限公司船东保障和赔偿责任保险条款（2009 版）》第六节关于保险期间的规定为："保险年度从北京时间二月二十日二十时起至翌年的二月二十日二十时止。在保险年度中投保的船舶，保险期间从保险单载明的起保时间开始至该保险年度结束时终止。"

（四）船东保赔协会

船东保赔协会最早出现于 15 世纪的欧洲。18 世纪末 19 世纪初，英国船东为对抗两家垄断式商业保险公司，联合起来成立了互保协会。当时的互保协会仅承保船舶保险合同，与船舶责任保险无甚关系。随着垄断被打破，船舶互保协会的基础船舶保险业务逐渐衰落，其主要业务逐渐转为承保船舶责任保险。此后，随着保险业务的发展，船舶互保协会也经历了多次变革，其承保的船舶责任保险的种类及金额不断增加，同时也出现了"船东保赔协会""船东责任互保协会"这样的称谓。如今，实务中多用船东保赔协会作为该类协会的统称。我国仅有一家船东保赔协会，即中国船东互保协会，该协会是亚洲两家船东保赔协会之一，也是我国自办的非营利的船东互保协会。

2020 年，中国船东互保协会修订了《中国船东互保协会保险条款（2020/2021）》，该条款包含 29 条，详细介绍了协会的管理机构、承保风险、保期等各项内容。此外，条款第 3 条至第 7 条对保赔险、抗辩险以及其他特别保险等的承保范围均作了详细规定。在我国，除中国船东互保协会有相应的船舶责任保险外，中国人民保险公司也有相应的保险条款，即《中国人民财产保险股份有限公司船东保障和赔偿责任保险条款》，该条款与船东互保协会条款相差不大，仅在承保原则及承保风险上存在些许差异。二者的规定均十分详尽，对我国船舶责任保险的发展具有重要意义。

第六节 再保险合同

一、再保险合同的概念与性质

（一）再保险合同的概念

再保险，是相对于原保险而言的，是指原保险人在订立原保险合同以后，通过与其他保险人订立再保险合同，将其承担的保险责任移转给其他保险人的行为。我国《保险法》第 28 条第 1 款规定："保险人将其承担的保险业务，以分保形式部分转移给其他保险人的，为再保险。"再保险合同以原保险合同的存在为前提，是保险人将其保险责任移转给其他保险人而订立的保险合同，亦可称为"分保合同"或"第二次保险合同"。

再保险的概念有广义与狭义之分。广义的再保险是指原保险人将其承担的全部或部分保险责任移转给再保险人，包括全部再保险与部分再保险；狭义的再保险是指原保险人仅将其承担的部分保险责任移转给再保险人，仅包括部分再保险。根据《保险法》第28条，我国立法采取狭义的再保险概念，仅指部分再保险。

再保险合同的主体包括原保险人与再保险人。原保险人将保险责任移转出去，是再保险合同的投保人与被保险人，亦称为再保险分出人。再保险人接受原保险人移转的保险责任，是再保险合同的保险人，亦称为再保险接受人。

（二）再保险合同的性质

目前，学界通常将再保险合同的性质定性为保险合同。但对于再保险合同属于何种性质的保险合同，存在三种不同的观点，即原保险合同说、财产损失保险合同说与责任保险合同说。通说认为，再保险合同属于责任保险合同，主要理由是：首先，根据保险法理，从广义责任保险的保险利益来看，再保险合同的保险利益为原保险人对于承保风险的发生所负担的不利益，因此再保险的保险利益与责任保险一样属于“消极的保险利益”，故再保险合同属于广义的责任保险合同。其次，若采财产损失保险合同说，在原保险人尚未实际支付保险金时，即没有实际损失发生，再保险人也就没有义务给付再保险赔偿金。而将再保险合同定性为责任保险合同，在原保险人应当向被保险人承担保险责任时，再保险人即应当向原保险人给付再保险赔偿金，这能为丧失清偿能力的原保险人及其被保险人提供更为周全的保护。

进一步而言，再保险合同是一种特殊的合同责任保险合同，与一般责任保险合同存在区别。首先，再保险合同的保险标的是原保险人对被保险人承担的合同责任，纯粹依当事人意思产生，故再保险合同属于合同责任保险合同。其次，就保险赔偿的前提条件而言，再保险合同中，只要确定原保险人应向被保险人承担保险责任，再保险人即应向原保险人支付保险金；而一般责任保险合同中，除被保险人负担赔偿责任外，还需要被保险人提出赔偿请求方能进行保险赔偿。最后，再保险合同的成立以原保险合同的成立为前提，这是一般责任保险合同所不具备的。

二、再保险合同的特征与功能

（一）再保险合同的特征

1．再保险合同为保险责任移转合同

再保险合同的保险标的是原保险人对被保险人承担的保险责任。当原保险人依据原保险合同应承担保险责任时，再保险人将依照再保险合同予以承担，由此实现保险责任从原保险人向再保险人的转移。值得注意的是，再保险人仅向原保险人承担保险责任，并不直接向原保险合同的被保险人或者受益人赔偿或者给付保险金。依据我国保险法的规定，再保险人仅能承保原保险人的部分保险责任，因此我国的再保险合同是部分保险责任移转合同。

2．再保险合同为商人保险合同

原保险合同是典型的附合合同，投保人、被保险人相较于保险人明显处于弱势，为充分保护投保人、被保险人一方的权利，保险法对此类保险合同予以较多的规制。与此相反，再保险合同被称为“商人保险合同”，因其双方当事人均属于保险业者，均具有丰富的保险专业知识、较强的经济实力与磋商能力，有能力保障自身的合法权益。因此，在再保险合同的订立与履行中，法律的强行介入较少，双方当事人享有更高程度的合同自由。

3. 再保险合同兼具从属性与独立性

（1）再保险合同的从属性。再保险合同以原保险合同的存在为基础，再保险人的保险责任以原保险人的保险责任为前提。在合同效力上，再保险合同对原保险合同具有依附性，若原保险合同无效、解除或终止，再保险合同亦随之无效、解除或终止。在合同内容上，再保险合同受到原保险合同的极大影响。再保险合同的保险标的是原保险人承担的保险责任，当原保险人依据原保险合同应承担保险责任时，再保险合同的保险事故即发生。而且，再保险人承担的保险责任不超过原保险合同项下的保险责任，再保险合同期间也以原保险合同期间为限。

（2）再保险合同的独立性。尽管再保险合同以原保险合同为前提，但二者在法律上是各自独立的合同，不存在主从合同关系。根据合同的相对性理论，再保险合同与原保险合同的主体之间的权利义务关系依照各自合同的内容确定。亦即，原保险人向再保险人支付再保险费，再保险人依据再保险合同确定的内容对原保险人承担保险责任；投保人向原保险人支付保险费，原保险人依据原保险合同向被保险人承担保险责任。再保险人与原保险合同的投保人、被保险人与受益人之间不存在任何直接的权利义务关系，再保险合同的约定对原保险合同的权利义务关系不会产生任何影响。

（二）再保险合同的功能

1. 分散保险公司的风险

原保险合同的投保人以支付保险费为对价，将风险转移给保险人，保险人通过订立再保险合同，将其承保的风险再行转移给其他保险人。借助于再保险合同，保险公司之间可以互相转嫁风险，最大限度地分担保险赔付损失，从而合理控制自身承担的保险责任，防止风险过于集中。原保险合同项下的风险也最终可在保险市场上实现更大范围、更大程度的分散。通过这种风险分散机制，再保险合同进一步发挥了保险所具有的“分散危险、消化损失”的功能。

2. 增强保险公司的承保能力

保险公司的承保能力受其偿付能力的限制，在偿付能力不足时，保险公司承保新业务将受到影响。再保险合同为保险公司提供了增强承保能力的途径。一方面，通过订立再保险合同，将超出自身偿付能力的风险转移给再保险人，受偿付能力限制的原保险人可以承保更多保险业务；另一方面，再保险公司通过再保险合同接受原保险人的保险责任，分入更多保险业务，事实上亦增强了自身的承保能力。

3. 促进保险业稳健经营

再保险合同的实质在于将单个保险公司的保险责任在众多保险公司之间分散，通过法律责任危险的平均化，促进保险业整体经营的安全性与稳定性。晚近以来，再保险业务从国内同业间扩展至国际同业间，再保险的国际化使保险业的危险共同体扩大至全世界，巨大的损失风险得以在世界范围内消化。同时，原保险人通过与国际再保险公司的合作，可以了解国际保险市场的发展动态，强化国际交往与合作，提升专业技术能力与经营管理水平，因而有助于增强整个保险业的经营能力。

三、再保险合同的类型

根据不同的分类标准，可将再保险合同划分为不同的类型。例如，根据再保险合同承保标的范围的不同，可将再保险合同分为广义的再保险合同与狭义的再保险合同。根据再保险合同的订立是否具有强制性，可分为任意再保险合同与法定再保险合同。任意再保险合同是保险人根据自己的实际情况自行决定订立的再保险合同，亦称为自愿再保险合同；法定再保险合同是保险人依法必须订立的再保险合同，根据我国《保险法》第 103 条第 1 款，保险人对其承保的超出法定比例范围的风险应当办理再保险，基于此规定订立的保险合同即为法定再保险合同。再者，以再保险合同的成立方式为标准，可分为临时再保险合同、合约再保险合同与预约再保险合同。以再保险人承担保险责任的方式为标准，则又可分为比例再保险合同与非比例再保险合同。此处对最后两种分类作出详细介绍。

（一）临时再保险合同、合约再保险合同与预约再保险合同

1．临时再保险合同

临时再保险合同是指原保险人根据保险业务的具体需要，通过自由选择再保险人，将某个具体保险合同项下的保险责任进行分保而订立的再保险合同。临时再保险合同以单个保单或单一危险单位为基础，是原保险人就具体的保险责任实施的个别再保险行为，而非整体性安排。其特点在于，临时再保险合同的双方当事人有完全的自由选择权，原保险人可自由选择再保险人，再保险人亦可自由决定是否接受再保险要求。此外，合同条款均由双方当事人充分协商后达成，合同内容具体明晰，但缔约的时间成本和经济成本较高，程序较为繁琐。临时再保险合同是再保险业务的原始推广方式，由于其合同内容需逐一达成协议，手续复杂、过程冗长、费用较高，因而具有明显的局限性。

2．合约再保险合同

合约再保险合同是原保险人与再保险人事先订立的，将一定时期内合同约定范围内的保险责任转移给再保险人的再保险合同。它是原保险人对其保险业务所做的整体性安排，特点在于，合约再保险合同以原保险人某种险别的全部业务为基础，即针对原保险人的某个险种而订立。在合约再保险合同约定的期间内，只要是再保险合同约定范围内的风险，便自动转移给再保险人，原保险人有义务分出，再保险人也有义务接受。具体承保内容均按照合约再保险合同事先约定的条款处理，双方均无自由选择权。合约再保险合同的期间通常较长，双方当事人可建立长期稳定的业务联系。合约再保险合同将多笔业务一次成交，简化了缔约过程，降低了管理成本，有利于提升保险公司的经营效率，是再保险实务中普遍采用的再保险合同形态。

3．预约再保险合同

预约再保险合同是由原保险人与再保险人事先约定再保险业务的范围与条件，原保险人根据自身实际情况自主决定是否分出保险业务，而再保险人则必须对原保险人移转的保险责任予以接受的再保险合同。预约再保险合同是介于临时再保险合同与合约再保险合同之间的合同形态。对于原保险人而言，其有权决定是否分出保险业务，享有自由选择权，这类似于临时再保险合同；对再保险人而言，其必须接受分入业务，具有强制性，这与合

约再保险合同中的义务相同。预约再保险合同的再保险人一方无法控制分入业务的质量，较为不利。因此，再保险人通常仅和与其具有稳定业务联系且其高度信赖的原保险人订立预约再保险合同。在再保险实务中，预约再保险合同一般被作为合约再保险合同的补充方式。

（二）比例再保险合同与非比例再保险合同

1．比例再保险合同

比例再保险合同，是指再保险人承担的保险责任，依照原保险合同的保险金额的固定比例予以确定的再保险合同。再保险实务中，原保险人会将收取的保险费的一部分分配给再保险人，再保险人承担保险责任的比例，与其被分配的保险费占全部保险费的比例相同。因此，比例再保险合同当中约定的比例，是决定再保险人获得保险费及承担保险责任的基础。比例再保险合同又可分为成数再保险合同与溢额再保险合同。成数再保险合同中，原保险人依照一定的比例将每一危险单位的保险金额分出，再保险人承担该部分保险责任。溢额再保险合同中，原保险人有一定的自留额，再将超出自留额的保险业务分出，再保险人承担的是溢额部分的保险责任。

2．非比例再保险合同

非比例再保险合同，是指再保险人承担的保险责任以原保险人承担的保险给付数额或者赔付率为基础而确定的再保险合同。非比例再保险合同主要分为超额赔款再保险合同与超额赔付率再保险合同两种。超额赔款再保险合同中，对于原保险人承担的保险给付数额中超过其自负额的部分，再保险人承担保险责任。超额赔付率再保险合同中，对于原保险人承担的超过约定赔付率的部分，再保险人承担保险责任，该赔付率是指原保险人在保险期间内的保险赔款总额与同期所收取的保险费的比例。

四、再保险合同的内外部法律关系

（一）再保险合同的内部法律关系

再保险合同的内部法律关系即合同当事人之间的权利义务关系。原保险人与再保险人通过保险责任移转形成了共担风险、利害与共的关系，双方相互依存、相互信赖，以互惠互利作为其经济基础，因此再保险合同特别强调当事人之间的诚信，充分彰显了最大诚信原则。同时，原保险人基于高度信任将保险责任移转给再保险人，作为回应与承诺，再保险合同中普遍会约定“同一命运条款”。该条款通常表述为：“兹特约定凡属本合同约定之事宜，再保险人在其利害关系范围内，与原保险人同一命运。”该利害关系指保险上的命运，即再保险人在接受分保业务后，其所承担的保险责任就与原保险人相随与共。因此，再保险合同中，除原保险人支付再保险费、再保险人依约承担再保险责任这一最主要的权利义务关系外，还有以下几点权利义务值得注意。

1．原保险人负责处理再保险的相关业务

从理论上看，对于分出的保险业务应当交由再保险人负责。但实际上，由于再保险人与保险标的物或原被保险人相距甚远，甚至远隔重洋，若由再保险人亲自处理业务，将耗费大量时间成本与经济成本，降低经营效率。因此，再保险业务由原保险人全权负责处理，包括承保直接保险业务、划分危险单位、赔付保险金等各个环节。原保险人在处理再保险业务之时，须尽高度注意义务，否则将因其过错对再保险人承担损害赔偿责任。

2．原保险人须留有一定的自负额

原保险人在分出保险业务时，须将承保风险的一部分做适当自留。原因在于，首先，原保险人保有一定的自负额，可避免再保险合同沦为赌博或投机性交易的工具；其次，保有自留额能督促原保险人仔细甄别风险、谨慎核保，有利于在原保险人与再保险人之间形成利害与共的关系，否则，若全部保险责任都移转给再保险人，原保险人很可能在核保时漫不经心，从而降低业务质量，最终损害再保险的发展。

3．原保险人须就其自负责任与承保情况向再保险人如实告知

再保险合同订立之时，评估风险、接受承保的条件等事项，均有赖于原保险人。因此，原保险人应当向再保险人如实说明其在办理原保险过程中所获知的重要事项，包括保险标的的内容、性质、保险费率、保险金额等，以使再保险人正确评估其将承担的风险，进而决定是否接受分保以及分保的条件等。我国《保险法》第 28 条第 2 款对原保险人的如实告知义务进行了明确规定："应再保险接受人的要求，再保险分出人应当将其自负责任及原保险的有关情况书面告知再保险接受人。"

4．再保险人须提供履行义务的保证

根据最大诚信原则与同一命运原则，再保险人应向原保险人提供履行义务的保证。在保险实务上，主要有如下三种保证方式：（1）原保险人在应付的再保险费中保留一定比例的保费，作为现金保证；（2）提存保费准备金，原保险人有权提取和运用保费准备金并保留获得的收益；（3）由再保险人提供"不可改变之信用状"给原保险人。再保险人采取何种方式提供履约义务之保证，由双方当事人依据商业惯例决定。

（二）再保险合同的外部法律关系

再保险合同的外部法律关系主要是指再保险人与原保险合同的投保人、被保险人之间的关系。尽管有学者主张赋予原被保险人直接请求权，但通说认为，原保险合同的投保人与被保险人不是再保险合同的当事人，基于债权合同的相对性，原投保人、被保险人与再保险人之间没有任何直接的权利义务关系。我国《保险法》第 29 条亦规定了再保险合同之独立性，主要包括三个方面：

1．保险费请求权独立

再保险合同的投保人是原保险人，因此再保险人仅能依据再保险合同请求原保险人支付保险费，而不能向原保险合同的投保人主张保险费。《保险法》第 29 条第 1 款规定："再保险接受人不得向原保险的投保人要求支付保险费。"

2．保险金请求权独立

原保险合同的被保险人、受益人仅能根据原保险合同向原保险人请求支付保险金，而不能请求再保险人直接向自己支付保险金，原保险人在应当承担保险责任时才能向再保险人请求支付再保险赔偿金。《保险法》第 29 条第 2 款规定："原保险的被保险人或者受益人不得向再保险接受人提出赔偿或者给付保险金的请求。"

3．保险金给付义务独立

原保险人依据原保险合同对被保险人负责，其承担保险责任与再保险人履行再保险金

给付义务无关。再保险人承担再保险责任亦无须原保险人实际履行保险金给付义务，只要原保险人承担保险责任即可。《保险法》第29条第3款规定：“再保险分出人不得以再保险接受人未履行再保险责任为由，拒绝履行或者迟延履行其原保险责任。”

◎ **典型案例**

陕西永安保险公司诉国泰保险苏州服务部再保险合同纠纷案[①]

2011年11月3日，国泰保险苏州服务部（以下简称“国泰公司”）将再保险询价资料发送给陕西永安保险公司（以下简称“永安公司”）。11月9日，永安公司作出《广川公司等七家公司财产综合保险及机器损失保险再保意向回复》，载明再保份额为20%，承保费率为0.1%。11月28日，永安公司作出《广川公司等七家公司财产一切险再保意向回复》，载明再保份额为30%，费率为0.35‰。11月30日，国泰公司与太保中山公司签订《共保协议》，共同承保三希集团旗下的10家公司2012年度的财产一切险，其中国泰公司承保份额为总保额的30%。12月28日，国泰公司将投保确认函发送给永安公司，载明再保份额为总保额的20%，费率为0.35‰。后保险事故发生，国泰公司要求永安公司承担再保险责任未果，因而成诉。

永安公司辩称，再保意向回复函与投保确认函及原保险合同的被保险人、险种、份额均不一致，双方没有达成再保险一致意见，再保险合同未成立。

法院认为，首先，新增3家公司的财产所在地与原有7家公司中的三家相同，保险标的范围和数额亦未改变，再保险人承保的基本条件没有改变。其次，第一次回复是双方初步协商而非最终确定的合同内容，第二次回复函的标题明确为“财产一切险”，且永安公司业务清单上记载的也是“财产一切险”，因而双方约定的是“财产一切险”。最后，永安公司承诺的含义是指其能够承担的再保险份额最高为30%，且《再保险业务管理规定》第11条规定再保份额不得超过直保限额的80%，国泰公司下调比例符合双方约定与行业规定。遂判决永安公司依约承担再保险责任。

本章法考与考研练习题

一、名词解释

1. 企业财产保险
2. 责任保险人的抗辩义务
3. 国内商业信用保险合同
4. 诚实保证保险
5. 海上保险合同

① 参见陕西省高级人民法院（2016）陕民终102号民事判决书。

6. 再保险合同的独立性

二、简答题

1. 简述财产损失保险合同的保险标的转让的法律效果。

2. 简述责任保险合同中第三人直接请求权的行使条件。

3. 简述信用保险合同和保证保险合同的区别。

4. 试比较保证保险合同与保证合同。

5. 简述海上保险合同的特征。

6. 简述再保险合同的内部法律关系。

三、案例分析

2018年3月，原告保达公司为豫HC5566号车在被告顺通财产保险公司处投保了交强险、三责险等保险。保险条款中约定：驾驶人饮酒后驾驶被保险机动车发生保险事故，保险公司不负责赔偿责任。但是顺通公司未对此条款进行提示说明。2018年4月25日，赵某驾驶摩托车与保达公司司机张某临时停放在道路北侧的豫HC5566号车追尾相撞，造成赵某当场死亡。经交警部门认定，赵某无证、醉酒驾驶、未登记机动车，负事故主要责任；张某醉酒后在道路上临时停车时妨碍其他车辆通行，负事故次要责任。保达公司、张某赔偿死者死亡赔偿金、丧葬费等各项费用21万元。后保达公司诉至法院，请求承保的顺通财产保险公司予以理赔。顺通财产保险公司辩称，张某醉酒后驾驶机动车系免赔事由，不同意赔偿。

请问：如果你是本案法官，是否会支持被告的主张？为什么？

本章法考与考研练习题参考答案

第十一章　保险业法

【导　语】

保险业法与保险合同法，如鸟之双翼、车之两轮，作为两大支柱共同构筑我国保险法体系。对于保险业来讲，保险业法扮演着“公法”的角色，专职保险业的组织和经营监管，以保障保险业的健康、有序发展，维护投保人、被保险人或受益人的合法权益。完善的保险业法，是规范保险业保险组织与保险经营的重要保障。

本章主要讲述了保险业法的概念与法理依据、保险业的组织监管、保险业的行为监管、保险业的偿付能力监管、保险保障基金等基本内容。本章的学习重点是保险监管的法理依据、保险组织的设立监管、保险组织的整顿与接管以及保险组织的行为监管。本章学习的难点则是保险业的偿付能力监管和保险保障基金。

第一节　保险业概述

一、改革开放以来保险业的发展

伴随着改革开放的征程，我国保险业从恢复业务到逐步走向发展壮大，走过了一段不平凡的历程。综观 40 余年的发展历程，我国保险业主要经历了以下三个发展阶段：

（一）恢复发展与引入市场竞争期（1979 年—1991 年）

1979 年，在党的十一届三中全会确立的改革开放总方针指导下，中国人民银行印发《关于恢复国内保险业务和加强保险机构的通知》，决定逐步恢复国内保险业务。同年 11 月，全国保险工作会议召开，对恢复保险业务作了具体部署。随后，财产保险业务与人身保险业务相继恢复。新中国成立后第一部财产保险合同行政法规——《财产保险合同条例》和第一部对保险企业管理的行政法规——《保险企业管理暂行条例》分别于 1983 年和 1985 年颁行。新疆生产建设兵团农牧业保险公司、平安保险公司、太平洋保险公司先后成立，打破了中国人民保险公司从 1980 年即独家经营的垄断局面，保险市场主体开始走向多元化。

（二）对外开放与规范发展期（1992 年—2000 年）

1992 年，美国友邦保险有限公司获准在上海设立分公司，标志着我国保险市场走上了对外开放之路。之后几年，一批外国保险公司获准进入我国保险市场，我国保险业对外开放试点城市从上海扩大到广州、北京等城市。1995 年，《保险法》正式颁布，我国保险业进入规范发展的新时期。1996 年，《保险代理人管理暂行规定》《保险管理暂行规定》等部门规章相继出台，保险业规范发展再上台阶。1998 年 11 月，中国保险监督管理委员会成立，根据国务院授权，依照法律、法规统一监督管理全国保险市场，维护保险业的合法、稳健运行。一系列法律法规的出台、保险监督管理机构的成立，标志着我国保险业的规范发展迈入正轨。

（三）全面发展期（2001 年至今）

2001 年 12 月 11 日，我国正式成为世贸组织成员。加入世贸组织以后，我国严格履行保险业对外开放承诺，逐步放宽保险经营领域、业务范围、公司组织形式及法定分保要求等，对外开放不断扩大。过渡期结束后，我国保险业全面发展，由保险公司、保险中介、再保险公司等市场主体组成的统一开放、竞争有序、充满活力的保险市场体系逐步建立。党的十八大后，在创新、协调、绿色、开放、共享五大发展理念引领下，保险业进入全面发展、改革、创新的新时代，互联互通、大数据、云计算、人工智能、区块链、基因检测等新科技广泛应用于金融保险领域，保险市场对外开放程度亦日渐扩大，新型相互制保险市场主体如信美人寿相互保险社、众惠财产相互保险社和汇友建工财产相互保险社相继获批。

2019 年 12 月 6 日，中国银保监会办公厅发布《关于明确取消合资寿险公司外资股比限制时点的通知》，明确规定：自 2020 年 1 月 1 日起，正式取消经营人身保险业务的合资保险公司的外资比例限制，合资寿险公司的外资比例可达 100%。这是我国保险业对外开放的重大新举措，将有更多符合条件的外资保险公司进入中国保险市场，与中资保险公司在竞争中更好满足我国人民生活多层次、多元化的金融需求。

◎ 相关事例①

改革开放至今，中国保险业经历了巨大转变。我国保险机构数量从 1979 年恢复之初的 1 家增加到 2019 年的 236 家，保费收入和资产规模分别从 1980 年的 4.6 亿元、14.52 亿元增加到 2018 年的 3.8 万亿元、18.33 万亿元。保险密度（人均保费收入）从 1980 年的 0.47 元 / 人提高到 2017 年的 2 631.72 元 / 人，保险深度（保费收入 /GDP）从 1980 年 0.1% 提高到 2017 年的 4.42%，已形成相对完善的保险市场体系。

尽管近年来保险业得到了迅猛发展，但从保险市场深度、保险密度和保费收入占居民储蓄比重等指标来看，我国保险业的总体规模仍然较小，和发达国家以及世界平均水平尚存在明显差距。

① 参见《银保监会正式公布 2019 年 6 月末保险机构数量》，载搜狐网；《周延礼：40 年来我国保险业改革创新成就斐然》，载搜狐网。

二、保险业法概述

现代各国保险法体系多由保险合同法和保险业法两大支柱构成，二者为一事之两面，共同促进保险业的发展。所谓保险业法，又称为保险业监管法，是指对保险业的组织和经营进行监督和管理的法律，既包括国家对保险业进行监督和管理的专门法律，也包括国家对保险业进行监督和管理的其他法律法规。保险业法是国家规制保险市场的重要工具。保险业的稳健运行、保险“社会稳定器”作用的发挥，离不开国家对保险业的监督管理。我国 1995 年 6 月 30 日颁布的《保险法》是一部综合性的保险法典，它将保险合同法（私法）和保险业法（公法）合为一体，其中涉及保险业监督管理的法律规范，集中规定在第三章“保险公司”、第四章“保险经营规则”、第五章“保险代理人和保险经纪人”、第六章“保险业监督管理”之中，上述 4 章为我国现行保险业法的主要内容。换言之，我国的保险业法主要包括保险市场主体法、保险市场主体经营法、保险市场监督管理法和保险中介人法等内容。此外，保险业法还包括国家对保险业进行监督管理的其他规定，如中国银保监会颁行的《保险公司管理规定》《保险经纪人监管规定》《保险资金运用管理办法》等亦属保险业法的范畴。

（一）保险监管立法的法理依据

依据监管主体的不同，可将保险监管区分为广义的保险监管和狭义的保险监管。广义的保险监管系指有法定监管权的政府机构、保险业自律组织、保险企业内部的监管部门以及社会力量对保险市场及市场主体的组织和经营活动的监督与管理。狭义的保险监管一般是指政府保险监管机构依法对保险市场及保险市场主体的组织和经营活动所为的监督和管理。[①] 狭义的保险监管是依赖国家公权力实施的监管，是本书的主要研究对象。

对保险业进行监督管理，是由保险业的性质、经营特点和其承载的社会职能决定的。具体而言，体现在以下三个方面：

1. 保险交易的复杂性

保险交易的复杂性与保险交易信息不对称、保险合同的附合性之间具有承继性。在保险交易中，由于保险往往以数学、统计学、法学等为制度设计基础，显示出极强的技术性、复杂性，保险合同内容的拟定、保险制度的设计都依赖于保险人一方，投保人也因此处于信息劣势地位，对于晦涩难懂的保险合同要么选择接受要么失去缔约机会。基于此，若没有任何外部监管制衡，保险人可能利用其信息优势、缔约便利，谋取不当利益，损害投保人、被保险人或受益人利益，因而需要保险监管机构遵循依法、公开、公正的原则，对保单条款、保险费率等进行审核，从而减轻保险专业知识壁垒产生的负效应，保护保险投保人、被保险人或受益人的利益。这也是国家对保险业实施监督管理的宗旨。[②]

---

① 郭宏彬：《保险法论》，中国政法大学出版社 2019 年版，第 226 页。另参见廖世昌、郭姿君、洪佩君：《保险监理实务》，元照出版公司 2017 年版，第 11 页。

② 参见《保险法》第 133 条。

2. 保险经营的负债性与效益性

保险经营具有负债性，保险人基于保险合同收取的保险费，并非保险人的盈利，而是保险人对被保险人或受益人的长期负债，在保险合同期满之前不为保险人所有。在保险交易结构中，各个投保人交纳的保险费，形成了保险业互助共济的保险基金，这一基金大部分属于保险公司的责任准备金，即保险事故发生时，保险人应当确保能够按照保险合同的约定赔偿或者给付被保险人或受益人保险金。但同时，在赔付责任实际产生之前，属于长期负债的保险基金并非“静置闲庭”，需尽其所能地发挥效益。一方面，保险人作为营利性的企业法人，必然利用其手中的资金进行投资，实现责任准备金的效益最大化；另一方面，近年来，保险资金不断发挥其长期资金优势，创新方式，已成为服务实体经济的重要力量，实现了责任准备金的社会效益最大化。如通过创设基础设施投资计划等保险资管产品，直接高效对接重大建设项目和工程等，获得了社会的广泛认可和高度评价。

基于此，为了实现保险赔付与保险资金运用之间的动态平衡，既发挥保险对被保险人、受益人的保障作用，又保证保险人运用保险资金实现自身效益、社会效益最大化，应加强监管部门的监管职能，严格控制风险。

3. 保险的公共性

保险业具有重要的经济与社会意义，是现代社会不可或缺的社会安全稳定机制，其本身具有很强的公共性。保险的公共性体现在保险的保障性、广泛的民生性及社会效益性三个方面。三者具有以下关系：（1）保险的保障性强调保险对于各单个被保险人或受益人的保障作用。保险事故发生时，通过保险人给付或赔偿保险金，被保险人、受益人的经济损失得到及时填补，从而保障各被保险人或受益人生活的稳定性。（2）保险广泛的民生性体现为保险对于整个社会的牵动作用。由于保险业建立在互助共济基础之上，一家保险公司可能与千万个个人、家庭和社会单位之间存在联系，一旦该保险公司经营失败、丧失赔付能力，众多的个人、家庭和社会单位将面临所投保危险得不到救济的威胁，从而造成大面积社会矛盾和动荡的隐患。（3）保险的社会效益性强调保险经营的社会责任。即在某些场景，即便特定保险项目为保险人带来的盈利甚微，但为了公共利益、社会发展，保险人亦有义务开办，以满足社会需要，如交强险、农业保险、巨灾保险等。保险公共性的上述三方面内容，决定了保险监管的必要性。

（二）保险监管机关和监管方式

1. 保险监管机关

所谓保险监管机关，是指由政府依法设立的对保险市场的经营主体及其经营活动行使监督和管理职权的机构。新中国成立后，我国保险业的监管机构几经变化：保险业开办伊始，由中国人民银行领导并监督；1952 年 6 月到 1959 年，受苏联模式的影响，保险业划归财政部领导；1979 年国内保险业务恢复办理后，仍由中国人民银行监管；1998 年，为适应中国金融监管体制改革下确立的分业经营、分业管理模式，国务院批准设立中国保险监督管理委员会，专司保险监管。根据《保险法》规定，国务院保险监督管理机构依法对保险业实施监督管理。2018 年 3 月 13 日，《国务院机构改革方案》规定，将中国银行业监督管理委员会和中国保险监督管理委员会的职责整合，组建中国银行保险监督管理委员会，不再保留中国银行业监督管理委员会、中国保险监督管理委员会，并于 2018 年 4

月8日正式挂牌。“两委”合并的主要目的在于解决原有监管体制存在的职责不清、交叉监管和监管空白等问题，优化监管资源配置，以更有效地防范金融风险和严格监管。[①]由此，我国司职于保险业监督管理的法定国家机关是中国银行保险业监督管理委员会，其依法对保险业实施各项监督及管理。

2．保险监管方式

总结各国保险监管方式，主要包含以下三种：

（1）公示监管方式。即以自由的市场机制取代国家的监管，国家对保险业的经营不作直接监督和干预，仅要求保险人按照政府规定的格式和内容，将其营业结果定期呈报给保险监管机关，并予以公示公告，使保险消费者等利害关系人知悉并作为交易判断之依据。英国是采公示监管方式的代表，如《1909年英国保险公司法》即采用公示监管方式。在公示监管方式下，保险监管机关对于保险业的组织形式、保险合同条款及保险资金运用等不做干预，实行“自由责任原则”，认许保险业自由经营。因此，公示监管方式较为温和、宽松，良好的保险市场主要依赖于保险人的自律、自我监管与自我约束能力及职业道德水平。其不足在于，一般保险消费者欠缺保险专门知识，对保险产品和保险条款缺乏鉴别力，影响其合理判断。公示主义由于对监管比较消极，难以形成一致的消费者保护机制与竞争标准，与全球性消费者保护主义思潮相悖而日渐式微。

（2）形式监管方式，又称准则监管或规范监管方式，即国家就保险业的经营制定基本法律规范，作为保险业共同遵守的准则，保险人符合此类法律规范即可从事保险经营。在形式监管方式下，国家仅就保险业重大事项作出监管规定，同时其监管仅强调形式上的合规性审查，而不做实质审查或其他干涉。并且，形式监管不采取事前的监管，而采取事后的监管，监管机关并不享有裁量与判断的权力。荷兰为采取形式监管方式的代表。[②]相较于公示监管方式，形式监管方式为“适中的监管”。

（3）实体监管方式，又称实质监管模式、严格监管方式或许可监管方式。这一监管方式结合公示监管方式、形式监管方式的要素，使监管机关享有更广泛的干预保险市场的权力，既包括市场准入监管、市场行为监管和市场退出监管，亦包括对保险业经常性业务经营的监管。换言之，国家就保险组织的设立及其经营活动和退出机制制定了全面的监督管理规范，并由保险监管机关依据有关法律法规授权，运用相关法律规则，对保险业进行全方位的监督管理。监管机关不仅有权采取事前的监管措施，例如针对保险条款、费率和责任准备金的监管[③]，而且有权进行事后的监管，主要表现为监管机关对于保险市场主体的违法行为享有裁判和采取行政处罚措施等处分权。

由此，实体监管方式在三种监管方式中最为严格。在该监管方式下，保险经营机构的“自由经营”受到限制。其主要目的在于广泛地保护保险消费者，有效防范保险经营机构的财务和其他风险，避免因保险市场失灵影响社会生活安定。我国《保险法》对保险业监管作了全面的规定并由专门的保险监督管理机构实施，属于实体监管方式。

---

① 郭宏彬：《保险法论》，中国政法大学出版社2019年版，第244页。

② 陈丽娟：《德国保险经营与监理》，财团法人保险事业发展中心编印2013年版，第9—10页。

③ 例如，《保险法》第135条第1款规定：“关系社会公众利益的保险险种、依法实行强制保险的险种和新开发的人寿保险险种等的保险条款和保险费率，应当报国务院保险监督管理机构批准。……”

◎ 典型案例

“申邦”假保险公司案[1]

2008年8月，北京保监局受理了一起信访投诉案件，信访人举报一家名为“申邦财产保险股份有限公司”(简称“申邦保险”)的机构在北京市违规销售航意险，且市场份额逐步扩大。北京保监局接到举报后，暗访涉案的销售网点，核实信访人举报的情况，经初步调查，认定这是一起假保险公司制售假保单的犯罪案件，北京保监局及时向北京市公安局移送此案。

经北京市朝阳区人民法院审理，查明“申邦保险”为杨某和曹某共同虚构，两人在互联网上注册“申邦财产保险股份有限公司”的网站，散布申邦保险的虚假信息，私自印制申邦人身意外伤害保险单。二人以“张华舵”的名义多次将私自印制的8万余份申邦人身意外伤害保险单出售给台湾商人林宝岛，获利人民币109 600元。林宝岛将部分保险单出售给部分北京航空售票点，获利人民币64 676元。北京市朝阳区人民法院一审判决杨某、曹某两人犯诈骗罪，分别被依法判处有期徒刑5年，罚金人民币5 000元。

这是全国首例被公安机关成功侦破，并依法追究犯罪分子刑事责任的假保险公司、假保单案件。本案充分说明了国家对保险业实施监管的社会意义。

本节理论与实务研讨

保险监管立法模式的选择

与保险监管方式相对应的，实际上是保险监管的立法模式。从世界范围来看，各国的保险监管模式可分为两种类型：(1)宽松监管模式。该模式以保险组织的偿付能力为监管重点，相应地放松对承保范围、险种设计、保险合同条款、保险费率厘定以及保险资金运用等方面的约束，从而形成较为宽松的保险监管模式。(2)严格监管模式。该模式对保险组织及其经营活动进行全面监管，通过市场准入条件、经营活动、偿付能力及资金运用等的监管，维持正常的市场经营秩序。

从各国保险监管实践来看，发达国家多采用宽松监管模式，例如英国。发展中国家则多采用严格监管模式，但亦有发达国家立法上采用严格监管模式，例如美国。美国2010年通过的《多德—弗兰克华尔街改革与消费者保护法案》第502条专设“联邦保险办公室”，司职“监管保险业的各个方面，包括识别可能导致美国保险业或金融体系产生系统

---

① 参见《保险监管部门协同公安机关成功破获“申邦”假保险公司案》，载中国银行保险监督管理委员会网站。

性危机的保险监管问题或漏洞”[①]。由于中国保险市场初具规模，市场经营规则、行业素质等尚需完善，我国保险业一直实行严格监管模式，推动建立了规范有序的保险市场。但也应当注意，随着保险组织自律能力的增强，以及有序保险市场的逐步形成，我国严格监管模式适用过程中，亦应充分处理好严格监管与保险市场调节之间的关系，既保障保险市场安全有序，又充分激发市场活力与提升效率。对此，市场对保险监督管理机构如何更好地监管保险市场提出了进一步要求。

第二节　保险业的组织监管

一、保险组织类型法定

保险本身所具有的风险性、负债性、保障性和社会性，决定了并非任何商业组织都有能力经营保险业务。因此，许多国家都对从事保险业务经营的保险组织类型进行了法律规定，只有符合法定条件的商业组织才能从事保险业务经营。我国《保险法》第 6 条将保险业务的经营主体限定为“依照本法设立的保险公司以及法律、行政法规规定的其他保险组织”，禁止其他单位和个人经营保险业务。综观我国保险市场情况，我国保险业务经营主体包括以下两种类型：

（一）保险公司

保险公司，是指经国务院保险监督管理机构批准，并凭经营保险业务许可证依法登记注册为经营保险业务的公司。保险公司是各国保险业普遍采取的保险组织类型。按照经营方式分类，保险公司可分为直接保险公司和再保险公司；按照经营产品分类，可分为财产保险公司和人寿保险公司；按照出资人分类，可分为中资保险公司和中外合资保险公司。此外，还可分为股份保险公司、有限责任保险公司、国有独资保险公司及相互保险公司。

（二）其他保险组织

其他保险组织的特征是，具有同质风险保障需求的单位或个人，通过订立合同成为会员，并交纳保险费形成保险基金，由该基金对合同约定的事故发生所造成的损失承担赔偿责任，或者当被保险人死亡、伤残、疾病或者达到合同约定的年龄、期限等条件时承担给付保险金责任。其他保险组织的具体形式包括相互保险社、保险合作社、交互保险社。在我国保险市场上，中国船东互保协会、中国渔业互保协会、瑞安市兴民农村保险互助社、汇友建工财产相互保险社等为其他保险组织的典型代表。

---

① 特朗普当选美国总统后积极推动一系列旨在打破多德—弗兰克金融监管框架的金融改革法案，如《2017 金融选择法案》（The Financial CHOICE Act of 2017）、《2018 经济增长法案》（The Economic Growth, Regulatory Relief, and Consumer Protection Act），有意识地对消费者金融保护局的一系列重大金融监管权予以削减与限制，重构美国金融监管框架，使得美国的金融监管从严格的、审慎的管控转向传统的、相对宽松的“放任监管”。参见邹伟康、于海纯：《美国金融监管框架的重构：路径与趋势》，《金融论坛》2019 年第 12 期。

◎ 相关事例

互联网经济大潮下保险公司的变革之路

中国首家互联网保险公司——众安在线财产保险股份有限公司（以下简称“众安”）于2013年9月29日获准开业，总部位于上海。其不设任何分支机构，完全通过互联网提供在线承保与理赔服务，这对置身互联网经济大潮下的中国来讲意义非凡。作为中国首家将核心系统部署在云平台上的金融机构，众安专注于技术创新，并将大数据、云计算、区块链、人工智能、物联网等前沿技术深度应用改造保险价值链。利用产品设计定制化、定价动态化、销售场景化、理赔自动化的自身优势，众安围绕健康、消费金融、汽车、生活消费、航旅五大生态，以科技服务新生代人群，为客户提供个性化、定制化、智能化的风险解决方案；同时，众安已连接逾300个互联网生态合作伙伴，通过输出保险科技技术，共同打造以众安为核心的保险生态圈。

2017年9月28日，众安在香港联合交易所主板上市。2018年上半年，众安服务用户逾3亿，人均拥有保单数8.4张。众安以“科技驱动金融，做有温度的保险”为使命，秉承“简单、快速、突破、共赢”的价值观，连续三年稳居毕马威（KPMG）评选的全球金融科技百强的前五名。

在未来保险科技万亿级的蓝海中，越来越多的保险公司势必应互联网经济大潮踏上变革之路。

二、保险组织的设立与变更监管

（一）保险公司的设立

公司设立是指公司设立人依照《公司法》规定在公司成立之前为组建公司进行的、目的在于取得公司主体资格的活动。[①] 公司设立是公司成立的前提和必经程序，后者是前者的法律后果或直接目的。保险公司的设立，是指设立人为组建保险公司并取得法人资格而依《公司法》《保险法》规定的程序进行的一系列法律行为的总称。

保险市场准入监管的核心内容是对保险公司设立进行监管。《保险法》第67条第1款规定：“设立保险公司应当经国务院保险监督管理机构批准。”这表明，在我国，设立保险公司采取的是核准设立主义，即非经国务院保险监督管理机构批准不得设立保险公司。我国《保险法》就保险公司的设立条件和设立程序作出了全面的规定，并辅之以部门规章《保险公司管理规定》配套适用。

1．设立保险公司的法定条件

（1）主要股东资质。保险公司主要股东对保险公司的信誉、管理模式、经营安全、偿付能力等影响甚大。因此，《保险法》第68条将设立保险公司的条件扩展到主要股东，并

① 赵旭东主编：《商法学》，高等教育出版社2015年版，第84页。

对其从三方面展开资质审查：①应具有持续盈利能力，能够保证保险公司的持续经营和健康发展；②信誉良好，最近3年内无重大违法违规记录；③实力雄厚，净资产不低于人民币2亿元。此外，《保险公司股权管理办法》对投资入股保险公司的条件作出了更具体的规定。

（2）公司章程。保险公司章程是规范保险公司组织和行为，规定保险公司及其股东、董事、监事、管理层等各方权利、义务的具有法律约束力的重要文件，是规范公司治理结构的制度基础。保险公司按照章程从事经营活动的，受法律保护；违反章程的，应当承担相应的法律责任。因此，《保险法》第68条规定，设立保险公司必须有符合《保险法》和《公司法》规定的章程。拟设立的保险公司应当依据《保险法》和《公司法》的规定，提交其公司章程。

中国保险监督管理委员会2008年发布的《关于规范保险公司章程的意见》，对保险公司拟定章程具有指导作用。参照该意见，保险公司章程主要内容有：保险公司基本事项（含名称和住所、注册资本和经营期限、经营范围、法定代表人、组织形式、开业批准文件文号与营业执照签发日期、发起人、股份结构），股东与股份规则，组织机构及其职权，董事、监事及高管人员的任免、职权及义务，主要议事程序，财务会计制度，以及其他制度。

（3）注册资本。注册资本是保险公司在有关部门登记的资本总额，是保险公司从事营业活动、稳健经营的物质基础，也是保险公司对外承担民事责任的保障。为了确保保险公司的偿付能力及保险经营安全，《保险法》第69条规定设立保险公司最低注册资本为人民币2亿元，且应满足以下三方面要求：首先，保险公司的注册资本必须一次足额实际缴纳且经授权机构验证，而非认缴；其次，保险公司的注册资本必须为货币资本，而不得为实物、工业产权、土地使用权等非货币形式；最后，国务院保险监督管理机构根据保险公司的业务范围、经营规模，可以调整其注册资本的最低限额，但不得低于法定限额2亿元，如《保险公司管理规定》第16条第1款规定，保险公司以2亿元人民币的最低资本金额设立的，在其住所地以外的每一省、自治区、直辖市首次申请设立分公司，应当增加不少于人民币2 000万元的注册资本。

（4）人员。公司所有与公司经营的分离，使得公司“命脉”一定程度上取决于董事、监事及高级管理人员的专业知识水平和业务能力。为了确保保险公司的稳健经营，除《保险法》第82条规定不得担任保险公司的董事、监事、高级管理人员的情形外，《保险法》第68条、第81条还规定，保险公司的董事、监事和高级管理人员都应具备任职专业知识和业务工作经验，并在任职前取得保险监督管理机构核准的任职资格。此外，2016年，中国保监会发布《保险机构董事、监事和高级管理人员任职资格考试管理暂行办法》，就保险机构董事、监事和高级管理人员任职资格考试的考试内容、考试方式、组织实施等作出具体规定。该任职资格考试是评价保险机构拟任董事、监事和高级管理人员是否具备任职所必需的知识和能力水平的制度安排，考试成绩是核准保险机构董事、监事和高级管理人员任职资格的重要依据，从而在人员上确保保险公司的稳健经营。

（5）组织机构和管理制度。健全的组织机构是保险公司经营活动正常运行的基础，完善的管理制度是维持保险公司正常运转的保障。保险公司必须按照《公司法》和《保险法》的规定，建立包括股东（大）会、董事会和监事会在内的组织机构（国有独资保险公司不设股东会除外）。保险公司应按照其公司章程和业务性质，制定包括决策制度、执行制度、监督制度、业务制度、财务制度、人事工资制度等在内的系统化管理制度。

为规范保险公司的经营管理，中国保监会颁布了包括《保险公司董事会运作指引》《保险公司风险管理指引（试行）》在内的一系列规范性、指引性文件，内容既涉及保险公司治理结构，又涵盖保险公司内部控制和风险管理，保险公司在设置公司组织机构和管理制度时应自觉遵守适用。

（6）营业场所与其他设施。营业场所是保险公司作为合法实体存在和开展业务经营的客观物质基础。基于保险业的负债经营性，能够从事连续经营及作为相对固定的组织体是保护被保险人、受益人的前提，因此，《保险法》第 68 条规定设立保险公司应当有符合要求的营业场所和与经营业务有关的其他设施，如日常办公场所、通信设施、电子计算机、POS 机等。

（7）其他条件。除上述条件外，法律、行政法规和国务院保险监督管理机构就设立保险公司规定有其他条件的，拟设立的保险公司应当遵守。

2. 设立保险公司的程序

我国《保险法》规定，设立保险公司必须首先经保险监管机构依法审查是否具备法定条件并取得保险业经营许可证，再依法办理注册登记，取得经营保险业务的主体资格。具体包括保险监管机构审批和工商登记两个阶段。

（1）保险监管机构审批。依据《保险法》第 70—73 条的规定，获得保险监管机构的审批，一般要经过以下四个程序：首先，设立申请。由发起人向国务院保险监督管理机构提出设立保险公司的书面申请，提交设立申请书、可行性研究报告、筹建方案，投资人的营业执照或者其他背景资料，经会计师事务所审计的上一年度财务会计报告，投资人认可的筹备组负责人和拟任董事长、经理名单及本人认可证明，以及国务院保险监督管理机构规定的其他材料。其次，筹建。国务院保险监督管理机构自受理申请之日起 6 个月内作出批准或者不批准筹建的决定，并书面通知申请人。获准筹建的，申请人自收到批准筹建通知之日起 1 年内完成筹建工作。再次，开业申请。筹建工作完成后，由申请人向国务院保险监督管理机构提出开业申请。最后，领取经营保险业务许可证。国务院保险监督管理机构自受理开业申请之日起 60 日内，作出批准或者不批准开业的决定。决定批准的，颁发经营保险业务许可证。

（2）工商登记。经批准设立的保险公司，可凭经营保险业务许可证向市场监督管理机关办理工商登记，领取营业执照。值得注意的是，为督促保险公司主动办理营业执照以尽早开业，我国《保险法》第 78 条规定，保险公司应自取得经营保险业务许可证之日起 6 个月内向市场监督管理机关办理登记，否则，若无无正当理由，该期限届满时其经营保险业务许可证失效。

（二）保险公司的变更

我国《保险法》第 84 条规定，保险公司出现以下变更的，应当报保险监督管理机构批准：（1）变更名称；（2）变更注册资本；（3）变更公司或者分支机构的营业场所；（4）撤销分支机构；（5）公司分立或者合并；（6）修改公司章程；（7）变更出资额占有限责任公司资本总额 5% 以上的股东，或者变更持有股份有限公司股份 5% 以上的股东；（8）国务院保险监督管理机构规定的其他情形。

除上述情形外，我国《保险公司管理规定》第 27 条还规定，有下列情形之一的，保险机构应当自该情形发生之日起 15 日内，向中国银保监会报告：（1）变更出资额不超过有限责任公司资本总额 5% 的股东，或者变更持有股份有限公司股份不超过 5% 的股东，上市公司的股东变更除外；（2）保险公司的股东变更名称，上市公司的股东除外；（3）保险公司分支机构变更名称；（4）中国银保监会规定的其他情形。

（三）保险公司的整顿与接管

保险公司的整顿，是指对具有特定违法行为且逾期未改正的保险公司，由保险监督管理机构通过整顿措施纠正被整顿保险公司的违法行为、消除可能危害其正常经营秩序的因素，促使其改善经营状况。依据我国《保险法》第 140 条的规定，对保险公司进行整顿须符合以下条件：（1）保险公司实施了特定违法行为，具体包括未依法提取或者结转各项责任准备金、未依法办理再保险、严重违反《保险法》关于资金运用的规定；（2）保险监督管理机构对前述违法行为作出了限期改正决定；（3）保险公司逾期未改正。对保险公司进行整顿的，保险监督管理机构可以决定选派保险专业人员和指定该保险公司的有关人员组成整顿组，监督被整顿保险公司的日常业务。被整顿保险公司经整顿已纠正其违法行为，恢复正常经营状况的，由整顿组提出报告，经国务院保险监督管理机构批准，结束整顿，并由国务院保险监督管理机构予以公告。

保险公司的接管，是指由保险监督管理机构指派接管组直接介入保险公司的日常经营管理，并由接管组负责保险公司经营管理活动的监管行为。可见，接管是比整顿更为严格的监管措施。我国《保险法》第 144 条规定，出现以下两种情形，可对保险公司实行接管：（1）保险公司的偿付能力严重不足；（2）违反《保险法》的规定，损害社会公共利益，可能严重危及或者已经严重危及公司的偿付能力。值得注意的是，保险监督管理机构对保险公司实行接管，并不改变被接管保险公司的民事法律主体资格，被接管的保险公司的债权债务关系亦不因接管而发生变化。接管期限届满，被接管的保险公司已恢复正常经营能力的，由国务院保险监督管理机构决定终止接管，并予以公告。

◎ 典型案例

中国首例保险公司被接管案[①]

1997 年 12 月 1 日原保险监管机构中国人民银行发布公告：鉴于永安财产保险股份有限公司（以下简称“永安保险”）存在严重违法、违规等问题，中国人民银行总行决定依据《保险法》有关规定，从 1997 年 12 月 1 日至 1998 年 5 月 31 日对永安保险实行为期半年的接管，接管期间由接管组行使该公司的一切经营管理权力，代行原董事会、监事会职责，被接管的永安保险的债权债务不因接管而变化，

① 参见覃有土、樊启荣：《保险法学》，高等教育出版社 2003 年版，第 417 页。

接管期间照常办理业务并受理已承保业务的理赔案。永安保险被接管的原因主要有两个：一是违规跨区经营，超出规定区域开展业务；二是资本金作假，股东实际出资低于规定出资，其注册资本为6.8亿元，实际到位不足1亿元。

1998年9月1日，中国人民银行发布公告，宣布接管工作已经完成，并自1998年9月1日起，接管组将一切权力移交给重组后的永安保险董事会和监事会，并在接管组的主持下，按照法定程序，由股东大会选举新的董事会。本案为我国首例保险公司被接管案，在我国保险业界产生了很大的影响，也是我国监管史上的一个成功之举。

三、保险组织的解散、破产与清算监管

解散和破产，是保险公司退出保险市场并消灭其主体资格的两大法律制度，而保险公司的清算则是保险公司终止的必备前置程序。保险公司的市场退出机制同市场准入机制同等重要。

（一）保险公司的解散

保险公司的解散，是指依法设立的保险公司出现法律或者章程规定的除破产以外的解散事由，经保险监督管理机构批准，结束其保险营业活动而使保险公司终止的行为。保险公司的解散有自愿解散和强制解散两种情形。

1. 自愿解散

自愿解散，是指保险公司基于自身意志自愿终止保险公司营业活动，并进行清算，最终使保险公司终止的行为。同设立保险公司一样，为维护被保险人或受益人权益，自愿解散须经保险监督管理机构批准。

依据我国《保险法》第89条的规定，保险公司有三种自愿解散事由：（1）因分立、合并而实施解散。在保险公司的分立中，一个保险公司分立为两个或两个以上的公司，该公司因分立为新的保险公司而解散。在保险公司的合并中，无论是吸收合并还是新设合并，总会有一个或一个以上的保险公司解散。保险公司的分立、合并是由保险公司权力机构决定的，因此合并解散、分立解散实质上是保险公司自身意志选择的结果。（2）股东会、股东大会决议解散。保险公司可根据股东的提议，由股东（大）会作出解散公司的决议。其中，股东大会作出解散公司决议的，须经出席会议的股东所持表决权的2/3以上通过[①]；股东会会议作出解散公司决议的，须经代表2/3以上表决权的股东通过。[②]（3）公司章程规定的解散。根据保险公司章程的规定，保险公司营业期限届满，或者公司章程规定的其他解散事由出现的，保险公司应当解散。在此情况下，股东（大）会无须再行通过决议程序即可解散公司。

值得注意的是，我国《保险法》第89条第2款规定，经营人寿保险业务的保险公司，

① 《公司法》第103条第2款。

② 《公司法》第43条第2款。

除因分立、合并或者被依法撤销外，不得解散。即经营人寿保险业务的保险公司，既不能通过股东（大）会决议方式解散公司，也不能以公司章程约定的事由出现为由解散公司。这源于人寿保单往往具有长期性和储蓄性，如果允许保险公司通过章程或决议自愿解散公司，必然会有很大一部分保单责任尚未到期，从而有损被保险人或受益人的利益。另外，经营人寿保险业务的保险公司之所以可依“分立、合并”这一自愿方式解散公司，是因为分立、合并情形下，保险公司的权利义务关系已由第三方概括继受，且其资产协议转让方案须得到事前批准，此时被保险人或受益人的保险权利已得到保障，不会因为保险公司的解散而遭到损害。

2. 强制解散

强制解散，是指非基于保险公司意愿，而根据法律或者保险监督管理机构的命令被迫解散。依据我国《保险法》第 149 条的规定，保险公司有两种强制解散事由：（1）保险公司因违法经营被依法吊销经营保险业务许可证；（2）保险公司偿付能力低于国务院保险监督管理机构规定标准，不予撤销将严重危害保险市场秩序、损害公共利益。在前述两种情形下，由国务院保险监督管理机构予以撤销并公告，依法及时组织清算组对保险公司进行清算。

（二）保险公司的破产

我国《保险法》第 90 条在《企业破产法》的基础上，结合保险业自身的特点，对保险公司的破产作出了一系列规定，具体包括破产申请条件、破产申请主体及破产申请内容三方面。

1. 破产申请条件

破产申请是启动破产程序的初始步骤。我国《保险法》第 90 条规定了两项破产申请条件：（1）提出破产申请时需满足我国《企业破产法》第 2 条规定的情形，即保险公司不能清偿到期债务，且资产不足以清偿全部债务或者明显缺乏清偿能力，或者有明显丧失清偿能力可能。（2）提出破产申请应经国务院保险监督管理机构同意。基于保险业的特殊性，由人民法院宣告保险公司破产，并非满足《企业破产法》第 2 条规定即可，而应综合多方面因素考量。因而，申请保险公司破产的，还应经国务院保险监督管理机构同意。

2. 破产申请主体

《保险法》第 90 条规定有权提出破产申请的主体包括：（1）保险公司。保险公司提出破产申请实际上属于《企业破产法》第 7 条第 1 款规定的债务人提出重整、和解或者破产清算申请的情形，属于保险公司处分其全部财产及清理债务的一项权利。（2）保险公司的债权人。基于合同约定或法律规定对保险公司享有债权的债权人，申请保险公司破产是其实现实体权利的途径之一。（3）国务院保险监督管理机构。例如，保险监督管理机构在监管过程中发现保险公司不能清偿到期债务，且明显丧失偿付能力的，为保护被保险人或受益人利益，有权向人民法院申请对该保险公司进行重整或者破产清算。

3. 破产申请内容

根据我国《企业破产法》规定，符合破产条件的企业可适用的破产程序有重整、和解和破产清算三种。我国《保险法》第 90 条规定，保险公司或者其债权人提出破产申请的，可以依法向人民法院申请重整、和解或者破产清算程序；国务院保险监督管理机构提出破产申请的，可以依法向人民法院申请对该保险公司适用重整或者破产清算程序。

（1）重整。重整是指对已具备破产清算条件或者有破产清算之虞的保险公司，由债权人、保险公司或其利害关系人申请，经人民法院裁定，不进行破产清算，而由保险公司或者破产管理人对保险公司进行生产经营上的整顿，以使之摆脱经营和财务困境，重获经营能力的特殊法律程序。存在以下两种情形之一的，已满足破产清算条件的保险公司可进入重整程序：一是保险公司、保险公司债权人或者国务院保险监督管理机构直接向人民法院申请对保险公司进行重整；二是保险公司债权人或者国务院保险监督管理机构申请对保险公司进行破产清算，在人民法院受理破产申请后、宣告保险公司破产前，保险公司或者出资额占其注册资本 1/10 以上的出资人，向人民法院申请重整。[①]

（2）和解。和解是指已具备破产原因的债务人，为避免破产清算，而与债权人就延期偿还或减免债务等问题达成协议，该协议经人民法院裁定认可后得以中止破产程序的特殊法律程序。保险公司可于申请人民法院受理破产案件时提出和解申请，也可在人民法院受理破产清算申请后、宣告保险公司破产前，向人民法院提出和解申请，以阻却破产宣告、转入和解程序。

（3）破产清算。破产清算是指保险公司在被人民法院宣告破产后，由清算组接管保险公司，负责破产财产的保管、清理、估价、处理和分配。保险公司破产财产的清偿顺序与一般经济组织破产财产的清偿顺序略有不同。《保险法》第 91 条规定，破产财产在优先清偿破产费用和共益债务后，应按照下列顺序清偿：一是所欠职工工资和医疗、伤残补助、抚恤费用，所欠应当划入职工个人账户的基本养老保险、基本医疗保险费用，以及法律、行政法规规定应当支付给职工的补偿金；二是赔偿或者给付保险金；三是保险公司欠缴的除第 1 项规定以外的社会保险费用和所欠税款；四是普通破产债权。同时，破产财产不足以清偿同一顺序的清偿要求的，按照比例分配。

（三）保险公司的清算

保险公司的清算，是指保险公司被解散或者宣告破产后，依照法律规定，对保险公司的资产、债权债务进行清理，最终使其消灭的法定程序。清算程序是保险公司消灭、丧失其法人人格的必经程序。依据是否依照法律规定的破产程序，清算可分为普通清算与破产清算。对于破产清算，前文已述。普通清算是指保险公司因破产以外的原因而终止时依法进行的清算，包括自愿解散的清算与强制解散的清算。在普通清算时，保险公司的资产一般足以清偿全部债务，清算的财产在清偿保险公司的债务后，若有余存，股东可行使剩余财产分配权。我国《公司法》第 187 条规定："清算组在清理公司财产、编制资产负债表和财产清单后，发现公司财产不足清偿债务的，应当依法向人民法院申请宣告破产。公司经人民法院裁定宣告破产后，清算组应当将清算事务移交给人民法院。"可见，普通清算可转化为破产清算。

值得注意的是，经营人寿保险业务的保险公司因依法被撤销或者被宣告破产而清算时，对其承保的人寿保险合同不应产生不利影响。我国《保险法》第 92 条规定，此类保

① 《企业破产法》第 70 条。

险公司持有的人寿保险合同及责任准备金，必须转让给其他经营人寿保险业务的保险公司；不能同其他保险公司达成转让协议的，由国务院保险监督管理机构指定经营人寿保险业务的保险公司接受转让。转让或者由国务院保险监督管理机构指定接受转让前述规定的人寿保险合同及责任准备金的，应当维护被保险人、受益人的合法权益。

本节理论与实务研讨

理论与实践视阀下的保险公司破产

从我国《保险法》《公司法》及《企业破产法》现行规定来看，保险公司理论上可以破产。即在保险经营主体不断增加、保险市场竞争程度日益激烈等多变外部风险因素背景下，若保险公司内部治理混乱，或违规经营，导致企业偿付能力严重不足，资产不足以清偿全部债务或者明显缺乏清偿能力的，最终就可能迎来破产的结果。

但事实上，从1980年恢复保险业务以来，我国保险市场上尚未有保险公司破产的实例。从1997年永安保险被接管，到2006年新华人寿股权处置，再到2008年开始的中华联合保险综合整治，以及2017年安邦被接管等，中国保险公司破产史一片空白。究其缘由，除保险公司不断加强自身经营、完善内部治理等因素外，尚得益于我国相对完善的保险监管体系。我国保险监管机构针对保险公司从设立到不幸破产设立了相对完善的安全体系，尤其是“偿付能力监管”与“保险保障基金”这两大屏障，使得我国的保险公司在走到破产这一步前，就会因“偿付能力严重不足”被“接管”，或因“重大风险”而由“保险保障基金”进行风险处置。保险保障基金等多道“防火墙”，使我国实践中保险公司鲜有破产。

第三节 保险业的行为监管

所谓保险业的行为监管，是指保险监督管理机构依法对各保险组织及其工作人员在保险经营活动中的行为进行监督和管理。保险业的行为监管，有利于预防和控制保险经营中的不规范行为，稳定保险市场，保护投保人、被保险人或者受益人的合法权益。一般而言，保险业的行为监管主要包括五个方面的内容：（1）业务范围监管；（2）保险条款和保险费率监管；（3）自留额与再保险监管；（4）保险公司及其员工的行为监管；（5）信息披露监管。

一、业务范围监管

（一）保险营业范围法定

保险营业范围法定，是指保险公司能够经营的保险业务种类由法律明文规定。在我国，保险公司只能经营法律明文规定的保险业务。依据我国《保险法》第95条的规定，保险公司的业务范围包括人身保险业务和财产保险业务两大类。其中，人身保险业务包括人寿保险、健康保险、意外伤害保险等保险业务，财产保险业务包括财产损失保险、责任保险、信用保险、保证保险等保险业务。当然，除人身保险业务和财产保险业务外，保险公司还可经营国务院保险监督管理机构批准的与保险有关的其他业务。

（二）保险分业经营规则

保险分业经营，指除法律另有规定，同一保险人不能同时经营人身保险业务和财产保险业务。基于人身保险业务和财产保险业务在固有风险、经营技术、财务管理等方面的不同，为保证保险人偿付能力、促进保险业稳健经营，《保险法》第 95 条第 2 款前半段规定“保险人不得兼营人身保险业务和财产保险业务”，后半段规定“经营财产保险业务的保险公司经国务院保险监督管理机构批准，可以经营短期健康保险业务和意外伤害保险业务”。可见，我国保险业实行相对缓和的保险分业经营制度。

（三）保险营业的准入许可

保险营业的准入许可，指保险人仅能在保险监督管理机构核准的业务范围内从事保险营业。即保险人拟从事的保险业务符合保险营业法定范围及保险分业经营规则，并不表明对于法定的保险业务，保险人均可实际经营，也不表明保险人欲经营的该保险业务即其可实际经营的保险业务。保险人可经营的保险业务，取决于保险监督管理机构的批准。保险人仅能在经批准的保险业务范围内从事保险营业，不得超出批准的保险业务范围从事营业。

◎ 典型案例

永诚财产保险股份有限公司因超出批准业务范围经营保险业务被行政处罚案[①]

2018 年 10 月 19 日，中国银行保险监督管理委员会发布行政处罚书，认定永诚财产保险股份有限公司（以下简称“永诚财险”）存在超出批准的业务范围经营长期健康保险业务的违法行为。

永诚财险自 2016 年 4 月开始销售澳大利亚海外学生医疗健康保险产品，销售模式为保险人根据投保人投保时选择的保障期间，向投保人出具多张保险期间不超过 1 年且保险期间连续的保单，第一年系统自动核保通过后一次性收取所有投保年度保费，并向投保人出具所有投保年度的保单，第二年保单生效前系统不再核保，保单自动生效。财务处理上，保单起保当日确认保费收入，未生效保单保费计入预收保费科目。公司官网对该产品宣传中有“为您连续提供最长为 72 个月的保险保障服务”的描述。《保险法》第 95 条第 2 款规定：“……经营财产保险业务的保险公司经国务院保险监督管理机构批准，可以经营短期健康保险业务和意外伤害保险。”《健康保险管理办法》第 3 条第 2、3 款规定：“长期健康保险是指，保险期间超过一年或者保险期间虽不超过一年但含有保证续保条款的健康保险。短期健康保险是指，

① 参见中国银行保险监督管理委员会行政处罚决定书（银保监保罚决字〔2018〕2 号）。

保险期间在一年及一年以下且不含有保证续保条款的健康保险。”经查，永诚财险业务范围不包括长期健康保险，公司一次性出具多张保单且收取多年保费，对第二年保单不再核保的行为，属于超出批准的业务范围的经营行为。永诚财险健康险工作组负责人对上述行为负直接责任。

基于上述事实，中国银行保险监督管理委员会认定永诚财险违反《保险法》第95条的规定，依据《保险法》第160条、第171条对永诚财险及有关责任人作出行政处罚。

二、保险条款和保险费率监管

由保险条款构成的保险合同是确定保险法律关系当事人之间权利义务关系的基本手段，保险费率构成保险合同的核心内容之一。为保护投保人、被保险人或受益人的合法权益，规范保险组织拟定定型化保险合同的行为，国务院保险监督管理机构对保险条款和保险费率实施监管。

（一）保险条款和保险费率拟定原则

根据《保险法》第114条、《人身保险公司保险条款和保险费率管理办法》、《财产保险公司保险条款和保险费率管理办法》的规定，总体上，保险公司拟定的保险条款和保险费率应符合下列原则：（1）内容符合法律、行政法规和监管规范的要求，且公平、合理，不损害投保人、被保险人或受益人的合法权益，不损害社会公众利益；（2）为减少专业壁垒，条款应尽可能为社会公众理解，做到结构清晰、文字准确、表述严谨、通俗易懂；（3）保险费率的厘定应当科学合理，不危及保险公司偿付能力或者妨碍市场公平竞争。

（二）保险条款和保险费率监管机制

我国就保险条款和保险费率的监管包括保险公司自身对条款、费率的审查及保险监管机构对条款费率的管理两部分：（1）保险公司自身对条款、费率的审查。为确保条款和费率拟定的合法合规性，《人身保险公司保险条款和保险费率管理办法》《财产保险公司保险条款和保险费率管理办法》规定了总精算师（精算责任人）和法律责任人制度，确立了总精算师（精算责任人）和法律责任人对保险条款、保险费率的审查义务及相应责任。（2）保险监管机构对条款费率的管理包括审批制和备案制两种。其中，依据《保险法》第135条第1款的规定，关系社会公众利益的保险险种、依法实行强制保险的险种和新开发的人寿保险险种等的保险条款和保险费率，适用审批制，应当报国务院保险监督管理机构批准；前述以外的其他险种，适用备案制，应当报送国务院保险监督管理机构备案。

三、自留额与再保险监管

在原保险范围内，自留额与再保险是相对应存在的。广义的自留额，即自留保险费额度，是指保险公司承保一项保险业务后，由其自身承担的责任限额。而所谓再保险，即在前项保险公司承保的保险业务中，由该原保险公司以分保形式将其在原保险合同中承担的保险责任的相应部分转移给其他保险人。再保险分出人承担的风险与再保险接受人承担的风险共同构成原保险合同承保的风险。之所以有自留额及再保险制度的存在，是因为保险业是经营风险的特殊行业，这意味着通过经营风险营利的保险公司自身就面临着较高的风险，而每一个保险公司实际能够负担的风险又必然是有限的，故而恰当的自留额与再保险制度，一方面为保险公司"尽其所能"地吸纳保险业务、充分营利提供可能，另一方面又不致因"过分贪食"而"消化不良"，起到稳定经营和保障偿付能力的作用。

就自留额而言，我国《保险法》第102条规定，经营财产保险业务的保险公司当年自留保险费，不得超过其实有资本金加公积金总和的4倍。这是因为，自留额越高，意味着保险公司自留的保单责任越多，将来承担的责任越大，经营风险也就越大。而要求自留保险费不超过其实有资本金加公积金总和的4倍，实质上是防止财产保险公司承担过大的风险，将其承担的保险责任控制在一定范围之内，以维持保险公司的稳定经营和偿付能力。

就再保险而言，我国《保险法》第103条第1款规定，保险公司对每一危险单位，即对一次保险事故可能造成的最大损失范围所承担的责任，不得超过其实有资本金加公积金总和的10%；超过的部分应当办理再保险。在此情形下，原保险公司办理再保险为法定义务。同时，依据《保险法》第105条的规定，保险公司办理再保险的，应审慎选择再保险接受人。

四、保险公司及其员工的行为监管

（一）保险公司不正当竞争行为规制

我国《保险法》第115条就保险市场竞争行为作出了原则性规定："保险公司开展业务，应当遵循公平竞争的原则，不得从事不正当竞争。"《保险公司管理规定》对前项不正当竞争行为作出了较为明确的界定。具体而言，主要包括以下几类：

1．虚假宣传行为

虚假宣传行为，是指经营者对其商品的性能、功能、质量、销售状况、用户评价、曾获荣誉等作虚假或者引人误解的商业宣传，欺骗、误导消费者。《保险公司管理规定》对保险公司的宣传行为作了较为全面的规定。其中，第44条规定："保险机构的业务宣传资料应当客观、完整、真实，并应当载有保险机构的名称和地址。"第45条第2款规定："保险机构不得利用广告或者其他宣传方式，对其保险条款内容和服务质量等做引人误解的宣传。"第46条规定："保险机构对保险合同中有关免除保险公司责任、退保、费用扣除、现金价值和犹豫期等事项，应当依照《保险法》和中国保监会的规定向投保人作出提示。"第48条规定："保险机构不得将其保险条款、保险费率与其他保险公司的类似保险条款、保险费率或者金融机构的存款利率等进行片面比较。"

2．诋毁商业信誉行为

诋毁商业信誉行为，是指经营者编造、传播虚假信息或者误导性信息，损害竞争对手的商业信誉、商品声誉。《保险公司管理规定》第49条第1款规定："保险机构不得以捏造、散布虚假事实等方式损害其他保险机构的信誉。"

3．滥用行政权力或优势地位排挤竞争对手行为

滥用行政权力排挤竞争对手行为，是指经营者利用其与行政机关或法律、法规授权的具有管理公共事务职能的组织之间的特定关系，排除或者限制竞争的行为。滥用优势地位排挤竞争对手行为，是指经营者凭借已经获得的市场优势地位，对相关市场上的其他主体实施的排挤行为。《保险公司管理规定》第 49 条第 2 款规定："保险机构不得利用政府及其所属部门、垄断性企业或者组织，排挤、阻碍其他保险机构开展保险业务。"

4．不当利诱行为

不当利诱行为，是指经营者利用财物或者其他手段诱导相对方，以谋取交易机会或者竞争优势。《保险公司管理规定》第 50 条规定："保险机构不得劝说或者诱导投保人解除与其他保险机构的保险合同。"第 51 条规定："保险机构不得给予或者承诺给予投保人、被保险人、受益人保险合同约定以外的保险费回扣或者其他利益。"

（二）保险公司员工行为规制

保险公司员工履行职务的行为，实际上即保险公司的业务行为。因此保险公司员工在执业过程中也应诚实信用、公平竞争，保护投保人、被保险人或受益人的合法利益。我国《保险法》第 116 条规定，保险公司及其工作人员在保险业务活动中不得从事下列行为：（1）欺骗投保人、被保险人或者受益人；（2）对投保人隐瞒与保险合同有关的重要情况；（3）阻碍投保人履行本法规定的如实告知义务，或者诱导其不履行本法规定的如实告知义务；（4）给予或者承诺给予投保人、被保险人、受益人保险合同约定以外的保险费回扣或者其他利益；（5）拒不依法履行保险合同约定的赔偿或者给付保险金义务；（6）故意编造未曾发生的保险事故、虚构保险合同或者故意夸大已经发生的保险事故的损失程度进行虚假理赔，骗取保险金或者牟取其他不正当利益；（7）挪用、截留、侵占保险费；（8）委托未取得合法资格的机构从事保险销售活动；（9）利用开展保险业务为其他机构或者个人牟取不正当利益；（10）利用保险代理人、保险经纪人或者保险评估机构，从事以虚构保险中介业务或者编造退保等方式套取费用等违法活动；（11）以捏造、散布虚假事实等方式损害竞争对手的商业信誉，或者以其他不正当竞争行为扰乱保险市场秩序；（12）泄露在业务活动中知悉的投保人、被保险人的商业秘密；（13）违反法律、行政法规和国务院保险监督管理机构规定的其他行为。

五、信息披露监管

保险业作为金融行业重要领域之一，其经营是国家监管的重点对象，同证券业、银行业一样，需对其信息进行披露。同时，保险公司因投保人众多，且保险营业及有关事项关系到被保险人或受益人在保险事故发生后的损失填补，故而，从维护保险业的稳定性及当事人的合法权益角度，保险业存在着特定的信息披露要求。《保险法》第 86 条、第 108 条、第 110 条及《保险公司管理规定》对保险公司的信息披露义务作了原则性规定：（1）保险公司应按照国务院保险监督管理机构的规定进行信息披露，即保险公司的信息披露除满足法律法规对普通企业信息披露的一般要求外，尚应符合保险监督管理机构的特定要求；（2）披露的信息应当真实、准确、完整；（3）在具体内容上，应披露财务会计报告、保险

公司偿付能力报告、精算报告、合规报告、风险管理状况及保险产品经营情况等重大事项。在此基础上，国务院保险监督管理机构还对分红保险、投资连结保险、万能保险等新型产品发布了信息披露的规定，对保险公司的信息披露行为作出了进一步的规定。

◎ 典型案例

新华人寿因欺骗投保人等违法行为被行政处罚案①

2018年9月29日，中国银行保险监督管理委员会发布行政处罚决定书，认定新华人寿保险股份有限公司（以下简称“新华人寿”）存在下述违法行为：

第一，欺骗投保人。新华人寿有关培训课件含有“含义夸大保险责任”“与保险条款规定不一致”及“没有明确说明保单利益的不确定性”的表述，且该培训文件于内网下发，供各分公司内外勤及销售人员使用。

第二，编制提供虚假资料。具体情形有三：一是2016年1月1日至2017年5月31日，新华人寿业务系统中个险业务和银代业务承保数据存在不真实的信息。二是新华人寿报送的2016年个人医疗理赔数据中，180 959件小额理赔数据中的“赔款支付指令发出时间”以及193 124件赔案中的“理赔业务结案时间”存在不真实问题。三是新华人寿人力资源部于2017年12月5日11:09提供的材料内容存在与事实不符的情况。

第三，未按照规定使用经批准或者备案的保险费率。根据新华人寿出台的相关规定，2016年12月21日至2017年3月31日期间，与主险新单附加投保的《附加个人（2014）意外伤害保险》，费率按条款所附标准费率70%执行。该费率浮动未按照公司在银行保险监督管理委员会备案的费率执行。

基于上述事实，中国银行保险监督管理委员会认定新华人寿违反《保险法》第116条、第86条、第135条的规定，并对新华人寿及有关责任人依法作出行政处罚。

本节理论与实务研讨

保险分业经营制度的“存”“续”“废”

我国保险业实行分业经营制度有其深刻的理论和实践渊源。总结起来，大概有以下几点：（1）1995年确立严格保险分业经营制度时，我国保险业尚处于起步阶段。此时各保险公司“鱼龙混杂”，保险市场尚未规范化，而兼营必以保险公司具有成熟营业能力为前提。在此情形下，保险市场的客观“不达标”使得保险分业经营制度成为立法者的首选。（2）理论上，人身保险业务和财产保险业务在固有风险、经营技术、财务管理等方面各有不同。以财务管理为例，兼营保险业务的保险公司有混用其收取的财产保险费和人寿保险

① 参见中国保险监督管理委员会行政处罚决定书（银保监保罚决字〔2018〕1号）。

费所形成的不同性质的基金的可能性，如此，将不利于维持保险公司的偿付能力，被保险人或受益人的利益将受到不利影响。基于此，为降低兼营滋生的风险，维持保险业的正常经营，优化保险市场分散风险的作用，保险分业经营制度在我国得以确立。

随着现代保险业的发展，我国保险市场逐步走入规范化发展道路，各保险公司在组织结构、经营管理、风险控制等方面踏步向前。在国际保险市场对保险分业经营限制逐步放松的情况下，2002年，我国也随之采取了相对缓和的保险经营制度，即允许经营财产保险业务的保险公司经国务院保险监督管理机构批准后兼营短期健康保险业务和意外伤害保险业务。

如今，我国保险业已迈入全面发展的历史阶段，保险分业经营制度的“存”“续”似乎不再是唯一选择。一方面，在较为完善的保险监管体系下，具备相对成熟经营技术的保险公司已能够且应当清晰地区分人身保险业务和财产保险业务不同的固有风险，并辅之以不同的财务管理制度，最终满足最低偿付能力和安全经营要求。此外，实际上，在人身保险中，除人寿保险外，其他人身保险业务在经营技术上同财产保险业务并无本质差别，因而一概排除保险公司兼营“短期健康保险和意外伤害保险”之外的业务似乎并不合理。

综上，我国现存的保险分业经营制度是不是符合我国保险业发展的最佳制度，似乎并不能给出一个确切的答案，仍值得进一步研究。

第四节 保险业的偿付能力监管

所谓偿付能力监管，是指保险监督管理机构对保险公司偿还其到期债务的能力的监管。保险业存在的一个重要原因，即在于保险事故发生时填补被保险人或受益人的损失，而这一损失的填补必然以保险人具有偿付能力为前提。因此，保险人的偿付能力直接关系到投保人、被保险人或受益人的切身利益，也关系到保险业的健康、稳定、持续发展，因而偿付能力监管是保险监督管理工作的核心。

在我国，保险公司必须具有国务院保险监督管理机构规定的最低偿付能力。我国《保险法》《保险公司管理规定》《保险公司偿付能力管理规定》及《保险公司偿付能力监管规则（1—17号）》等相关法律法规对保险公司偿付能力确立了较为全面的监管规则，其内容主要包括两个方面：（1）偿付能力标准法定；（2）偿付能力维持措施。

一、偿付能力标准法定

偿付能力标准法定，即由法律法规明确规定保险公司偿付能力需达到特定标准或限额。我国《保险法》第101条确立了保险公司的最低偿付能力标准：“保险公司应当具有与其业务规模和风险程度相适应的最低偿付能力。保险公司的认可资产减去认可负债的差额不得低于国务院保险监督管理机构规定的数额；低于规定数额的，应当按照国务院保险监督管理机构的要求采取相应措施达到规定的数额。”

《保险公司偿付能力管理规定》第3条对上述原则性规定进行了细化，确定保险公司的最低偿付能力衡量标准为“资本充足率”，即保险公司的实际资本与最低资本的比率不低于 100%。其中，保险公司的实际资本，是指保险公司在持续经营或破产清算状态下可以吸收损失的财务资源。实际资本等于认可资产减去认可负债后的余额。[①]认可资产与认可负债不同于财务上对一般企业资产和负债的确认，是指保险公司按照保险监督管理部门制定的监督管理准则确认的资产和负债。具体而言，认可资产是指处置不受限制，并可用于履行对保单持有人赔付义务的资产。[②]认可负债是指保险公司无论在持续经营状态还是破产清算状态下均需要偿还的债务，以及超过监管限额的资本工具。[③]而保险公司的最低资本，是指基于审慎监管目的，为使保险公司具有适当的财务资源，以应对各类可量化为资本要求的风险对偿付能力的不利影响，保监会要求保险公司应当具有的资本数额。[④]具体而言，最低资本包含量化风险最低资本、控制风险最低资本、附加资本三个部分。[⑤]

对偿付能力不足的保险公司，保险监督管理机构有权采取相应的监管措施，以恢复其偿付能力。我国《保险法》第 138 条规定，国务院保险监督管理机构应当将偿付能力不足的保险公司列为重点监管对象，并可以根据具体情况采取相应的监管措施，具体包括：（1）责令增加资本金、办理再保险；（2）限制业务范围；（3）限制向股东分红；（4）限制固定资产购置或者经营费用规模；（5）限制资金运用的形式、比例；（6）限制增设分支机构；（7）责令拍卖不良资产、转让保险业务；（8）限制董事、监事、高级管理人员的薪酬水平；（9）限制商业性广告；（10）责令停止接受新业务。

二、偿付能力维持措施

为维持保险公司的偿付能力，保持适当的资本，除注册资本最低限额、自留额与再保险等措施外，《保险法》还就提取保险保证金、保险责任准备金、保险公积金以及保险资金运用等作出了相应规定。

（一）保险保证金

保险保证金，即保险公司依法提取并存放于国务院保险监督管理机构指定银行、用于担保保险公司清算时的债务清偿能力的资金。依据《保险法》第 97 条，我国保险保证金制度由以下内容构成：（1）提取、存放比例，即保险保证金数额，应按照保险公司注册资本总额的 20% 提取、存放；（2）存放保险保证金的银行，即保险公司存放保险保证金的银行必须是国务院保险监督管理机构指定的银行；（3）保险保证金的用途，即保险保证金仅在保险公司清算时用于清偿债务，除此之外不得动用。

---

① 《保险公司偿付能力监管规则第 1 号：实际资本》第 4 条。

② 《保险公司偿付能力监管规则第 1 号：实际资本》第 8 条第 2 款。

③ 《保险公司偿付能力监管规则第 1 号：实际资本》第 16 条第 2 款。

④ 《保险公司偿付能力监管规则第 2 号：最低资本》第 3 条。

⑤ 《保险公司偿付能力监管规则第 2 号：最低资本》第 5 条。

（二）保险责任准备金

保险责任准备金，即保险公司为履行赔偿或者给付保险金义务从保险费收入中提取和结转的资金。实际上，保险责任准备金是为保险公司未来的赔偿或者给付预先建立的资金储备，以确保保险公司在保险事故发生时或约定的期限届至时有能力向被保险人或受益人赔偿或给付保险金。保险责任准备金，按其用途，可分为未到期责任准备金和未决赔款准备金；按险种不同，可分为寿险责任准备金和非寿险责任准备金。依据我国《保险法》第98条，保险责任准备金的提取，应遵循保障被保险人利益、保证偿付能力的原则。

我国对保险责任准备金的规定，散见于《保险法》《健康保险管理办法》《中国保险监督管理委员会关于印发投资连结保险万能保险精算规定的通知》《保险公司非寿险业务准备金管理办法（试行）》《保险公司非寿险业务准备金管理办法实施细则（试行）》等规定之中，保险公司提存保险责任准备金时应符合相应规定。

◎ 典型案例

浙商财产保险股份有限公司因未依法提取准备金被行政处罚案[①]

2017年12月18日，中国保监会发布行政处罚决定书，认定浙商财产保险股份有限公司（以下简称“浙商财险”）存在多项违法行为，其中“准备金提取”部分存在下述违法行为：（1）人为调整准备金评估基础数据。2016年12月26日、28日，在赔案损失没有任何变化的情况下，浙商财险对5笔赔案的估损金额进行了人为调整，以降低年底入账的估损金额；2016年12月30日，浙商财险在准备金评估基础数据中删除了上述5笔赔案估损数据，从而在2016年底的准备金评估中完全不反映上述赔案的影响。人为调整估损和删除估损数据两项行为合计导致公司2016年末未决赔款准备金少提3.66亿元。（2）超时限延迟立案。2017年3月，浙商财险承保的有关保证保险业务有4笔赔案报案，公司在2017年3月6日进行了接报案处理，但延迟至4月10日才进行立案处理，导致未能及时提取未决赔款准备金，上述4笔赔案立案金额合计2.95亿元。

基于上述事实，中国保监会认定浙商财险未按规定提取准备金的行为，违反了《保险法》第98条，根据《保险法》第164条规定，依法对浙商财险及有关责任人作出行政处罚。

（三）保险公积金

保险公积金，即保险公司根据法律或者公司章程的规定，从公司税后利润和公司其他收入中提取的，用于弥补公司亏损或扩大公司生产经营的后备资金。按照提取方式的不同，保险公积金可分为法定公积金、任意公积金和资本公积金。《保险法》第99条规定：“保险公司应当依法提取公积金。”

---

① 参见中国保险监督管理委员会行政处罚决定书（保监罚〔2017〕50号）。

（四）保险资金运用

保险资金是指保险集团（控股）公司、保险公司以本外币计价的资本金、公积金、未分配利润、各项准备金及其他资金。[①] 保险资金运用，即保险公司在业务经营过程中，将其积累的保险资金用于投资，从而使其增值的活动。主要由保险产品形成的责任准备金累积而来的保险资金，有其独特的内在属性，即保险资金是保险公司的长期负债，最终承载着未来赔付或给付的使命，因而保险资金的运用必须稳健审慎，以维持保险公司的偿付能力。

我国《保险法》第 106 条规定了保险资金运用的原则及形式。就原则而言，保险公司的资金运用必须稳健、安全，在保证安全性的基础上，兼顾收益性和流动性。因为保险资金运用一旦缺失稳健、审慎文化，势必导致激进经营、激进投资和偏离主业，从而不利于维持保险公司的偿付能力及保险业的健康发展。在形式方面，规定保险资金仅用于“银行存款”“买卖债券、股票、证券投资基金份额等有价证券”“投资不动产”及“国务院规定的其他资金运用形式”。《保险资金运用管理办法》《保险资金委托投资管理暂行办法》等有关规定对上述原则及资金运用形式作了进一步规定，保险公司运用保险资金应符合相应规定。

◎ **典型案例**

前海人寿保险股份有限公司因违规使用保险资金被行政处罚案[②]

2017 年 2 月 24 日，中国保监会发布行政处罚决定书，认定前海人寿保险股份有限公司（以下简称“前海人寿”）存在两项违法行为，其中“保险资金运用”部分存在下述违法行为：(1) 权益类投资比例超过总资产 30% 后投资非蓝筹股票。2015 年和 2016 年，前海人寿在权益类资产投资比例超过总资产 30% 后，投资了多支非蓝筹股。(2) 办理 T+0 结构性存款业务。2014—2016 年，前海人寿在某银行办理 T+0 结构性存款业务。(3) 股权投资基金管理人资质不符合监管要求。2015—2016 年，前海人寿以间接投资股权方式，认购深圳某产业基金企业（有限合伙）等多只基金份额，上述基金的管理人在注册资本、管理资产等方面，未达到中国保监会对股权投资基金管理人的资质要求。(4) 未按规定披露基金管理人资质情况。2015—2016 年，前海人寿向中国保监会提交的相关产业基金、股权投资基金项目材料报告，未按规定披露基金管理人的资质情况。(5) 部分项目公司借款未提供担保。前海人寿投资的某文化金融中心项目、某度假酒店项目等项目，项目公司均向前海人寿股东进行了借款，但未按照规定提供担保。

基于上述事实，中国保监会认定前海人寿违规运用保险资金的行为，违反了《保险法》第 106 条及《保险资金运用管理暂行办法》有关规定，根据《保险法》第 164 条，对前海人寿及有关责任人作出行政处罚。

---

① 《保险资金运用管理办法》第 3 条。

② 参见中国保险监督管理委员会行政处罚决定书（保监罚〔2017〕13 号）。

本节理论与实务研讨

我国偿付能力监管制度的探索和实践[①]

回溯改革开放四十年，我国保险业偿付能力监管经历了从模仿跟随到自主创新、不断超越的过程。总的说来，这些探索和实践大致可以划分为以下三个阶段：（1）引入期（1978—2000年）。这一时期，我国保险业主要以行政管理、市场行为监管等传统监管手段为主，同时积极研究偿付能力监管，将偿付能力监管概念和标准引入我国。（2）形成期（2001—2011年）。这一时期，我国保险业正式实施偿付能力监管，建立了偿付能力报告制度，不断完善偿付能力监管制度框架，丰富偿付能力监管内容，提升运用偿付能力监管的能力，同时在实践中摸索总结经验，酝酿中国特色偿付能力监管体系的实现路径。该阶段，我国初步具备了实施偿付能力监管的基础，偿付能力监管迈出了实质性步伐，我国偿付能力监管进入“偿一代”时期。（3）开创期（2012年至今）。2012年，中国保监会正式启动第二代偿付能力监管制度建设，“偿二代”不再简单模仿发达国家标准，而是坚持立足我国国情，自主创新、自主研发。这是我国偿付能力监管制度建设的重大突破，偿付能力监管翻开了新的一页。

伴随着“偿一代”“偿二代”的建设和实施，偿付能力监管在全系统全行业逐渐深入人心，为推进我国保险监管现代化和行业稳健发展作出了重要贡献。

第五节 保险保障基金

我国保险保障基金制度自1995年《保险法》首次作出原则性规定已逾20年，在此期间，保险保障基金规模不断增长，充分发挥了促进行业健康发展和保护保险消费者权益的重要作用。截至2018年12月31日，我国保险保障基金余额达1 267.35亿元，其中财产保险保障基金为804.37亿元，人身保险保障基金为462.98亿元。[②]

一、保险保障基金的概念与特征

所谓保险保障基金，是指按照《保险法》和《保险保障基金管理办法》规定缴纳的，在法律规定的特定情形下，用于救助保单持有人、保单受让公司或者处置保险业风险的非政府性行业风险救助基金。我国《保险法》第100条第1款规定：“保险公司应当缴纳保险保障基金。”保险保障基金与保险保证金、保险责任准备金、保险公积金等偿付能力监管措施，共同构成保险业的两大安全屏障。比较两者，保险保障基金的特征在于：

---

① 中国银保监会财务会计部：《我国保险业偿付能力监管制度建设的回顾与展望》，《保险研究》2018年第12期。

② 数据来源：《深化改革创新 提升处置能力 为保险行业持续稳健发展保驾护航——保险保障基金公司召开2019年度工作会议》，载中国保险保障基金有限责任公司网站。

1. 保险保障基金是行业性风险救助基金

从资金来源来看，保险保障基金主要由各保险公司共同缴纳形成，并由主管机构集中管理、统筹使用。而保险保证金、保险责任准备金、保险公积金由各保险公司分别提存、缴纳，最终形成各保险公司的专属偿付能力备用资金。

2. 保险保障基金多用于“濒危”保险公司

实践中，被保险保障基金“出手相救”的保险公司，多为被撤销、被宣告破产或者存在重大风险的保险公司，此时保险保障基金多发挥着“救命”的作用。而保险保证金、保险责任准备金、保险公积金作为偿付能力监管措施，即便保险公司偿付能力低于最低标准，也不意味着保险公司即将破产，至多为保险公司处于“危险”状态的早期信号，因为衡量保险公司最低偿付能力的标准为资本充足率达到 100%，而资本充足率低于 100% 的保险公司实际上距破产尚有一定距离。

◎ 相关事例

保险保障基金注资安邦保险集团①

2018 年 2 月 23 日，原中国保监会发布公告，鉴于安邦保险集团股份有限公司（以下简称“安邦集团”）存在违反保险法规定的经营行为，可能严重危及公司偿付能力，依照《保险法》第 144 条规定，决定对安邦集团实施接管，接管期限自 2018 年 2 月 23 日起至 2019 年 2 月 22 日止。

经调查核实，中国银行保险监督管理委员会（以下简称“银保监会”）发现安邦集团部分股东在筹建申请和增资申请中，存在使用非自有资金出资、编制提供虚假材料等行为。为确保安邦集团偿付能力充足，维护公司稳定经营，切实保护投保人利益，在银保监会撤销安邦集团相关股权许可的同时，2018 年 3 月 28 日，银保监会批复同意保险保障基金向安邦集团增资 608.04 亿元。注资后，安邦集团注册资本维持 619 亿元不变。保险保障基金采用增资等方式确保“病危”公司依照法律法规正常运转，再次验证了保险保障基金是改善公司治理、充实偿付能力的临时性风险救助措施，是保险消费者的安全保护网，是保险行业的重要风险防线。

二、保险保障基金的管理主体

在我国，中国保险保障基金有限责任公司负责保险保障基金的筹集、管理和使用。依据《保险保障基金管理办法》第 8 条的规定，保险保障基金公司依法从事以下业务：（1）筹集、管理、运作保险保障基金；（2）监测保险业风险，发现保险公司经营管理中

① 参见《中国保监会关于对安邦保险集团股份有限公司依法实施接管的公告》，载中国银行保险监督管理委员会网站；《安邦保险集团引入保险保障基金注资并启动战略投资者遴选工作》，载中国银行保险监督管理委员会网站。

出现可能危及保单持有人和保险行业的重大风险时，向中国保监会提出监管处置建议；（3）对保单持有人、保单受让公司等个人和机构提供救助或者参与对保险业的风险处置工作；（4）在保险公司被依法撤销或者依法实施破产等情形下，参与保险公司的清算工作；（5）管理和处分受偿资产；（6）国务院批准的其他业务。

三、保险保障基金的筹措

保险保障基金的筹措，实际上即保险保障基金的来源。依据《保险保障基金管理办法》第 13 条的规定，保险保障基金的主要来源包括：（1）境内保险公司依法缴纳的保险保障基金；（2）保险保障基金公司依法从破产保险公司清算财产中获得的受偿收入；（3）捐赠；（4）上述资金的投资收益；（5）其他合法收入。

保险公司应当对经营的财产保险业务或者人身保险业务缴纳保险保障基金。截至 2019 年 12 月 31 日，保险保障基金规模达 1 460.82 亿元（汇算清缴前）；其中，财产险基金规模 918.01 亿元，占 62.84%；人身险基金规模 542.81 亿元，占 37.16%。[①] 依据《保险保障基金管理办法》第 14 条的规定，保险公司就其业务缴纳的保险保障基金，应符合下列比例规定：（1）非投资型财产保险按照保费收入的 0.8% 缴纳，投资型财产保险，有保证收益的，按照业务收入的 0.08% 缴纳，无保证收益的，按照业务收入的 0.05% 缴纳；（2）有保证收益的人寿保险按照业务收入的 0.15% 缴纳，无保证收益的人寿保险按照业务收入的 0.05% 缴纳；（3）短期健康保险按照保费收入的 0.8% 缴纳，长期健康保险按照保费收入的 0.15% 缴纳；（4）非投资型意外伤害保险按照保费收入的 0.8% 缴纳，投资型意外伤害保险，有保证收益的，按照业务收入的 0.08% 缴纳，无保证收益的，按照业务收入的 0.05% 缴纳。其中，业务收入是指投保人按照保险合同约定，为购买相应的保险产品支付给保险公司的全部金额。同时，依据《保险保障基金管理办法》第 15 条的规定，具备下列情形之一的，保险公司可以暂停缴纳保险保障基金：（1）财产保险公司的保险保障基金余额达到公司总资产 6% 的；（2）人身保险公司的保险保障基金余额达到公司总资产 1% 的。当然，若保险公司的保险保障基金余额减少或者总资产增加，其保险保障基金余额占总资产比例不能满足前述比例要求的，应当自动恢复缴纳保险保障基金。

四、保险保障基金的使用

切实发挥保险保障基金“最后安全网”的作用，需要明确可以动用保险保障基金的条件。在我国，动用保险保障基金，由中国银保监会拟定风险处置方案和使用办法，商有关部门后，报经国务院批准。保险保障基金公司按照风险处置方案和使用办法的规定，负责办理登记、发放、资金划拨等具体事宜。

具体而言，依据《保险保障基金管理办法》第 16 条的规定，有下列情形之一的，可以动用保险保障基金：（1）保险公司被依法撤销或者依法实施破产，其清算财产不足以偿

① 《不忘初心 牢记使命 为打赢防范化解重大金融风险攻坚战贡献力量——保险保障基金公司召开 2020 年度工作会议》，载中国保险保障基金有限责任公司网站。

付保单利益的；（2）中国银保监会经商有关部门认定，保险公司存在重大风险，可能严重危及社会公共利益和金融稳定的。

同时，保险保障基金含两个“资金池”，即财产保险保障基金和人身保险保障基金，由保险保障基金公司对两者分账管理、分别使用。其中，财产保险保障基金仅用于向财产保险公司的保单持有人提供救助，以及在根据《保险保障基金管理办法》第16条第2项认定存在重大风险的情形下，对财产保险公司进行风险处置；人身保险保障基金仅用于向人身保险公司的保单持有人和接受人寿保险合同的保单受让公司提供救助，以及在根据《保险保障基金管理办法》第16条第2项认定存在重大风险的情形下，对人身保险公司进行风险处置。值得注意的是，以上使用均以保险公司缴纳保险保障基金为前提，保险公司缴纳保险保障基金的业务纳入保险保障基金救助范围，不缴纳保险保障基金的业务得不到保险保障基金的救助。

◎ 典型案例

保险保障基金接管新华人寿保险股份有限公司案[①]

2006年初，中国保监会稽查发现新华人寿保险股份有限公司（以下简称“新华人寿”）2005年度的偿付能力充足率仅为61%。在此情况下，2007年5月至7月，保监会首次动用保险保障基金接管新华人寿，先后以每股5.99元收购了隆鑫集团有限公司、东方集团股份有限公司、海南格林岛投资有限公司等5家公司所持的新华人寿股权，共占新华人寿股权的38.815%，成为新华人寿的控股股东。2009年11月18日，保险保障基金公司与中央汇金投资有限责任公司（以下简称“汇金公司”）签署关于新华人寿的股份转让协议，将其持有的新华人寿全部股权，以每股8.71元的价格转让给汇金公司。对比接手价每股5.99元，保险保障基金公司盈利12.5亿元，完成了新华人寿风险处置任务。接管结束后，2011年，新华人寿在香港联合交易所和上海证券交易所同步上市，成为国内第四家上市的保险公司，也是国内首家“A股+H股”同步上市的保险公司。

在此次事件中，保险保障基金的及时注入，使新华人寿未受前董事长挪用公司巨额资金造成资本充足率严重不足的影响，从而保障了客户利益和保单兑现，使新华人寿“转危为安”，充分说明了保险保障基金的屏障作用。

本节理论与实务研讨

我国保险保障基金制度的探索与实践

我国保险保障基金制度自建立以来，不断推进市场化改革，逐步走上了市场化、专业化运作的道路。对保险保障基金管理制度的探索过程大体可分成三个阶段：

---

① 数据来源：《新华人寿保险股份有限公司首次公开发行股票（A股）招股说明书》。

第一，各家保险公司单独提取、专户存储的企业留存阶段。以1996年中国人民银行颁布的《保险管理暂行规定》为标志，各保险公司按当年保险费收入的1%提取保险保障基金，该项基金提取金额达到保险公司总资产的10%时，停止提取该项基金；保险保障基金应单独提取，专户存储于中国人民银行或中国人民银行指定的商业银行。

第二，专户缴入、加强监管的集中管理阶段。以2004年中国保监会发布的《保险保障基金管理办法》为标志，保险保障基金由中国保监会集中管理，统筹使用；以2005年中国保监会发布的《关于缴纳保险保障基金有关问题的通知》为标志，各保险公司将各自提取的保险保障基金缴入中国保监会开立的保险保障基金专户。

第三，借鉴经验、积极改制的公司化运作阶段。以2008年中国保监会、财政部、中国人民银行共同颁布的《保险保障基金管理办法》为标志，设立中国保险保障基金有限责任公司，负责保险保障基金的筹集、管理和使用。保险保障基金实施公司化改制，标志着我国保险保障基金制度进入市场化运作和专业化管理的新阶段。

本章理论与实务研讨

互联网保险时代的监管

站在“互联网+”新风口的保险公司，正将天然自带大数据属性的保险业从产品模式、作业模式及组织模式等方面裂变升级，互联网保险时代呼之欲出。与此相应，在互联网保险大数据时代的前夕、全面颠覆性的冲击尚未发生时，保险业监管者必须以更加积极主动的姿态，从产业互联网的战略高度应对互联网保险时代的到来，以实现互联网保险的健康与发展。

从2015年《互联网保险业务监管暂行办法》出台以来，互联网保险行业逐渐由野蛮生长演变为规范发展。虽然如此，互联网保险的高速发展仍不可避免地激发新的法律问题，给保险市场及现有法律规定和制度带来冲击和挑战。在此背景下，保险监督管理机构必须首先确立互联网保险监管的基本理念，以应对各种变化。本书认为，互联网保险监管的核心在于明确以下两点：

第一，厘清互联网保险监管的目的和基本理念。互联网保险监管的基本态度应是在深刻理解互联网保险的基础上扶持、促进和推动互联网保险的发展，而不是仅停留在规范市场和防范风险上，更不是为了追求互联网金融安全而打压甚至禁止互联网保险。

第二，确立互联网保险监管的策略。首先，互联网保险虽然是一个新业态，但实质上仍是对传统保险的继承。因此，互联网保险监管仍应坚持传统保险监管的核心内容，如维持保险人的偿付能力，促进保险业健康发展。其次，互联网保险有其新业态、新领域和新特质，按照传统的保险监管思维势必难以适应。总的来说，互联网保险监管旨在确保保险生态的健全和连接的便利，监管机构在规范互联网保险发展这一前提下必须鼓励创新，给创新松绑减负，自觉适用和推动互联网保险。

总之，随着行业的不断发展演变以及资本大量涌入等因素的叠加，互联网保险行业迎来新的发展机遇的同时必然也带来新的监管难题，保险监督管理机构势必要在规范和创新之间寻找到平衡的蓝海。

本章法考与考研练习题

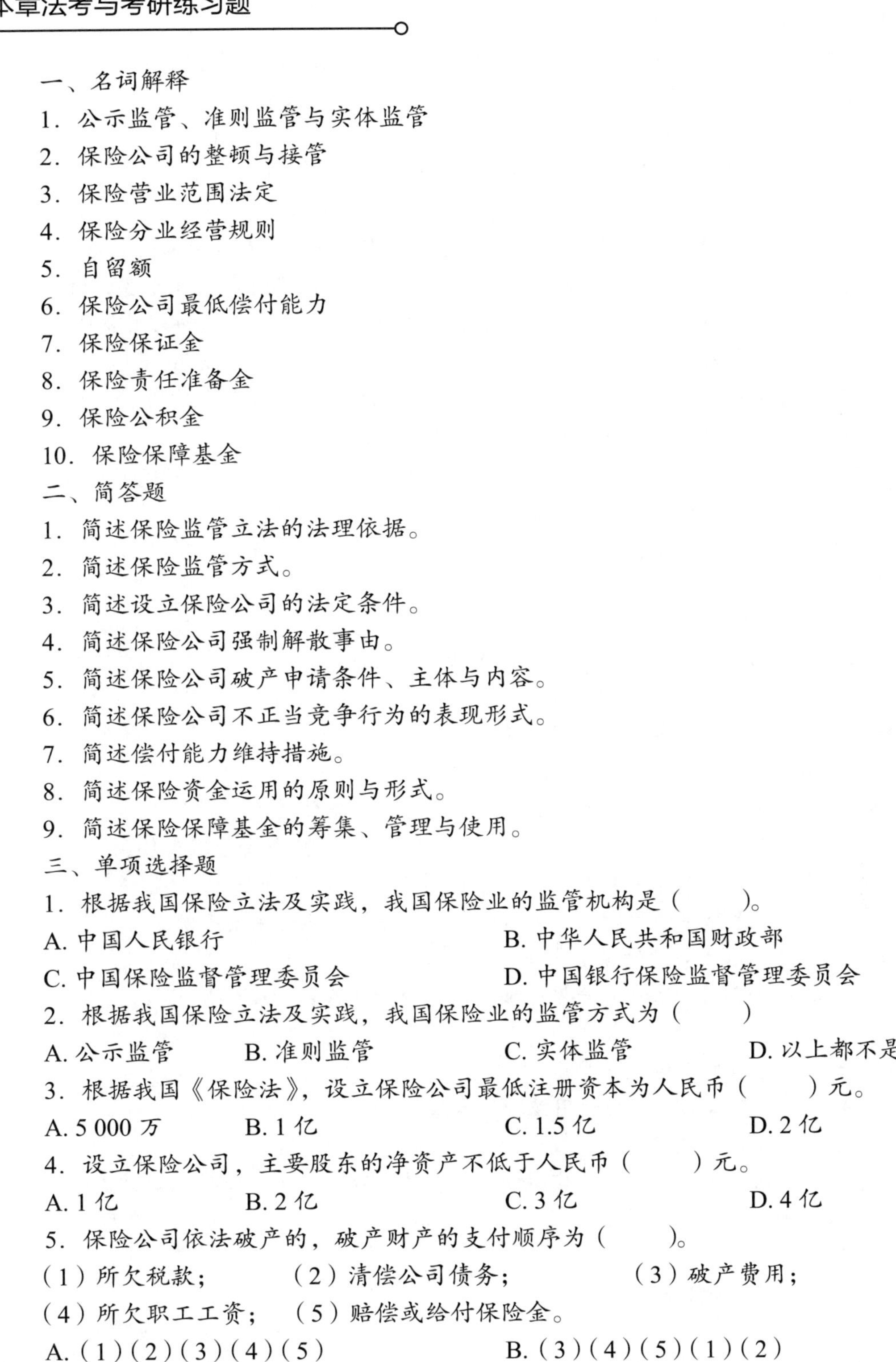

一、名词解释

1. 公示监管、准则监管与实体监管

2. 保险公司的整顿与接管

3. 保险营业范围法定

4. 保险分业经营规则

5. 自留额

6. 保险公司最低偿付能力

7. 保险保证金

8. 保险责任准备金

9. 保险公积金

10. 保险保障基金

二、简答题

1. 简述保险监管立法的法理依据。

2. 简述保险监管方式。

3. 简述设立保险公司的法定条件。

4. 简述保险公司强制解散事由。

5. 简述保险公司破产申请条件、主体与内容。

6. 简述保险公司不正当竞争行为的表现形式。

7. 简述偿付能力维持措施。

8. 简述保险资金运用的原则与形式。

9. 简述保险保障基金的筹集、管理与使用。

三、单项选择题

1. 根据我国保险立法及实践，我国保险业的监管机构是（　　）。

A. 中国人民银行　　B. 中华人民共和国财政部

C. 中国保险监督管理委员会　　D. 中国银行保险监督管理委员会

2. 根据我国保险立法及实践，我国保险业的监管方式为（　　）

A. 公示监管　　B. 准则监管　　C. 实体监管　　D. 以上都不是

3. 根据我国《保险法》，设立保险公司最低注册资本为人民币（　　）元。

A. 5 000 万　　B. 1 亿　　C. 1.5 亿　　D. 2 亿

4. 设立保险公司，主要股东的净资产不低于人民币（　　）元。

A. 1 亿　　B. 2 亿　　C. 3 亿　　D. 4 亿

5. 保险公司依法破产的，破产财产的支付顺序为（　　）。

（1）所欠税款；　　（2）清偿公司债务；　　（3）破产费用；

（4）所欠职工工资；　　（5）赔偿或给付保险金。

A.（1）（2）（3）（4）（5）　　B.（3）（4）（5）（1）（2）

C.（3）（4）（5）（2）（1）　　D.（3）（1）（4）（5）（2）

6. 依据我国《保险法》的规定，下列（ ）不是保险公司被整顿的原因。

A. 未依法提取或者结转各项责任准备金 B. 未依法办理再保险

C. 严重违反《保险法》关于资金运用的规定 D. 未依法履行信息披露义务

7. 保险公司成立后，应按照注册资本的（ ）提取保证金。

A. 5% B. 10% C. 15% D. 20%

8. 经营财产保险业务的保险公司当年自留保险费不得超过（ ）。

A. 其实际资本金的4倍 B. 其公积金的4陪

C. 其注册资本的4倍 D. 其实有资本加公积金总和的4倍

9. 就再保险而言，保险公司对每一危险单位，即对一次保险事故可能造成的最大损失范围所承担的责任，超过其实有资本金加公积金总和的（ ）应当办理再保险。

A. 5% B. 10% C. 15% D. 20%

10. 保险公司应当具有与其业务规模和风险程度相适应的最低偿付能力。为此，保险公司的实际资本与最低资本的比率不低于（ ）。

A. 100% B. 150% C. 200% D. 300%

11. 依据《保险法》的规定，保险资金仅限用于（ ）。

A. 银行存款 B. 买卖债券、股票、证券投资基金份额等有价证券

C. 投资不动产 D. 以上均可

12. 我国当前的保险保障基金管理制度处于（ ）。

A. 各家保险公司单独提取、专户存储的企业留存阶段

B. 专户缴入、加强监管的集中管理阶段

C. 借鉴经验、积极改制的公司化运作阶段

D. 以上均不是

13. 在我国，负责保险保障基金管理、筹措及运作的单位是（ ）。

A. 中国人民银行 B. 中国银行保险监督管理委员会

C. 中国保险保障基金有限责任公司 D. 中国保险行业协会

14. 依据《保险保障基金管理办法》的规定，保险保障基金主要来源于（ ）。

A. 境内保险公司依法缴纳的保险保障基金

B. 保险保障基金公司依法从破产保险公司清算财产中获得的受偿收入

C. 捐赠及其他合法收入

D. 以上均属保险保障基金的主要来源

15. 下列（ ）情形下不得动用保险保障基金。

A. 保险公司未缴纳保险保障基金

B. 保险公司被依法撤销或者依法实施破产，其清算财产不足以偿付保单利益

C. 中国银保监会经商有关部门认定，保险公司存在重大风险，可能严重危及社会公共利益和金融稳定

D. 保险公司存在重大风险

四、案例分析

2016年11月—2017年6月，人保财险在某车险平台开展集分宝抵扣商业车险保费的营销活动。人保财险预付资金向某集分宝公司购买集分宝，某集分宝公司收到款项后将相

应数量的集分宝发放至人保财险名下的集分宝账户。人保财险使用上述集分宝，在客户支付商业车险保费时直接抵扣一部分保费。人保财险通过该种模式实现商业车险保费收入22 824 696.20元，其中使用集分宝抵扣商业车险保费共计5 466 817.38元。时任人保财险电子商务中心副总经理郝某、时任人保财险电子商务中心总经理史某、时任人保财险副总裁栗某知悉上述行为。

试依据《保险法》的相关规定，评析人保财险上述行为。

本章法考与考研练习题参考答案

参考文献

1.［美］Malcolm A. Clarke. 保险合同法 [M]. 何美欢、吴志攀等译. 北京：北京大学出版社，2002.

2. 曹兴权 . 保险法学 [M]. 台北：元照出版公司，2015.

3. 樊启荣 . 保险法诸问题与新展望 [M]. 北京：北京大学出版社，2015.

4. 樊启荣 . 保险法 [M]. 北京：北京大学出版社，2011.

5. 傅廷中 . 保险法学 [M]. 北京：清华大学出版社，2015.

6. 郭宏彬 . 保险法论 [M]. 北京：中国政法大学出版社，2019.

7. 韩长印、韩永强编著 . 保险法新论 [M]. 北京：中国政法大学出版社，2010.

8. 贾林青 . 保险法 [M]. 北京：中国人民大学出版社，2014.

9. 江朝国 . 保险法基础理论 [M]. 北京：中国政法大学出版社，2002.

10. 黎建飞 . 保险法新论 [M]. 北京：北京大学出版社，2014.

11. 林群弼 . 保险法论 [M]. 台北：三民书局，2003.

12. 刘宗荣 . 保险法 [M]. 台北 : 三民书局，1997.

13. 温世扬主编 . 保险法 [M]. 北京：法律出版社，2016.

14. 叶启洲 . 保险法实例研习 [M]. 台北：元照出版公司，2011.

15. 郑玉波著，刘宗荣修订 . 保险法论 [M]. 台北：三民书局，2006.

16. 郑云瑞 . 再保险法 [M]. 北京：中国人民公安大学出版社，2004.

17. 朱铭来主编 . 保险法学 [M]. 天津：南开大学出版社，2006.

18. 邹海林 . 保险法 [M]. 北京：社会科学文献出版社，2017.

19. 最高人民法院民事审判第二庭编 . 保险案件审判指导：增订版 [M]. 北京：法律出版社，2018.

读者意见反馈

为收集对教材的意见建议，进一步完善教材编写并做好服务工作，读者可将对本教材的意见建议通过如下渠道反馈至我社。

咨询电话　400-810-0598

反馈邮箱　gjdzfwb@pub.hep.cn

通信地址　北京市朝阳区惠新东街4号富盛大厦1座

高等教育出版社总编辑办公室

邮政编码　100029